立信财经丛书

新编企业经济统计学
（第二版）

黄国安 主编

立信会计出版社
LIXIN ACCOUNTING PUBLISHING HOUSE

图书在版编目(CIP)数据

新编企业经济统计学/黄国安主编.—2版.—上海：立信会计出版社,2016.1(2024.1重印)
ISBN 978-7-5429-4872-4

Ⅰ.①新… Ⅱ.①黄… Ⅲ.①企业经济—经济统计学 Ⅳ.①F272.2

中国版本图书馆CIP数据核字(2016)第001539号

策划编辑　方士华
责任编辑　方士华
封面设计　周崇文

新编企业经济统计学(第二版)
XINBIAN QIYE JINGJI TONGJIXUE

出版发行	立信会计出版社			
地　　址	上海市中山西路2230号	邮政编码	200235	
电　　话	(021)64411389	传　　真	(021)64411325	
网　　址	www.lixinaph.com	电子邮箱	lixinaph2019@126.com	
网上书店	http://lixin.jd.com		http://lxkjcbs.tmall.com	
经　　销	各地新华书店			
印　　刷	常熟市华顺印刷有限公司			
开　　本	890毫米×1 240毫米　1/32			
印　　张	17.125			
字　　数	464千字			
版　　次	2016年1月第2版			
印　　次	2024年1月第5次			
书　　号	ISBN 978-7-5429-4872-4/F			
定　　价	35.00元			

如有印订差错,请与本社联系调换

第二版前言

在企业经济统计学多年教学实践的基础上,总结经验,吸收企业在市场经济变革中的一系列新情况、新变化和新成果,我们编写《新编企业经济统计学》教材,以满足当前教学用书的需要。

本书内容包括:企业经济统计的调查、整理、分析与预测的统计基本理论方法,以及 Excel 软件在统计分析中的应用,阐述企业外部经济环境与企业内部生产经营条件、企业经济效益等企业经济统计共性理论方法;联系工业、商业、房地产投资、金融等企业统计个性理论方法。这里需要说明的是,《新编企业经济统计学》理应包含所有企业,但考虑到上述这类企业归属于覆盖面大、代表性强的重要行业,同时这些行业也是学生今后涉足的主要领域,当掌握了《新编企业经济统计学》的基本共性与主要个性的理论方法,对其余行业也能应付自如;限于篇幅,故不一一赘述。

本书编撰力求新颖、面广、易懂,对学生全面了解、学习和经济管理人员进修、自学掌握企业经济统计知识,是一本适用的教材。

上海理工大学管理学院黄国安教授负责对全书总体设计和第一至六章及八、九、十二、十三章的编写与修改,王张琦编写第七章,赵晓梅、杨锐编写第十章边爱玲、李冬玲、李延国编写第十一章,黄国安负责全书总纂和定稿工作。

本教材的编写和修订,得到了立信会计出版社副编审方士华老师的关心和支持,在此表示感谢。

在编撰过程中,参考了大量论著和教材,吸收了经济改革中的新成果，受益匪浅，为此，表达作者对他们的谢意。

由于编者水平有限，缺点错误在所难免，敬请专家、读者批评指正。

编　者
2016 年 1 月

目 录

第一章 总论 ········· 1
- 第一节 企业经济统计学概述 ········· 1
- 第二节 统计调查与统计整理 ········· 18
- 本章小结 ········· 50
- 练习与思考 ········· 51

第二章 综合指标的计算和应用 ········· 56
- 第一节 总量指标和相对指标 ········· 56
- 第二节 平均指标 ········· 63
- 第三节 标志变异指标 ········· 75
- 本章小结 ········· 82
- 练习与思考 ········· 83

第三章 统计指数 ········· 88
- 第一节 统计指数的概念与作用及种类 ········· 88
- 第二节 总指数的编制与计算 ········· 91
- 第三节 指数体系与因素分析 ········· 101
- 本章小结 ········· 111
- 练习与思考 ········· 112

第四章 抽样推断 ········· 117
- 第一节 概率与概率分布 ········· 117

第二节　抽样分布……………………………………… 133
  第三节　参数估计……………………………………… 140
  第四节　其他抽样组织方式的参数估计……………… 152
  第五节　总体参数的假设检验………………………… 161
  本章小结………………………………………………… 169
  练习与思考……………………………………………… 170

第五章　相关分析与回归分析…………………………… 174
  第一节　相关分析的意义和方法……………………… 174
  第二节　回归分析与一元线性回归…………………… 187
  第三节　多元线性回归模型…………………………… 200
  第四节　一元非线性回归模型………………………… 209
  本章小结………………………………………………… 212
  练习与思考……………………………………………… 213

第六章　时间序列分析…………………………………… 218
  第一节　时间序列概述………………………………… 218
  第二节　时间序列的水平分析………………………… 221
  第三节　时间序列的速度分析………………………… 228
  第四节　时间序列的变动和趋势分析………………… 234
  本章小结………………………………………………… 253
  练习与思考……………………………………………… 253

第七章　Excel 在企业经济统计分析中的应用………… 257
  第一节　Excel 的企业经济统计分析功能介绍……… 257
  第二节　在统计学中综合应用 Excel 的统计功能…… 264
  本章小结………………………………………………… 281
  练习与思考……………………………………………… 282

目 录

第八章　企业外部环境和内部生产经营条件统计 286
第一节　企业外部环境和内部生产经营条件统计概述 286
第二节　企业资金统计 288
第三节　企业劳动力统计 296
第四节　企业资材统计 305
第五节　企业科技统计 316
本章小结 324
练习与思考 325

第九章　工业企业产销统计 328
第一节　工业企业产出供需市场统计 328
第二节　工业企业产出市场营销活动统计 332
第三节　工业产出数量统计 344
第四节　工业产品品种质量统计 352
本章小结 355
练习与思考 355

第十章　房地产投资统计 360
第一节　房地产市场需求和供给统计 360
第二节　房地产开发投资统计 368
第三节　房地产经营和交易统计 376
第四节　房地产市场价格统计 383
本章小结 396
练习与思考 396

第十一章　商品流通与外贸统计 399
第一节　商品供需统计 399
第二节　商品流转统计 410

第三节　商品价格统计 …………………………………… 422
 第四节　对外贸易统计 …………………………………… 429
 本章小结 ……………………………………………………… 435
 练习与思考 …………………………………………………… 436

第十二章　金融统计 ………………………………………… 440
 第一节　商业银行统计 …………………………………… 440
 第二节　金融市场统计 …………………………………… 460
 本章小结 ……………………………………………………… 486
 练习与思考 …………………………………………………… 487

第十三章　企业经营成果与经济效益统计 ………………… 490
 第一节　企业经营成果统计 ……………………………… 490
 第二节　企业经济效益统计概述 ………………………… 496
 第三节　企业经济效益指标体系的设置和内容 ………… 498
 第四节　企业经济效益的综合评价方法 ………………… 506
 本章小结 ……………………………………………………… 515
 练习与思考 …………………………………………………… 516

附录一　参考答案 …………………………………………… 519
附录二　统计用表 …………………………………………… 528

主要参考文献 ………………………………………………… 537

第一章 总　　论

　　企业经济统计学是一门将统计学的基本理论方法与工业、商业、房地产业、金融业等部门融为一体的方法论学科。其研究对象是：在社会主义市场经济条件下，研究企业经济现象总体的数量方面和数量关系，反映企业经济现象的发展过程及其规律性。企业统计具有信息、咨询和监督的职能。

　　要求掌握企业经济统计学的研究方法，主要包括调查、整理、分析资料等统计方法；统计调查概念和质量要求，调查方案与组织方式；统计整理的概念、原则和步骤；企业经济统计调查与整理技术。

第一节　企业经济统计学概述

一、统计学与企业经济统计学

（一）统计的含义

　　"统计"一词，通常有三种含义，即：统计工作、统计资料和统计学。

　　统计工作是人们对客观事物数量方面进行调查研究的认识活动，包括数据资料的搜集、整理、分析和预测等工作过程。从事这项工作的人员，称为统计工作者，领导和组织这项工作的部门，称为统计机构或统计部门。

　　统计资料是统计工作所取得的各项数字资料，以及与之相联系的其他资料的总称。如统计图表、统计分析报告、统计资料汇编、统计年鉴等，也称统计信息。在信息社会里，统计信息是社会经济信息的主要构成部分,是人们认识社会和研究社会经济现象的依据。

统计学则是一门关于研究客观事物数量方面和数量关系的方法论科学。

统计工作与统计资料是过程与成果的关系,统计学与统计工作是理论与实践的关系。习惯上将上述具有密切联系的三者通称为统计。

(二) 统计学是一门多科性的科学

当前,自然科学和社会科学相互影响和渗透,边缘科学(交叉科学)不断涌现和发展,统计学作为一门方法论科学与各种实质性科学相结合,产生了一系列专门的或专业的统计学,从而使统计学成为一门多科性的学科,从统计学学科体系看,主要可以分为三大类:

1. 数理统计学

它以概率论为基础,以抽样为核心,研究随机变量的数量规律,是在社会经济统计和自然科学及应用技术统计实践基础上抽象和概括出来的具有普遍性的纯方法论,其根本特点是计量不计质。数理统计学又可分为理论数理统计学和应用数理统计学,前者与数学交叉,包括概率论、经典统计理论和贝叶斯统计理论等研究统计方法和理论的数理基础;后者研究各种量化分析的方法技术,包括抽样技术、试验设计、相关分析、多元分析、时间序列和非参数统计方法等。

2. 自然科学和应用技术统计学

它是统计学(主要是数理统计学)同自然科学和应用技术科学相结合的交叉学科,是具有自然科学和技术科学性质的方法论。包括生物统计学、心理统计学、气象统计学、统计物理学、医药与卫生统计等。

3. 社会经济统计学

它是以特定历史时期和社会经济制度下的社会和经济问题为研究对象的方法论,它最根本的特点是在质与量的密切联系中研究事物的数量特征和数量关系,包括社会统计学、经济统计学、科技统计学、环境统计学等。其中,社会统计学和经济统计学又自成系统,如社会统计学包括人口统计学、教育统计学、司法统计学、社会保障统计学等;经济统计学包括国民经济统计学与工业、商业等各部门经济统计学。

（三）企业经济统计学的实质

1. 企业经济统计学是一门方法论学科

本书名为《新编企业经济统计学》，主要内容是统计学基本理论方法与企业经济统计的结合。其实质是工业、商业、房地产、金融等企业，在国际经济一体化、国内的社会主义市场经济环境中，与国际接轨，根据各种数据资料，充分运用统计学的理论方法，使信息流、人流、物流、商流、资金流最佳的配合，并且进行有效的管理和决策，争取在市场中有较好的地位。本书立足企业，围绕市场，围绕需求、管理和决策，力求把统计学基本理论与企业统计结合起来，即把统计学的基本理论方法与工业、商业、房地产、金融等企业融为一体的一门方法论学科。

2. 企业经济统计学和企业经济统计工作的关系

企业经济统计学和企业经济统计工作的关系是理论和实践的关系，因而，尽管它们的研究对象一致，但它们的具体任务是有区别的。

企业经济统计学指导企业经济统计实践。企业经济统计学是在企业经济统计工作实践经验的基础上产生和发展起来的。它既已形成理论体系，就必然会反过来指导企业经济统计实践。由于企业经济统计实践是不断发展的，企业经济统计学要更好地发挥它指导实践的作用，就要不断地总结企业经济统计实践经验来充实自己，使理论对实践有一定的超前性。

二、企业经济统计学的研究对象和性质

（一）企业经济统计学的研究对象及其特点

1. 企业经济统计学的研究对象

企业经济统计学是一门部门统计学，它是社会经济统计学的一个分支。企业经济统计工作是侧重于量的方面去调查研究企业运行的过程，而企业经济统计学则是这一工作实践经验的理论概括。企业经济统计学的研究对象是：在社会主义市场经济条件下，研究企业经济现象

总体的数量方面和数量关系,反映企业经济现象的发展过程及其规律性。

研究规律、揭示规律、循规律而运作是企业在市场竞争中得以不断发展的保证。企业除了应不断吸收理论界最新研究成果并付诸实践外,还应就本企业的运作及其环境进行定量分析研究,以发现本企业特定的运作规律,保障本企业在社会主义市场经济环境中健康发展,在市场竞争中居领先地位。

研究、揭示本企业运作规律的任务可由企业经济统计承担。综合统计承担企业全局运作规律的研究;职能统计承担各自专业领域运作规律的研究;生产营业统计承担各自生产营业活动规律的研究。简言之,不同领域、不同层次的企业统计分别承担相应领域、层次的运作规律的研究。例如:制造业车间统计应研究劳动时间、设备时间的利用规律,原材料最佳投料规律,产品质量控制、产品质量抽检的最佳方案等;证券业务部统计应研究金融商品行情走势、寻求能揭示特定金融商品交易规律的指标体系,客户的操作心理、习惯等;大型百货公司的综合统计应研究宏观、微观经济指标的变化对公司经营成果变动的影响规律等。

2. 企业经济统计学研究对象的特点

(1) 数量性。研究市场经济条件下企业经济现象的数量方面,具体地是指经济现象的规模、水平、结构、比例关系、普遍程度、差异程度、发展速度等。数量性包括数量多少,现象之间的数量关系,质量互变的数量界限。要认识企业经济现象,就离不开其数量方面的研究。数量关系包括各种平衡关系、比例关系和依存关系,如商品总供给和总需求的平衡关系。研究事物的量,能使我们认识事物的本质,注意决定事物质量的数量界限。如企业平均工资的增长应低于企业劳动生产率的增长速度,假如突破了这样的数量界限,企业就会丧失自我积累和自我发展的潜力。显然,这些数量方面的研究都是很重要的。所以应该随时进行调整,避免决策中的失误。

(2) 具体性。企业经济统计学的研究对象是企业经济领域内某一具体事物的数量方面,而不是"纯数量"的研究。例如,某企业 2014 年工业增加值 9 966.65 万元,利润总额 3 320 万元,员工人数 418 人,平均月工资 5 233 元等等,都是特定总体在一定时间、地点、条件下的具体的数量。而数学则是研究抽象的数量关系和空间几何形式,是舍去了具体对象质的规定性的抽象的量,尽管统计学有许多数学公式和应用各种数学方法,但它不等于数学。它必须在质与量的紧密结合中研究现象量的方面。

(3) 总体性。统计研究客观事物的数量方面,指的是总体的数量方面,而不是个别事物的数量方面。如零售商品物价总指数是研究多种商品价格总的变动情况,而不是个别商品价格的数量特征。虽然统计必须对商品总体中每一商品的数量特征和属性进行登记,但这不是统计研究的目的,而是统计研究的必要阶段,为的是从个体特征向总体数量方面过渡。其他经济现象的研究也都是以一定规模的总体为对象的。

(二) 企业经济统计学的性质

企业经济统计学的性质是与企业经济统计学的研究对象相联系的。从研究领域来讲,企业经济统计学所研究的是企业经济问题,它属于社会科学,从其研究内容来讲,它是对总体现象数量的认识方法,它是一门方法论科学。所以,企业经济统计学是从总体数量方面研究市场经济条件下企业生产经营活动的情况、过程和效果的一门方法论科学。

三、企业经济统计学的研究范围和方法

(一) 企业经济统计学的研究范围

1. 企业的定义

企业是在市场经济体制环境和完善的企业法人制度条件下,以有限责任为核心,产权关系清晰、权利职责明确、政企职能独立、管理方法

科学为主要内容,依据市场需求组织生产、实施经营,以营利为目的独立的市场竞争社团组织。

在市场经济发展过程中产生的公司制是现代企业制度的主要形式,其主要标志是企业产权与经营权的分离,所有者绝大多数不参与经营,通过人才市场招聘等手段雇用经营管理人员;企业组织多层次化,在最高决策层与最低劳动者之间形成多层次的管理工作者;企业规模很大,职能广泛;涉猎多种业务方向,且往往跨地区经营,被称为"多单位企业"。

2. 企业经济统计学的研究范围

企业经济统计学是社会经济统计学的一个分支。它和社会经济统计学的其他分支,如国民经济统计学、人口统计学、旅游统计学等,都是方法论科学,它们的共性是反映和分析社会经济现象的数量特征和数量关系,所不同的是它们各有特定的研究范围。

企业经济统计学的研究范围是企业经济现象,如企业外部经济环境与生产经营条件统计、企业经济效益统计等都是企业经济统计学所要阐述的内容。企业经济统计学探讨的问题,着重从微观角度出发,在市场经济环境中,主要着眼于企业生产经营数量关系计算和分析。至于宏观方面,如企业外部统计等所涉及的内容,它仅属一个侧面,不是企业经济统计学详论的重点。

(二) 企业经济统计学的研究方法

根据企业经济统计学的性质和特点,决定了企业经济统计学的研究方法,包括调查资料、整理资料、分析资料等统计方法。常用的统计方法有以下几种:

1. 大量观察法

所谓大量观察法是指对要研究事物的全部或足够数量进行观察的方法。统计是把所研究的现象作为一个总体来研究的,而经济现象又是受各种因素相互影响的,如果只选择其中一部分数量单位进行观察,观察的结果往往不足以代表总体的一般特征,只有对总体的全部或足够数量的单位进行观察并加以分析,才可以使现象中的非本质的偶然因素相互抵销,从而反映现象总体的数量特征。

大量观察法主要运用于统计调查,可以对总体的所有单位进行全面调查,如统计报表、普查;亦可以对足以反映总体特征的部分单位进行非全面调查,如抽样调查、重点调查等。

2. 统计分组法

统计分组法是根据统计研究的目的,将企业经济现象总体按一定的分类标志划分为若干个部分。由于企业生产经营活动是纷繁复杂的,在市场经济环境中,不同行业的企业经济现象,既有某些共同的特点,又有质或量上的种种差异。通过分组,可以揭示其类型特征,研究其内部结构,分析其相互之间依存关系,以便反映现象总体的本质属性和演变的规律。

统计分组法主要运用于统计整理。

3. 统计描述法

（1）计算综合指标。综合指标是表明事物总体数量特征的数据。它概括地表明了研究对象的规模、总量、联系程度和一般水平,是统计学研究事物总体数量方面的基本手段或工具。

综合指标按其表现形式可分为总量指标、相对指标、平均指标三大类。从其分析功能看主要分为：① 对比分析。通过指标对比分析,可以全面、系统地反映企业生产经营的发展速度、结构比例、强度、密度以及协调程度,以揭示市场经济环境中的必然联系和规律。② 综合评价。企业经济统计所研究的对象,大多是多因素、多变量构成的总体现象,为了从总体上对研究对象作出评价,可将不同性质的统计指标转化为同度量后,综合为一个具有可比性的指标来评价,它对深化认识企业经济现象及本质具有重要的意义。

（2）指数体系因素分析。在企业生产经营过程中,存在着众多的主客观影响因素,它们之间相互联系、制约,交错地发生作用。在企业经济统计研究中,可以运用指数体系对企业经济现象变动的各因素影响程度进行分析,揭示影响企业生产经营过程中的主要因素,为认识企业经济现象及本质提供客观依据。

(3)变量分布图和序时走势图。变量分布图以静态分布特征绘制,如直方图、频数图等,一般运用于统计整理。序时走势图以预测变量的动态趋势,如曲线图、K线图等一般运用于统计分析。

统计描述法主要运用于企业经济统计分析。

4. 统计推断法

在企业经济统计研究中,常用的推断方法有:

(1)抽样估计。根据随机抽样调查资料对总体作出推断、比较,包括大样本统计推断和小样本统计推断技术,须应用假设检验、方差分析等方法。抽样估计是企业经济统计学的基本方法。

(2)时间序列分析。当数据积累相当一段时间后,就可选用下列方法进行研究,以揭示过去和现在的运行规律、估计将来的变化趋势。它们分别是:移动平均法、指数平滑法、季节变动法、长期趋势模型法、时间序列分解法等。这种方法可以对复杂多变的市场经济现象运行与时间的依存关系进行量化描述,运用模型分析法进行预测与推断。

(3)相关回归分析。当各种数据积累相当丰富后,就可进行相关回归分析,以研究变量之间相互关系的形式和密切程度。包括绘制散点图、单相关、复相关分析、一元回归、多元回归、线性回归、非线性回归等。此方法可以简化客观现象复杂的经济数量联系,以揭示市场运行中最本质的内在因素联系,进行模拟分析,并可预测和决策分析等,有助于企业经济统计量化分析水平的提高。

统计推断法一般运用于企业经济统计分析。

(三)企业经济统计学中几个基本概念

1. 统计总体

统计总体(简称总体)是客观存在的、在同质基础上结合起来的许多个别单位的整体。总体具有客观性、大量性、同质性、变异性、相对性等特点。这是因为:

（1）总体是由客观存在的个体单位所组成的；

（2）总体中的个体单位数一般是比较多的；

（3）总体中的所有个体单位一定在某一点上具有共同的特性；

（4）总体中的所有个体单位在其他方面则不尽相同，存在着质和量的差异；

（5）随着统计研究目的和研究对象的不同，一个总体相对于更大的总体而言，又可以看成是一个个体单位。

例如，我们可以将某市所有的工业企业看做一个总体，因为它是客观存在的（客观性）；由许多工业企业所组成（大量性）；每一个工业企业都是进行工业生产活动的基层单位（同质性）；而各工业企业的规模、所有制形式又不尽相同（变异性）；相对于全国的工业企业而言，一个市的工业企业又可以看成是一个个体单位（相对性）。

总体可分为无限总体和有限总体。若总体所包含的单位数是无限的，则称为无限总体；若总体所包含的单位数是有限的，则称为有限总体。如连续大量生产微小的零件，其产量可以看成是无限的，而人口数、企业数、商店数等就是有限总体。社会经济现象的总体，大部分是有限的。

2. 总体单位

总体单位就是构成总体的个体单位。它是各项统计数字最原始的承担者，总体的客观性、大量性、同质性、变异性等特点都是通过总体单位来表现的，统计的原始资料最初也是从总体单位那里取得的。例如，将某市所有的工业企业看作总体，则每一具体的工业企业就为总体单位；将某市工业企业的员工看作总体，则每一员工就为总体单位。该市工业企业和员工的统计资料就是从登记每一具体的工业企业和每一具体的员工的特征汇总而成的。

与总体一样，总体单位也是相对的。当研究不同工业部门生产结构的变化时，全部工业企业就构成总体，每一工业企业即为总体单位；当研究某企业内部劳动力配备情况时，则该工业企业的全部员工就构成总体,而该企业每一员工即为总体单位。

3. 标志

标志是指总体单位所具有的属性和特征。每个总体单位从不同的角度考察,可以有许多不同的属性和特征。例如,每一企业中的员工可以有职业、性别、年龄、民族、文化程度、工龄、工资等属性和特征,这些属性和特征就是员工的标志。它们在总体单位之间各有一定的具体表现,有的相同,有的不同。

标志可分为不变标志和变异标志。各单位之间具体表现完全相同的标志称为不变标志。任何总体的所有单位至少有一个共同的、使它们能结合在一起的不变标志,它构成总体同质性的基础。例如,考虑企业全体员工这一总体,则所有员工的职业都是一样的,所以职业就是这一总体的不变标志。在总体各单位之间的具体表现不完全相同的标志称为变异标志。每一员工的性别、年龄、民族、文化程度、工龄、工资等标志均为变异标志。它是统计认识的内容和根据。正因为总体单位之间存在着变异,才使得统计工作成为必要。

标志又可分为品质标志和数量标志。标志如果以品质属性来表示,则称为品质标志,如生产工人的性别、民族、文化程度、工种等。标志如果以数量特征来表示,则称为数量标志(也称变量),如职工的年龄、工龄、工资等。

标志(包括品质标志和数量标志)在总体单位之间不同的具体表现,一般都可以称为变异,但通常我们仅把品质标志的不同表现叫作变异,而将数量标志的不同取值称为标志值(也叫变量值)。如员工性别表现为男、女,民族表现为汉、蒙、回、藏、维等,这些就是变异。而员工的年龄45岁、工龄20年、月工资8 075元等则为标志值。

对总体各单位的品质标志的变异和数量标志的取值进行观察和登记是统计研究的起点。

4. 统计指标

统计指标(简称指标)是综合反映统计总体数量特征的概念和数

值。统计指标一般具有三个特点:

(1) 数量性,统计指标是用数值来说明总体特征的;

(2) 综合性,统计指标说明的是总体的某一综合的特征;

(3) 具体性,统计指标说明的是总体在某一具体的时间、地点、条件下的综合特征。

例如:我国 2014 年全年国内生产总值 636 463 亿元;年末国家外汇储备达到 38 430 亿美元;年出口贸易额 143 900 亿美元等就是统计指标,它们都具有上述三个基本特性。

统计指标由指标名称和指标数值所构成。指标名称是指标质的规定,它反映一定的社会经济范畴。指标数值是根据指标的内容所计算出来的具体数值。如"国内生产总值"是指标名称,而 136 515 亿元则是指标数值。指标一方面是抽象的社会经济范畴(总体特征)的具体化;另一方面又是总体单位(具体的变异、变量)的抽象化。

统计指标包括总量指标、相对指标和平均指标。总产值、增加值、职工总数、工资总额等都是总量指标;男女职工比例、产品合格率、电视收视率等都是相对指标;职工的平均工资、粮食平均亩产量、单位产品成本等就是平均指标。

统计指标按其所反映的总体内容的不同,可分为数量指标和质量指标。数量指标是说明总体总规模和总水平的各种总量指标;质量指标是反映总体的相对水平和工作质量的各种相对指标和平均指标。总量指标有两种形式,其一是按品质标志的变异(如企业的所有制形式、职工性别等)汇总形成的总量指标,采取各组单位数和总体单位数的形式(如股份制企业总数、男职工人数等);其二是按数量标志的取值(如职工工资、产品产量)形成的总量指标,采取各组标志总量和总体标志总量(如工资总和、总产量)的形式。质量指标通常由两个有联系的数量指标的对比来求得,也可由两个有联系的质量指标或一个数量指标一个质量指标的对比来求得。

统计指标按其所采取的计量单位的不同,可分为实物指标和价值指标。实物指标采用实物计量,直接反映产品使用价值的数量;价值指标采用货币计量,标志着产品的社会必要劳动量。

统计指标与标志的主要区别是:指标是说明总体特征的,标志是说明总体单位特征的;指标具有可量性,即都能用数值表示,而标志中数量标志具有可量性,品质标志不具有可量性。而它们联系主要表现在:指标值往往由数量标志值汇总得到;在一定条件下,指标与数量标志存在着交换关系。

5. 指标体系

单个统计指标只能说明总体的某一方面的数量特征,也即社会现象的某一侧面。为了全面说明社会现象之间的数量关系,需要用一整套统计指标来加以描述。

统计指标体系就是由一系列具有内在联系的、能全面说明社会现象数量关系的指标所构成的整体。科学地设置统计指标体系以便完整地反映社会现象的变化过程、因果联系、依存关系和平衡关系,是统计学的重要内容。

在统计指标体系中,基本指标处于中心地位,其他各项指标围绕着基本指标有机地结合在一起。统计指标体系有:国民经济统计指标体系,各部门、各地区、各单位的统计指标体系等。其中以国民经济统计指标体系最为重要,各部门、各地区、各单位的统计指标体系应与国民经济统计指标体系相适应。此外,为了配合生产、管理和经济研究的需要,有时还可以按专题设置相应的统计指标体系,以及时提供有关方面的统计资料。

统计指标体系在一定时期内具有相对的稳定性,随着社会生产和国民经济的发展,统计指标体系应作相应的改变和调整。

四、企业经济统计的职能与组织设置

(一)企业经济统计的职能

企业经济统计的职能取决于企业经济统计的服务对象。在信息社会里,企业经济统计的服务重点对象由对企业决策管理层负责向对市场负责转移。由此,企业经济统计的职能具体化为信息、咨询和监督。

1. 企业经济统计的信息职能

统计数据是社会经济信息的主体。在企业内部建立信息系统的基础上,企业介入电子商务,将企业的业务流程、客户关系管理延伸到网上,在整个业务链上信息流和业务流都是畅通的,用户、供应商能通过互联网与企业进行互动、实时的信息交流。在网上,上接各种原材料供应商,下接亿万消费者,OZO(Online To Offine)由线上消费者订购,线下企业经销商托快递公司送货上门,订单成为一个信息流,并指导企业安排生产计划,计划又产生原材料订单指导采购行为……使企业完全被暴露在市场中。企业各部门由相互独立向市场链管理流程的相互咬合转变(市场链即上下道工序、各部门之间的关系都是市场关系,为自己的市场服务得好,就能获得报酬,否则就要被索赔)。确保客户信息正确、完整地传输到企业,整个流程中最重要的是信息流,人流、物流、商流、资金流的运作都要服从信息流的要求。企业要在市场竞争中取胜,就必须能对市场信息作出迅速反应,然而这种反应机制只能建立在企业信息系统的基础之上。

企业经济统计的信息职能就是要求企业经济统计信息能准确、及时、全面和系统地采集、整理、筛选、输入、处理、编辑、传递、存储、输出与企业经济活动相关的统计数据,形成完备的企业经济统计信息数据库,发挥企业经济信息的主体作用,为市场和各级管理决策服务。

在市场经济环境中,企业对信息的需求越来越大,且对时效性的要求越来越高,因此必须介入电子商务,以计算机作为统计信息的生产设备,来满足企业日益增长的需求。

2. 企业经济统计的咨询职能

所谓企业经济统计的咨询职能就是要求企业统计能充分使用企业经济信息数据库的统计信息资源和其他的信息资源,深层次、多领域地展开企业经济活动的综合分析和专题研究,在广泛研究政策、市场、企业自身的基础上,就企业生产经营的众多问题作出预测和置信估计,为企业的科学决策提供各种可供选择的咨询建议与对策方案。

企业经济统计的咨询职能可具体化为六个层次的服务:① 满足各部门对用户市场各种统计资料的随机查询;② 有机组合相关数据、汇编简报,主动提供决策管理层参阅;③ 及时圆满完成领导交办的研究课题;④ 通过数据加工使信息量得以倍增,并从中发现问题,经分析后拟就对策,提请领导重视;⑤ 从对数据的内外纵横全盘了解的优势中,悟出企业前景的危机或机遇,为领导的重大决策制作有分量的参考文件;⑥ 与电脑工程技术人员合作编制企业决策支持系统,使企业决策更为科学、迅速,大幅度提高准确概率。

3. 企业经济统计的监督职能

即通过信息反馈和统计分析来检查决策执行情况,检验决策是否科学,从总体上对企业生产经营活动状况提供定量监测、预警、中止的信号,并对决策执行中出现的偏差提出矫正,以便决策管理层及时调控,保障企业目标的顺利实现。

企业经济统计的监督职能可具体化为四个方面的服务:① 为企业生产经营的实时调控服务;② 编制适合本企业的定期报表,为企业生产经营的定期调控服务;③ 按统计法的规定接受政府统计调查,执行上报义务,为政府宏观监控服务;④ 按公司法的规定,向上级主管部门和业主上报报表,为上级主管部门和业主调控服务。

(二) 企业经济统计的组织设置及职责

企业经济统计组织即统计机构,是指企业专门组织指导和直接从事统计活动的职能机构。

1. 综合统计部门的职责

企业综合统计部门在企业中,与企业其他职能部门相并列的职能部门,一般命名为信息统计中心或综合统计部。

随着互联网时代电子商务的发展,使传统企业的直线职能型的管理模式向业务流程再造的市场链转移。与之相适应的企业经济统计工

第一章 总 论

作网络、职责也发生新的变革。

以事业部制企业为例,由于下属事业部皆为独立法人,且生产经营范围广泛,所以在事业部内亦应设置综合统计机构,以下须设置统计岗位。

综合统计部门是企业经济统计的核心机构,是企业经济统计业务活动的最高组织者和管理者,一般都应有专人负责。它的具体职责有:

(1) 设置企业内部统计信息系统。

制造业的生产经营活动相对于其他各行业来说最为复杂,因此制造企业内部机构部门设置也最为复杂,其信息源众多,信息路径交错重叠。熟悉制造企业经济统计信息采集反馈系统,无疑是设置其他行业系统的基础。制造企业经济统计信息反馈系统的模块设置如图 1-1 所示:

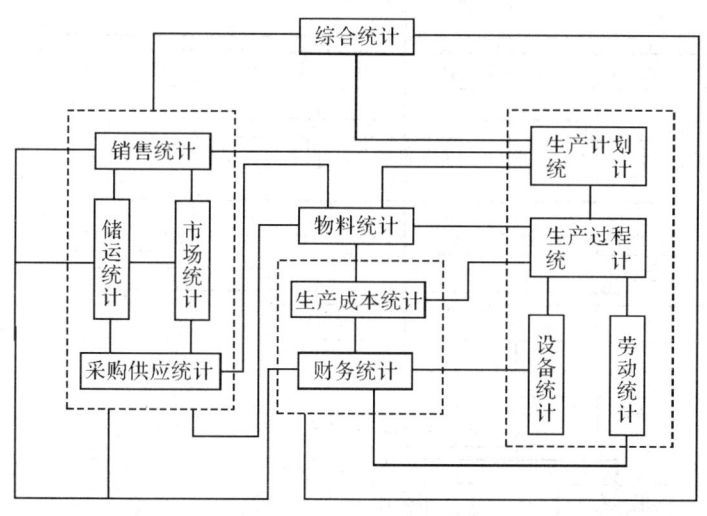

图 1-1 制造企业经济统计信息反馈系统

设置一个完善的企业内部统计信息系统,必须为企业经济统计配备计算机,建立统计实时数据库和历史数据库,使用统计软件分析数据,在企业内部形成与供销、生产、劳动、会计、情报、档案、电脑管理等职能部门合作,协调的统计信息系统,实现统计工作现代化;并以此为手段开发信息,对统计资料进行深加工,使信息量倍增。

(2)建立完善的企业经济信息网络。企业经济统计信息系统是由企业经济统计工作的所有结点和统计数据上溯、反馈的分支路径构成的。以事业部制企业为例,如图1-2所示,企业经济统计为双重系统。就企业组织机制特点而言,粗线为垂直管理层次的指挥系统、细线为对口专业领域的协调系统;就系统特点而言,作为系统最终集聚点的综合统计是双重系统分支结点的最高结点。企业综合统计部门以此系统实施领导、组织、协调、控制企业经济统计工作。

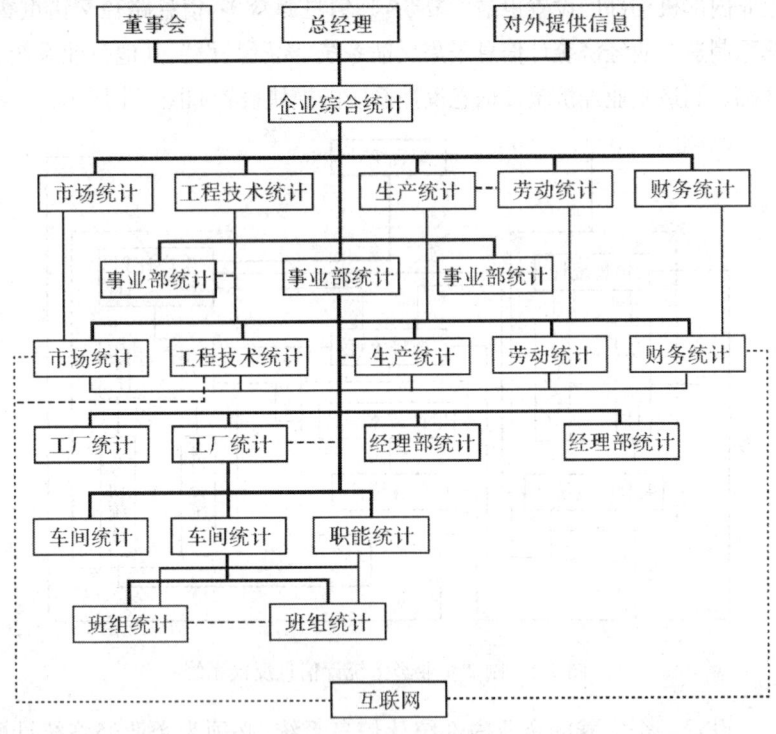

图1-2 企业经济信息网络

有了一个良好的管理和企业内部信息系统,然后才是上互联网。用Internet与Intranet的接合及与其他专业网络的链接,是企业将已经信息化了的核心业务流程、客户关系管理等延伸到各个领域的其他部门,依托统计领域最为广泛的优势,发挥主导作用。

(3) 设计企业经济统计工作整体方案。一是健全原始记录、统计台账、企业内部报表制度等基础工作;二是设计科学、合理、经济的市场调查、市场预测、投资决策、经营控制、综合评价的统计方法。

(4) 履行对企业最高决策领导层直接负责的职责。一是按时向领导提供企业生产经营活动的统计报表,并附精要分析;二是随时满足领导的随机查询与检索;三是把握企业热点问题,及时提交专题分析报告,拟出可行备选方案,供领导采纳;四是严格企业经济统计数据管理,切实执行企业综合统计部门单一对外制度。

(5) 遵守统计法规,履行上报义务。认真填制完成政府统计机构、上级主管部门以及其他合法的报表,如实、按时上报。

(6) 培训统计人员,提高统计素质。向各层次统计工作人员和管理人员传授统计知识,提高其业务和认知水平,以增强企业的竞争能力和延伸企业经济统计的业务领域。

2. 专业统计部门或岗位的职责

企业的专业统计部门或岗位是设置在企业职能部门内,专事职能部门管理领域统计的机构,是职能领域统计业务活动的组织者和实施者。设置专职统计人员,企业专业统计一般分列为生产(经营)、质量、劳动人事、物资、能源、设备、供销、财务成本、技改措施、安全环保、技术开发、总务等方面。其职责主要包括:具体负责向综合统计部门和有关业务部门提供统计资料并进行统计分析,负责本部门的资料搜集、整理和积累,负责本业务系统的原始记录管理和指导、监督下级对口专业统计等。

3. 基本活动单位统计部门或岗位的职责

现代企业内的基本活动单位是指隶属于企业,并直接从事生产或营业的非独立法人机构及其以下的各种组合,例如工厂、车间、班组、业务部等。这些单位的生产经营活动是企业生存的基本经济活动,职能管理部门履行的仅仅是保障和优化企业基本经济活动的职责,因此基本活动单位必须根据需要设置统计部门或统计岗位。一般都设专职或兼职统计人员。其职责主要包括:负责本单位生产或业务范围部门的资料搜集、整理和积累,并进行加工整理,登录台账,编制本单位内部报表,交本单位领导掌握;向上一层次统计部门提供统计资料并进行统计分析,配合本单位领导实施管理;指导、监督下级单位的统计工作等。

第二节 统计调查与统计整理

一、统计调查的意义与方案设计

(一)统计调查的意义

统计调查就是搜集统计资料的工作。它是根据统计研究的目的和要求采用科学的方法,有组织、有计划地向调查对象搜集统计资料的工作过程。

统计资料包括:原始资料(又称初级资料),是指为了研究某个问题而进行实地观察,或通过调查从党政机关、企事业单位、学校和其他团体获得的第一手资料;次级资料,是指借用原来已经加工过的现成资料,例如从统计年鉴、会计报表、报纸杂志上摘引的资料,以及在当今信息时代国际、国内的网络信息数据。由于次级资料一般都是从原始资料过渡而来的,所以统计调查所搜集的资料主要是指原始资料。

统计调查是统计整理、统计分析、统计预测和统计决策的前提,因此,所搜集的资料必须满足准确性、及时性和完整性的要求。

(二)调查方案的设计

在统计调查时,首要的问题是设计调查方案。统计调查方案是统计调查过程的指导性文件。制定周密、统一的调查方案,能够使调查工作顺利进行,及时完成搜集资料的任务。一个完整的调查方案包括以下基本内容:

1. 确定调查目的

调查目的就是指通过某项调查，需要弄清的情况和解决的问题。调查目的要明确、具体，使调查组织者和参加调查的人员都能清楚进行各项调查的意义和要求。调查目的要重点突出，不要面面俱到。

2. 确定调查对象和调查单位

调查对象就是根据调查目的，确定需要调查研究的现象总体。确定调查对象，在于明确总体界限，避免因界限不清而影响调查登记资料的准确性。调查单位就是调查对象的每一个单位，是调查内容的承担者。调查单位和调查对象是密切联系的，必须同时确定。如在进行企业调查时，调查对象是所有进行生产经营活动的企业，调查单位就是每一个企业。

3. 拟定调查项目和调查表

它是调查方案的主体。调查项目就是所要调查的内容，它是表明调查单位的特征或标志。例如，人口普查时，姓名、与户主的关系、出生年月、民族、受教育程度等等均为调查项目。确定调查项目就明确了向被调查者了解些什么问题。拟定调查项目时，应本着需要与可能、少而精的原则确定最必要的标志，凡是不必要又不可能得到的标志就不要列入项目内。调查项目的含义要明确、易懂，并能够作出确切的回答，要使答案具有确定的表示形式，如数学式、文字式或是否式等，各项目之间应尽可能相互联系，便于资料本身进行检查核对。

调查项目通常以表的形式表示，称作调查表。拟定调查表便于调查资料的登记和汇总整理。调查表有两种形式：单一表和一览表。单一表是一张调查表只登记一个调查单位的资料，它适宜在调查项目较多时使用，并便于分类整理。一览表是一张调查表登记许多调查单位的资料。它适宜调查项目不多的情况，其优点是便于比较各单位资料，便于合计和核对差错。

为了帮助填表者正确地填写调查表。保证统计资料的统一，必须对调查表编制填表说明。填表说明包括对调查项目内容的解释和有关数字的计算方法、填写方法及应注意的事项等。填表说明要准确、简明、易懂。

4. 选择调查方式和方法

调查方式和方法是取得调查资料的重要手段，设计调查方案时，要根据被调查事物的特点、调查资料要求的准确程度及客观条件的可能性，选择不同的调查方式和方法。调查的方式有普查、重点调查、抽样调查、统计报表制度等。具体调查方法有访问法、观察法、报告法和文案调查法等。在市场经济条件下，为获取准确、及时、全面的数据资料，应注意多种调查方式的结合运用。

5. 确定调查地点和调查时间

在调查方案中，还要明确规定调查地点和调查时间。

(1) 调查地点。由于客观事物是复杂的，有些事物是经常变动的（例如人口是流动的），因此，设计这些现象的调查方案时，应对登记调查单位的所在地点予以明确规定，以免调查资料出现遗漏和重复。

(2) 调查时间。它包括两方面的内容：

第一，调查项目所反映的时间，即调查资料所属的时间，又叫统计调查的标准时间。确定标准时间对于保证资料的准确性是很必要的。它可以是时期数，也可以是时点数。如果调查的是时期数，就要明确规定调查期限即调查的起止时间，如调查工业企业3月份产品产量情况就要登记1～31日全部产量。如果调查是时点数，就要统一规定具体的标准调查时点，如全国人口普查规定标准调查时点为当年6月30日24时，即按标准时点搜集人口数。

第二，调查工作进行的时间，即搜集资料和报送资料整个工作中所需要的时间。它对于保证按时完成调查工作是必要的。

6. 制定统计调查的组织实施计划

即制定统计调查的具体工作计划，内容包括：确定调查工作的组织领导，明确调查的方式方法，规定调查的工作步骤、工作程序和工作内容，以及组织培训调查人员，印刷调查文件资料，制定调查经费开支计划等。

周密的调查方案使我们有计划、有组织地进行整个调查工作,但调查方案是在调查前制定的,由于人们认识的局限性,不可能预料调查中遇到的全部问题,有些问题需要在调查中发现解决。因此,调查方案也要在调查中根据发现的新情况、新问题加以修改和补充。

二、统计调查的方式和方法

在统计调查中,搜集资料的方式、方法多种多样,每种方式、方法都有其独特的功能和局限性。要搞好资料的搜集工作,就需要根据调查的目的、任务、被调查对象的特点选择合适的调查方式和方法。

(一)统计调查的方式

统计调查按其组织形式不同,可分为专门调查和统计报表制度。

1. 专门调查

专门调查主要有普查、重点调查、典型调查和抽样调查等试。

(1)普查。普查是专门组织的一次性的全面调查,用来调查属于一定时点上或时期内的社会经济现象的总量。普查可以取得被研究事物总体的全面情况。

通过普查,从宏观上看,可以摸清一个国家的国情和国力,了解到一个国家的人力资源和物质资源的现状及利用情况。这对于国家制定政策和计划,以及制定经济与社会发展的长远规划都是不可缺少的。从微观上看,普查也可用于某些小范围的市场调查。例如,对市场上某种产品的供应、销售及库存的全面调查,为企业生产、经营提供依据。

普查比任何其他调查方式所取得的资料都更全面、更系统,由于普查的规模大,任务重,质量要求高,需要较多的人力、物力、财力。所以普查的组织工作很重要,必须统一领导、统一要求和统一行动,在组织普查工作时,要遵守以下几点:

第一,确定统一的标准时点。标准时点是指对被调查对象登记时所依据的统一时点。所有调查资料都必须是反映这一时点上的情况,以避免所登记的资料发生重复或遗漏。例如,我国几次人口普查都统一以7月1日零时为标准时间,反映了在这一时点上我国人口的实际状况。

第二,确定统一的普查期限。普查的登记工作应在整个普查范围内同时进行,以保证普查资料的时效性、准确性。

第三,确定普查的项目和指标。普查的项目和指标一经规定,不准任意改变或增减,同类普查每次的项目和指标应力求一致。并按一定周期进行,以便进行历次普查资料的动态对比分析,认识客观发展规律。

普查的组织方式一般有两种:一是组织专门的普查机构,配备一定的普查人员,对调查单位进行直接的登记,如人口普查等;二是利用调查单位的原始记录和核算资料,分发一定的调查表格,由被调查单位进行填报,然后上报。如库存物资普查等。

(2)重点调查。重点调查是一种非全面调查,它是在全部单位中选取一部分对全局具有决定性作用的重点单位所进行的调查。它在全部总体中只是一部分,占全部调查单位的比重很少,但重点单位所要调查的标志值之和,在全部单位的该标志总量中占绝大的比重。调查这部分重点单位的情况,就可以反映被研究现象的基本情况和趋势。例如,通过对少数大型钢铁企业的钢铁产量的调查,就可以了解我国钢铁生产的基本情况。又如,通过对少数大型商业企业商品零售额的调查,就可以了解该地区居民商品消费的基本情况。重点调查的调查单位少,可以用较少的人力、物力和时间,及时地取得比较完整的主要的统计资料,便于深入具体地研究问题。

重点调查的组织方式有两种:一种是专门组织的一次性调查;另一种是利用定期统计报表经常性地对一些重点单位进行调查。例如,重点工业企业主要经济指标电讯月报,重点工业企业产品价格统计月报等。

(3)典型调查。典型调查就是根据调查的目的和要求,在对研究对象进行全面分析的基础上,有意识地选择部分有代表性的单位进行调查,它是一种非全面调查。

典型调查有两种选点方式:① 如果在调查单位之间差异较少时,可选择一两个典型单位进行"解剖麻雀"式的调查;② 如果作为调查对象的各单位之间差异较大时,可采取"划类选典"的办法,把总体分成若干类型,然后在每一类型中选择典型进行调查。

(4)抽样调查。抽样调查是一种非全面调查,它是按照随机原则,从被研究现象总体中抽取一部分单位进行调查,用这一部分单位的调查结果,推测被研究现象总体的一种调查方式。在现代市场经济条件下,无论是宏观管理还是微观企业管理都比较多地采用非全面调查的方式。

抽样调查具有以下几个特点:

第一,抽选调查单位时必须遵守随机原则。所谓随机原则也叫同等可能性原则,是指从总体中取样本时,排除主观因素的干扰,使总体中的每个单位被抽中的机会是均等的。抽选调查单位必须遵循随机原则是因为:其一,抽样调查的目的在于用样本的数据资料来推断总体的数量特征,只有严格遵循随机原则才能保证样本和总体有相似的分布,从而使样本能够较好地代表总体;其二,只有遵守随机原则才有可能按概率论的原理计算抽样误差,并对估计的精确度和可靠度进行计算。可以说,抽样时必须遵守随机原则是抽样调查最基本的特点和先决条件。采用抽样调查能以较少的人力、物力、财力和时间,取得有科学根据的比较准确的全面资料。

第二,以部分推断总体。抽样调查既是一种科学的资料搜集方法,又是一种科学的推断分析方法。它仅对从总体中抽取的部分调查单位构成的样本进行实际调查,但其目的在于用样本指标即统计量为依据推断总体参数或检验总体的某种假设。

第三,抽样调查的抽样误差可以事先计算并加以控制。抽样调查是根据部分调查单位即样本的资料来估计和推断总体的数量特征。这种估计和推断是建立在大数定理和中心极限定理的基础上的,因此可以根据调查目的要求,对调查误差加以计算和控制,保证估计推断的结果达到一定的精确度和可靠程度。用样本指标推断总体,不可避免地会产生误差,即抽样误差。凡是由于调查登记或填表、计算和计算机录入数据等产生的误差,称为登记性误差;凡是由于违反随机原则抽样而产生的误差,称为偏差。这两种都是人为的调查误差,从理论上说是可以避免的。而抽样误差是随机误差,它是抽样调查所固有的,是对抽样推断精确度的一种量度。抽样误差越大,抽样推断的精确度就越差;抽样误差越小,则推断的精确度越高。抽样误差也是随机变量,其分布具有一定的规律性,可以依据这种分布的规律和具体的抽样条件计算抽样误差的大小。抽样误差可以创造条件加以控制的,这就大大提高了抽样调查的应用价值。使它能够适应不同条件和不同精确度要求的调查研究。

抽样调查应用范围极其广泛,主要有以下几种情况:

第一,对那些工作量大,不可能或没有必要进行全面调查而又要了解全面资料的情况,可采用抽样调查方法。例如,工业生产中对某些产品的质量检查,进行试验或数据的测定常常带有破坏性或损耗性,不能为了鉴定质量而毁去所有的产品。在这种情况下,就只有采用抽样调查方法,如汽车轮胎的使用寿命试验、电视机的抗震动试验(破坏性试验)和烟火的爆发成功试验(可靠性试验)等以部分资料对总体的状况作出推断。

第二,有些现象虽然可以进行全面调查,但没有必要或实际做不到,也要用抽样调查。例如要了解全国城乡居民家庭收支状况,了解居民主要耐用消费品的需求量等,从理论上讲是可以进行全面调查,但调查范围太广,单位太多,实际上难以办到。而采用抽样调查不仅可以节约人力、物力、财力、时间,提高调查结果的时效性,又能达到和全面调查同样的目的和效果。

第三,可以对全面调查资料的质量进行检验与修正,补充全面调查资料的不足。由于全面调查范围大,在调查登记和汇总整理过程中容易出现差错,所以有必要通过抽样调查对全面调查资料的可靠性、精确性作出正确的估价,可以用抽样调查的数据与全面调查的资料加以比较,计算出差错率,然后据以修正全面调查的结果。

第四,可用于生产过程中的质量控制。对生产过程的质量进行抽样调查,可以及时发现生产过程中的异常情况,提供有关信息,预防废品的发生,保证产品质量的稳定。此外,对于新工艺、新技术的应用,若采用抽样调查对某些未知总体的假设判断其真伪、优劣,借以决定行动的取舍,具有一定的实用价值。

抽样调查的范围尽管十分广泛并且在不断发展,但也有其局限性,它不是万能的,并不是所有的资料都可以用抽样调查来取得,如某地区的工业企业数、商店数;对个人年龄、职业等方面也不能提供足够准确、详细的统计资料;所获得的资料一般只能满足对调查对象总体做出估计推断,不能满足调查对象中不同层次、不同部分对资料的需求。所以它不能代替全面调查,它与全面调查是相辅相成的关系。

关于抽样调查的组织方式、方法和具体计算将在第四章作详细介绍。

2. 统计报表制度

统计报表制度是按照国家统一规定的表格形式以全面调查为主的一种调查方式,它是由政府主管部门根据统计法规,以统计表格形式和行政手段定期地自上而下布置,而后由企、事业单位自下而上层层汇总上报的统计报告制度。其作用是经常地、定期地搜集反映国民经济和社会发展基本情况的资料,为各级政府和有关部门制定、检查国民经济和社会发展计划和管理服务。按其内容和实施范围不同,统计报表可分为国家统计报表、部门统计报表和地方统计报表。

按报送周期长短不同,统计报表可分为日报、旬报、月报、季报、半年报、年报等。

按填报单位不同,统计报表可分为基层统计报表和综合统计报表。

按报送方式不同,统计报表可分为电讯报表和邮寄报表。

在高度计划经济条件下,报表制度是党和政府全面了解社会经济情况的基本形式。经济体制改革后,统计报表不能适应市场经济体制的需要,因此,有必要进行统计调查方法体系的改革。改革的目标模式为:"以必要的定期性普查为基础,经常性抽样调查为主体,同时辅之以重点调查、科学估算和有限的全面报表综合运用的统计调查方法体系"。统计报表只作为辅助形式在一定范围内发挥作用。

(二) 统计调查的方法

1. 初级资料的统计调查方法

取得初级资料的具体调查方法主要有:

(1) 直接观察法。它是指调查人员亲自到现场通过观察、跟踪和记录被调查对象的情况而取得统计资料的调查方法。在企业内,如对企业成品入库数、期末在产品、半成品和库存物资的盘点。在企业外,如当试销某种新产品时,观察消费者对该产品的反应,通过受过专门训练的调查人员和隐蔽的录像设备,记录下多少人走过售货架,多少人停下来,仔细地观看、选择、购买或又重新放回,他们的性别、年龄怎样,都有些什么表情和动作等情况;或委托专业调查公司采集等。采用这种方法取得资料比较准确和可靠,但需要较多的人力、物力和时间。

(2) 报告法。它是以被调查单位的原始记录和核算资料为依据,按照统计机关颁发的统一的表格和要求,按一定的报送程序由被调查单位提供统计资料的调查方法,随着网络技术的发展和普及,为有关部门颁发调查表提供了方便,电子公文的应用为报送资料提供捷径。报告法的优点是省时省力,还可以促进被调查单位建立健全原始资料;其缺点是当涉及被调查单位的各种利益时,容易出现虚报或瞒报现象。

(3) 访问法。它是指调查人员根据调查目的和任务,通过询问的方式向被调查者收集资料的一种统计调查方法。在市场调查、广告调查、公共关系调查中,访问法是应用最为广泛的一种统计调查方法。按照调查者与被调查者之间接触方式的不同,访问法主要分为面谈调查、邮寄调查和电话调查等方式。

面谈调查。它是调查人员根据调查目的和要求，当面访问被调查者，询问有关问题，将被调查者的答复记录下来，从而取得统计资料的方法。面谈调查的优点是能当面听取被调查者的意见并观察其反应；可以搜集非语言信息资料，能通过对被调查者的仪态、环境状况的观察记录，判断回答问题的真实程度；问卷的回答率很高等。其缺点是：需要花费较多的人力、费用和时间；较难对调查人员的工作进行控制；调查结果易受调查人员工作态度和技术熟练程度的影响；一些问题不宜口头询问等。

邮寄调查。它是将设计好的调查问卷邮寄给被调查者，请其按要求填写后寄回，以获得统计资料的一种统计调查方法。企业在进行市场调查时常常使用这种方法。邮寄调查的优点是：调查的区域广，花费的人力、费用和时间相对较少；通过让被调查者用匿名方式，可对某些敏感和隐私情况进行调查。其缺点是问卷的回收率很低、信息反馈时间较长，影响统计资料的时效性等。

电话调查。它是依据抽样规定和样本范围，借助电话询问被调查者意见，以取得统计资料的一种调查方法。此方法适合访问一些不易接触到的被调查者。其优点是能在较短时间内调查许多样本，且费用支出较低，在西方发达国家被认为是搜集有关市场资料的最好的方法。其缺点是不易取得被调查者的合作、无法询问较为复杂的问题，只是拥有电话者才能被访问得到等。

随着信息经济的迅猛发展，网上调查将被广泛地应用，它是创建节约型社会的一种新颖的调查方式。

上述各种调查方法，应根据调查对象的特点和调查要求，结合具体情况加以选择，适当运用，才能准确、及时、完整地搜集到有关统计资料。

2. 次级资料的统计调查方法

次级资料又称二手资料，对这类资料的搜集一般称为文案调查。

文案调查通常按以下几步进行:

(1) 根据研究项目的内容判别所需资料的类型。统计调查的资料,应根据研究目的确定搜集宏观资料还是微观资料,是搜集动态资料还是静态资料等。

(2) 寻找资料来源。次级资料的来源渠道主要有:在企业内,报告期的会计核算和业务核算资料,报告期前各期的会计核算、业务核算和统计核算的历史资料。在企业外,来自政府部门的统计机构、图书馆、档案馆、行业协会、学术团体、高等院校、研究机构、国际财团、专业咨询机构等的次级资料。

(3) 对次级资料的查找。在查找所需资料时,可利用检索工具(目录、索引和文摘)进行查找。在当今信息时代,国际、国内的信息网络为企业提供了相当便捷的统计次级资料的采集手段,通过互联网可以随时检索国内外的权威数据库。例如,美国DIALOG信息系统中的世界经济统计数据库、世界经济预测文摘、美国经济预测文摘、世界近3 900家公司和研究机构的经营活动及财务信息、世界市场及技术年报,美国信息ORBIT系统中的美国统计索引、美国会计索引,欧洲ESA－IRS信息系统中的世界商品价格;我国国家统计局的商业综合统计数据库,国家经济信息中心的国家宏观经济数据库等。

(4) 对查找的资料进行清理、补充。由于搜集的资料是分散、凌乱的,应进行清理,剔除那些关系不很大的资料,对欠缺的资料作进一步搜集,予以补充。

文案调查的优点在于获取资料较为方便、容易,调查费用低。其缺点是在时间上、资料的完整性上具有一定的局限性。

三、统计整理的步骤

(一) 统计整理的概念和作用

统计整理是指根据统计研究的需要,将统计调查阶段所搜集到的大量个体资料,用科学方法进行加工处理,把它们转化为总体资料,使之系统化、条理化,成为能因反映事物总体特征的综合资料的过程。统计整理一般是指对统计调查所取得的原始资料(初级资料)的整理;广义的统计整理也可以包括对某些已经加工的综合统计资料(次级资料)的再整理。

在现代社会中,计算机数据库系统为企业统计整理的电脑化提供了有效的途径,数据库系统的存储、检索、基本统计功能等完全可以取代手工统计整理工作。在手工整理的条件下,统计整理的主要内容是汇总、分组,整理后的资料主要储存在纸介质上(纸面上备写、打印在统计表册上),然后按既定的目的使用。在电子计算机整理的条件下,统计整理的内容包括两个方面:统计数据的处理,即分组、汇总、制表;统计数据的管理,即传输、储存、更新、输出。这样,统计整理的概念便是:根据统计研究的需要,对统计调查所取得的原始资料或已经加工的综合资料,通过科学方法进行处理和管理,包括对统计资料进行分组、汇总、制表、传输、储存、更新,使之系统化、条理化,反映事物的总体特征,并在建立数据库的基础上达到一源多用。

统计整理是统计工作的中间阶段,在统计工作全过程中起着承前启后的作用,它既是统计调查的继续和深入,使人们对客观事物的认识由感性阶段发展到理性阶段的重要过程,又是进一步进行统计分析的基础和前提。

(二) 统计整理的步骤

统计整理是一项细致而又周密的工作,必须有组织、有计划地进行。整理的步骤主要是:

1. 设计统计整理方案

它是整理工作的指导性文件,体现了整理工作的具体规划和要求。内容有:

(1) 确定统计分组方案和汇总的统计指标。规定各种指标汇总时要进行哪些分组,如果是按数量标志分组,还要确定组数、组距、组限值等。

(2)编制统计汇总表和综合表及其相应的填报说明。

(3)确定资料的汇总形式、汇总的组织工作及相应的时间进度安排。

(4)确定资料审查的内容与方法。

(5)确定与历史资料的衔接方法。为此还必须进行历史资料口径的调整,以便可以对比等。

2. 对统计调查资料进行审核

在进行整理以前,还必须进行严格的审核。审核的内容主要是审查资料的准确性、及时性和完整性。

(1)统计资料准确性审核。它是统计资料审核的重点,审核方法有两种,即逻辑检查和技术性检查。逻辑检查,主要看资料内容是否合理,指标之间是否相互矛盾;技术性检查,主要检查填写的数字有无错误,计量单位是否符合规定要求以及指标的计算方法是否准确等。

(2)统计资料及时性审核。主要是审核资料是否按规定时间报送,如未按规定时间报送,就需检查未按时报送的原因。

(3)统计资料完整性审核。完整性审查包括调查对象中每一个调查单位有无遗漏,应调查的内容是否齐全;所有被调查单位的资料是否完整。

经过上述审查以后,即可进入最后的资料分类、汇总和编制统计表步骤,以反映统计资料整理的结果。

3. 对资料进行分组和数据处理

对原始资料进行科学分组,并采用一定的组织形式和方法进行数据处理。用电子计算机进行数据处理,即对已审查后的原始资料编码,根据分组和汇总整理的要求,选择适当的计算机语言编程,录入数据和程序,进行运算处理,汇总整理结果。

4. 编制统计表或绘制统计图

把经过统计整理汇总的资料用表格或图示表现出来。使用电子计算机时一般叫做制表打印。这里说的统计表已不是整理表,而是指正式提供的综合表。在编表之前,应该对汇总整理得出的综合数据按编表要求进行审核,确定无误后,再正式填制、打印,这是统计整理的结果。

四、统计分组和变量数列

(一)统计分组的概念和作用

1. 统计分组的概念

统计分组就是根据统计研究的需要,将总体中的所有单位,按照一定的标志区分为若干组成部分的统计方法。通过这种分组形式,将不同性质的现象分开,相同性质的现象归纳在一起,从而反映出被研究现象的本质、差异和特征。

统计分组的基本原则是:必须保证在某一标志上组内各单位的同质性和组与组之间的差异性。

2. 统计分组的作用

统计分组是统计资料整理和统计分析的基础,是整个统计工作中常用的重要方法。分组的好坏直接关系统计能否整理出正确的、中肯的统计资料,关系统计能否得出正确的结论。

统计分组的作用,具体有以下三个方面:

(1)划分现象的类型。通过分组,确定总体内部的各种类型,以便进行比较、分析和综合。例如,将工业企业按生产要素组合特征划分为资金密集型、技术密集型和劳动密集型,便可以分析各种类型企业的生产组织特点和在生产体系中的作用。

(2)研究总体的结构。在划分类型的基础上,计算各类型在总体中的比重,可以说明总体的结构和基本性质。例如,将人口总体按年龄分组,说明人口的年龄结构,并可据此判断该人口总体属于增长型、稳定型还是减少型。

(3)研究现象之间的依存关系。在分组基础上,计算有关指标,可以观察这些指标之间存在何种联系。例如,将一个地区的计算机厂按规模大小分组,计算它们的产量和劳动生产率等指标,便可看出随着规模扩大,劳动生产率呈现提高的趋势,显示出生产经营的规模效益。

(二) 分组标志的选择与分组种类

1. 正确选择分组标志的原则

统计分组总是以一定的标志为依据的,分组标志是进行统计分组时,作为划分资料的标准或依据的标志。不同的分组标志反映总体的不同特征,因此,正确选择分组标志的原则是:

(1) 选择能够反映现象本质特征的标志。例如,研究企业规模,反映企业规模可以用很多标志,如员工人数、固定资产、产值、生产能力等,这就要根据不同部门、不同生产特点、生产条件来决定。对于生产技术较先进,技术装备较高的信息产业用固定资产、生产能力等标志表示企业规模较合适。

(2) 选择能够满足统计研究目的所需要的分组标志。同一对象由于统计研究目的不同,就必须选择不同的分组标志。例如,为了研究工业生产内部结构,应以生产部门为分组标志,为了检查计划,就要以主管部门、所在地区的计划完成程度等为分组标志。

(3) 考虑现象所处的具体历史条件和经济条件,选择有现实意义的分组标志。社会经济现象是随时间、地点、条件的变化而不断发展变化的,因而分组标志应该适应这种变化而加以改变。例如,研究我国企业员工情况时,过去是以职务、工种等为主要分组标志。而在当前经济改革时期,则应选择反映员工素质,以文化程度、职称等为主要分组标志。

2. 统计分组方法(种类)

(1) 按分组标志的性质分组。统计分组可以分为按品质标志分组和按数量标志分组两种。

按品质标志分组是按事物的品质特征标志进行分组。即选择反映事物质量属性差异的品质标志为分组标志,并在品质标志的变异范围内制定各组界限,将总体划分成若干性质不同的组。例如,对企业按经济类型(即所有制性质)分组。按行业性质分组,按组织形式(有限公司,无限公司等)分组,等等。按品质标志分组有的比较简单,如职工按性别分组,按民族分组,按文化程度分组等。有的比较复杂,如工业企业按轻重工业分组,产品按种类分组等。因此,实际工作中为了方便和统一,各国都制定适合一般情况的标准分类目录,如我国的《国民经济行业分类目录》、《工业部门分类目录》、《产品分类目录》等。联合国为便于各国的国际比较还制定了国际通行的有关标准分类。

按数量标志分组是按事物的数量特征标志进行分组。它能够直接反映总体单位之间数量上的差异,通过各组的数量差异也可以反映出质的不同。如对私人经营活动按雇用人数分组。则可区分个体工商户和私营企业的性质差异。因此,按数量标志分组,必须正确确定反映事物性质差异的数量界限。

(2) 按采用分组标志的多少分组。统计分组可以分为简单分组和复合分组两种。

简单分组是对所研究的现象总体只采用一个分组标志进行分组,它只能从某一个方面说明总体的情况。如对工业企业按经济类型分组。

复合分组是采用两个或两个以上有联系的分组标志结合起来对总体进行分组。如对工业企业按经济类型和规模进行复合分组。这种分组能从多方面深入具体地说明总体情况。在进行复合分组时应注意分清主次,先按主要标志分组,再辅以次要标志,一般不应超过三个,避免过于繁杂。

如果需要全面系统地反映某一现象的情况,就要考虑设计统计分组体系。例如,企业可以同时按所有制、行业、利润总额、净资产率、产值、固定资产、人数等多个标志进行分组,形成一个企业统计分组体系,反映企业的多方面特征。

(三) 变量数列及其编制

1. 分布数列的概念及种类

分布数列是将总体按一定标志分组，说明总体单位数在各组之间的分布情况的一系列数字。它是统计资料整理结果的一种重要表现形式。

分布数列按选用的分组标志不同，可分为品质数列和变量数列两种。变量数列是按数量标志分组形成的分布数列；品质数列是按品质标志分组形成的分布数列。

例 1.1 如表 1-1 所示。

表 1-1

某地区工业企业构成情况表

按经济类型分组	企业数（家）	各组企业数占全部企业比重（%）
国有经济	14 736	50.23
集体经济	3 830	13.06
私营经济	1 876	6.39
联营经济	1 225	4.18
股份制经济	3 390	11.56
外商投资经济	1 445	4.93
港澳台投资经济	2 774	9.45
其他经济	58	0.20
合　　计	29 334	100.00

2. 变量数列的组成及其种类

变量数列由两个构成要素组成：变量值和总体单位数。变量值就是根据标志值分成的各个组，通常用符号 X 表示。总体单位数是指分布在各组内的单位数，它说明单位数在变量的各个组出现的次数，通常叫做次数，常用符号 f 表示。次数用绝对数表示又叫频数。次数也可以用相对数表示，即各组次数在总次数中所占比例，通常又叫频率。

由于对变量处理的方法不同,变量数列可分为单项变量数列和组距变量数列两种。

(1) 单项变量数列。它用一个变量值代表一组所编制的数列。适用于变动范围不大的离散型变量。

例 1.2 如表 1-2 所示。

表 1-2

某车间工人看管机器台数情况表

看管机器台数 x	工人数(人) f	占工人总数的比例(%) $f/\Sigma f$
1	20	40
2	15	30
3	10	20
4	5	10
合　计	50	100

(2) 组距变量数列。它按变量值变动的一定范围或距离代表一组所形成的数列。适用于连续型变量和变动范围较大的离散型变量。

例 1.3 表 1-3 所示的按月工资额分组,就是组距数列。

表 1-3

某厂工人按工资额分组情况表

工人按月工资额分组(元)	工人数(人)	占工人总数的比例(%)
6 000～7 000	40	10
7 000～8 000	100	25
8 000～9 000	120	30
9 000～10 000	80	20
10 000～11 000	60	15
合　计	400	100

组距数列有等距数列和异距数列两种。数列中每组的组距都相等的数列,称为等距数列;数列中各组的组距不相等的数列,称为异距数列。

(四)组距数列的编制方法

例 1.4 现通过举例,阐述编制组距的步骤和方法。某厂某车间 30 个工人完成生产定额(以百分数表示)的原始资料如下:

98 95 81 93 84 86 102 100 103 105 101 104
108 107 108 106 110 109 112 109 114 113 125 115
120 119 116 118 129 117

1. 确定最大值、最小值和计算全距

将原始资料按变量值大小顺序排列,使之序列化,找出最大值、最小值和计算全距。

81 84 86 93 95 98 100 101 102 103 104 105
106 107 108 108 109 109 110 112 113 114 115 116
117 118 119 120 125 129

经过对数据资料的排序整理,可看出数据资料的最小值为 81%,最大值为 129%,每个生产工人完成的生产定额不同,变动的幅度在 81%～129%之间。全距=最大值-最小值=129%-81%=48%。个体的集中趋势较明显,完成和超额完成定额的工人占绝大多数。

2. 确定组数和组距

统计资料应该分成为多少组和每个组的组距为多大,两者必须结合起来考虑。确定组数和组距时,要能正确反映个体分布的特征和规律性,能最大限度地保存资料的真实数,力求符合现象的实际情况。根据一般经验,组数在 5～15 组为宜,组距宜取 10 或 10%的整数倍,并尽量采用等距数列形式。在本例中可把 30 个工人完成生产定额的资料分为 5 组。

$$\text{组距}=\frac{\text{全距}}{\text{组数}}=\frac{48\%}{5}=9.6\%$$

取整数组距定为 10%。

根据被研究现象的性质及其研究目的,组距数列的编制可以采用等距分组和不等距分组。在变量值的变动范围不大,变动比较均匀时,可以采用等距分组。如本例中的工人按生产定额完成的情况进行的等距分组。

有些资料数据很多,且基本上呈单峰对称分布,即标志值小的和标志值大的两端单位较少,居中的标志值的单位多,可参考美国统计学家斯特吉斯提出的经验公式计算分组的组数和组距。其公式如下:

$$组数 = 1 + 3.322 \lg N (N 为数据个数)$$

$$组距 = \frac{全距}{1 + 3.322 \lg N}$$

如果变量值的变动范围很大,可以采用不等距分组,如统计人口时按年龄分组。

3. 确定组限及组限的表示方法

组限是分组的数量界限,是表明每组界限的两头数值。每组的起点数值即最小值为下限,每组的终点数值即最大值为上限。确定组限的原则是最小一组下限必须包含数列中最小变量值,即可以是资料中的最小值或小于资料中的最小值,并取整数;最大组的上限必须包含数列中最大变量值,即应等于或高于最大变量值。同时组限应有利于表现个体分布规律,是决定事物性质的数量界限。

变量有连续型和离散型两种。对连续型变量组限的表示方法,通常用同一变量作为相邻两组的上限和下限,即相邻两组的上限和下限必须互相重合或连续,才能把所有的变量值都包括进去。如以上述 30 个工人资料为例,按完成生产定额分为 80%~90%、90%~100%、100%~110%、110%~120%、120%~130%,这是最常用的表示组限的方法,为了保证连续型变量在分组时不致发生混乱,一般各组只包括本组下限变量值的单位,而不包括上限变量值的单位,这就是"下限在内,上限不在内"的原则。例如,完成生产定额 90% 应归入 90%~100% 这一组,而不是归入 80%~90% 这一组。

对离散型变量组限的表示方法,可用顺序两个变量作为相邻两组的上限和下限。即相邻两组的上限和下限可以不重合,只要相互衔接即可。如企业按员工人数分组,各组的组限表示如下:50人以下,51～100人,101～300人,301～500人,501～1 000人,1 001人以上。

组限的表现形式又可分为两种:一种是封闭式组限;另一种是开口式组限。封闭式组限是指在变量数列中,最小组的下限和最大组的上限值完全确定。如最小组80%～90%,最大组120%～130%,即为封闭式组限。有时遇到极端值(特大或特小的变量值)时,为了不增加组数或不使组距不必要的扩大,可以采用开口式组限。开口式组限是指在变量数列中,最小组的下限值或最大组的上限值不能完全确定。如只有上限,缺下限,用××以下表示,如最小组50人以下;或只有下限,缺上限,用××以上表示,如最大组1 001人以上。

在实际工作中,为了简便起见,无论是连续型变量还是离散型变量,都允许上一组的上限与下一组的下限重叠。

4. 确定组中值

在根据组距数列进行统计计算分析时,需要确定组中值。组中值是各组变量值的代表值,通常为下限和上限的算术中点。即:组中值＝(下限＋上限)÷2;如上例中的最小组的组中值＝(80%＋90%)÷2＝85%。这样计算是以一定的假定为前提的,即假定各组变量值的分布是均匀的或对称的。在实际工作中,资料多半未能满足这种假定条件,所以,组中值作为各组代表值只是近似值。

在开口组中,组中值以邻近组组距为依据计算,计算公式如下:

缺下限的开口组组中值＝上限－邻近组组距÷2
缺上限的开口组组中值＝下限＋邻近组组距÷2

可见,开口组的组中值具有双重的假定性:既假定变量值是均匀分布或对称分布及组距与邻近组组距相等。

5. 编制组距数列和次数分布表

将个体按变量值的大小分别归入各变量值形成的组,并计算次数(频数)和频率(百分数),编制组距数列。根据组距数列所编制成的表就是次数分布表。

例 1.5 现将上例某车间 30 个工人生产定额完成情况资料编制成次数分布表。如表 1-4 所示。

表 1-4

某车间工人生产定额完成情况分布表

按生产定额完成情况分组(%)	组中值(%)	工人数(次数)	频率(%)	累计次数(人)		累计频率(%)	
				向上累计（从低组到高组）	向下累计（从高组到低组）	向上累计（从低组到高组）	向下累计（从高组到低组）
80～90	85	3	10	3	30	10	100
90～100	95	3	10	6	27	20	90
100～110	105	12	40	18	24	60	80
110～120	115	9	30	27	12	90	40
120～130	125	3	10	30	3	100	10
合　计	—	30	100	—	—	—	—

在研究分析次数分布时，需要计算累计次数和累计频率。累计次数和累计频率均有两种：一种是向上累计的累计次数和累计频率，即从低组（最小组）到高组（最大组），依次累计到每个组上限的总次数或总频率；另一种是向下累计的累计次数和累计频率，即从高组（最大组）到低组（最小组），依次累计到每个组下限的总次数或总频率，如表 1-4 中，完成生产定额 100% 以下的 6 人，110% 以下的 18 人，分别占工人总数的 20%、60%；向下累计表明各组下限以上的累计次数或累计频率，如表 1-4 中，完成生产定额 120% 以上的 3 人，110% 以上的 12 人，分别占工人总数的 10%、40%。

五、统计图表

(一) 统计表

1. 统计表的概念和作用

将一系列说明总体特征的数字资料按照一定的结构和顺序，在表格上表现出来,这种表格,叫做统计表。它是统计资料整理的最常用形式。其主要特点是用数字以表格形式从多方面显示研究对象的数量特征。

在实际工作中,统计表具有重要作用。统计表是表现统计资料最合理、最有效的工具,使统计资料具有条理性,清晰易懂,一目了然,便于进行计算、比较和分析。

2. 统计表的结构

(1) 从其组成形式看,由总标题、横行标题、纵栏标题和数字资料四部分组成。

第一,总标题是统计表的名称,简明扼要地说明全表的内容,放在表的上端居中位置。

第二,横行标题是横行的名称,用来表示总体各组或各单位的名称,代表统计表所要说明的对象,写在表的最左阵。

第三,纵栏标题是纵栏的名称,用来说明总体及各组的统计指标名称,列在表的上方。

第四,数字资料是用来说明总体特征的各种统计指标的具体数值。列在各横行标题与纵栏标题交叉处,由横行标题和纵栏标题所限定。

另外,必要时在表下方可以列出填表单位、填表人员、填表时间、资料来源、补充资料和附注说明。

(2) 从统计表的内容看,统计表由主词和宾词两部分组成。

第一,主词是统计表所要说明总体单位名称或总体的分组。

第二,宾词是用来说明主词的指标名称,置于表的右上端,连同表中数字各项指标。

通常情况,表的主词列在表的左方,即列于横行标题位置;表的宾词排列在表的右方,即列在纵栏标题位置。由于某些特殊情况,也可以将主宾同两部分合并排列或变换位置排列。

例 1.6 统计表的一般结构如表 1-5 所示。

表 1-5

某企业某年员工性别构成表 ← 总标题

纵栏标题→性别分组	人数(个)	比重(%)
横行标题 { 男性	279	62 } 数字资料
女性	171	38
合　计	450	100

　　　　主词栏　　　　　　　　　　宾词栏

3. 统计表的种类

根据统计表中的主词分组,统计表可以分为简单表、简单分组表和复合分组表三种。

(1) 简单表。指主词不分组的统计表,它是按总体各单位排列或按时间顺序排列的统计表。

例 1.7 如表 1-6 所示。

表 1-6

某厂生产车间人数统计表

车间名称	员工人数(人)		
	全部员工	男员工	女员工
一车间	200	120	80
二车间	170	110	60
三车间	130	100	30
合　计	500	330	170

(2) 简单分组表。指主词只按一个分组标志进行分组的统计表。

例 1.8 如表 1-7 所示。

表 1-7

某厂某车间工人按年龄统计表

工人按年龄分组（周岁）	工人数（人）	其中 男工(人)	女工(人)
16～20	25	15	10
21～30	50	30	20
31～40	50	30	20
41～50	49	35	14
51 以上	26	20	6
合　　计	200	130	70

（3）复合分组表。指主词按两个或两个以上标志进行分组的统计表。

例 1.9 如表 1-8 所示。

表 1-8

某企业员工按岗位和技术职称统计表

员工按岗位与职称分组	人数（人）
工程技术人员	100
其中：高级职称	30
中级职称	40
初级职称	30
管理人员	150
其中：高级职称	15
中级职称	45
初级职称	90

复合分组表可用以对社会经济现象进行更深入的分析,尤其在因素分析时更为重要。但是,复合分组的层次不宜太多,一般以二、三个标志分组复合比较适宜。

4. 统计表的设计与填写技术要求

统计表的总标题要用概括、简练的文字反映表中统计资料的基本内容。

(1) 统计表的设计要求:

第一,表格形状。应是纵横线条交叉组成的长方形表格式,长宽之间应保持适当比例。

第二,表格线。上下端线为粗线或双线,表内的线应为细线或单线。左右两端不画纵线,采用不封闭的开口表式。

第三,合计。横行的合计,一般放在最后一行,并用线条隔开;纵栏的合计,一般放在最前一栏。

第四,栏目编号。当纵栏目较多时,各栏目应编号。主词及计量单位栏用甲,乙……顺序编列;宾词栏,用(1),(2)……顺序编列。有计算关系的各栏,可注明各栏间的计算关系。如(3)=(1)×(2)或(3)=(2)÷(1)等。

(2) 统计表的填写要求。

第一,书写要工整、清晰,字形做到大小一致。

第二,数据有效位数要统一,数字为零时,应填"0",当数字不存在或不应有数字时用小横线"—"表示,缺乏资料时用"……"表示。若有相同数字应全部重写,不得使用"同上"、"同左"等字样代替。

第三,统计表中的资料若是引用的,应在统计表下方加注,说明资料来源。

第四,每张统计表应注明填表人、单位负责人的姓名,并应注明填写日期及每页进行编号。

(二) 统计图

统计资料除了用统计表方法概括表述外,还可以用统计图来显示。统计图的特点是形象、鲜明、直观、表示现象相互之间关系更便捷。统计图有很多种，本节只简要说明频数分布图的几种形式。

1. 直方图

它是在平面坐标上以横轴标示各组组距，纵轴标示各组频数的条形图，用以直观地说明连续型变量数列的分布特征。例如，30 个工人完成生产定额的直方图。如图 1-3 所示。

2. 折线图

折线图可以在直方图的基础上，将每个长方形的顶端中点用折线连接而成，或用组中值与频数求坐标点连接而成。如图 1-3 所示。

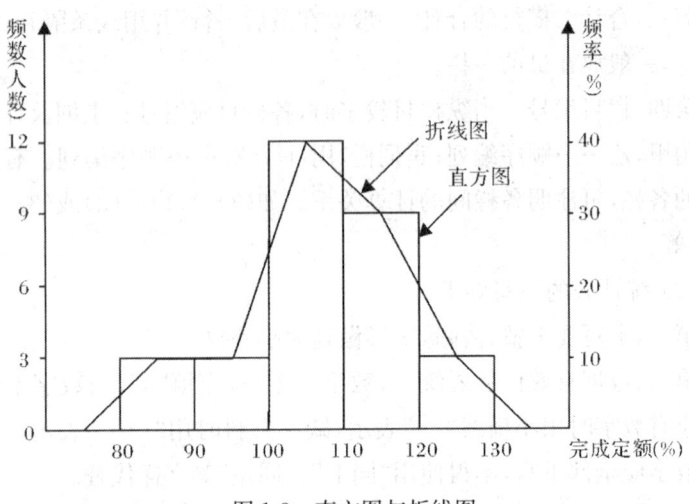

图 1-3　直方图与折线图

（三）曲线图

当变量值非常多，变量数列的组数无限增多时，折线便趋于一条平滑的曲线，这是一种概括描述变量数列分布特征的理论曲线。曲线图是连续型随机变量频数分布常用的形式。30 个工人生产定额完成情况如用曲线图表示其频数分布，如图 1-4 所示。

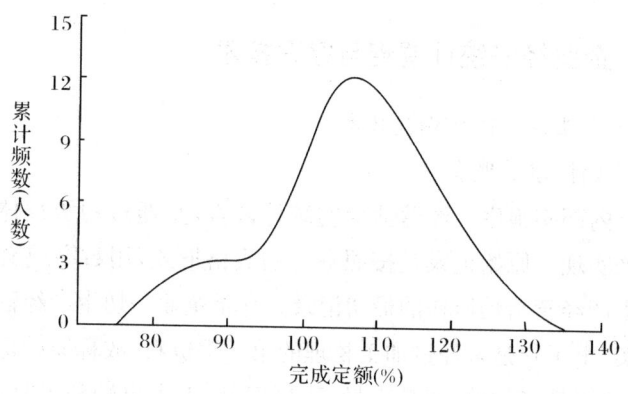

图 1-4 曲线图

累计频数分布也可用折线图表示。向上累计折线是从最小值的下限开始,连接各组上限与该组累计频数所形成的坐标点而成;向下累计折线是从最大组的上限开始,连接各组下限与该组累计频数所形成的坐标点而成。在组距无限缩小或组数无限增多的情况下,描绘出的是一条曲线。30个工人生产定额完成情况如用累计频数分布曲线图表示,如图 1-5 所示。

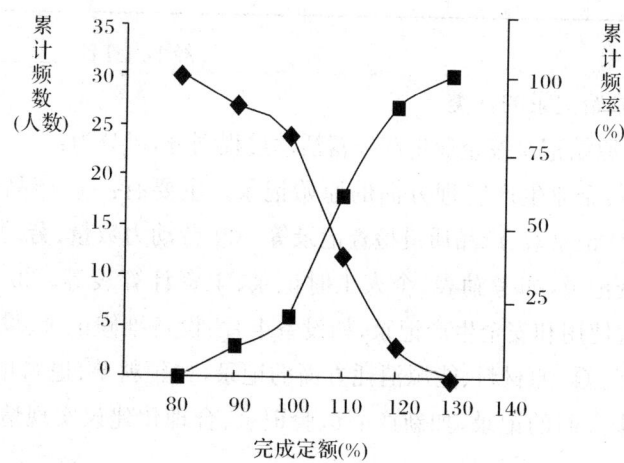

图 1-5 累计频数分布曲线图

六、企业经济统计调查与整理技术

(一)企业经济统计调查技术

1. 原始记录的概念

企业内部实施生产经营活动的统计调查,是通过初级载体——原始记录来实现。原始记录是按照一定的表格形式,用数字或文字对企业各项生产经营活动所作的最初记录。它是企业一切生产经营活动的客观写实,由于它是未经过加工整理的第一手资料,故称原始记录。例如,企业的产品订货单、产品产量、质量记录,工人出勤和工时记录等,都是原始记录。

例 1.10 如表 1-9 所示。

表 1-9

订 货 单

品名　　　　　　　　　　　　　　　　　　年 月 日

规格	单位	数量	单价	金额	交货期	运输方式	结算方式	定金	履约状况

经手人签名_____

2. 原始记录的种类

(1) 原始记录按企业生产经营活动过程划分,可分为:

第一,企业生产管理方面的原始记录。主要有:① 产品生产记录,如工作记录表、产品质量检查记录等。② 劳动力数量、劳动时间利用和工资记录,如考勤表、个人工时记录、工资计算表等。③ 设备变动、维修、使用和安全生产记录,如设备卡片、设备维修记录、设备事故报告单等。④ 原材料、能源消耗方面的记录,如领料单、退料单等。⑤ 技术进步方面的记录,如新产品试验记录、合理化建议实现情况登记表等。

第二,企业经营管理方面的原始记录。主要有:① 流通过程中的原始记录:原材料供应记录,如收料单等;产品销售记录,如产品销售发货票等;财务收支凭证,如收据、借款单等;运输记录,如货物装卸记录等。② 行政事务及福利设施方面的记录,如办公用品领用记录等。

(2) 原始记录按内容繁简划分,可分为:

第一,综合性原始记录。它是在一张记录表格上记录生产经营活动几个方面的情况。既有生产的产品产量、质量,又有工时利用、原材料消耗、操作条件等,登记项目多,内容丰富,可以同时满足多方面的需要。主要有:① 以产品为记录对象的原始记录,如加工路线单等。② 以生产操作者为记录对象的原始记录,如个人生产记录等。③ 以生产设备为记录对象的原始记录,如平炉、电炉熔炼记录等。

第二,专用原始记录。它是以某一项生产经营活动为对象来记录的,在一张记录表格上只登记某一方面的情况,例如收料单、领料单、废品通知单、成品入库单、借款单、技术革新登记表等。它只记录收料、领料、废品、成品、借款、技术革新等某一事项的情况。

在企业内部,它的采集方法绝大多数是全面调查,仅有个别领域依靠抽样调查,例如质量检验、工作抽样、从业人员民意测验等。而对企业生产经营外部环境的原始记录一般采用抽样调查取得,牵涉到需要被调查者回答的问题,须设计问卷,如市场调查中的顾客信息的获取,问卷是必备的。

(二) 企业经济统计整理技术

它是由统计台账将企业统计调查结果分门别类地加以设置,以系统地积累统计数据,根据研究目的进行统计分组,并进行统计汇总,以揭示数据类别、结构、依存关系,进而可据以计算基本特征指标和绘制统计图、统计表等一系列描述统计整理工作技术。

1. 统计台账概念和种类

(1) 统计台账概念。统计台账是根据企业生产经营管理和定期统计报表的要求设置的,按时间顺序分类登记统计资料的账册。

例 1.11 如表 1-10 所示。

表 1-10
主要指标完成情况台账

某车间、班组　　　　　　　　20××年

时间	产量完成情况			质量完成情况			定额完成情况			工时利用率%	事故损失工时	费用节约情况			
	完成产量%	计划	实际	合格率%	送检品量	合格品量	完成定额%	实用工时	完成工时			节约率%	计划费用	实际费用	节约费用

（2）统计台账的种类。

第一，统计台账按所包括指标（内容）的繁简不同，可以分为综合性台账和专用台账。

综合性台账是将相互联系的各项指标按时间顺序综合登记在一个表册上，便于指标综合对比分析，及时满足指挥生产工作的需要。如主要经济指标完成情况台账，主要产品各项技术经济指标台账等。

专用台账是将某一项指标按照时间顺序系统地登记在一个表册上。例如产品生产进度台账、废品台账、原材料台账等。

第二，统计台账按其作用不同，可以分为汇总统计资料用的台账和积累历史资料用的台账。

汇总统计资料用的台账又称定期统计资料台账，是按日按旬按月按季或按事随时登记，及时汇总的台账。

积累历史资料用的台账又称历史资料台账，是自企业建立以来详细记载有关生产经营活动的台账，通常也叫"年鉴"。

第三，统计台账按其核算范围不同，可以分为班组（柜）台账、车间（营业室所）台账、厂级台账和企业台账。

现代计算机数据库系统为企业统计整理的电脑化提供了有效的途径，数据库系统的存储、检索、基本统计功能等完全可以取代手工统计整理工作。当企业统计调查取得数据资料后,按数据库系统要求录入信息,数据库的存储功能将录入的信息进行分类、编码、存入硬盘或软盘,予以保存;数据库的检索功能使企业可以根据数据库的检索标识,随时按需要查找已存储的统计数据。显然,计算机的使用给统计整理工作带来了方便、提高了效率,使得按已存储的任意标识(标志)设置台账成为可能,从而其后能轻而易举进行统计汇总、分组、描述计算。

2. 企业内部报表的概念和种类

(1) 企业内部报表的概念。企业内部报表是企业内部的班组(柜)、车间(营业室所)、厂(部)和企业,根据原始记录或统计台账的资料,定期编制的企业内部使用的统计报表。

企业内部报表是企业各级领导了解指挥本企业生产经营的重要依据,是完成国家和上级主管部门统计任务的重要工具。

(2) 企业内部报表的种类。① 企业内部报表按其内容不同,有生产报表、劳动报表、原材料报表、设备报表、各项经济指标完成情况报表等。② 企业内部报表按报送期限不同,有日报、三日报、五日报、周报、旬报和月报等。③ 企业内部报表按报告单位不同,有班组(柜)报表、车间(营业室所)报表、厂(部)报表和企业报表。

3. 原始记录、统计台账和内部报表之间的关系

在企业统计工作中,原始记录、统计台账和内部报表三者之间有着密切的联系。企业搜集的基本统计资料大多来源于原始记录;统计台账是系统地积累统计资料的手段,它是根据原始记录资料进行系统整理和综合的;内部报表是反映统计资料的一种主要形式,是传递统计资料的纽带,它把整理过的资料加以汇总核算,用报表形式反映出来,并报送有关部门,以满足各方面的需要。汇总原始记录、登记统计台账和编制内部报表要做到准确、及时和完整。企业经济统计调查、整理技术流程,如图 1-6 所示。

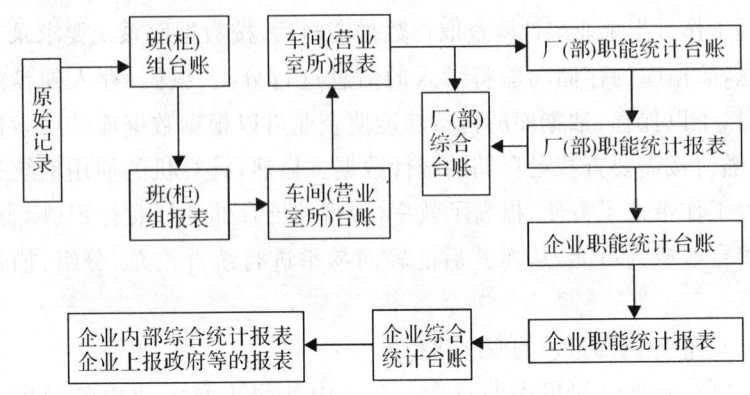

图1-6 企业经济统计调查、整理技术流程图

本 章 小 结

统计的含义,即:统计工作、统计资料和统计学。三者之间关系:统计工作与统计资料是过程与成果的关系,统计学与统计工作是理论与实践的关系。

统计学则是一门关于研究客观事物数量方面和数量关系的方法论科学。

企业经济统计学是把统计学的基本理论方法与工业、商业、房地产、金融等企业融为一体的一门方法论学科。

企业经济统计学的研究对象是:在社会主义市场经济条件下,研究企业经济现象总体的数量方面和数量关系,反映企业经济现象的发展过程及其规律性。

企业经济统计学研究对象的特点:数量性、具体性、总体性。

企业经济统计学的性质是:从总体数量方面研究市场经济条件下企业生产经营活动的情况、过程和效果的一门方法论科学。

企业经济统计学的研究方法:大量观察法、统计分组法、统计描述法、统计推断法。

企业经济统计学中几个基本概念:统计总体、总体单位、标志、统计指标、指标体系

企业经济统计的职能:是信息、咨询和监督职能。

综合统计部门的职责:设置企业内部统计信息系统、建立完善的企业经济信息网络、设计企业统计工作整体方案、履行对企业最高决策领导层直接负责的职责、遵守统计法规、履行上报义务、培训统计人员,提高统计素质。

练习与思考

一、单选题

1. 统计学是一门关于研究客观事物数量方面和数量关系的(   )。
   A. 自然科学　　　　　　B. 社会科学
   C. 实质性科学　　　　　D. 方法论科学

2. 企业经济统计学的研究对象是在社会主义市场经济条件下,研究企业经济现象总体的(   ),反映企业经济现象的发展过程及其规律性。
   A. 数量方面和数量关系　B. 统计方法
   C. 内部结构　　　　　　D. 比例关系

3. 设某地区有100家独立核算的生产企业,要研究这些企业的产品生产情况,总体单位是(   )。
   A. 每个生产企业　　　　B. 100家生产企业
   C. 每一件产品　　　　　D. 全部产品

4. 以产品等级来反映某种产品的质量,则该产品等级是(   )。
   A. 数量标志　　　　　　B. 数量指标
   C. 品质标志　　　　　　D. 质量指标

5. 下述调查属于全面调查的是(   )。

A. 对一批出口彩电的质量进行抽测

B. 全国人口普查

C. 就全国钢铁生产中的重点单位进行调查

D. 到某地区了解下岗职工情况

二、多选题

1. 统计学作为一门方法论的科学,它可以应用到(　　)。

   A. 社会领域　　　　　　B. 经济领域

   C. 自然领域　　　　　　D. 政府领域

   E. 艺术领域

2. 某公司所属5个企业作为一个总体,5个企业的职工人数分别为700人、850人、930人、1 050人、1 280人,这几个职工人数的数据是(　　)。

   A. 指标　　　　　　　　B. 标志值

   C. 变量　　　　　　　　D. 变量值

3. 企业经济统计的职能是(　　)。

   A. 信息　　　　　　　　B. 核算

   C. 咨询　　　　　　　　D. 分析

   E. 监督

4. 对某生产小组日产量按完成产品件数分组,分2、3、4、5、6件五个组,汇总各组工人数形成的数列是(　　)。

   A. 分配数列　　　　　　B. 变量数列

   C. 单项式数列　　　　　D. 组距式数列

   E. 等距数列

5. 指出下列分组哪些是按数量标志分组。(　　)

   A. 人口按性别分组　　　B. 企业按产值多少分组

   C. 家庭按收入水平分组

   D. 从业人口按文化程度分组

第一章 总 论

三、判断题

1. 所谓"上组限不在内"的原则,是对连续变量分组采用重合组限时,习惯上规定一般只包括本组下限变量值的单位,而当个体的变量值恰为组的上限是时,不包括在本组。 ( )

2. 在统计调查过程中所采用的大量观察法,必须对研究对象的所有单位进行调查。 ( )

3. 总体的同质性是指总体中的各个单位在所有标志上都相同。 ( )

4. 全国人口普查的总体单位是户。 ( )

5. 要了解一个企业的产品生产情况,总体单位是每一件产品。 ( )

6. 品质标志和质量指标一般都不能用数值表示。 ( )

7. 所有的统计指标和可变的数量标志都是变量。 ( )

8. 重点调查是一次性的全面调查。 ( )

9. 能够对统计总体进行分组,是由统计总体中各个单位所具有的差异性特点决定的。 ( )

10. 统计表的主词是说明总体的各种指标。 ( )

四、计算题

1. 某车间30名工人,某月完成生产定额百分比(%)情况如下:

90.5 97.0 103.5 116.5 118.2 83.5 99.7 105.2
108.6 102.7 107.1 109.8 114.5 123.7 94.5 88.6 120.4
131.5 129.5 106.3 96.3 100.0 110.0 100.4 101.6 104.5
108.7 113.8 125.6 128.1

根据上述资料,试编制组距变量数列,并用统计表列出各组比重。

2. 某班学生统计课考试成绩如表1-11所示。要求根据表中资料计算相应的数据,并填入表中空格内。

表 1-11

某班学生统计课考试成绩表

按考分分组（分）	组中值（分）	学生人数（人）	频率（%）	累计次数（人）		累计频率（%）	
				向上累计	向下累计	向上累计	向下累计
60以下		4					
60～70		10					
70～80		18					
80～90		20					
90～100		6					
合　计		58					

3. 某企业40名员工的某月生产产品资料如下（单位为件）：

1 140　1 056　1 176　1 125　1 146　1 188　1 164　1 110　1 170
1 107　1 149　1 182　1 101　1 092　1 083　1 164　1 089　1 134
1 149　1 143　1 155　1 125　1 143　1 119　1 191　1 227　1 110
1 155　1 185　1 164　1 194　1 134　1 215　1 194　1 128　1 200
1 074　1 224　1 167　1 092

要求根据上述资料，编制等距数列（以1 050～1 080件为第一组）和次数分布表，计算组中值、员工数、频率、累计次数及累计频率，并作直方图、折线图、累计分布曲线图。

五、思考题

1. "统计"的含义是什么？相互间具有什么关系？
2. 企业经济统计学有哪些研究方法？
3. 举例说明统计总体、总体单位、标志、指标、指标体系。说明标志、指标的区别与联系。
4. 企业综合统计部门的职责是什么？

5. 什么是统计调查？对统计调查有何基本要求？
6. 统计调查方案应包括哪些内容？简述统计资料来源渠道。
7. 什么是统计整理？统计整理工作一般要经过哪些步骤？

第二章 综合指标的计算和应用

本章主要介绍用来说明社会经济现象总体的特征,反映其数量、数量关系和一般水平的综合性指标,即综合指标。从其表现形式看,归为三类:总量指标、相对指标和平均指标。

在企业经济统计中,随着对经济现象和过程认识广度和深度的不断提高,需要设计和构造各种综合指标和指标体系,或是用于描述,或是用于评价和监测。要求掌握指标的计算方法、应用范围,与怎样运用指标对经济现象总体的数据进行定量描述。

第一节 总量指标和相对指标

一、总量指标

(一) 总量指标的概念和作用

总量指标是用来表明在一定时间、地点、条件下某种社会经济现象的总体规模(总量)或水平的综合指标,又称统计绝对数。例如,工业企业的产品产量、增加值,银行的现金收入总额、现金的支出总额等,都是总量指标。

总量指标是统计中最基本的指标,这是因为任何经济分析研究工作都是从掌握统计总量开始的。总量指标作用表现为:① 它是认识社会经济现象的起点,是正确认识国情国力的起点。② 它是实现宏观经济调控和企业经营管理的基本指标,为经济管理提供依据。③它是计算其他统计指标的基础。

(二) 总量指标的种类

1. 按反映总体内容不同,分为总体单位总量和总体标志总量

(1) 总体单位总量:是用来反映总体单位数多少的总量指标。

(2) 总体标志总量:是用来反映总体单位某一数量标志值总和的总量指标。

例如:被研究总体是一家商店,这家商店的职工数就是总体单位总量,该商店的商品零售总额、全部职工的工资就是总体标志总量。总体单位总量指标和总体标志总量指标的地位随着统计研究目的变动而不同。如在测定某证券公司员工的计算机应用能力考核平均等级时,员工总数是总体单位总量;当计算该公司每个部门的平均员工人数时,员工总数又成为总体标志总量。

2. 按反映时间状况不同,分为时期指标和时点指标

(1) 时期指标:是反映总体在一段时期内活动过程的总量指标,是对现象进行连续登记取得的。其特点是:数字的大小不仅同时期长短有直接的关系,而且不同时期的数字可以相加,如产量、产值等。

(2) 时点指标:是反映总体在某一时刻(瞬间)上状况的总量指标,是对现象进行一次性登记取得的。其特点是:数字的大小同时间长短无直接关系,而且不同时间上的数字相加起来是没有意义的,如期末职工人数、期初结余商品可供量等。

(三) 总量指标的计算

1. 总量指标的计量单位

(1) 实物单位:是根据事物的自然属性和特点而采用的。实物单位包括自然单位、物理量单位、度量衡单位、标准实物单位。自然单位是按照事物的自然状况计算的数量单位,如汽车的单位为"辆"、计算机的单位为"台"等。物理量单位如发动机功率的单位为千瓦(kw),电力单位千瓦·时(kw·h)等。度量衡单位有实物的长度、面积与重量,纺织品用米(m),钢铁用吨(t)等。实际工作中还经常用标准实物单位计量,它是按照统一折算系数,把不同实物量换成标准实物量所使用的单

位进行计量,可以更加准确地反映产品的使用价值量。例如,10吨含氮80%的化肥与10吨含氮100%的化肥不能简单加总成20吨化肥,若按含氮100%的标准把不同含氮量的化肥进行折算,则10吨含氮80%的化肥就可折合成8吨标准化肥,这样合计为18吨含氮100%的标准化肥。

(2) 价值单位:是以货币作为计量单位,如工资总额、产品成本、利润总额等。用价值单位计量总量指标能将任何种类、用途的产品或商品数量加总。

(3) 劳动时间单位:是以劳动时间作为计量单位,用工日、工时等表示。企业根据具体条件制定了生产单位产品或完成单位作业量所需要的时间标准,即工时定额。用劳动时间单位计量的优点是:可以把不同种类、规格的产品产量或作业量进行加总。

用实物单位计算的总量指标称为实物指标,它能直接反映产品的使用价值和现象的具体内容;以劳动时间单位计算的总量指标称为劳动量或工作量指标,它主要适用于企业内部及同行业对比分析;以价值单位计算的总量指标称为价值指标,它可以反映现象的总规模和总水平,具有广泛的适用性。

2. 总量指标的计算方法

一种是根据统计调查登记的资料进行汇总;另一种是根据社会经济现象之间的各种关系进行推算(统计估算)。

二、相对指标

(一) 相对指标的概念、表现形式和作用

相对指标是两个相互联系的指标对比计算的,反映社会经济现象之间数量联系程度的综合指标。

相对指标有两种表现形式:无名数和有名数。无名数是一种抽象化的无量纲数。如系数、倍数、成数、百分数或千分数。有名数是将相对指标中的分子与分母指标的计算单位同时使用,是一种复合单位。

如人口密度，以人/平方公里表示等。

相对指标的作用是：① 能够反映现象的相对水平、普遍程度、比例关系、内部结构等。如计算一个地区第一、第二、第三产业的比例，可以说明该地区社会经济现代化的程度。② 可以使一些不能直接对比的现象找到共同的比较基础，从而判断事物之间的差别程度。如用各自的计划完成程度、资金利润率、资金产值率、发展速度等相对指标进行比较，能合理评价其生产经营的结果。③ 说明现象的相对水平，表明现象的发展过程和程度，反映事物发展变化的趋势。例如，计算人均国民收入、人均钢铁产量等相对指标，可以反映一个国家或地区的国情国力，表明经济实力的相对水平；用发展速度可以揭示经济发展变化的趋势和方向等。

（二）相对指标的种类、计算

相对指标可以分为：计划完成程度相对指标、结构相对指标、比例相对指标、比较相对指标、动态相对指标和强度相对指标。

1. 计划完成程度相对指标的计算

计划完成程度相对指标是以实际完成数值与同期计划任务对比，用以表明计划完成程度的综合指标，或称计划完成率。通常用百分数表示，计算公式为：

$$\text{计划完成程度相对指标} = \frac{\text{实际完成数}}{\text{计划任务数}} \times 100\%$$

根据计划数本身的特点，分为如下五种形式：总量指标、平均指标、相对指标、最低限额和最高限额，按其表现的不同形式应分别采用不同的检查方法。

在实际工作中，对中长期计划完成情况的分析，根据计划指标的性质不同又分为两种：即水平法和累计法。水平法指以计划期末水平为考核对象的，适用于反映生产能力的总量指标，如钢铁产量等。累计法是以计划期内各年的累计总和为考核对象的，适用于反映国民财产存量的经济指标，如固定资产总额。

例 2.1 某企业计划要求月工人劳动生产率达到 16 000 元/人,某种产品的计划单位成本为 200 元,该企业实际的工人劳动生产率达到 20 000元/人,某种产品的实际单位成本为 180 元。他们的计划完成程度指标如下:

$$\text{劳动生产率计划完成相对指标} = \frac{20\ 000}{16\ 000} \times 100\% = 125\%$$

$$\text{单位成本计划完成相对指标} = \frac{180}{200} \times 100\% = 90\%$$

计算结果表明该企业劳动生产率实际比计划提高 25%,单位成本实际比计划降低 10%。

计划数作为最低限额提出时,如销售产值、劳动生产率、利润总额等,这些指标的计划完成程度大于 100% 为好,其超过 100% 的部分,表示超额完成计划的程度,该指标为正指标。计划数作为最高限额提出时,如单位产品成本、单位产品原材料消耗量等,这些指标的计划完成程度低于 100% 为好,其低于 100% 的部分,表示超额完成计划的程度。该指标为逆指标。

2. 结构相对指标的计算

结构相对指标是以总体中的某部分数值与总体数值对比求得比重或比率,来反映总体内部组成状况和特征的综合指标。通常用百分数表示,其计算公式如下:

$$\text{结构相对指标} = \frac{\text{总体部分数值}}{\text{总体全部数值}} \times 100\%$$

3. 比例相对指标的计算

比例相对指标是将总体内不同部分的指标数值对比得到的综合指标,它表明总体内各部分之间的比例关系。通常用系数表示,其计算公式如下:

$$\text{比例相对指标} = \frac{\text{总体中某一部分的指标数值}}{\text{总体中另一部分的指标数值}}$$

例如,男、女性别比例表现为 1.05∶1 是比例相对指标;而人口数中男、女分别占 51.3% 与 48.7% 是结构相对指标。

4. 比较相对指标的计算

比较相对指标是将两个性质相同的指标作静态对比得出的综合指标,它表明同类事物在不同空间条件下的数量对比关系。通常用倍数或百分数表示,其计算公式如下:

$$\text{比较相对指标} = \frac{\text{某条件下的某项指标数值}}{\text{另一条件下的同项指标数值}}$$

例 2.2 2014 年底上海市中心房价 6 万元/平方米,同期在上海外环线外房价 1.8 万元/平方米。

$$\text{比较相对指标} = \frac{60\ 000}{18\ 000} = 3.33(\text{倍})$$

上例比较结果表明,市中心房价为环线外房价的 3.33 倍,说明市中心房屋比环线外的房屋含金量高。

5. 动态相对指标的计算

动态相对指标是不同时期同类指标对比所得的综合指标,它说明经济现象在时间上的运动、发展和变化。通常用百分数或倍数表示,其计算公式如下:

$$\text{动态相对指标} = \frac{\text{报告期指标}}{\text{基期指标}} \times 100\%$$

例 2.3 某贸易公司,2013 年 2 月份销售的别克凯越系列三厢 1.6ATLE 自动挡豪华轿车销售价格为 15.08 万元/辆,同年 3 月份销售价格调整为 13.78 万元/辆。

$$\text{动态相对指标} = \frac{13.78}{15.08} \times 100\% = 91.38\%$$

说明该轿车每辆销售价格 3 月份比 2 月份下降了 8.62%。

动态相对指标在统计分析中用途广泛,将在本书第六章中详细论述。

6. 强度相对指标的计算

强度相对指标是两个性质不同,但有一定联系的总量指标相互对比,用以说明现象的密度、强度和普遍程度的综合指标。一般用复名数表示,通常有正指标和逆指标之分,其计算公式如下:

$$强度相对指标=\frac{某一总量指标数值}{另一个有联系而性质不同的总量指标数值}$$

例 2.4 某市截至 2015 年 6 月底,居民安装宽带总数达 460 万户,该市居民总户数为 500 万户。

$$\frac{每百户居民}{拥有宽带户数}=\frac{460}{500\div 100}=92(户/百户)$$

该市每百户居民拥有宽带户数 92 户,说明拥有宽带的普遍程度(普及率)。

强度相对指标还用于反映企业的经济效益,如资金利税率、资金产值率等。

(三) 正确运用相对指标的原则

1. 保持对比双方的可比性

可比性是指比的结果,即比值或比率要有实际的经济意义和符合研究的目的。对比双方,即分子指标和分母指标是否有可比性。例如,计算动态相对数必须是同类现象在不同时期的比较;计算强度相对数必须是有联系的两个总体指标。否则,便会失去相对数的实际意义。所以在计算和应用相对数时,必须注意检查指标的涵义、范围、时间、地点和计算方法是否可比。对于国与国之间的有关指标对比,尤其要注意历史发展的具体条件。

2. 相对指标要和总量指标结合运用

相对指标一般是两个总量指标对比的结果,这种对比产生的倍数、百分数、千分数等,把原来总量指标的经济内容抽象化了,有时仅用相对指标不但不能说明问题,反而会产生错觉。例如,某上市公司公布 2004 年利润增长 100%,感觉相当不错,经过仔细了解,发现该公司去年每股利润0.01元,今年每股利润仅增加0.01元。因此,必须把相对指标和总量指标结合起来运用,才能准确地反映经济现象本来的面貌和实质。

3. 多种相对指标结合应用

一种相对指标只能从一个角度出发,反映经济现象的某一个侧面。对于比较复杂的经济现象,应采用多种相对指标,便于更全面、深刻地说明问题。例如,将动态相对指标和强度相对指标结合起来计算企业生产经营的发展速度和经济效益状况等。

第二节 平 均 指 标

一、平均指标的概念和种类

平均指标亦称平均数,是社会经济统计广泛应用的一种综合指标,它表明同类现象在一定时间、地点、条件下所达到的一般水平,是总体内各单位参差不齐的标志值的代表值。

平均指标固然决定于总体内各单位个体的水平,但它反映的是总体的数量特征,是总体变量分布的一个重要特征值。无论是自然现象或社会经济现象,很多变量的分布都表现为接近平均数的标志值居多,远离平均数的标志值较少,也即多数标志值以平均数为中心密集地分布在它的两侧,呈现出向心力作用下的集中趋势。因此,平均指标也是对变量分布集中趋势的测定,反映分布集中趋势的特征。

常用的平均指标主要有算术平均数、调和平均数、几何平均数、众数和中位数等五种。下面分别加以叙述。

二、平均指标的计算方法

(一)算术平均数

算术平均数是应用最广泛的一种平均数。其基本计算公式如下:

$$算术平均数 = \frac{总体标志总量}{总体单位数}$$

算术平均数可分为简单算术平均数和加权算术平均数。

1. 简单算术平均数

简单算术平均数就是直接将总体中某一数量标志的各个数值加以平均。在资料未经任何分组整理与加工的情况下应用。其计算公式如下：

$$\bar{x} = \frac{x_1 + x_2 + \cdots + x_n}{n} = \frac{\sum x}{n}$$

式中　$\bar{x}$——算术平均数；

　　　$\sum$——总和符号；

　　　x——各个体标志值(变量)；

　　　n——个体总量(或变量的项数)。

例 2.5　某生产小组有 10 名工人，日产零件分别为：40、40、35、31、28、56、40、35、44、31 件，则该组 10 名工人平均每人日产量如下：

$$平均每人日产量 = \frac{(40+40+35+31+28+56+40+35+44+31)}{10} = 38(件/人)$$

2. 加权算术平均数

当资料已经分组，按标志值得出次数分配的情况下，应采用加权算术平均数的形式。即先将各组的标志值(变量值)与其相应的次数相乘，求出各组的标志总量，再把各组的标志总量相加，求出总体的标志总量，再除以总次数，按这种方法计算的平均数叫加权算术平均数。加权算术平均数适用于已经分组的统计资料。计算公式如下：

$$\bar{x} = \frac{x_1 f_1 + x_2 f_2 + \cdots + x_n f_n}{f_1 + f_2 + \cdots + f_n} = \frac{\sum xf}{\sum f}$$

式中　$\bar{x}$——加权算术平均数；

　　　x——各组标志值；

　　　f——次数(单位数)；

　　　$\sum$——总和符号。

例 2.6 某生产小组日产量资料如表 2-1 所示,计算该小组工人平均日产量。

表 2-1

某生产小组日产量加权算术平均数计算表

日产量分组(件)x	工人人数(人)f	每组工人产量数(件)xf
13	2	26
14	4	56
15	4	60
16	6	96
17	4	68
合　计	20	306

该生产小组工人的平均日产量如下:

$$\bar{x}=\frac{\sum xf}{\sum f}=\frac{306}{20}=15.3(件/人)$$

从上式可看出,次数对决定平均数有重要作用。一般情况下,平均数倾向于拥有较多次数的标志值一方。因为各组次数对平均数大小有权衡轻重作用。因此,在统计中通常把它叫做权数。这里所谓权数的大小,并不是以权数本身数值大小而言,而是指各组单位数占总体单位数的比重,即权数,对前面的公式作变换,就可以清楚地看到:

$$\bar{x}=x_1\cdot\frac{f_1}{\sum f}+x_2\cdot\frac{f_2}{\sum f}+\cdots+x_n\cdot\frac{f_n}{\sum f}=\sum x\cdot\frac{f}{\sum f}$$

当已知条件是组距式分组资料,在计算加权算术平均数时,应首先计算各组的组中值,而用组中值作为变量值是以每一组内各单位的标志值分布是均匀的为前提,因此,它本身具有一定的假定性。

例 2.7 某厂一车间的职工月工资资料如表 2-2 所示。

表2-2

某厂一车间职工工资加权算术平均数计算表

按月工资额分组 (元)	职工人数 (人)f	组中值 (元)x	各组职工工资总额 (元)xf
6 000以下	10	5 000	50 000
6 000~8 000	20	7 000	140 000
8 000~10 000	35	9 000	315 000
10 000~12 000	25	11 000	275 000
12 000以上	10	13 000	130 000
合 计	100	—	910 000

平均工资:即

$$\bar{x}=\frac{\sum xf}{\sum f}=\frac{910\,000}{100}=9\,100(元)$$

用组距数列的组中值计算的平均数是一个近似值。事实上,标志值在组内往往分布是不均匀的,各组标志值的实际平均数常常偏离组中值。不过,一般来讲这种差别是有限的,它不致太大影响算术平均数的正确性。

(二)调和平均数

调和平均数由于所给资料的具体内容不同,可分为简单调和平均数和加权调和平均数。

1. 简单调和平均数

简单调和平均数是各个标志值倒数的算术平均数的倒数。其计算公式如下:

$$\bar{x}_H=\frac{1}{\frac{\frac{1}{x_1}+\frac{1}{x_2}+\cdots+\frac{1}{x_n}}{n}}=\frac{n}{\frac{1}{x_1}+\frac{1}{x_2}+\cdots+\frac{1}{x_n}}=\frac{n}{\sum\frac{1}{x}}$$

式中 $\bar{x}_H$——调和平均数;

x——各个体标志值(变量);

n——标志值(变量)个数。

例 2.8 甲、乙两个工人,甲制造一个零件用 4 分钟,乙制造一个零件用 6 分钟。试计算在一段时间内平均生产一个零件用多少时间?

$$\bar{x}_H = \frac{n}{\sum \frac{1}{x}} = \frac{1+1}{\frac{1}{4}+\frac{1}{6}} = 4.8(\text{分钟})$$

即平均 4.8 分钟生产一个零件。

2. 加权调和平均数

简单调和平均数是在各变量值对平均数起同等作用条件下应用的,若各变量值对平均数起的作用大小不同,则应以标志总量为权数,计算加权调和平均数。其公式如下:

$$\bar{x}_H = \frac{M_1+M_2+\cdots+M_n}{\frac{M_1}{x_1}+\frac{M_2}{x_2}+\cdots+\frac{M_n}{x_n}} = \frac{\sum m}{\sum \frac{m}{x}}$$

式中 m——各组的标志总量。

例 2.9 某公司本月购进某材料四批,每批价格以及采购金额如表 2-3 所示,求这四批材料的平均价格。

表 2-3

某公司购进材料价格调和平均数计算表

	价格(元/千克)x	采购金额(元)m	采购量(千克)$\frac{m}{x}$
第 1 批	35	10 000	286
第 2 批	40	20 000	500
第 3 批	45	15 000	330
第 4 批	50	5 000	100
合　计	—	50 000	1 216

平均每千克价格如下:

$$\bar{x}_H = \frac{\sum m}{\sum \frac{m}{x}} = \frac{50\ 000}{1\ 216} = 41.12(\text{元})$$

故某公司购进四批材料平均每千克价格为 41.12 元。

根据不同资料,采取加权调和平均数与加权算术平均数计算方法,其结果是完全一致的。实际上加权调和平均数是加权算术平均数的变形。在加权调和平均数公式中,m 作为权数,因为 $m = xf$,所以两个公式的关系为:

$$\frac{\sum m}{\sum \frac{m}{x}} = \frac{\sum xf}{\sum \frac{xf}{x}} = \frac{\sum xf}{\sum f}$$

可见,以各组标志总量加权计算的调和平均数和以各组单位数加权计算的算术平均数实质上是相同的,只是由于所掌握的资料不同,所以采用不同的计算公式。

在实际工作中,如果掌握了各组标志值和各组单位数,应采用算术平均数公式计算平均指标;如果掌握了各组标志值和各组标志总量,而未掌握各组单位数时,就应采用调和平均数公式计算平均指标。

(三) 几何平均数

1. 几何平均数的概念和计算方法

几何平均数是 n 个不同数值的连乘积开 n 次方,其方根为这 n 个数值的几何平均数。计算公式如下:

$$\bar{x}_G = \sqrt[n]{x_1 \cdot x_2 \cdot \cdots \cdot x_n} = \sqrt[n]{\prod_{i=1}^{n} x_i}$$

式中 $\bar{x}_G$ ——几何平均数;

x_i ——各个变量值,$i = 1, 2, \cdots, n$;

$\prod$ ——连乘符号。

例 2.10 某机械厂有毛坯、粗加工、精加工、装配车间四个流水作业的车间。本月份一、二、三、四车间制品合格率分别为:95%、92%、90%、85%,计算平均车间产品合格率。

此题不能采用算术平均数或调和平均数计算,因为二车间的合格率是在一车间制品全部合格的基础上计算的,三车间的合格率又在一、二车间制品全部合格的基础上计算。全厂产品的总合格率等于各车间合格率的连乘积,所以应采用几何平均数计算车间平均合格率。

$$\text{车间平均合格率}(\bar{x}_G) = \sqrt[n]{\prod_{i=1}^{n} x_i} = \sqrt[4]{95\% \times 92\% \times 90\% \times 85\%}$$
$$= 90.43\%$$

例 2.11 某投资银行对某项目进行投资,年利率按复利计算,投资 25 年的年利率分配是:有 1 年为 3%,有 4 年为 5%,有 8 年为 8%,有 10 年为 10%,有 2 年为 15%,要求计算这 25 年的年平均利率。

因为总的年本利率不等于各年本利率之和,而等于各年本利率的连乘积,因此,也应采用几何平均数的计算方法计算年均本利率。

$$\text{年平均本利率}(\bar{x}_G) = \sqrt[25]{(103\%)^1 \times (105\%)^4 \times (108\%)^8 \times (110\%)^{10} \times (115\%)^2}$$
$$= 108.65\%$$

所以,年平均利率 $= 108.65\% - 100\% = 8.65\%$。

几何平均数在实际应用中有很多限制,如被平均的变量值中有一个为零,就不能计算几何平均数;如变量为负值,开奇次根会形成虚根,失去意义等。因此几何平均数的应用范围比算术平均法较窄。

算术平均、调和平均和几何平均是三种不同的平均方法,对同一资料用这三种方法计算的平均数必然不相同。可以证明,它们之间的关系是:$\bar{x} > \bar{x}_G > \bar{x}_H$。

2. 几何平均数的用途

几何平均数在统计分析时,主要应用在动态数列中求平均发展速度、平均递增率(递减率),此内容将在时间序列分析一章中详细介绍。

(四)中位数

中位数是指总体中某一数量标志的各个变量值按大小次序排列后,位于中间的标志数值。例如,某工人小组 5 名工人的日产量(单位为件),按大小顺序排列为:2、4、6、8、12。中间数 6 件,即为 5 名工人日产量的中位数。所以,它也是一个反映标志值一般水平的指标。

根据未分组的资料确定中位数,方法比较简单,办法是先把各个数值按大小顺序排列好,而后用下式确定:

$$中位数位置 = \frac{n+1}{2}$$

式中　n——标志数值的项数。

如变量值项数为奇数,居中间位置的那个变量值就是中位数;如果变量值项数为偶数,居中间位置的两个变量值的算术平均数即为中位数。

在分组资料时确定中位数,比较复杂,应先确定中位数所处的位置:

$$中位数位置 = \frac{\sum f}{2}$$

式中　$\sum f$——总次数。

然后找出中位数所在组,再计算中位数的近似值。

例 2.12　现以表 2-4 组距资料为例,说明中位数的计算过程。

表 2-4

某股份有限公司员工数与人均日产量表

人均日产量 (件)	员工数(人)	累计次数(人)	
		向上累计	向下累计
10~20	80	80	1 570
20~30	240	320	1 490
30~40	900	1 220	1 250
40~50	200	1 420	350
50~60	100	1 520	150
60~70	50	1 570	50
合　计	1 570	—	—

$$中位数位置 = \frac{1\,570}{2} = 785(人)$$

中位数位置 785 人包含在累计数 1 220 人内,中位数则在 30～40 件这一组内。

在组距数列中求中位数的方法,是假定次数在组内分配是均匀的,用比例法求出中位数的近似值。根据组距数列求中位数,也有下限公式和上限公式两种。

下限公式

$$M_e = L + \frac{\frac{\sum f}{2} - S_{m-1}}{f_m} \times i$$

上限公式

$$M_e = U - \frac{\frac{\sum f}{2} - S_{m+1}}{f_m} \times i$$

式中　M_e——中位数；

　　　L——中位数所在组的下限；

　　　U——中位数所在组的上限；

　　　f_m——中位数所在组的次数；

　　　$\sum f$——各组次数的总和；

　　　S_{m-1}——中位数所在组前一组的累计次数(按向上累计计算)；

　　　S_{m+1}——中位数所在组前一组的累计次数(按向下累计计算)；

　　　i——中位数所在组的组距。

将表 2-4 中的数据代入算式,可得:

$$M_e = 30 + \frac{1\,570 \div 2 - 320}{900} \times 10 = 35.17(件)$$

$$M_e = 40 - \frac{1\,570 \div 2 - 350}{900} \times 10 = 35.17(件)$$

中位数的用途:它不受极端值的影响,当总体存在极端值的情况下,中位数比算术平均数更能代表标志值一般水平。

(五) 众数

众数是一种位置平均数,是指总体中次数出现最多的标志数值。它能够鲜明地反映数据分布的集中趋势。例如,集市贸易某种蔬菜的成交价格(单位为元):0.8、0.9、0.9、1.0、1.2、1.2、1.2、1.5、1.5、1.6、1.2 元的为最多,1.2 元就是众数。在一数列中,如果各个数值出现的次数相同,这时数列不存在众数;如果有两个数出现的次数最多,而且相同,这时数列具有复众数。在实际工作中,常用众数代替平均数来说明现象的一般水平。

根据单项变量数列确定众数比较容易,次数出现最多的数值就是众数。根据组距数列确定众数,通常是利用插补法来确定众数的近似值。按插补法确定众数,有如下两个公式:

下限公式

$$M_0 = L + \frac{f - f_{-1}}{(f - f_{-1}) + (f - f_{+1})} \times i$$

上限公式

$$M_0 = U - \frac{f - f_{+1}}{(f - f_{-1}) + (f - f_{+1})} \times i$$

式中　M_0——众数;

　　　L——众数所在组的下限;

　　　U——众数所在组的上限;

　　　f——众数所在组的次数;

　　　f_{-1}——众数所在组前一组的次数;

　　　f_{+1}——众数所在组后一组的次数;

　　　i——组距。

例 2.13　现以表 2-4 例,计算某股份有限公司员工人均日产量众数。

从表中可以看出:人均日产量在 30~40 件的人数为 900 人,此组即为众数组。

将表中数字代入上述公式中,即得:

$$M_0 = 30 + \frac{900-240}{(900-240)+(900-200)} \times 10 = 34.85(件)$$

$$M_0 = 40 - \frac{900-200}{(900-240)+(900-200)} \times 10 = 34.85(件)$$

众数的主要用途:在有些不具备计算算术平均数的情况下,可以用众数代替算术平均数。如要了解市场的某种产品的平均成交价格,一般情况,各种成交价格易得,而成交量难求,因此计算算术平均数有困难。但要掌握最多最普遍的成交价和成交量容易,这个成交价就是众数,可作为这种产品的一般价格。

三、算术平均数、中位数和众数之间的关系

如前所述,算术平均数是根据总体中全部数值计算的,受极端数值的影响;中位数和众数是由所处位置确定的,不受极端数值的影响。因此,当总体呈对称形分布(即正态分布)时,算术平均数处于数列的中点位置,则算术平均数与中位数相等,即 $\bar{x} = M_e$。这时的算术平均数也是分布次数最多的数值,则算术平均数等于众数,即 $\bar{x} = M_0$。所以,正态分布条件下,如图2-1所示。

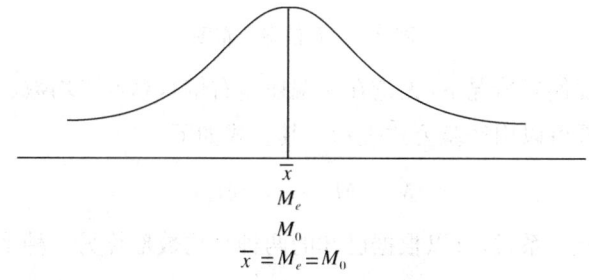

图 2-1 正态分布图

在偏态分布情况下,极端数值会将算术平均数拉向极端数值一方,使算术平均数远离众数,中位数也远离众数。

当总体呈左偏态分布时,算术平均数最小,中位数居中,众数最大,即 $\bar{x}<M_e<M_0$,如图 2-2 所示。

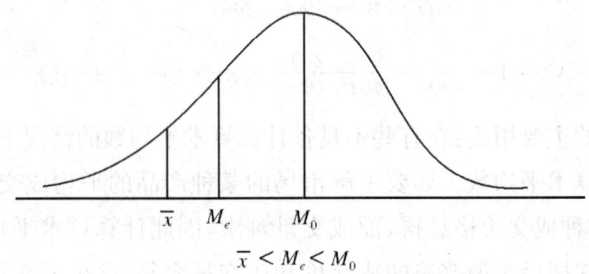

$\bar{x}<M_e<M_0$

图 2-2　左偏态分布图

当总体呈右偏态分布时,算术平均数最大,中位数居中,众数最小,即 $M_0<M_e<\bar{x}$,如图 2-3 所示。

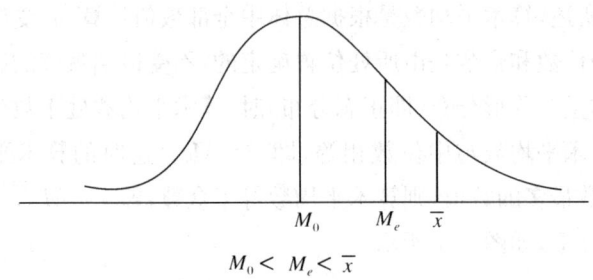

$M_0<M_e<\bar{x}$

图 2-3　右偏态分布图

在轻度偏斜情况下(无论在左偏还是右偏),算术平均数、中位数和众数的关系可以用经验公式表示。其公式如下:

$$M_e-M_0=2(\bar{x}-M_e)$$

利用此关系式,可以根据已知的两种平均数推算另一种平均数。即:

$$M_0=3M_e-2\bar{x} \qquad M_e=\frac{M_0+2\bar{x}}{3} \qquad \bar{x}=\frac{3M_e-M_0}{2}$$

例 2.14　根据某民营高科技企业员工的工资抽样调查资料,计算得到算术平均数为 8 500 元,工资大于中位数 8 800 元的人数占有 50%,试推算众数为多少？分布如何？

解：

$$M_0 = 3M_e - 2\bar{x} = 3 \times 8\,800 - 2 \times 8\,500 = 9\,400(元)$$

说明该民营高科技企业员工的工资分布呈左偏态,多数员工工资高于算术平均数。

第三节 标志变异指标

一、标志变异指标的概念和作用

（一）标志变异指标的概念

标志变异指标是反映总体单位标志值分布特征的另一个重要的综合指标,它反映着总体各单位标志值的差异程度,即反映分布数列中各标志值的变动范围或离散程度,因此也称其为标志变动度。

平均指标的特点之一是把总体各单位指标值的差异抽象化了,从而反映总体各单位标志值一般水平和集中趋势。但是,它无法了解总体各单位标志值的差异情况和离散程度,为了解决这一问题,有必要计算标志变异指标。

（二）标志变异指标的作用

1. 标志变异指标可以表明平均数的代表性

标志变异程度大,该分布的平均数代表性就差；标志变异程度小,该分布的平均数代表性就好。

例 2.15 有甲、乙两个生产组,各有 5 名工人,日产零件数如下：

甲组为：10、11、12、13、14 件；

乙组为：7、9、12、15、17 件。

两组平均日产零件都是 12 件。但是两组的变异程度不同,甲组平均日产量代表性好,乙组平均日产量代表性差,说明甲组比乙组的标志变异指标小。

2. 标志变异指标是反映社会经济活动过程均衡性的一个重要指标

变异指标小,说明社会经济活动过程均衡。

3. 计算标志变异指标确定推断的准确程度

如在抽样调查中,根据样本指标来推断总体指标,只有计算标志变异指标,才能确定推断的准确程度及误差大小。

二、标志变异指标的计算(测定)及其应用

在统计中,测定标志变异指标常用的有:变异全距、平均差、标准差、方差和离散系数。

（一）变异全距

变异全距是总体各单位标志中最大值与最小值之差,又称极差。通常以 R 表示变异全距,即

$$R = 最大标志值 - 最小标志值$$

对于组距数列,则变异全距为:

$$R = 最高组的上限 - 最低组的下限$$

变异全距的计算虽然方法简单明了,反映总体分布的离散程度简便,在工业产品质量的统计检查方面,常用于检查工业产品质量的稳定性或进行质量控制。在某种情况下,如果仅希望得知极端离散的范围时,不失为一个比较适用的指标。但是,它只考虑两极端值的大小差异,说明变量值的变动范围,未能顾及中间各个数值,从而不能说明标志在这个范围内的变异程度。

例2.16 设有甲、乙两个生产班组各有10名工人,日产零件数如下:

甲组为:10、20、30、40、50、60、70、80、90、100 件;

乙组为:10、55、55、55、55、55、55、55、55、100 件。

两个组的平均数相等(55件),变异全距相等(90件)(即100－10),但是两个组差异程度差别很大。因此,仅依靠变异全距来测定标志变动度是不够的。

(二)平均差

平均差是所有个体标志值与其算术平均数的离差绝对值的算术平均数。由于各标志值与其算术平均数的离差之和等于零[即$\sum(x-\bar{x})=0$]。为了避免这种情况,在计算平均差时,采用离差的绝对值。平均差是根据各单位标志值与算术平均数的离差计算的,因而能较为全面地说明标志的变动程度。离差大,则各标志值的差异大;离差小,则各标志值的差异就小。平均差以 $A.D.$ 表示,在资料未分组时,其计算公式如下:

$$A.D. = \frac{\sum|x-\bar{x}|}{n}$$

例 2.17 现以表 2-5 某车间两个生产小组工人工资资料,说明平均差的计算方法。

表 2-5

工人工资平均差计算表

甲 组			乙 组		
工资(元)	离 差	离差绝对值	工资(元)	离 差	离差绝对值
x	$x-\bar{x}$	$|x-\bar{x}|$	x	$x-\bar{x}$	$|x-\bar{x}|$
8 000	－2 000	2 000	9 000	－1 000	1 000
9 000	－1 000	1 000	9 500	－500	500
10 000	0	0	10 000	0	0
11 000	1 000	1 000	10 500	500	500
12 000	2 000	2 000	11 000	1 000	1 000
合 计	—	6 000	合 计	—	3 000

注:$\bar{x}=10\,000$ 元。

$$A.D._{甲} = \frac{\sum|x-\bar{x}|}{n} = \frac{6\,000}{5} = 1\,200(元)$$

$$A.D._{乙} = \frac{\sum|x-\bar{x}|}{n} = \frac{3\,000}{5} = 600(元)$$

这就是说,在甲、乙两组工人平均工资相等(都等于1 000 元)的情况下,甲组的平均差(120 元)大于乙组的平均差(60 元),因而其平均数的代表性比乙组小。

在资料分组时,平均差的计算公式如下:

$$A.D. = \frac{\sum|x-\bar{x}|f}{\sum f}$$

例 2.18 某车间 64 个工人按日产量分组资料如表 2-6 所示,计算工人日产量的平均差。

表 2-6

工人日产量平均差计算表

工人按日产量分组(件)	工人数 f	组中值 x	离差绝对值 $\lvert x-\bar{x}\rvert$	$\lvert x-\bar{x}\rvert f$
(1)	(2)	(3)	(4)	(5)=(2)×(4)
30~40	4	35	22.81	91.24
40~50	10	45	12.81	128.10
50~60	20	55	2.81	56.20
60~70	24	65	7.19	172.56
70~80	6	75	17.19	103.14
合 计	64	—	—	551.24

注:$\bar{x}=57.81$。

$$A.D. = \frac{551.24}{64} = 8.61(件)$$

平均差反映全部标志值平均的差异,是比变异全距更优良的标志变异指标。但它采取离差的绝对值形式,这给平均差的数学处理带来了麻烦。因此,平均差并不是测定标志变异程度的最好方法。

（三）标准差和方差

标准差是所有个体标志值与平均数离差的平方平均数的平方根,故又称均方差。它的作用与平均差相同,但它采用平方的方法来消除离差的正负号。由于标准差是用离差的平方计算出来的,这就会使离差越大的项,越能明显地表现出来,可降低离差小的项的影响。因而标准差是测定标志变动度的最普遍的方法。标准差的平方即为方差。

未分组资料其计算公式如下：

$$\text{标准差 } \sigma = \sqrt{\frac{\sum(x-\bar{x})^2}{n}} \qquad \text{方差 } \sigma^2 = \frac{\sum(x-\bar{x})^2}{n}$$

分组资料其计算公式如下：

$$\text{标准差 } \sigma = \sqrt{\frac{\sum(x-\bar{x})^2 f}{\sum f}} \qquad \text{方差 } \sigma^2 = \frac{\sum(x-\bar{x})^2 f}{\sum f}$$

例 2.19 用表 2-7 某车间两个生产小组工人工资未分组的资料计算标准差。

表 2-7

工人工资未分组的资料标准差计算表

（单位：元）

甲组 $\bar{x}=10\,000$			乙组 $\bar{x}=10\,000$		
工资	离差	离差平方	工资	离差	离差平方
x	$(x-\bar{x})$	$(x-\bar{x})^2$	x	$(x-\bar{x})$	$(x-\bar{x})^2$
8 000	−2 000	4 000 000	9 000	−1 000	1 000 000
9 000	−1 000	1 000 000	9 500	−500	250 000
10 000	0	0	10 000	0	0
11 000	1 000	1 000 000	10 500	500	250 000
12 000	2 000	4 000 000	11 000	1 000	1 000 000
合　计	—	10 000 000	合　计	—	2 500 000

方差 $\sigma_甲^2 = \dfrac{\sum(x-\bar{x})^2}{n} = \dfrac{10\,000\,000}{5} = 2\,000\,000$

标准方差 $\sigma_甲 = \sqrt{\dfrac{\sum(x-\bar{x})^2}{n}} = \sqrt{\dfrac{10\,000\,000}{5}} = 1\,414.21(元)$

方差 $\sigma_乙^2 = \dfrac{\sum(x-\bar{x})^2}{n} = \dfrac{2\,500\,000}{5} = 500\,000$

标准方差 $\sigma_乙 = \sqrt{\dfrac{\sum(x-\bar{x})^2}{n}} = \sqrt{\dfrac{2\,500\,000}{5}} = 707.10(元)$

计算结果表明,在甲、乙两组工人平均工资相等的条件下,乙组的标准差比甲组小,因而其平均数的代表性比甲组大。

例 2.20 用表 2-8 分组的资料计算标准差。

表 2-8

工人工资分组的资料标准差计算表

月工资额（元）	工人数（人）	工资总额（元）	离差（元）	离差平方（元）	离差平方·人数(元)
x	f	xf	$x-\bar{x}$	$(x-\bar{x})^2$	$(x-\bar{x})^2 f$
8 000	15	120 000	−1 800	3 240 000	48 600 000
9 000	25	225 000	−800	640 000	16 000 000
10 000	35	350 000	200	40 000	1 400 000
11 000	15	165 000	1 200	1 440 000	21 600 000
12 000	10	120 000	2 200	4 840 000	48 400 000
合　计	100	980 000	—	—	136 000 000

$\bar{x} = \dfrac{\sum xf}{\sum f} = \dfrac{980\,000}{100} = 9\,800(元)$

方差 $\sigma^2 = \dfrac{\sum(x-\bar{x})^2 f}{\sum f} = \dfrac{136\,000\,000}{100} = 1\,360\,000$

标准差 $\sigma = \sqrt{\dfrac{\sum(x-\bar{x})^2 f}{\sum f}} = \sqrt{\dfrac{136\,000\,000}{100}} = 1\,166.19(元)$

如果已知分组资料中各组的标准差,也可利用组标准差数据计算总的标准差。计算公式如下：

$$总标准差 = \sigma = \sqrt{\frac{\sum_{j=1}^{k} N_j (s_j^2 + d_j^2)}{N}}$$

式中 N——总体单位数，$N = \sum_{j=1}^{k} N_j$（k 为组数）；

　　　N_j——j 组单位数；

　　　S_j^2——组的方差；

　　　$d_j^2 = (\overline{x_j} - \overline{x})^2$，即各组均值与总平均数离差的平方。

例 2.21　某装配车间三个生产班组的人数和平均日产量资料如表 2-9，计算全车间的人均日产量和标准差。

表 2-9

某装配车间人均日产量和标准差统计表

组　别	人数 N_j	平均日产量（件） $\overline{x_j}$	标准差 S_j
一	35	53	8
二	27	55	6
三	38	60	10
合　计	100	56.2	

（1）装配车间的人均日产量。

$$\overline{x} = \frac{\sum \overline{x_j} \cdot N_J}{\sum N_J} = \frac{5\,620}{100} = 56.2 (件)$$

（2）装配车间的人均日产量的标准差。

$$\sigma = \sqrt{\frac{\sum_{j=1}^{k} N_j (s_j^2 + d_j^2)}{N}}$$

$$= \sqrt{\frac{35 \times [8^2 + (53-56.2)^2] + 27 \times [6^2 + (55-56.2)^2] + 38 \times [10^2 + (60-56.2)^2]}{100}}$$

$$= 8.92$$

(四)离散系数(标准差系数)

上述的各种标志变异度指标,都是对总体中各单位标志值变异测定的绝对量指标。在统计研究中,为了对不同的总体的标志变异度进行对比分析,往往还需要有测定总体中各单位标志值变异的相对量指标即离散系数,以消除不同总体之间在计量单位、平均水平方面的不可比因素。

离散系数以 V_σ 表示,其计算公式如下:

$$V_\sigma = \frac{\sigma}{\bar{x}} \times 100\%$$

例2.22 现以表2-10两个股份有限公司工人劳动生产率及标准差资料,说明离散系数的计算及分析。

表2-10

两个公司的标离散系数计算表

公司名	工人平均劳动生产率 $\bar{x}$(元)	标准差 σ(元)	离散系数 V_σ(%)
甲公司	16 000	600	3.75
乙公司	8 000	400	5.00

从表2-10可知,虽然甲公司的标准差大于乙公司,但不能由此说明甲公司工人平均劳动生产率的代表性比乙公司小,这是因为两个公司的工人平均劳动生产率水平不同,所以不能只根据标准差大小作结论。为了说明两公司的变异程度,只有通过离散系数才能比较,因为它消除了不同数列平均水平的影响。从表2-10看出,甲公司的离散系数小于乙公司,说明甲公司标志变异程度比乙公司小,因而正确分析的结论是甲公司的工人平均劳动生产率更具有代表性。

本 章 小 结

综合指标从表现形式分为:总量指标、相对指标和平均指标。

总量指标:按反映总体内容不同,分为总体单位总量和总体标志总量;按反映时间状况不同,分为时期指标和时点指标。

相对指标可以分为:计划完成程度相对指标、结构相对指标、比例相对指标、比较相对指标、动态相对指标和强度相对指标。

平均指标是表明同类现象在一定时间、地点、条件下所达到的一般水平,是总体内各单位参差不齐的标志值的代表值。平均指标也是对变量分布集中趋势的测定,反映分布集中趋势的特征。

常用的平均指标主要有算术平均数、调和平均数、几何平均数、众数和中位数。

标志变异指标反映总体各单位标志值的差异程度,即反映分布数列中各标志值的变动范围或离散程度,也称标志变动度。

测定标志变异指标常用的有:变异全距、平均差、标准差和离散系数。

练习与思考

一、单选题

1. 大众汽车制造厂年产 3 000 型桑塔纳轿车 8 500 辆,2014 年末库存 2 500 辆,它们(　　)。

　　A. 是时期指标　　　　　　B. 是时点指标

　　C. 前者是时期指标,后者是时点指标

　　D. 前者是时点指标,后者是时期指标

2. 某公司员工的出勤率属于(　　)。

　　A. 结构相对数　　　　　　B. 强度相对数

　　C. 比例相对数　　　　　　D. 计划完成相对数

3. 如果所有标志值的频数都扩大 8 倍,那么均值(　　)。

　　A. 增加　　　　　　　　　B. 减少

C. 不能预期其变化 　　　　D. 不变

4. 分配数列中,当标志值较小而权数较大时,计算的算术平均数( )。

　　A. 接近标志值大的一方

　　B. 接近标志值小的一方

　　C. 不受权数的影响

　　D. 不能确定其移动方向

二、多选题

1. 下列指标中,属于总量指标的是( )。

　　A. 工业增加值 　　　　B. 人口密度

　　C. GNP 　　　　　　　D. 成本降低率

　　E. 职工人数

2. 分子分母可以互换的相对指标是( )。

　　A. 计划完成相对数 　　B. 结构相对数

　　C. 比较相对数 　　　　D. 动态相对数

　　E. 强度相对数

3. 下列指标中,属于相对指标的是( )。

　　A. 人均粮食产量

　　B. 人均钢铁产量

　　C. 人均国民收入

　　D. 全员劳动生产率

　　E. 职工月平均工资

4. 下列平均指标中,属于位置平均数的有( )。

　　A. 算术平均数

　　B. 调和平均数

　　C. 几何平均数

　　D. 众数

　　E. 中位数

第二章 综合指标的计算和应用

三、判断题

1. 时点指标的一个特点是具有可加性。 ( )
2. 一个总量指标是总体单位总量还是总体标志总量并不是一成不变的。 ( )
3. 平均指标表明各类现象在一定时间、地点、条件下所达到的一般水平。 ( )
4. 标志变异指标反映着总体各单位标志值大小程度 ( )
5. 为了消除不同总体之间在计量单位、平均水平方面的不可比因素一般采用离散系数。 ( )

四、计算题

1. 应用相对指标,对甲、乙两车间的生产情况做了如表 2-11 所示的计算。

表 2-11

甲、乙两车间的生产情况相对指标计算表

车间名称	生产工人(人)	车间面积(m^2)	产量(t)			本月实际为上月的百分比	本月实际为计划的百分比	本月实际占总产量的比重	每一工人平均占用车间面积(m^2)	甲车间工人劳动生产率为乙车间的百分比
			上月实际	本月计划	本月实际					
甲	50	1 575	140	150	142.5	101.4	95	61.8%	31.5	135.7
乙	40	840	80	75	88	105.0	110	38.2%	22.0	—

要求按各种相对指标的计算公式,列出计算过程,证明上表计算结果是否有误,并按栏次说明各属于哪一类的相对指标?

2. 银行存款年利率(按复利计算)10 年内下调 3 次,第 1~2 年为 10%,第 3~7 年为 7%,第 8~10 年为 5%,求 10 年的平均年利率。

3. 某企业员工月收入的分布情况如表 2-12 所示。

表 2-12

某企业员工月收入分布情况表

月收入分组(元)	员工人数(人)
8 000~9 000	5
9 000~10 000	10
10 000~11 000	13
11 000~12 000	30
12 000~13 000	19
13 000~14 000	14
14 000~15 000	9
合　　计	100

试计算该企业员工月收入的算术平均数、中位数、众数。

4. 甲、乙两股份有限公司员工人数及月产量资料如表 2-13 所示。

表 2-13

甲、乙两股份有限公司员工人数及月产量情况表

甲　公　司		乙　公　司	
产量(件)	员工人数(人)	产量(件)	员工人数(人)
700~800	40	710~750	35
800~900	70	750~930	75
900~1 000	95	930~1 010	100
1 000~1 100	75	1 010~1 130	65
1 100 以上	20	1 130~1 250	25
合　计	300	合　计	300

试计算甲、乙两股份有限公司员工的平均月产量,哪个公司员工的

月产量水平高？并比较分析哪个公司员工的平均月产量指标更具有代表性？

五、思考题

1. 什么是总量指标？有哪些种类？怎样区分时期指标和时点指标？

2. 什么是相对指标？常用的相对指标有哪几种？应用时应遵守哪些原则？

3. 具体指明下列指标属于哪种形式（辨别时期或时点总量指标、何种相对指标）。

（1）工业增加值；（2）人均国民生产总值；（3）居民银行存款余额；（4）居民人均住房面积；（5）人口自然增长率；（6）新生婴儿性别比；（7）居民储蓄率；（8）汇率；（9）国有资产总值；（10）全员劳动生产率；（11）资金利税率；（12）股价涨跌率；（13）企业产量完成率；（14）恩格尔系数；（15）国民收入积累率。

第三章 统 计 指 数

本章介绍了统计指数的概念、作用、种类；总指数的编制方法，与指数变动的因素分析法。要求掌握综合指数和平均指数的计算方法，以及指数变动的因素分析法。

第一节 统计指数的概念与作用及种类

一、统计指数的概念

从指数的形成及发展看，其概念有不同的解释。从广义上说，凡是能说明社会经济现象数量变动的相对数，如动态相对数、计划完成程度相对数都可以称为指数。而狭义的指数，是指说明复杂社会经济现象总体数量上总变动程度的一种特殊相对数。所谓复杂社会经济现象，就是指不能直接加总和对比的社会经济现象。例如，研究某一地区商品销售量在不同时期的变动时，由于不同种类的商品具有不同的使用价值和计量单位而不能直接相加，则该地区的商品销售量属于复杂经济现象，就需要计算一种特殊的相对数——指数，用来测定这种不能直接相加的复杂社会经济现象总体在数量上总变动程度。通常人们所说的指数，主要指的是狭义上的统计指数。

二、统计指数的作用

（1）综合反映社会经济现象总体在数量上变动的方向和程度。如商品零售物价指数，它能够概括地反映某国某地区各种商品零售价格的综合变动状况,从而在总体上了解商品零售物价的涨落程度。

(2)分析测定在现象总体的变动中,构成各因素变动所起的作用。如某企业总产值的变化取决于该企业产品价格与产量两个因素,通过统计指数就能够具体分析每个因素对总产值的影响程度。

(3)对多指标复杂社会经济现象进行综合测评。如企业以销售利润率、总资产报酬率、资本收益率、资本保值增值率等指标通过指数能综合评价企业的经济效益。

三、统计指数的种类

根据不同的角度对指数进行分类,主要有以下几种。

(一)个体指数、总指数和组指数

指数按所反映的现象范围的不同,可分为个体指数、总指数和组指数。

1. 个体指数

个体指数是反映单个现象变动的相对数。例如,反映某个商品的价格指数、个别工业产品的产量指数等,都是个体指数,它实际上是同一种现象的报告期指标与基期指标对比而得到的发展速度指标,用 K 表示。个体指数的一般形式为:

$$K_q = \frac{q_1}{q_0} \qquad K_p = \frac{p_1}{p_0} \qquad K_z = \frac{z_1}{z_0}$$

式中　K——个体指数;

　　　q——物量;

　　　p——价格;

　　　z——成本;

　　　下标 0——基期;

　　　下标 1——报告期。

例 3.1　某商店商品销售量和价格资料计算个体指数如表 3-1 所示。

表 3-1

商品销售量和价格个体指数计算表

产品名称	计量单位	销售量		价格(元)		$K_q=q_1/q_0$ (%)	$K_p=p_1/p_0$ (%)
		基期	报告期	基期	报告期		
(甲)	(乙)	(1)	(2)	(3)	(4)	(5)=(2)÷(1)	(6)=(4)÷(3)
A	米	100	121	300	330	121.00	110.00
B	件	120	136	1 500	1 650	113.33	110.00
C	台	125	120	420	400	96.00	95.24

2. 总指数

总指数是反映复杂现象总体综合变动的相对数。例如,工业总产量指数、消费品零售物价总指数等。它说明复杂社会经济现象总体在不同场合或不同时间的总变动。

3. 组指数

组指数是介于个体指数与总指数之间的指数,又称类指数,它说明复杂社会经济现象总体中某一组或某一类现象变动的相对数。例如,零售商品价格指数可以分为食品类价格指数、服装鞋帽类价格指数、日用品类价格指数等。这些指数相对于零售商品价格总指数来说是组指数或类指数,而相对于单个商品的个体价格指数来说,又是总指数。因此,组指数的编制方法与总指数相同。

(二)数量指标指数和质量指标指数

指数按所反映现象的数量特征不同,分为数量指标指数和质量指标指数。

1. 数量指标指数

数量指标指数是反映现象总规模或总水平上变动程度的指数。如产品产量指数、商品销售量指数等。

2. 质量指标指数

质量指标指数是反映现象的相对水平、平均水平或工作质量变动程度的指数。如产品成本指数、商品物价指数等。

(三) 定基指数和环比指数

指数按所对比的基期不同,可分为定基指数和环比指数。

在指数数列中,各期的指数均以某一固定时期为基期编制的指数,称为定基指数。如各期的指数均以前一期为基期编制的指数,则称为环比指数。

第二节　总指数的编制与计算

在统计指数中,总指数的编制方法和计算形式主要有两种,即综合指数和平均指数,它们共同构成计算总指数公式的两大体系。

一、综合指数的编制与计算

综合指数是编制总指数的一种重要形式。它是通过对两个时期范围相同的复杂现象总体同度量和加权计算的总量对比编制的总指数。编制综合指数时,要解决好两个问题。

首先,要正确选择同度量因素(权数)。所谓同度量因素指可以把不能直接相加或对比的现象转化为可以相加或对比的,起媒介作用的因素。例如,在分析各种商品销售量的综合变动时,由于各种商品的使用价值不同,计量单位也不同,因此不能将它们直接相加取得两个时期的销售总量。但从其价值形态来衡量,它们都是同质的,只有量的差别,是可以直接相加的。可见,为了使不同度量的现象转化为可以直接加总的总体,需要将各种商品由使用价值形态还原为其价值形态,即

$$销售量(q) \times 销售价格(p) = 销售额(qp)$$

各种商品销售额相加得到销售总额($\sum qp$)。从式中可看出,销售价格起着媒介作用,使不能直接相加的销售总量过渡到能够相加的销售总额,在这种情况下,销售价格就是同度量因素。它还起到权衡轻重

的作用,所以也称之为权数。

其次,要选择同度量因素固定的时期。如上例中,要说明各种商品销售量的总动态,必须假定报告期与基期的产品价格固定不变,分别得出以报告期销售量计算的销售额 $\sum q_1 p$ 和以基期销售量计算的销售额 $\sum q_0 p$,并进行对比,得

$$\overline{K}_q = \frac{\sum q_1 p}{\sum q_0 p}$$

从上述公式可看出,编制综合指数所采用的形式是由两个时期(报告期与基期)内的总量指标数值对比形成的指数。由于将其中一个(或几个)因素指标固定,因而可以测量另一个因素指标在时间上发展变化的方向和程度。

(一)数量指标综合指数的编制与计算

现以商品销售量指数为例,说明数量指标综合指数的编制与计算方法。

例 3.2 有三种商品销售量与价格资料如表 3-2 所示。

表 3-2

综合指数计算表

商品	计量单位	销售量		价格		销售额		按基期价格计算的报告期销售额	按报告期价格计算的基期销售额
		基期 q_0	报告期 q_1	基期 p_0	报告期 p_1	基期 $q_0 p_0$	报告期 $q_1 p_1$	$q_1 p_0$	$q_0 p_1$
甲	千克	100	1 200	10	9	10 000	10 800	12 000	9 000
乙	台	600	900	50	40	30 000	36 000	45 000	24 000
丙	件	2 000	2 200	8	8.1	16 000	17 820	17 600	16 200
合计	—	—	—	—	—	56 000	64 620	74 600	49 200

根据表 3-2 的资料计算三种商品销售量综合指数。如前所述,不同商品销售量不能直接相加,所以必须通过同度量因素即价格(p)使之转化为能够相加的销售总额指标。为了反映销售量的变动,又必须

把价格固定起来,那究竟固定在哪个时期?对此统计学家有不同的看法。

1. 以基期价格为同度量因素

$$\overline{K}_q = \frac{\sum q_1 p_0}{\sum q_0 p_0} \tag{1}$$

$$= \frac{74\,600}{56\,000} = 133.2\%$$

$$\sum q_1 p_0 - \sum q_0 p_0 = 74\,600 - 56\,000 = 18\,600(元)$$

计算结果表明,三种商品的报告期销售量比基期增长了 33.2%。由于销售量增长,使销售总额增加了 18 600 元。

公式(1)是由德国经济学家埃蒂思·拉斯贝尔(E. Laspeyres, 1834~1913)在 1864 年提出的,故称拉氏数量指数公式。该式表明了在基期价格水平的前提下,商品销售量综合变动的程度。

2. 以报告期价格为同度量因素

$$\overline{K}_q = \frac{\sum q_1 p_1}{\sum q_0 p_1} \tag{2}$$

$$= \frac{64\,620}{49\,200} = 131.3\%$$

$$\sum q_1 p_1 - \sum q_0 p_1 = 64\,620 - 49\,200 = 15\,420(元)$$

计算结果表明,三种商品销售量平均增长了 31.3%,因销售量的增加而使销售总额增加 15 420 元。

公式(2)是德国经济学家哈曼·派许(H. Paasche,1851~1925)在 1874 年提出的,故称派氏数量指数公式。其特点是同度量因素固定在报告期。

上述两个数量指标综合指数公式各有一定的经济意义。但两者有明显的区别:① 公式(1)是以基期价格作为同度量因素,即价格仍维持原来的水平,所反映的仅仅是销售量变动情况,不包含价格变动的影响;② 公式(2)是以报告期价格作为同度量因素,从基期来看,价格已经发生变化,所以它比公式(1)多了一个价格因素的影响,在反映商品销售量变动情况的同时,也含有价格变动的因素在内。究竟采用哪个公式? 就编制销售量指数的目的而论,应该只反映销售量的变化,不该同时包含价格因素的变动,所以从这一角度来说,公式(1)更合理。

上述解决销售量综合指数中同度量因素的方法,也适用于其他数量指标指数。按照我国习惯做法,编制数量指标综合指数应以基期的质量指标作为同度量因素(权数)。这是一般的原则。

(二) 质量指标综合指数的编制与计算

仍以表 3-2 所示资料计算三种商品价格综合指数。

1. 以报告期销售量为同度量因素

$$\overline{K}_P = \frac{\sum q_1 p_1}{\sum q_1 p_0} \tag{3}$$

$$= \frac{64\ 620}{74\ 600} = 86.6\%$$

$$\sum q_1 p_1 - \sum q_1 p_0 = 64\ 620 - 74\ 600 = -9\ 980(元)$$

计算结果表明,三种商品价格平均下降了 13.4%,因价格的下降使销售总额减少 9 980 元。

2. 以基期销售量为同度量因素

$$\overline{K}_P = \frac{\sum q_0 p_1}{\sum q_0 p_0} \tag{4}$$

$$= \frac{49\ 200}{56\ 000} = 87.86\%$$

$$\sum q_0 p_1 - \sum q_0 p_0 = 49\ 200 - 56\ 000 = -6\ 800(元)$$

采用公式(4)计算价格指数的优点在于:以基期销售量作同度量因素,即假定销售量未发生变化,使商品价格不受销售量变动的影响,能够确切地反映价格的变动。其缺点在于该公式的比值及差额,只能说明在基期商品销售量的规模及构成条件下,商品价格的变动程度和变动绝对额,不能反映价格变动实际产生的影响,缺乏现实意义。

按公式(3)计算价格指数优点在于:采用报告期销售量作同度量因素,可避免以基期销售量作权数而导致脱离报告期实际的弊端,具有现实的经济意义。缺点表现在,以报告期销售量为同度量因素,从基期看,销售量已发生了变化,从 q_0 变化到 q_1,这个变动不可避免地被带入指数中,因此该指数在反映价格变动的同时,还包含了销售量变动的影响。

从我国指数编制的实践看,习惯上采用公式(3)编制质量指标指数,即一般情况下,编制质量指标综合指数时,应以报告期的数量指标作为同度量因素(权数)。

二、平均数指数的编制与计算

综合指数是总指数的基本形式,它用相对数和绝对数反映复杂社会经济现象总量指标的变动程度,以及由此而产生的经济效果。但是,在指数公式中,或是分子,或是分母,都存在一种假定,即 p_0q_1 或 p_1q_0。如果研究的范围很大,包括商品种类很多时,有时由于两个时期相互对应的销售量(q)和价格(p)资料不易得到,这就给实际应用带来困难,即使可以计算,工作量也很大。因此,编制总指数时可采用平均数指数,即:以个体指数为基础,通过对个体指数加权平均计算的一种总指数。它可以根据抽样调查资料利用代表商品的个体指数计算。常用的基本形式有加权算术平均数指数和加权调和平均数指数。

(一) 加权算术平均数指数

加权算术平均数指数是对个体指数采用加权算术平均方法计算的总指数。

前面所介绍的数量指标综合指数公式(1)和质量指标综合指数公式(3)为:

$$\overline{K}_q = \frac{\sum q_1 p_0}{\sum q_0 p_0}$$

$$\overline{K}_P = \frac{\sum q_1 p_1}{\sum q_1 p_0}$$

如已知 p_0、p_1、q_0、q_1,即可利用上式计算综合指数。

若已知数量指标的个体指数 $K_q = q_1/q_0$ 和 $q_0 p_0$ 时,则可将数量指标综合指数公式变形为：

$$\overline{K}_q = \frac{\sum q_1 p_0}{\sum q_0 p_0} = \frac{\sum \frac{q_1}{q_0} \times q_0 p_0}{\sum q_0 p_0} = \frac{\sum K_q q_0 p_0}{\sum q_0 p_0} \tag{5}$$

若已知质量指标的个体指数 $K_p = p_1/p_0$ 和 $q_1 p_0$ 时,则可将质量指标综合指数公式变形为：

$$\overline{K}_P = \frac{\sum q_1 p_1}{\sum q_1 p_0} = \frac{\sum \frac{p_1}{p_0} \times q_1 p_0}{\sum q_1 p_0} = \frac{\sum K_p q_1 p_0}{\sum q_1 p_0} \tag{6}$$

从公式(5)与公式(6)变形公式不难看出,由综合指数变形为加权算术平均指数时,应以相应的综合指数的分母作权数。

例 3.3 现仍以表 3-2 资料中的商品销售量综合指数为例,说明用综合指数变形权数计算加权算术平均指数,求出表 3-3 的数据。

表 3-3

加权算术平均数指数计算表

商品名称	计量单位	销售量 基期 q_0	销售量 报告期 q_1	销售量个体指数 $K_q = q_1/q_0$	基期销售额 $q_0 p_0$(元)	$K_q q_0 p_0$ (元)
甲	千克	1 000	1 200	1.2	10 000	12 000
乙	台	600	900	1.5	30 000	45 000
丙	件	2 000	2 200	1.1	16 000	17 600
合 计	—				56 000	74 600

由于已知每种产品产量个体指数 $K_q = q_1/q_0$,$q_1 = K_q q_0$,则三种商品销售量的加权算术平均数指数可采用公式(5)为：

$$\overline{K}_q = \frac{\sum K_q q_0 p_0}{\sum q_0 p_0} = \frac{74\ 600}{56\ 000} = 133.2\%$$

$$\sum K_q q_0 p_0 - \sum q_0 p_0 = 74\ 600 - 56\ 000 = 18\ 600(元)$$

计算结果与前述产品产量拉氏综合指数的计算结果一致。

（二）加权调和平均数指数

加权调和平均数指数是对个体指数用加权调和平均方法计算的总指数。

若已知数量指标的个体指数 $K_q = q_1/q_0$ 和 $q_1 p_0$ 时，则可将数量指标综合指数公式变形为：

$$\overline{K}_q = \frac{\sum q_1 p_0}{\sum q_0 p_0} = \frac{\sum q_1 p_0}{\sum \frac{q_0}{q_1} \times q_1 p_0} = \frac{\sum q_1 p_0}{\sum \frac{1}{K_q} q_1 p_0} \tag{7}$$

若已知质量指标的个体指数 $K_p = p_1/p_0$ 和 $q_1 p_1$ 时，则可将质量指标综合指数公式变形为：

$$\overline{K}_P = \frac{\sum q_1 p_1}{\sum q_1 p_0} = \frac{\sum q_1 p_1}{\sum \frac{p_0}{p_1} \times q_1 p_1} = \frac{\sum q_1 p_1}{\sum \frac{1}{K_p} q_1 p_1} \tag{8}$$

从公式（7）与公式（8）变形公式不难看出，由综合指数变形为加权调和平均数指数时，应以相应的综合指数的分子作权数。

例 3.4 现仍以表 3-2 资料中的价格综合指数为例，说明用综合指数变形权数计算加权调和平均数指数。求出表 3-4 的数据。

表3-4

加权调和平均数指数计算表

商品名称	计量单位	价　格（元）		价格个体指数 $K_p = p_1/p_0$	报告期销售额 $q_1 p_1$	$1/K_p q_1 p_1$
		基期 P_0	报告期 P_1			
甲	千克	10	9	0.9	10 800	12 000
乙	台	50	40	0.8	36 000	45 000
丙	件	8	8.1	1.012 5	17 820	17 600
合计	—	—	—	—	64 620	74 600

由于已知每种商品价格个体指数 $K_p=p_1/p_0$，$p_0=1/K_p p_1$，则三种商品价格的加权调和平均数指数可采用公式(8)为：

$$\overline{K}_P = \frac{\sum q_1 p_1}{\sum \frac{1}{K_P} q_1 p_1} = \frac{64\ 620}{74\ 600} = 86.6\%$$

$$\sum q_1 p_1 - \sum \frac{1}{K_P} q_1 p_1 = 64\ 620 - 74\ 600 = -9\ 980(元)$$

计算结果与前述商品价格派氏综合指数的计算结果一致。

应注意的是，实际工作中用两种方法计算的指数是不一致的。因为综合指数通常采用全面资料，而加权平均数指数则是采用抽样资料。

从理论上讲，上述四种平均指数均可作为相应的综合指数的变形形式加以应用。但在实际应用中，从掌握资料的可能性看，在我国，通常应用较多的是数量指标的加权算术平均数指数公式(5)和质量指标的加权调和平均数指数公式(8)。因为这两种形式所需的权数资料是某一时期实际的总量指标。这种资料比较容易取得，而其他两种形式，即数量指标的调和平均数指数和质量指标的加权算术平均数指数形式则需要分别掌握两个不同时期的数量指标和质量指标的资料，这在实际工作中常常难以做到。

(三) 固定权数的平均数指数

固定权数就是用某一时期经过调整后的资料，以比重的形式固定下来，作为权数，通常用 w 表示。

在实际工作中，采用固定权数，一经确定便沿用5年乃至10不变。如我国的零售物价指数和西方国家的工业生产指数都是采用固定权数的平均数指数。固定权数的平均数指数的计算公式如下：

价格指数：

$$\overline{K}_p = \frac{\sum K_p w}{\sum w}$$

物量指数：

$$\overline{K_q} = \frac{\sum K_q w}{\sum w}$$

式中　K_p——个体价格指数；
　　　K_q——个体物量指数。

$$w = p_p q_0$$

采用固定权数的加权平均数指数，不仅可以避免每次编制指数权数资料来源的困难，而且也便于前后不同时期的比较。

例如，我国编制现行零售物价指数的商品分类是全国统一规定的。全部商品包括食品、饮料烟酒、服装鞋帽、纺织品、中西药品、化妆品、书报杂志、文化体育用品、日用品、家用电器、首饰、燃料、建筑装潢材料、机电产品，共14个大类。大类内分中类，中类内分小类，小类内再分若干商品。如在食品这一大类中，分为粮食、油脂、肉禽蛋、水产品、鲜菜、干菜、鲜果、干果、其他食品和餐饮食品共10个中类；如在粮食中类中，又分为细粮和粗粮2个小类；如在细粮小类中，又分为面粉、大米、糯米、挂面共4个商品。大类、中类、小类中各部分零售额比重之和等于100%。这样由各小类的加权算术平均数指数便是中类指数，同样的，各中类和大类的加权算术平均数指数分别是大类指数和总指数。

就全国零售物价指数而言，其编制过程主要步骤如下：

1. 选择代表规格品
2. 选择典型地区
3. 商品价格的确定
4. 权数的确定及计算公式

例3.5　现以表3-5的资料计算某市商品物价总指数。

计算步骤如下：

（1）计算各代表规格品的价格个体指数。例如，标准面粉的价格个体指数为：

表 3-5

某市商品物价总指数计算表

类别及品名	代表规格品	计量单位	平均价格(元) P_0	P_1	权数(%)	指数(%)
总指数					100	114.5
一、食品大类					25	118.3
1. 粮食中类					13	112.4
（1）细粮小类					65	117.5
面粉	标准	千克	2.2	2.4	40	109.1
大米	标一	千克	2.6	3.2	60	123.1
（2）粗粮小类					35	103.0
2. 油脂中类					3	128.0
3. 肉禽蛋中类					26	110.0
⋮					⋮	⋮
					9	103.2
二、饮料、烟酒大类					15	102.2
三、服装、鞋帽大类					10	103.1
四、纺织品大类					3	104.5
五、中西药品大类					5	103.6
六、化妆品大类					5	110.3
⋮					⋮	⋮
					3	110.4

$$K_P = \frac{P_1}{P_0} = \frac{2.4}{2.2} = 109.1\%$$

（2）根据代表规格品的价格个体指数及相应权数，计算小类价格指数，即价格类指数。例如，细粮类价格指数为：

$$K_P = \sum K_p \cdot \frac{w}{\sum w} = 109.1\% \times 0.40 + 123.1\% \times 0.60 = 117.5\%$$

（3）根据小类指数计算中类指数，如粮食类价格指数为：

$$K_P = \sum K_p \cdot \frac{w}{\sum w} = 117.5\% \times 0.65 + 103.\% \times 0.35 = 112.4\%$$

（4）根据中类指数计算大类指数，如食品类价格指数为：

$$K_P = \sum K_p \cdot \frac{w}{\sum w}$$
$$= 112.4\% \times 0.13 + 128\% \times 0.03 + 110\% \times 0.26 + \cdots + 103.2\% \times 0.09$$
$$= 118.3\%$$

（5）计算总指数：

$$K_P = \sum K_p \cdot \frac{w}{\sum w}$$
$$= 118.3\% \times 0.25 + 102.2\% \times 0.15 + 103.1\% \times 0.10 + 104.5\% \times 0.03$$
$$+ 103.6\% \times 0.05 + 110.3\% \times 0.05 + \cdots + 110.4\% \times 0.03$$
$$= 114.5\%$$

第三节 指数体系与因素分析

一、指数体系的概念与作用

有些复杂的经济现象总体是由两个或多个因素构成的，这些因素可以分解为数量指标因素和质量指标因素，它们的乘积就是现象总体的总量。如：

商品销售额＝商品销售量×商品价格

产品总成本＝产品产量×单位产品成本

社会经济现象中各因素之间的这种客观联系反映到指数中,就形成了指数之间的必然联系,即反映现象总体变动的指数也可以分解为数量指标指数和质量指标指数。即

商品销售额指数＝商品销售量指数×商品价格指数
产品总成本指数＝产品产量指数×单位产品成本指数

我们把上述由三个或三个以上具有内在联系的指数构成的有一定数量对等关系的整体,称为指数体系。它体现了现象之间的内在联系。反映现象总变动的指数(总指数)放在算式的左边,反映因素变动的指数(因素指数)放在算式的右边。指数体系中各指数之间的数量联系,不仅反映在相对数之间,而且还反映在绝对数之间,即总变动指数不仅等于各因素指数的乘积,而且总变动指数引起的增减额等于各因素指数变动所引起的增减额之和,这也是指数体系的两个基本涵义。即

$$\frac{商品销售}{额增减额}=\frac{商品销售量变动}{引起的增减额}+\frac{商品价格变动}{引起的增减额}$$

$$\frac{产品总成本}{增\ 加\ 额}=\frac{产品产量变动}{引起的增减额}+\frac{单位产品成本变动引起的增减额}$$

指数体系在统计分析中具有重要作用,主要表现在以下两个方面:① 通过指数体系可以对复杂社会经济现象的变动进行因素分析,说明各个构成因素的变动方向和影响程度,揭示现象总变动的具体原因;② 利用指数体系,可进行指数之间的互相推算。在一个指数体系中,当已知其中某几个指数时,可以利用指数体系所表现的数量关系,推算出某个未知指数的值。

二、编制指数体系的基本原则与方法

编制指数体系的基本原则和方法,就是在测定现象总变动中某一因素的变动影响时,必须将另一个因素或其他因素固定下来,即假定另

一个因素或其他因素不变,以消除其影响。因此,为了保持一定的指数体系,需要采用假定的方法,来确定其中每一个因素指数的同度量因素的时期。通常,分析质量指数影响时,将数量指标固定在报告期;分析数量指标影响时,将质量指标固定在基期。它与综合指数编制中同度量因素时期确定的一般原则是一致的。这是我国习惯采用的指数体系,但并不是唯一的。因为根据研究目的的不同,采用不同的假定方法来确定综合指数中同度量因素的时期,就可产生不同的指数体系。

就指数体系的基本含义而言,编制指数体系的目的主要是为了分析复杂现象总变动中各个因素变动的影响程度和影响绝对额。因此,指数体系是因素分析法的基本依据。

三、因素分析

利用指数从数量方面分析复杂经济现象总变动中各个因素变动影响的方法,称为因素分析法。其目的就是要测定受多因素影响的复杂现象总动态中,各因素的变动情况对其产生的影响程度和绝对效果。

按被分析指标的种类不同,因素分析可分为总量指标变动的因素分析和总平均指标变动的因素分析。下面将分别进行阐述。

(一)总量指标变动的因素分析

1. 总量指标变动的两因素分析

对复杂现象总体的总量指标进行因素分析,要在编制综合指数的基础上进行。分析的对象是总量指标,它同时受两个因素影响,一般可将它分解为数量指标指数和质量指标指数两个因素指数,并根据这两个因素和总量指标的总动态之间形成的指数体系,从相对数和绝对数两方面分析各因素对总动态的影响程度和绝对值。

例 3.6 现以表 3-6 资料为例,说明总量指标两因素分析的方法和步骤。

表 3-6

总量指标两因素分析表

商品名称	计量单位	销售量		价格(元)		商品销售额(万元)		
		基期 q_0	报告期 q_1	基期 p_0	报告期 p_1	基期 $q_0 p_0$	报告期 $q_1 p_1$	假定 $q_1 p_0$
甲	台	1 000	1 200	800	820	80	98.4	96
乙	件	2 200	3 000	180	200	45	60	54
丙	吨	4 000	6 000	400	500	160	300	240
合计		—	—	—	—	285	458.4	390

商品销售额(qp)=销售量(q)×商品价格(p)

根据以上研究对象各因素之间的数量关系编制相应的指数,即

商品销售额指数=销售量指数×商品价格指数

以这一指数体系为依据进行因素分析。根据表 3-6 资料,按分析步骤分析如下:

(1) 计算商品销售额的总变动程度和绝对额。

$$商品销售额指数 = \frac{报告期实际销售额}{基期实际销售额}$$

$$= \frac{\sum q_1 p_1}{\sum q_0 p_0} = \frac{458.4}{285} = 160.84\%$$

销售额变动的绝对额 $=\sum q_1 p_1 - \sum q_0 p_0 = 458.4 - 285 = 173.4$(万元)

该企业报告期三种商品销售额比基期总的增长了 60.84%,绝对额增加 173.4 万元。

(2) 分别计算销售量和商品价格两个因素变动影响的程度和绝对额。

$$销售量综合指数 \overline{K}_q = \frac{\sum q_1 p_0}{\sum q_0 p_0} = \frac{390}{285} = 136.84\%$$

销售量变动对销售额影响的绝对额 $=\sum q_1 p_0 - \sum q_0 p_0 = 390 - 285$
$= 105$(万元)

说明由于三种商品销售量增长了 36.84%，使销售额增加了 105 万元。

$$\text{商品价格综合指数} \overline{K}_P = \frac{\sum q_1 p_1}{\sum q_1 p_0} = \frac{458.4}{390} = 117.54\%$$

$$\text{商品价格变动对销售额影响的绝对额} = \sum q_1 p_1 - \sum q_1 p_0 = 458.4 - 390$$

$$= 68.4(\text{万元})$$

表明因商品价格总的上升了 17.54%，使销售额增加了 68.4 万元。

(3) 根据上述指数体系，从相对数和绝对数两个方面进行影响因素的综合分析。

从相对数方面分析：

$$\frac{\sum q_1 p_1}{\sum q_0 p_0} = \frac{\sum q_1 p_0}{\sum q_0 p_0} \times \frac{\sum q_1 p_1}{\sum q_1 p_0}$$

$$160.84\% = 136.84\% \times 117.54\%$$

从绝对数方面分析：

$$\sum q_1 p_1 - \sum q_0 p_0 = (\sum q_1 p_0 - \sum q_0 p_0) + (\sum q_1 p_1 - \sum q_1 p_0)$$

$$173.4 \text{ 万元} = 105 \text{ 万元} + 68.4 \text{ 万元}$$

综合分析表明，三种产品总商品销售额报告期比基期总的增长了 60.84%，是由于三种商品销售量总的增加了 36.84% 和价格总的上升了 17.54% 两个因素共同增长的结果；三种商品销售额增加 173.4 万元，是由于销售量增加使销售额增加 105 万元与商品价格上升使销售额增加 68.4 万元两个因素共同增长的结果。其中销售量的增长起了主要的作用。

2. 总量指标的多因素分析

分析的对象总量指标表现为三个或三个以上因素的连乘积，其总体总量的变动受到多个因素的变动影响。这种分析为总量指标的多因

素分析。如增加值变动受职工人数、生产工人数占职工人数的比重与工人劳动生产率三个因素变动的影响,它们之间的数量关系式为:

$$\frac{\text{工业增加值}}{(abc)} = \frac{\text{职工人数}}{(a)} \times \frac{\text{生产工人数占职}}{\text{工人数比重}(b)} \times \frac{\text{工人劳动}}{\text{生产率}(c)}$$

对包含三个及三个以上因素的总量指标进行因素分析,仍需以相应的指数体系为依据,其分析方法与两因素分析基本相同,但还须遵循以下几个原则:① 根据被研究现象各因素之间的内在联系,合理地确定多因素的排列顺序。一般是数量指标在先,质量指标在后,并应使相邻的指标之间联系有一定的经济意义,能说明一定的问题。例如:因素的排列顺序应该是

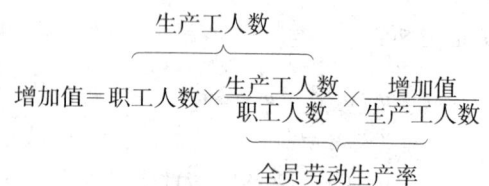

② 分析某一个因素的变动影响时,必须将其他所有的因素全部固定,而且固定时期的选择与综合指数编制的一般原则相一致。③ 数量指标与质量指标的确定,要根据指标所说明的现象内容的不同和因素间的联系来判断。如上例中,职工人数(a)是数量指标,而全员劳动生产率(bc)相对职工人数来说,它是质量指标。因此分析 a 的变动影响时,要把 bc 固定在基期。生产工人数占职工人数的比重(b)相对职工人数(a)是质量指标,相对工人劳动生产率(c)则是数量指标。所以分析工人数比重的变动影响时,把 a 固定在报告期,c 固定在基期。对于工人劳动生产率(c),相对生产工人数(ab)这一数量指标来说,它是质量指标,因此分析其对增加值的变动影响时,应将 ab 固定在报告期。④ 测定各因素的变动影响时,应顺次连锁地以报告期指标替代基期指标,有 n 个因素,就替代 n 次,已测定过的因素应固定在报告期。

按照以上几条原则,该例的指数体系为:

$$\frac{\sum a_1 b_1 c_1}{\sum a_0 b_0 c_0} = \frac{\sum a_1 b_0 c_0}{\sum a_0 b_0 c_0} \times \frac{\sum a_1 b_1 c_0}{\sum a_1 b_0 c_0} \times \frac{\sum a_1 b_1 c_1}{\sum a_1 b_1 c_0}$$

$$\sum a_1 b_1 c_1 - \sum a_0 b_0 c_0 = (\sum a_1 b_0 c_0 - \sum a_0 b_0 c_0) + (\sum a_1 b_1 c_0 - \sum a_1 b_0 c_0)$$
$$+ (\sum a_1 b_1 c_1 - \sum a_1 b_1 c_0)$$

例 3.7 现以某公司所属两个企业增加值及各构成因素的有关资料,如表 3-7 所示,说明总量指标多因素分析的方法和步骤。

表 3-7

总量指标多因素分析表

企业	职工人数（人）		生产工人数占职工人数比重(%)		工人劳动生产率（万元/人）		增加值（万元）			
	基期 a_0	报告期 a_1	基期 b_0	报告期 b_1	基期 c_0	报告期 c_1	基期 $a_0 b_0 c_0$	报告期 $a_1 b_1 c_1$	假定 $a_1 b_0 c_0$	假定 $a_1 b_1 c_0$
甲	650	700	80	85	1.2	1.4	624	833	672	714
乙	350	320	81	86	1.0	1.3	283.5	357.76	259.2	275.2
合计	1 000	1 020	—	—	—	—	907.5	1 190.76	931.2	989.2

（1）计算增加值指数,测定现象总体变动的程度和绝对额。

$$\text{增加值指数} = \frac{\sum a_1 b_1 c_1}{\sum a_0 b_0 c_0} = \frac{1\,190.76}{907.5} = 131.21\%$$

$$\text{增加值变动的绝对额} = \sum a_1 b_1 c_1 - \sum a_0 b_0 c_0 = 1\,190.76 - 907.5$$
$$= 283.26(\text{万元})$$

（2）计算分析各因素变动的影响程度和绝对额。

$$\text{职工人数指数} = \frac{\sum a_1 b_0 c_0}{\sum a_0 b_0 c_0} = \frac{931.2}{907.5} = 102.61\%$$

$$\text{职工人数变动对增加值影响绝对额} = \sum a_1 b_0 c_0 - \sum a_0 b_0 c_0 = 931.2 - 907.5 = 23.7(\text{万元})$$

$$\text{生产工人数占职工人数比重指数} = \frac{\sum a_1 b_1 c_0}{\sum a_1 b_0 c_0} = \frac{989.2}{931.2} = 106.23\%$$

$$\begin{aligned}\text{生产工人数所占比重}\\\text{变动对增加值影响额}\end{aligned} = \sum a_1b_1c_0 - \sum a_1b_0c_0 = 989.2 - 931.2 = 58(万元)$$

$$\text{工人劳动生产率指数} = \frac{\sum a_1b_1c_1}{\sum a_1b_1c_0} = \frac{1\,190.76}{989.2} = 120.38\%$$

$$\begin{aligned}\text{工人劳动生产率变动}\\\text{对增加值影响的绝对额}\end{aligned} = \sum a_1b_1c_1 - \sum a_1b_1c_0 = 1\,190.76 - 989.2$$

$$= 201.56(万元)$$

(3) 根据指数体系,对各影响因素从相对数和绝对数两方面综合分析。

相对数:指数体系为:

$$131.21\% = 102.61\% \times 106.23\% \times 120.38\%$$

绝对额变动为:

$$283.26\,万元 = 23.7\,万元 + 58\,万元 + 201.56\,万元$$

综合分析表明,该公司报告期增加值增长了 31.21%,增加的总额为 283.26 万元。这是由于三个因素综合影响的结果。其中,因职工人数增长 2.61%,使增加值增加 23.7 万元;因生产工人所占比重上升 6.23%,使增加值增加 58 万元;因工人劳动生产率提高 20.38%,而使增加值增加 201.56 万元。可见增加值增长是这三个因素共同增长的结果,其中工人劳动生产率的提高起了主要作用。

(二) 平均指标变动的因素分析

分析的对象是总平均指标,在分组条件下,总平均指标的变动取决于各组平均水平的变动和总体内部结构变动这两个因素的共同影响。为了反映总平均水平变动的影响,需要计算三个指数:可变构成指数、固定组成指数和结构变动影响指数,并建立相应的指数体系作出因素分析。三个指数的计算公式及其指数体系为:

1. 可变构成指数

它是反映平均指标总变动程度的指数,它既包含了各组平均水平的变动,又包含了总体结构变动。其计算公式为:

可变构成指数$=\dfrac{\overline{x_1}}{\overline{x_0}}=\dfrac{\sum x_1 f_1}{\sum f_1}:\dfrac{\sum x_0 f_0}{\sum f_0}=\sum x_1 \dfrac{f_1}{\sum f_1}:\sum x_0 \dfrac{f_0}{\sum f_0}$

2. 固定构成指数

它是指将总体结构这一因素固定在报告期以测定各组（或各单位）平均水平变动对总平均指标变动影响程度的指数。其计算公式如下：

固定构成指数$=\dfrac{\overline{x_1}}{\overline{x_n}}=\dfrac{\sum x_1 f_1}{\sum f_1}:\dfrac{\sum x_0 f_1}{\sum f_1}=\sum x_1 \dfrac{f_1}{\sum f_1}:\sum x_0 \dfrac{f_1}{\sum f_1}$

3. 结构变动影响指数

它是指将各组（或各单位）平均水平这个因素固定在基期，来测定总体结构的变动对总平均指标变动的影响程度的指数。其计算公式如下：

结构变动影响指数$=\dfrac{\overline{x_n}}{\overline{x_0}}=\dfrac{\sum x_0 f_1}{\sum f_1}:\dfrac{\sum x_0 f_0}{\sum f_0}=\sum x_0 \dfrac{f_1}{\sum f_1}:\sum x_0 \dfrac{f_0}{\sum f_0}$

上述三个指数之间具有一定的联系，构成反映平均指标动态的平均指标指数体系，是对平均指标变动进行因素分析的依据。

可变构成指数＝固定构成指数×结构变动影响指数

$$\dfrac{\dfrac{\sum x_1 f_1}{\sum f_1}}{\dfrac{\sum x_0 f_0}{\sum f_0}}=\dfrac{\dfrac{\sum x_1 f_1}{\sum f_1}}{\dfrac{\sum x_0 f_1}{\sum f_1}}\times \dfrac{\dfrac{\sum x_0 f_1}{\sum f_1}}{\dfrac{\sum x_0 f_0}{\sum f_0}}$$

绝对数变动的关系是：

$$\text{总平均指标变动的绝对额}=\text{各组平均水平变动影响的绝对额}+\text{总体结构变动影响的绝对额}$$

$$\dfrac{\sum x_1 f_1}{\sum f_1}-\dfrac{\sum x_0 f_0}{\sum f_0}=\left(\dfrac{\sum x_1 f_1}{\sum f_1}-\dfrac{\sum x_0 f_1}{\sum f_1}\right)+\left(\dfrac{\sum x_0 f_1}{\sum f_1}-\dfrac{\sum x_0 f_0}{\sum f_0}\right)$$

例 3.8 现以表 3-8 某企业工人平均工资的变动分析为例，说明平均指标指数的因素分析方法和步骤。

表 3-8

某企业人数、平均工资、工资总额表

工人类别	工人人数(人)		月平均工资(元)		工资总额(元)		
	基期 f_0	报告期 f_1	基期 x_0	报告期 x_1	基期 $x_0 f_0$	报告期 $x_1 f_1$	假定 $x_0 f_1$
技术工	300	250	10 000	12 500	3 000 000	3 125 000	2 500 000
辅助工	320	600	7 000	8 000	2 440 000	4 800 000	4 200 000
合 计	620	850			5 440 000	7 925 000	5 700 000

(1) 测定平均工资总变动的程度和绝对额。

$$\text{平均工资可变构成指数} = \frac{\overline{x_1}}{\overline{x_0}} = \frac{\frac{\sum x_1 f_1}{\sum f_1}}{\frac{\sum x_0 f_0}{\sum f_0}} = \frac{\frac{7\,925\,000}{850}}{\frac{5\,440\,000}{620}}$$

$$= \frac{9\,323.53}{8\,774.19} = 106.26\%$$

总平均工资变动的绝对额:

$$\overline{x_1} - \overline{x_0} = 9\,323.53 - 8\,774.19 = 549.34(\text{元})$$

(2) 分别测定各组平均工资变动和人员结构变动对总平均工资变动影响的程度和绝对额。

$$\text{平均工资固定构成指数} = \frac{\frac{\sum x_1 f_1}{\sum f_1}}{\frac{\sum x_0 f_1}{\sum f_1}} = \frac{\frac{7\,925\,000}{850}}{\frac{6\,700\,000}{850}}$$

$$= \frac{9\,323.53}{7\,882.35} = 118.28\%$$

各组平均工资变动对总平均工资影响的绝对额:

第三章 统计指数

$$\frac{\sum x_1 f_1}{\sum f_1} - \frac{\sum x_0 f_1}{\sum f_1} = 9\,323.53 - 7\,882.35 = 1\,441.18(元)$$

$$平均工资结构影响指数 = \frac{\dfrac{\sum x_0 f_1}{\sum f_1}}{\dfrac{\sum x_0 f_0}{\sum f_0}} = \frac{\dfrac{6\,700\,000}{850}}{\dfrac{5\,440\,000}{620}}$$

$$= \frac{7\,882.35}{8\,774.19} = 89.84\%$$

工人人数结构变动对总平均工资影响的绝对额:

$$\frac{\sum x_0 f_1}{\sum f_1} - \frac{\sum x_0 f_0}{\sum f_0} = 7\,882.35 - 8\,776.19 = -891.84(元)$$

(3) 根据平均指标指数体系对影响因素综合分析。

相对数分析:

$$106.26\% = 118.28\% \times 89.84\%$$

绝对数分析:

$$549.34\,元 = 1\,441.18\,元 + (-891.84)元$$

分析表明:报告期企业全体工人总平均工资比基期增长了6.26%,平均每人增加工资549.34元。其中,因各组工人工资水平的提高,使总平均工资提高18.28%,每人平均增加工资1 441.18元;但因工资水平低的辅助工人数所占比重由51.61%增加到70.59%,而工资水平较高的技术工人数所占的比重从基期的48.39%,下降到报告期的29.41%,所以使总平均工资下降10.16%,每人平均减少工资891.84元。

本 章 小 结

统计指数有广义和狭义两种概念。本章主要介绍的是狭义指数,即用来表明不能直接加总和对比的社会经济现象在不同时期的相对变动程度。指数在企业经济统计中除用于测定如价格、产量等变动外,还用于总量变动的因素分析和对多指标复杂事物的综合评价。

指数按所反映的现象范围的不同,可分为个体指数、总指数和组指数;按所反映现象的数量特征不同,分为数量指标指数和质量指标指数。按所对比的基期不同,可分为定基指数和环比指数。

总指数有综合指数和平均数指数,综合指数通常用全面资料计算,先综合,后对比;分子分母之差说明变动因素影响的总量差额。平均数指数用抽样资料计算,先对比,后综合;分子分母之差不能说明变动因素影响的总量差额。在指数编制时,综合指数关键是确定同度量因素,平均数指数关键是确定权数。在资料完全相同情况下,两种指数计算结果相同;而资料不同情况下,两种指数计算结果有异。

编制指数体系主要是为了分析复杂现象总变动中,各个因素变动的影响程度和影响绝对额的多因素分析。在对总平均数指数分析时,可根据可变构成指数、固定组成指数和结构变动影响指数,从指数体系的影响程度和绝对额方面对结构与因素进行分析,有着现实意义。

练习与思考

一、单选题

1. 编制数量指标综合指数时所采用的同度量因素是(　　)。
   A. 报告期质量指标　　B. 基期质量指标
   C. 数量指标　　D. 综合指标

2. 某企业工业增加值增长了10%,同期产量提高了3%,则该企业价格综合指数为(　　)。
   A. 107%　　B. 13%
   C. 106.8%　　D. 10%

3. 加权算术平均数数量指标指数中的权数为( )。
   A. p_0q_0 B. p_1q_1
   C. p_1q_0 D. p_0q_1

二、多选题

1. 综合指数属于( )。
   A. 总指数   B. 平均指标指数
   C. 平均数指数   D. 简单指数
   E. 加权指数
2. ( )属于质量指标指数。
   A. 价格指数   B. 单位成本指数
   C. 固定构成指数   D. 产量指数
   E. 劳动生产率指数
3. 指数体系的主要作用是( )。
   A. 指数因素分析   B. 编制总指数
   C. 指数之间的推算   D. 研究现象的动态变动

三、判断题

1. 从广义上讲,计划完成相对数也是一种指数。 ( )
2. 平均数指数这种编制指数的方法,既可用于全面调查,也可用于非全面调查的资料。 ( )
3. 综合指数是指数的基本形式,平均数指数是综合指数的一种变形。 ( )
4. 如果各种商品的销售价格平均上涨5%,销售量平均下降5%,则销售额不变。 ( )

四、计算题

1. 已知某企业三种商品的成本和销售量资料如表3-9所示。

表 3-9

某企业三种商品的成本和销售量情况表

商品名称	计量单位	基 期		报 告 期	
		成本(元)	销售量	成本(元)	销售量
甲	米	11.0	2 800	10.2	3 200
乙	件	1.30	5 200	1.3	5 200
丙	千克	0.80	25 000	0.64	32 500

试求:

(1) 个体成本指数和个体销售量指数。

(2) 商品销售额总指数、成本综合指数和销售量综合指数,并从相对数和绝对数两方面说明三者间的关系。

2. 某企业生产三种产品的有关资料如表 3-10 所示。

表 3-10

某企业生产三种产品产值与产量增长情况表

商品名称	计量单位	总产值(万元)		2月份比1月份产量增长(%)
		1月份	2月份	
甲	吨	150		12
乙	台	90		0
丙	箱	180		8
合 计	—	420	475	—

要求根据资料分析该企业三种产品总产值的变动以及各个因素对总产值变动的影响程度和影响绝对值。

3. 某农贸市场两种商品的资料如表 3-11。

表 3-11

某农贸市场两种商品价格与成交额情况表

商品名称	成交额(万元)		二季度比一季度价格提高或降低(%)
	一季度	二季度	
甲	3.6	4.0	+15
乙	1.4	2.0	-12

试计算：

(1) 两种商品的成交额总指数；

(2) 两种商品的价格总指数和销售量总指数。

4. 某地区有如表 3-12 资料。

表 3-12

某地区国内生产总值、总人口数、劳动者比重与劳动生产率情况表

指标	基期	报告期
国内生产总值(百万元)	1 000	1 178.1
总人口数(万人)	10	10.2
总人口中劳动者比重(%)	50	55.0
劳动生产率(万元/人)	2	2.1

要求分别从相对数和绝对数指标体系两方面分析：在该地区报告期与基期相比的国内生产总值增长中，总人口数、总人口中劳动者比重和劳动生产率三因素各自的影响程度和影响的绝对额。

5. 某企业职工工人数和工资如表 3-13 所示。

表 3-13

某企业职工工人数和工资情况表

职工类别	职工人数(人)		月平均工资(元)	
	基期	报告期	基期	报告期
技术职工	250	180	7 000	8 000
辅助职工	250	420	4 000	5 000

要求计算平均工资可变构成指数、固定构成指数、结构影响指数及其变动对工资影响的绝对额。

五、思考题

1. 什么是统计指数？试举例说明统计指数的作用。
2. 指数有哪些种类？

第四章 抽样推断

在企业经济统计的各项指标中,除了确定变量外,存在着大量的随机变量。在广泛应用抽样调查工作中,按随机原则抽取样本得到的样本指标也是随机变量,用样本指标去推断总体指标所取得的也只是一种可能的结果。而概率论是关于随机变量统计规律的一门科学,也是数理统计的理论基础。

本章首先介绍了概率的概念,概率分布的特征,以二项分布和正态分布为重点的几种常用的离散型分布和连续型分布。

抽样推断就是根据概率论所揭示的随机变量的一般规律性,利用抽样调查所获得的样本信息,对总体的性质或数量特征进行推断,主要包括参数估计和假设检验两大问题。

本章然后介绍抽样分布概念性质和常用的几种抽样分布,阐明抽样推断的理论依据;参数估计的基本原理和常用的参数估计方法;假设检验的基本原理和常用的假设检验方法。

第一节 概率与概率分布

一、随机事件与概率

(一) 随机事件

在自然界和人类社会中存在着两类不同的现象:一类是确定性现象;另一类是随机现象。如果在一定条件下,肯定会发生(或肯定不会发生)某种结果,我们称这种现象为确定性现象。例如:在标准大气压下,水加热到100℃就会沸腾,降低到0℃以下就要结冰;在水中,比重大于水的物体必然下沉,比重小于水的物体就上浮,这些现象都是确定性现象。如果在一定条件下,可能会出现的结果不止一个,且事先不能确定会出现那种结果,我们称这种现象为随机现象。比如投掷一枚分币,分币落地前,谁也不能肯定会出现正面还是反面;又如从生产流水线抽取一件产品来检验,抽到的可能是合格品,也可能是不合格品,且事先不能确定会抽到什么结果。对随机现象的可能结果,我们有如下的概念:

(1) 随机事件(简称事件):是指随机现象可能出现的结果,用大写字母 A、B、C 等表示。如抽取一件产品是合格品;掷一粒骰子出现奇数点(它可以分解成出现 1 点、3 点、5 点)等都是随机事件。

(2) 基本事件:通常指不能再分解的基本结果,用 ω 来表示。如掷一粒骰子,出现 3 点就是一个基本事件。

(3) 不可能事件:随机现象中不可能出现的结果,用 V 或 Φ 来表示。如掷一粒骰子,出现≥6 的点数就是一不可能事件。

(4) 必然事件:在一定条件下一定会发生的结果,记作 U 或 Ω。如掷一粒骰子出现点数>0。

(二) 频率

若在 n 次试验中随机事件 A 出现了 m 次,则我们称比值 $\frac{m}{n}$ 为随机事件 A 在 n 次试验中出现的频率,记作 $P_n(A) = \frac{m}{n}$。

投掷一枚钱币,既可能出现正面(记为事件 A),也可能出现反面(记为事件 $\overline{A}$),在钱币落地之前是无法判断的。投掷 n 次钱币,出现正面的频率 $P_n(A) = \frac{m}{n}$ 也不是唯一确定的。历史上曾有数学家做过大量的投币试验,具体结果如下:

从下表看出:投掷试验的次数 n 越多,频率 $P_n(A)$ 就越稳定于常数 0.5。

表 4-1

投币试验频率表

试 验 者	投币次数 n	出现正面次数 m	频率 $P_n(A)=\dfrac{m}{n}$
蒲丰	4 040	2 043	0.506 9
皮尔逊	12 000	6 019	0.501 6
皮尔逊	24 000	12 012	0.500 5

(三) 概率

概率就是随机事件发生的可能性大小的一种度量,通常用 $P(A)$ 来表示事件 A 发生的概率。概率 $P(A)$ 的取值介于 0 与 1 之间。$P(A)$ 越接近 1,说明事件 A 发生的可能性越大;反之,若 $P(A)$ 越接近于 0,则说明事件 A 发生的可能性就越小。那么,在一般情况下,事件 A 的概率又是如何来计算的呢?

通过大量的实验,人们发现,虽然随机事件 A 在某一次试验中可能出现也可能不出现,在 n 次试验中出现的频率 $P_n(A)$ 也不尽相同,但随着重复试验的次数 n 无限增大时,频率 $P_n(A)=\dfrac{m}{n}$ 就会呈现出明显的统计规律性——频率稳定性,即 $P_n(A)=\dfrac{m}{n}$ 的取值会稳定于一个常数 p。

我们称事件 A 的频率稳定值 p 为事件 A 发生的概率,记作 $P(A)=p$。显然概率 $P(A)$ 具有如下的性质:

(1) $P(A) \geqslant 0$;

(2) $P(\Phi)=0$;

(3) $P(\Omega)=1$。

在投掷钱币的试验中,频率 $P_n(A)=\dfrac{m}{n}$ 的稳定值为 0.5,它就是钱币出现正面的概率,即 $P(A)=0.5$。利用频率与概率的这种关系,当 n 很大时,我们可以将事件 A 发生的频率看作其概率的近似值,即

$P(A) \approx \dfrac{m}{n}$。

例 4.1 一批产品共 200 个,有 6 个废品,求:

(1) 这批产品的废品率;

(2) 任取 3 个产品恰有 1 个是废品的概率;

(3) 任取 3 个产品全为正品的概率。

解:设 A、B、C 分别表示任取 1 件产品为废品、任取 3 件恰有 1 个是废品和任取 3 件全为正品等事件。则:

(1) 因为产品总数 $n=200$,废品个数 $m=6$,所以废品率 $P(A) = \dfrac{6}{200} = 0.03$。

(2) 此时基本事件数 $n = C_{200}^3$,有利事件数 $m = C_6^1 C_{194}^2$,所以 $P(B) = \dfrac{C_6^1 C_{194}^2}{C_{200}^3} \approx 0.0855$。

(3) 同样可计算 $P(C) = \dfrac{C_{194}^3}{C_{200}^3} \approx 0.9122$。

二、随机变量的概率分布

(一) 随机变量

从一批产品中随机抽取 n 件产品作质量检验,则检验出的不合格品数量就是一个变量,它可能取 $1, 2, \cdots, n$,但事先不知道为几。我们称随机现象中的这种变量为随机变量,记为 ξ、η、X、Y 等。

对于有些不是用数字直接来表示的随机事件,我们可以通过转换,将之转化为数量的标识。例如,检验一个产品的质量,结果有两种可能,合格品或不合格品,如果我们用 1 代表合格品,0 代表不合格品,则检验结果就可以用 1(合格) 或 0(不合格) 来表示了,这也是一种随机变量。

随机变量按不同的取值的情况,可分为离散型随机变量和连续型随机变量。如果随机变量值可取得有限个或可列举,那么这种随机变量就称为离散型随机变量,也称为计数值随机变量。如果随机变量可以连续取值,即它的取值范围是某个区间,则称这种随机变量为连续型随机变量,也称为计量值随机变量。

(二) 随机变量的概率分布

要掌握随机变量的统计规律,仅仅知道随机变量的所有可能的取值是不够的,重要的是要了解随机变量取值的概率,我们通常用列表或公式的形式来描述随机变量的可能取值及其相应的概率,称作随机变量的概率分布。

1. 离散型随机变量的概率分布表

对离散型随机变量 X,设它可能的取值为 $x_1,x_2,\cdots,x_n$,相应的概率分别为 $p(x_1),p(x_2),\cdots,p(x_n)$,即 $P(X=x_i)=p(x_i)$,则 X 的概率分布可列表如下:

X	x_1	x_2	$\cdots$	x_n
$P(X=x_i)$	$p(x_1)$	$p(x_2)$	$\cdots$	$p(x_n)$

它具有如下的性质:

(1) $0 \leqslant p(x_i) \leqslant 1$ $i=1,2,\cdots$

(2) $\sum p(x_i)=1$

根据概率分布表可以画出概率分布图(图 4-1)

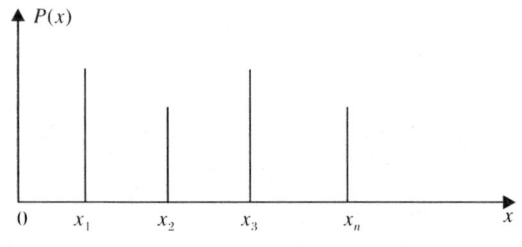

图 4-1 概率分布图

例 4.2 某种产品有一、二、三等品和废品 4 种情况,其中各等级的概率分别为 80%、10%、8% 和 2%。现任取一件产品检验其质量等级,用随机变量 X 来描述检验的结果。

解:设 ξ 取值 1、2、3 和 4 分别表示取到一、二、三等品和废品,则 X 的概率分布表即为:

x_i	1	2	3	4
$P(x_i)$	0.8	0.1	0.08	0.02

2. 连续型随机变量的概率密度函数

由于连续型随机变量的取值范围是某个区间,无法一一列举,因此无法用概率分布表来描述这类随机变量的统计规律,而必须用函数的形式来表示它们的统计规律。例如,要研究大学生的身高,其取值 X 可以看成是一个连续型随机变量,若统计 1 000 名大学生的身高,将有关数据进行分组,得表 4-2。我们可以画出频率/组距直方图如图 4-2 所示。

表 4-2

大学生的身高统计表

身高 X(米)	人 数	频 率(%)	频率/组距
1.50~1.55	30	3	0.6
1.55~1.60	60	6	1.2
1.60~1.65	110	11	2.2
1.65~1.70	175	17.5	3.5
1.70~1.75	310	31	6.2
1.75~1.80	220	22	4.4
1.80~1.85	70	7	1.4
1.85~1.90	25	2.5	0.5
合 计	1 000	100	—

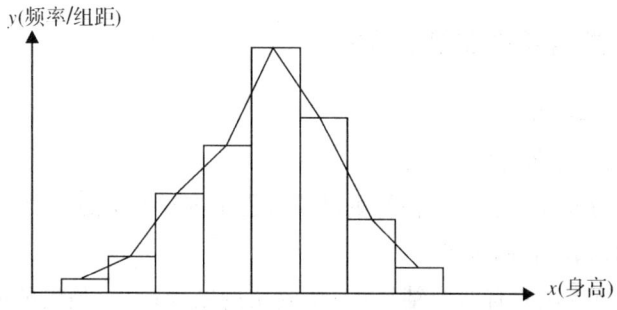

图 4-2 频率/组距直方图

如果统计的学生人数不断增加,组数越分越多而组距越来越小,则频率/组距就越来越稳定,即直方图上方的折线就越来越稳定于一条光滑的曲线 $\varphi(x)$。我们称曲线 $\varphi(x)$ 为连续型随机变量 X 的概率密度函数。概率密度函数 $\varphi(x)$ 具有如下的性质:

(1) $\varphi(x) \geqslant 0$,它表示概率密度函数 $\varphi(x)$ 位于 x 轴的上方;

(2) $\int_{-\infty}^{\infty} \varphi(x) \mathrm{d}x = 1$ 它表示 $\varphi(x)$ 与 x 轴之间的面积为 1。

3. 随机变量的分布函数

我们称 $F(x) = P(X \leqslant x)$ 为随机变量 X 的累积概率分布函数,简称为分布函数,其计算公式为:

$$F(x) = \begin{cases} \sum_{x_i \leqslant x} P(X = x_i) = \sum_{x_i \leqslant x} p_i & X \text{ 为离散型随机变量} \\ \int_{-\infty}^{x} \varphi(t) \mathrm{d}t & X \text{ 为连续型随机变量} \end{cases}$$

对分布函数 $F(x)$ 我们有以下性质:

(1) 若已知随机变量 X 的概率分布函数 $F(X)$,则有:

$$P(a \leqslant X \leqslant b) = F(b) - F(a)$$

(2) 若 X 是连续型随机变量,则 X 的密度函数:

$$\varphi(x) = F'(x)$$

三、常用随机变量的分布

(一) 二项分布

1. 二项分布的概念

二项分布是从著名的伯努里试验过程中推导而来的。伯努里试验是一系列试验,它们满足:

(1) 每次试验有两个结果:一是成功的结果;另一是失败的结果,它们互相对立。若把成功的概率记为 p,则失败的概率即为 $q=1-p$;

(2) 任何一次特定的试验的结果均不受其他各次试验结果的影响,即试验互相独立。

在 n 次伯努里试验中,成功的次数 X 是一个随机变量,它可能是 $0,1,2,\cdots,n$ 次。该随机变量服从的分布就称为二项分布,记作 $X \sim B(n,p)$。求出随机变量 X 的分布列为:

$$P(X=k)=C_n^k p^k q^{n-k}, \quad (k=0,1,2,\cdots,n)$$

它是二项式 $(q+py)^n$ 关于 y 的展开式的系数,二项分布也由此而得名。我们称 n 和 p 为二项分布的参数,二项分布 $B(n,p)$ 的概率分布列就完全由 n 和 p 的取值所决定。

2. 二项分布的特性

二项分布 $B(n,p)$ 的数学期望和方差分别为:

(1) $E(X)=np$

(2) $D(X)=npq$

服从二项分布 $B(n,p)$ 的随机变量 X 的最可能的取值 k_0 为闭区间 $[np-q, np+p]$ 中的整数,因为闭区间 $[np-q, np+p]$ 的长度等于 1,所以当 $np-q$ 为整数时,k_0 取 $np-q$ 和 $np+p$ 两个值,而当 $np-q$ 不是整数时,k_0 取闭区间 $[np-q, np+p]$ 中唯一的一个整数。

例 4.3 设某人打靶的命中率为 0.7,现独立地重复射击 8 次,求:

(1) 恰好命中 3 次的概率;

(2) 至少命中 3 次的概率;

(3) 最可能命中的次数 k_0。

解:设 X 为重复射击 8 次命中的次数,则 $X \sim B(8, 0.7)$,

(1) $P(X=3) = C_8^3 0.7^3 0.3^5 = 0.04667$

(2) $P(X \geqslant 3) = 1 - P(X < 3) = 1 - \left(\sum_{k=0}^{2} C_8^k 0.7^k 0.3^{8-k} \right)$

$= 1 - (0.00007 + 0.0012 + 0.010)$

$= 0.9887$

(3) 因为 $np = 8 \times 0.7 = 5.6$,$[np-q, np+p] = [5.3, 6.3]$
所以该射手最可能命中的次数为 $k_0 = 6$ 次。

(二) 超几何分布

如果有一堆同类产品共 N 个,其中有 N_1 个次品,现从中随机取出 n 个($n \leqslant N$),则这 n 个产品所含的次品数 X 是一个随机变量,X 的可能取值为 $0, 1, 2, \cdots, l$,其中 $l = \text{Min}(N_1, n)$,我们称 X 服从超几何分布,记作 $X \sim H(N, N_1, n)$,其概率分布的一般项为:

$$P(X=k) = \frac{C_{N_1}^k C_{N-N_1}^{n-k}}{C_N^n}, \quad (k=0,1,2,\cdots,l)$$

其中 $N - N_1$ 是总的正品数,k 为抽到的次品数,$n-k$ 为抽到的正品数,$l = \text{Min}(N_1, n)$ 表示抽到的次品个数既不会超过这批产品中次品的总数 N_1,也不会超过所抽取的产品个数 n。

超几何分布的数学期望和方差分别为:

$$E(X) = np \text{ 和 } D(X) = np(1-p)\left(\frac{N-n}{N-1} \right)$$

其中 $p = \dfrac{N_1}{N}$ 为产品的次品率。

在产品的抽样检验中,如采取放回的抽取 n 次,则次品件数服从二项分布,看做是 n 次伯努里试验,每次次品的概率 p 始终保持不变。但是在实际工作中,一般大多数都采用不放回的抽取方法,故每次次品的

概率 p 就要发生变化,此时,它应服从超几何分布。

超几何分布的计算比较复杂,当 N 很大,n 相对于 N 较小时,不放回抽样可以近似地看做放回抽样,也就是我们可以用二项分布 $B(n,p)$ 来近似计算超几何分布 $H(N,N_1,n)$。

(三) 泊松分布

1. 泊松分布的概念

泊松分布是以法国数学家泊松(S. D. Poisson)的名字命名的。如果随机变量 X 的可能取值有无穷多个,即 X 可能取 $0,1,2,\cdots,n,\cdots$。而且 X 具有如下的概率分布列:

X	0	1	$\cdots$	k	$\cdots$	n	$\cdots$
P	$e^{-\lambda}$	$\lambda e^{-\lambda}$	$\cdots$	$\dfrac{\lambda^k}{k!}e^{-\lambda}$	$\cdots$	$\dfrac{\lambda^n}{n!}e^{-\lambda}$	$\cdots$

我们就称 X 服从泊松分布。其中 $\lambda>0$ 称为泊松分布的参数,$e=2.71828$ 是常数。泊松分布的概率分布一般项为:

$$P(X=k)=\frac{\lambda^k}{k!}e^{-\lambda}, \quad (k=0,1,2,\cdots,n,\cdots)$$

2. 泊松分布的特性

泊松分布的数学期望和方差都是 λ,即:

$$E(X)=D(X)=\lambda$$

实际生活中服从泊松分布的随机变量是很多的。如:电话交换台在一天内呼唤的电话数、工厂里某段时间内发生事故的次数、放射性物质射出来的粒子形成的粒子流、容器内的细菌数、到商店购物的顾客形成的顾客流等。

为了便于计算泊松分布的概率,人们已制定了泊松分布表,对于给定的 k 值和 λ 值,查表即可得所求概率。

例 4.4 某种织物每平方米的疵点数 X 服从 $\lambda=0.08$ 的泊松分布,如果抽取一平方米这种织物进行检查,问出现以下各种情况的概率有多大？

(1) 没有疵点；

(2) 有两个疵点；

(3) 至少有一个疵点。

解：因为 X 服从 $\lambda=0.08$ 的泊松分布，所以：

(1) $P(X=0)=e^{-0.08}=0.9231$

(2) $P(X=2)=\dfrac{0.08^2}{2!}e^{-0.08}=0.00295$

(3) $P(X\geqslant 1)=1-P(X<1)=1-e^{-0.08}=1-0.9231=0.0769$

3. 泊松分布与二项分布的关系

泊松分布可以看做是二项分布的一种变形。事实上，在二项分布 $B(n,p)$ 中，当 p 很小，n 很大且 np 较小时，二项分布趋近于参数为 $\lambda=np$ 的泊松分布。在实际应用中，当 $n\geqslant 30$，$p\leqslant 0.05$ 时，我们就可用泊松分布近似替代二项分布了。

例 4.5 有一大批产品，其废品率为 0.015，现任取一箱（100 件），求箱中恰有一件废品的概率。

解：一箱中的废品数 X 服从超几何分布，由于产品总数 N 很大，所以 X 近似服从 $B(100,0.015)$

$$P(X=1)=C_{100}^1\times 0.015^1\times 0.985^{99}=0.335953$$

这一计算是比较复杂的，但由于 $n=100$ 较大而 $p=0.015$ 较小，所以 X 又可以用泊松分布来近似计算，其中 $\lambda=np=1.5$，所以得：

$$P(X=1)\approx 1.5e^{-1.5}=0.334695$$

比较两种计算方法所得的结果，可以看出用泊松分布来近似计算，其误差不超过 0.0013。

(四) 正态分布

常用的连续型随机变量的分布主要有均匀分布、指数分布和正态分布等，其中正态分布是统计学中最重要的分布。自然界中许多常见的随机现象(如测量的误差,炮弹弹落点的分布,以及人的身长、体重等生理特征)都可以用正态分布来描述。一般说来,若影响某一数量指标的随机因素很多,而各因素所起的作用又不太大,则这个数量指标就可以用正态分布来表示。许多随机变量的分布也可用正态分布来近似。

1. 正态分布 $N(\mu,\sigma^2)$

(1)正态分布的概念。如果连续型随机变量 X 的概率密度函数为:

$$\varphi(x)=\frac{1}{\sqrt{2\pi}\sigma}e^{-\frac{(x-\mu)^2}{2\sigma^2}} \quad (-\infty<x<\infty)$$

则称 X 服从正态分布,记作 $X\sim N(\mu,\sigma^2)$。其中 μ 称为正态分布的位置参数,$\sigma>0$ 称为正态分布的尺度参数。正态分布的分布函数为:

$$\Phi(x)=P(X<x)=\frac{1}{\sqrt{2\pi}\sigma}\int_{-\infty}^{x}e^{-\frac{(t-\mu)^2}{2\sigma^2}}\mathrm{d}t$$

它是一个变上限函数,无法将它化为一个初等函数。正态分布的密度函数和分布函数如图 4-3 所示。

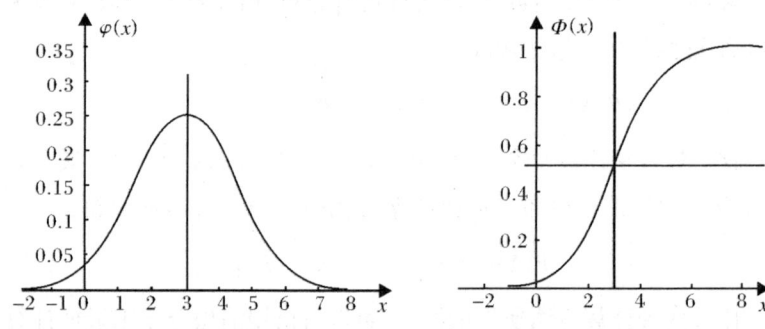

图 4-3　正态分布 $(3,1.5^2)$ 的密度函数和分布函数图

(2)正态分布密度函数 $\varphi(x)$ 的特点。① 曲线在直角坐标系中的图形呈钟形(见上左图);② 最大值点为 $x=\mu,\varphi(\mu)=\dfrac{1}{\sqrt{2\pi}\sigma}$;③ 曲线

关于 $x=\mu$ 对称；④ 曲线在 $x=\mu\pm\sigma$ 处有拐点；⑤ 当 $X\to\infty$ 时，曲线以 x 轴为其渐近线；⑥ σ 越大，曲线越平稳，σ 越小，曲线越陡峭。

(3) 正态分布的数字特征。① 数学期望 $E(X)=\mu$；② 方差 $D(X)=\sigma^2$。

2. 标准正态分布 $N(0,1)$

(1) 标准正态分布的概念。$\mu=0, \sigma^2=1$ 的正态分布称为标准正态分布，记作 $X\sim N(0,1)$，其密度函数和分布函数分别用 $\varphi_0(x)$ 和 $\Phi_0(x)$ 来表示[以示与一般的正态分布 $N(\mu,\sigma^2)$ 的区别]，即：

$$\varphi_0(x)=\frac{1}{\sqrt{2\pi}}e^{-\frac{x^2}{2}} \qquad (-\infty<x<\infty)$$

$$\Phi_0(x)=P(X<x)=\frac{1}{\sqrt{2\pi}}\int_{-\infty}^{x}e^{-\frac{t^2}{2}}dt$$

(2) 标准正态分布 $N(0,1)$ 的性质。① $\varphi_0(-x)=\varphi_0(x)$；② $\varphi_0(x)$ 在 $x=0$ 处取最大值，$\varphi_0(0)=\frac{1}{\sqrt{2\pi}}=0.3989$；③ $\Phi_0(-x)=1-\Phi_0(x)$。

(3) 一般的正态分布 $N(\mu,\sigma^2)$ 与标准正态分布 $N(0,1)$ 之间的关系。① 对密度函数，有：$\varphi(x)=\frac{1}{\sigma}\varphi_0\left(\frac{x-\mu}{\sigma}\right)$；② 对分布函数，有：$\Phi(x)=\Phi_0\left(\frac{x-\mu}{\sigma}\right)$；③ 如果 $X\sim N(\mu,\sigma^2)$，令 $Z=\frac{x-\mu}{\sigma}$，则有：$Z\sim N(0,1)$。

3. 正态分布表的查表和计算

由于正态分布的分布函数不能表示成初等函数的形式，因此正态分布的概率一般不能直接通过分布函数来计算。为此人们针对标准正态分布 $N(0,1)$ 构造了标准正态分布表，我们可以通过查标准正态分布表 $\Phi_0(X)$ 并利用正态分布的性质和关系来计算一般正态分布的概率。

例 4.6 已知 $X\sim N(0,1)$，求：$P(X\leqslant 1.96)$，$P(X\leqslant -1.96)$，$P(|X|\leqslant 1.96)$，$P(-1<X\leqslant 2)$，$P(X\leqslant 5.9)$。

解：查标准正态分布表,我们得：

(1) $P(X \leqslant 1.96) = \Phi_0(1.96) = 0.975$

(2) $P(X \leqslant -1.96) = \Phi_0(-1.96) = 1 - \Phi_0(1.96)$
$= 1 - 0.975 = 0.025$

(3) $P(|X| \leqslant 1.96) = P(-1.96 \leqslant X \leqslant 1.96)$
$= \Phi_0(1.96) - \Phi_0(-1.96)$
$= 2\Phi_0(1.96) - 1 = 0.95$

(4) $P(-1 < X \leqslant 2) = \Phi_0(2) - \Phi_0(-1) = \Phi_0(2) - 1 + \Phi_0(1)$
$= 0.81815$

(5) $P(X \leqslant 5.9) = \Phi_0(5.9) \approx 1$

例 4.7 已知 $X \sim N(8, 0.5^2)$，求：$P(|X-8| \leqslant 1)$，$P(X \leqslant 10)$，$P(X > 6.5)$。

解：

(1) $P(|X-8| \leqslant 1) = P(7 \leqslant X \leqslant 9) = \Phi(9) - \Phi(7)$
$= \Phi_0\left(\dfrac{9-8}{0.5}\right) - \Phi_0\left(\dfrac{7-8}{0.5}\right) = \Phi_0(2) - \Phi_0(-2)$
$= 2\Phi_0(2) - 1 = 0.9545$

(2) $P(X \leqslant 10) = \Phi(10) = \Phi_0\left(\dfrac{10-8}{0.5}\right) = \Phi_0(4) = 0.99996833$

(3) $P(X > 6.5) = 1 - P(X \leqslant 6.5) = 1 - \Phi_0(6.5)$
$= 1 - \Phi_0\left(\dfrac{6.5-8}{0.5}\right) = 1 - \Phi_0(-3)$
$= \Phi_0(3) = 0.99865$

例 4.8 市场调查发现,三口之家的食油月消耗量服从正态分布。平均值和标准差分别为 5 升和 1 升。求：

(1) 食油月消耗量在 5.5 升以上的概率；

(2) 食油月消耗量少于 6.5 升的概率；

(3) 食油月消耗量介于 3.5 和 6.5 升之间的概率。

解：设三口之家的食油月消耗量为 X，由题意，$X \sim N(5, 1^2)$。因

此,我们有:

(1) $P(X>5.5)=1-P(X\leqslant 5.5)=1-\Phi(5.5)$
$$=1-\Phi_0\left(\frac{5.5-5}{1}\right)=1-\Phi_0(0.5)=0.3085$$

(2) $P(X\leqslant 6.5)=\Phi(6.5)=\Phi_0\left(\frac{6.5-5}{1}\right)=\Phi_0(1.5)=0.93319$

(3) $P(3.5\leqslant X\leqslant 6.5)=\Phi(6.5)-\Phi(3.5)$
$$=\Phi_0\left(\frac{6.5-5}{1}\right)-\Phi_0\left(\frac{3.5-5}{1}\right)$$
$$=\Phi_0(1.5)-\Phi_0(-1.5)$$
$$=2\Phi_0(1.5)-1=0.86638$$

4. 正态分布的应用

许多随机变量在一定的条件下都可用正态分布来近似。在二项分布 $B(n,p)$ 中,当 n 很大但 p 并不是很小时,即 np 不能达到较小的要求,二项分布就无法用参数为 $\lambda=np$ 的泊松分布来近似了。理论研究证明,对固定的 p,当 n 趋于无穷大时,二项分布趋向于正态分布。通常是当 np 和 nq 都大于 5 时,就可以对二项分布作正态近似。当对二项分布 $B(n,p)$ 作正态分布近似时,应取均值 $\mu=np$ 和方差 $\sigma^2=(\sqrt{npq})^2$ 的正态分布 $N(\mu,\sigma^2)$。

例 4.9 一大批产品的废品率为 0.005,求 10 000 件产品中废品数不大于 70 的概率。

解:设 10 000 件产品中废品个数为 X,因为一大批产品的总数 N 非常大,可以认为 X 服从二项分布,即 $X\sim B(10\,000, 0.005)$。

由于 $n=10\,000$ 充分大,$np=50$ 也较大,所以无法用 $\lambda=np=50$ 的泊松分布来近似计算了,但我们可以用正态分布 $N[np,(\sqrt{npq})^2]$ 来近似替代 $B(10\,000, 0.005)$,即可以认为废品个数 X 近似 $\sim N(50, 7.053^2)$,从而:

$$P(X\leqslant 70)\approx\Phi(70)=\Phi_0\left(\frac{70-50}{7.053}\right)=\Phi_0(2.85)=0.9977$$

即废品个数不大于 70 个的概率约为 0.997 7。

（五）与正态分布有关的几个分布

在数理统计中除了主要用到正态分布之外，还经常要用到 $\chi^2(n)$ 分布、$t(n)$ 分布和 $F(n_1, n_2)$ 分布，虽然这些分布的概率密度函数都比较复杂，但是它们和标准正态分布 $N(0,1)$ 一样，都有一些非常重要的特性，即：

（1）它们都不含有 λ, μ, σ, p 等参数。$N(0,1)$ 的分布规律是完全确定的，$\chi^2(n)$、$t(n)$ 和 $F(n_1, n_2)$ 的分布也只与自由度 n 等有关，因此可以构造出有关的概率分布表来查它们的分布值和临界值；

（2）一般正态分布 $N(\mu, \sigma^2)$ 与这些分布之间有着非常密切的联系，对正态分布的数字特征 μ 和 σ^2 进行估计和统计推断时需要借助这些分布以及它们的临界值。

最后我们介绍一下临界值的概念，对给定的概率度 $\alpha (0<\alpha<1$，一般 α 取 5%、1% 或 10%)，我们称 $u_{\frac{\alpha}{2}}, \chi_\alpha^2, t_{\frac{\alpha}{2}}, F_\alpha$ 分别为相应分布的临界值，即：

（1）对 $X \sim N(0,1)$，如果 $u_{\frac{\alpha}{2}}$ 满足：$P(|X|>u_{\frac{\alpha}{2}})=\alpha$，则称 $u_{\frac{\alpha}{2}}$ 为 $N(0,1)$ 的双侧临界值；

（2）对 $X \sim \chi^2(n)$，如果 χ_α^2 满足：$P(X>\chi_\alpha^2)=\alpha$，则称 χ_α^2 为 $\chi^2(n)$ 的上侧临界值；

（3）对 $X \sim t(n)$，如果 $t_{\frac{\alpha}{2}}$ 满足：$P(|X|>t_{\frac{\alpha}{2}})=\alpha$，则称 $t_{\frac{\alpha}{2}}$ 为 $t(n)$ 的双侧临界值；

（4）对 $X \sim F(n_1, n_2)$，如果 F_α 满足：$P(X>F_\alpha)=\alpha$，则称 F_α 为 $F(n_1, n_2)$ 的上侧临界值。

随机变量 X 的取值介于临界值以内是一个大概率事件（概率等于 $1-\alpha$），而随机变量 X 取到临界值以外的数值就是一个小概率事件（其概率仅为 α），各种分布的临界值可以通过查各自分布的临界值表来得到。图 4-4 给出了自由度为 5 的 $\chi^2(5)$ 分布的密度函数以及对应于 $\alpha=0.05$ 的上侧临界值的示意图。

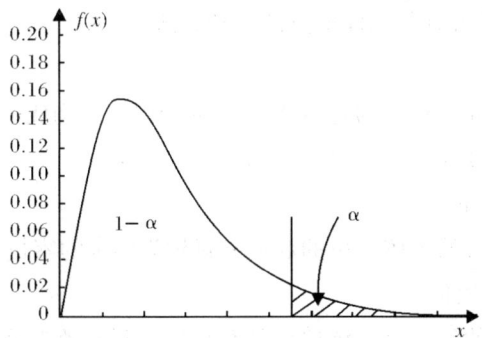

图 4-4 自由度为 5 的 $\chi^2(5)$ 分布的密度函数及上侧临界值图

例 4.10 对给定的 $\alpha=0.05$，分别查表求 $N(0,1), \chi^2(5), t(10)$, $F(5,10)$ 等分布的临界值。

解：

(1) 对 $N(0,1)$ 分布，由 $P(|X|>u_{0.025})=0.05$，得 $2\Phi_0(u_{0.025})-1=0.95$，即 $\Phi_0(u_{0.025})=0.975$，查 $N(0,1)$ 分布表即得，$u_{0.025}=1.96$

(2) 对 $\chi^2(5)$ 分布，由 $P(X>\chi^2_{0.05})=0.05$，直接查 χ^2 分布临界值表得，$\chi^2_{0.05}=11.1$

(3) 对 $t(10)$ 分布，由 $P(|X|>t_{0.025})=0.05$，直接查 t 分布临界值表得，$t_{0.025}=2.228$

(4) 对 $F(5,10)$ 分布，由 $P(X>F_{0.05})=0.05$，直接查 F 分布临界值表得，$F_{0.05}=3.33$

第二节 抽 样 分 布

一、随机抽样

(一) 抽样与样本

1. 随机抽样

就是从所研究的对象(总体 X)中随机地抽取其中一部分单位来进

行观察,以便获得有关总体信息的一种方法。

2. 样本(子样)

由随机抽样所获得的总体 X 中的部分单位所构成的集合,用 $(X_1, X_2, \cdots, X_n)$ 来表示。

3. 样本容量

样本所包含的个体单位的数目 n 就称为样本的容量。

4. 样本观察值

对样本中的每一个个体单位的某种标志进行观察和记录,得到具体的标志值,我们称之为样本观察值,用 $(x_1, x_2, \cdots, x_n)$ 来表示。

在进行抽样时,样本的选取必须是随机的,即总体中的每一个个体单位都有相同的机会被选入样本。纯随机抽样通常有两种方式:

(1) 不重复抽样:每次从总体中抽取一个单位,不放回去,再抽下一个,直到抽满 n 个为止。

(2) 重复抽样:每次从总体中抽取一个单位,进行观察记录后放回总体,再抽下一个,直到获得 n 个观察结果为止。

5. 简单随机样本

对总体 X 进行重复抽样所得到的样本 $(X_1, X_2, \cdots, X_n)$ 称为简单随机样本,它具有:

(1) 随机性:样本 $(X_1, X_2, \cdots, X_n)$ 中的每一个个体单位都是从总体中等可能地被抽到的;

(2) 独立性:样本 $(X_1, X_2, \cdots, X_n)$ 中的各个个体单位之间互不影响,即 $X_1, X_2, \cdots, X_n$ 相互独立;

(3) 代表性:样本 $(X_1, X_2, \cdots, X_n)$ 中的每一个个体单位与总体中的个体单位具有相同的统计特征,即 X_i 与 X 有着相同的概率分布。

如果总体中的个体单位的数目无限(无限总体),抽取有限个个体单位不会影响总体的分布,在这样的情况下,不重复抽样与重复抽样就没有什么区别了。实际应用时,如果总体中个体单位的个数很多而样本容量又相对较小(不超过总体的 5%),我们就可以认为总体为无限,不重复抽样就相当于重复抽样,由此得到的样本可以看成是简单随机样本。

(二) 常用统计量

统计量:由样本$(X_1, X_2, \cdots, X_n)$所构成的不含有任何未知参数的函数 $f(X_1, X_2, \cdots, X_n)$ 称为统计量。当对样本$(X_1, X_2, \cdots, X_n)$进行观察,将样本观察值$(x_1, x_2, \cdots, x_n)$代入函数统计量 $f(X_1, X_2, \cdots, X_n)$,就能算得具体的函数值 $f(x_1, x_2, \cdots, x_n)$,我们称之为统计值。统计量 $f(X_1, X_2, \cdots, X_n)$ 是一个随机变量,统计值 $f(x_1, x_2, \cdots, x_n)$ 是一个具体的数值。但在实际应用中,在不会导致混淆的情况下,我们有时对二者并不作严格的区分。

对样本的各种不同的数量特征,我们可以通过构造不同的统计量 $f(X_1, X_2, \cdots, X_n)$ 来加以描述。常用统计量有:

(1) 样本平均数:$\overline{X} = \frac{1}{n} \sum_{i=1}^{n} X_i$,它表示样本中个体单位标志值的平均取值,其统计值的计算公式为:$\overline{x} = \frac{1}{n} \sum_{i=1}^{n} x_i$;

(2) 样本方差:$S^2 = \frac{1}{n-1} \sum_{i=1}^{n} (X_i - \overline{X})^2$,它表示样本中各个体单位标志值与样本平均数偏差平方的平均取值,其统计值 s^2 一般用公式 $s^2 = \frac{1}{n-1} \left(\sum_{i=1}^{n} x_i^2 - n\overline{x}^2 \right)$ 来计算;

(3) 样本标准差:$S = \sqrt{\frac{1}{n-1} \sum_{i=1}^{n} (X_i - \overline{X})^2}$,它表示样本中各个体单位标志值与样本平均数的平均偏差;

(4) 样本成数:$\overline{P} = \frac{m}{n}$,它表示样本中具有某种特征的个体单位的数目占样本容量的比例,其中 n 为样本容量,m 为具有某种特征的个体单位的数目,样本成数 $\overline{P}$ 有时也用 p 来表示。

二、抽样分布

(一) 常用统计量的数学期望和方差

因为统计量是一个随机变量,我们可以求出它们的数学期望和方差。下面针对各种不同的情况,给出样本均值和样本成数的数学期望和方差的公式。

1. 无限总体的情况

若 X 是无限总体,它有数学期望 $E(X)=\mu$,方差 $D(X)=\sigma^2$。$(X_1, X_2, \cdots, X_n)$ 是从 X 中抽出的样本,则:

(1) 样本平均数 $\overline{X} = \frac{1}{n}\sum_{i=1}^{n}X_i$ 的数学期望:

$$E(\overline{X}) = E\left(\frac{1}{n}\sum_{i=1}^{n}X_i\right) = \frac{1}{n}\sum_{i=1}^{n}E(X_i) = \frac{1}{n}n\mu = \mu$$

(2) 样本平均数 $\overline{X} = \frac{1}{n}\sum_{i=1}^{n}X_i$ 的方差:

$$D(\overline{X}) = D\left(\frac{1}{n}\sum_{i=1}^{n}X_i\right) = \frac{1}{n^2}\sum_{i=1}^{n}D(X_i) = \frac{1}{n^2}n\sigma^2 = \frac{\sigma^2}{n}$$

考虑总体 X 的成数 P,那么总体的数学期望 $E(X)=P$,方差 $D(X) = \frac{P(1-P)}{n}$,因此有:

(3) 样本成数 $\overline{P} = \frac{m}{n}$ 的数学期望:

$$E(\overline{P}) = P$$

(4) 样本成数 $\overline{P} = \frac{m}{n}$ 的方差:

$$D(\overline{P}) = \frac{P(1-P)}{n}$$

2. 有限总体的情况

对有限总体 X,假设它共有 N 个个体单位,总体的数学期望为 μ,

方差为 σ^2，成数为 P。

(1) 若 $(X_1, X_2, \cdots, X_n)$ 是从总体 X 中采用重复抽样的方法抽出的样本，则样本平均数 $\overline{X}$ 和样本成数 $\overline{P}$ 的数学期望和方差的计算公式就和无限总体的情况完全相同。

(2) 若 $(X_1, X_2, \cdots, X_n)$ 是从总体 X 中采用不重复抽样的方法抽出的样本，则此时样本平均数 $\overline{x}$ 和样本成数 $\overline{P}$ 的数学期望保持不变，而方差的计算将变化为：

$$D(\overline{X}) = \frac{\sigma^2}{n}\left(\frac{N-n}{N-1}\right) \approx \frac{\sigma^2}{n}\left(1-\frac{n}{N}\right)$$

$$D(\overline{P}) = \frac{P(1-P)}{n}\left(\frac{N-n}{N-1}\right) \approx \frac{P(1-P)}{n}\left(1-\frac{n}{N}\right)$$

其中 $1-\frac{n}{N}$ 为有限总体的样本方差校正系数，当 $\frac{n}{N} < 5\%$，我们可以忽略它，此时有限总体可以当做无限总体来处理。

(二) 常用统计量和常用样本函数的抽样分布

统计量是一个随机变量，且是不依赖于任何未知参数的随机变量，它的取值与样本的观察值有关。它的概率分布称为抽样分布，有了抽样分布就可以在一定的概率保证度下推断有关总体参数的信息。有时为了估计总体中的未知参数的取值范围，我们还需要求出包含该未知参数的一些特殊的样本函数的抽样分布。前面我们给出了在统计学中常用的统计量以及它们的数字特征，下面我们给出在不同的情况下这些常用统计量和常用样本函数的抽样分布。

若总体 X 服从正态分布，即 $X \sim N(\mu, \sigma^2)$，$(X_1, X_2, \cdots, X_n)$ 是从 X 中抽出的样本。那么 $X_1, X_2, \cdots, X_n$ 也服从正态分布且它们相互独立，即 $X_i \sim N(\mu, \sigma^2)$，此时样本平均数 $\overline{X} = \frac{1}{n}\sum_{i=1}^{n} X_i$ 也将服从正态分布且它的数学期望和方差为 $E(\overline{X}) = \mu$ 和 $D(\overline{X}) = \frac{\sigma^2}{n}$，所以有：

(1) $X \sim N\left(\mu, \dfrac{\sigma^2}{n}\right)$

将 $\overline{X}$ 标准化,我们得到:

(2) $U = \dfrac{\overline{X} - \mu}{\sigma / \sqrt{n}} \sim N(0, 1)$

由于总体 $X \sim N(\mu, \sigma^2)$,样本平均值 $\overline{X} \sim N\left(\mu, \dfrac{\sigma^2}{n}\right)$。比较二者的分布,我们可以看出,$X$ 与 $\overline{X}$ 具有相同的数学期望,但样本平均数 $\overline{X}$ 的方差比总体 X 的方差要缩小 n 倍。

例 4.11 某种零件的直径服从正态分布,它的数学期望为 2 cm,标准差为 0.2 cm。现从该总体中抽出容量为 9 的随机样本,求:

(1) 该种零件的直径介于 [1.8, 2.2] 的概率;

(2) 样本的平均值介于 [1.8, 2.2] 的概率。

解: 设零件的直径为 X,则 X 服从 $\mu = 2, \sigma = 0.2$ 的正态分布,即 $X \sim N(2, 0.2^2)$,所以:

(1) $P(1.8 < X < 2.2) = \Phi(2.2) - \Phi(1.8)$

$$= \Phi_0\left(\dfrac{2.2 - 2}{0.2}\right) - \Phi_0\left(\dfrac{1.8 - 2}{0.2}\right)$$

$$= 2\Phi_0(1) - 1 = 0.6826$$

(2) 因为样本平均数 $\overline{X} \sim N\left(\mu, \dfrac{\sigma^2}{n}\right)$,所以容量为 9 的样本平均数 $\overline{X} \sim N\left(2, \dfrac{0.2^2}{9}\right)$,

$$P(1.8 < \overline{X} < 2.2) = \Phi(2.2) - \Phi(1.8)$$

$$= \Phi_0\left(\dfrac{2.2 - 2}{0.2/3}\right) - \Phi_0\left(\dfrac{1.8 - 2}{0.2/3}\right)$$

$$= 2\Phi_0(3) - 1 = 0.9973$$

从上例可以看出样本平均数 $\overline{X}$ 的取值比总体 X 的取值靠近数学期望 μ 的概率更大,即 $\overline{X}$ 的取值比 X 的取值更集中于总体均值 μ,

图 4-5 给出了 X 与 $\overline{X}$ 密度函数的曲线比较情况。

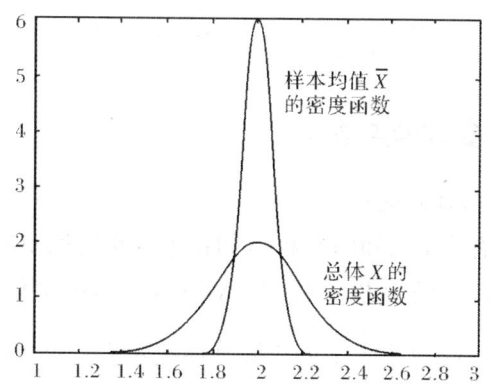

图 4-5　总体 X 与样本平均数 $\overline{X}$ 的密度函数的曲线比较图

若我们将 $U=\dfrac{\overline{X}-\mu}{\sigma/\sqrt{n}}$ 中的 σ 用样本标准差 S 来代替，那么样本函数 $\dfrac{\overline{X}-\mu}{S/\sqrt{n}}$ 就不再服从标准正态分布了，它转而服从 t 分布，即：

(3) $T=\dfrac{\overline{X}-\mu}{S/\sqrt{n}}\sim t(n-1)$

对不服从正态分布的无限总体 X，若样本容量 n 充分大（$n\geqslant 30$，我们称 $n\geqslant 30$ 的样本为大样本），则上述(1)式和(2)式都将近似成立，(3)式中的 $\dfrac{\overline{X}-\mu}{S/\sqrt{n}}$ 也近似地服从标准正态分布。

对样本成数 $\overline{P}$ 的情况，因为 $E(\overline{P})=P$，$D(\overline{P})=\dfrac{P(1-P)}{N}$，所以我们有：

(4) $\overline{P}$ 近似 $\sim N\left[P,\dfrac{P(1-P)}{n}\right)$

(5) $U'=\dfrac{\overline{P}-P}{\sqrt{P(1-P)/n}}$ 近似 $\sim N(0,1)$

第三节 参 数 估 计

一、总体参数的点估计

(一) 参数估计的概念

设总体中有一个未知的参数 θ(如正态分布的期望值 μ 或标准差 σ),从总体中抽得简单随机样本 $(X_1, X_2, \cdots, X_n)$,用样本的一个统计量 $\hat{\theta} = \hat{\theta}(X_1, X_2, \cdots, X_n)$ 来估计 θ,我们就称 $\hat{\theta}$ 是未知参数 θ 的一个点估计量。当将样本的一组观察值 $(x_1, x_2, \cdots, x_n)$ 代入 $\hat{\theta}$,则得 θ 的一个点估计值 $\hat{\theta} = \hat{\theta}(x_1, x_2, \cdots, x_n)$。

对于一个未知参数 θ,我们可以构造各种不同的估计量来对 θ 进行估计。例如,要对总体 X 的数学期望 μ 进行估计,在获得样本 $(X_1, X_2, \cdots, X_n)$ 后,我们可以:

(1) 用样本平均数 $\overline{X} = \dfrac{1}{n}\sum\limits_{i=1}^{n} X_i$ 来估计 μ,即 $\hat{\mu} = \overline{X}$;

(2) 用 X_1 来估计 μ,即 $\hat{\mu} = X_1$;

(3) 用 $\text{Min}\{X_1, X_2, \cdots, X_n\}$ 来估计 μ,即 $\hat{\mu} = \text{Min}\{X_1, X_2, \cdots, X_n\}$。

显然,采用不同的方法估计 μ 会得到不同的估计结果,这就涉及估计量的优劣问题了。因为估计量 $\hat{\theta} = \hat{\theta}(X_1, X_2, \cdots, X_n)$ 是一个与 θ 有一定关系的随机变量,因此我们可以从它的分布特性上来对它的好坏进行评价,评价估计量优劣的标准主要有以下三条:

(1) 无偏性:从估计量的数学期望来看,如果有 $E(\hat{\theta}) = \theta$,则称估计量 $\hat{\theta}$ 是未知参数 θ 的无偏估计。它表示估计量的数值在参数的真值 θ 周围摆动,这种估计没有系统的偏差。

(2) 有效性：从估计量的方差来看，如果 $D(\hat{\theta}) = \text{Min}\{D(\hat{\theta})\}$，$\hat{\theta}$ 为 θ 的无偏估计}，则称估计量 $\hat{\theta}$ 是未知参数 θ 的有效估计。它表示 $\hat{\theta}$ 是所有无偏估计中方差最小的估计量，即估计量的数值不仅在参数的真值周围摆动，而且非常集中于真值 θ 的附近。

(3) 一致性：从估计量的极限来看，如果对任意的 $\varepsilon > 0$，有 $\lim\limits_{n \to \infty} P(|\hat{\theta} - \theta| \geq \varepsilon) = 0$，则称估计量 $\hat{\theta}$ 是未知参数 θ 的一致估计。它表示当样本容量 n 无限增大时，估计量的数值依 100% 的概率趋近于参数的真值 θ。

可以证明：样本平均数 $\overline{X} = \frac{1}{n}\sum\limits_{i=1}^{n} X_i$ 是总体数学期望 μ 的无偏、有效和一致的估计量。用 X_1 来估计 μ，虽然这种估计具有无偏性但它不具有有效性和一致性。而用统计量 $\text{Min}\{X_1, X_2, \cdots, X_n\}$ 来估计 μ，效果就更差了。

(二) 总体参数的点估计

设总体 X 的数学期望、方差、标准差、成数分别记为 μ、σ^2、σ 和 P，$(X_1, X_2, \cdots, X_n)$ 是从 X 中抽出的样本。从无偏性、有效性和一致的角度考虑，我们一般：

(1) 用样本平均数来估计总体数学期望，即：$\hat{\mu} = \overline{X} = \frac{1}{n}\sum\limits_{i=1}^{n} X_i$

(2) 用样本方差来估计总体方差，即：$\hat{\sigma}^2 = S^2 = \frac{1}{n-1}\sum\limits_{i=1}^{n}(X_i - \overline{X})^2$

(3) 用样本标准差来估计总体标准差，即：$\hat{\sigma} = S = \sqrt{\frac{1}{n-1}\sum\limits_{i=1}^{n}(X_i - \overline{X})^2}$

(4) 用样本成数来估计总体成数，即：$\hat{P} = p = \frac{m}{n}$

例 4.12 某灯泡厂某天生产了一大批灯泡，从中抽取了 18 个进行寿命试验，得试验数据如下（单位：小时）：

1 550　　1 455　　1 645　　1 720　　1 900　　1 645

1 500	1 725	1 540	1 610	1 760	1 695
1 765	1 530	1 520	1 845	1 620	1 630

请估计:

(1) 该天生产的所有灯泡的平均寿命 μ;

(2) 该天生产的所有灯泡之间的标准差 σ;

(3) 若寿命低于 1 500 小时的灯泡被判为不合格品,试估计该天生产的灯泡的不合格率 P。

解:利用总体参数的点估计公式,将具体的观察值(本例的 18 个试验数据)代入其中,则得有关参数的估计值:

(1) $\hat{\mu} = \bar{x} = \frac{1}{18}\sum_{i=1}^{18}X_i = \frac{1}{18}(1\,500+1\,455+\cdots+1\,630) = 1\,647.5$

由于 $\hat{\sigma}^2 = s^2 = \frac{1}{17}\sum_{i=1}^{18}(x_i-\bar{x})^2 = \frac{1}{17}(\sum_{i=1}^{18}x_i^2 - n\bar{x}^2) = 15\,009.56$,所以

(2) $\hat{\sigma} = s = \sqrt{15\,009.56} = 122.51$

因为 18 个试验数据中仅有一个寿命低于 1 500 小时,即只有一个不合格品,所以:

(3) $\hat{P} = p = \frac{1}{18} = 0.055\,556 = 5.56\%$

二、抽样误差的计算

(一) 抽样误差的概念

抽样误差:由于抽样的随机性和样本容量的有限性,用估计量对总体的参数进行估计时所造成的误差。

抽样误差是进行抽样调查所固有的误差,换句话说,点估计值与总体参数的真值之间不可避免地存在着偏差,上例中,当试验的灯泡数量 ($n=18$) 发生变化或者另外抽取 18 个灯泡进行试验,$\hat{\mu}$、$\hat{\sigma}^2$、$\hat{\sigma}$ 和 $\hat{P}$ 等估计结果将会改变。也就是说,$\hat{\mu}$、$\hat{\sigma}$ 和 $\hat{P}$ 等估计值与该天生产的灯泡的实际的平均寿命 μ、标准差 σ 和不合格率 P 等是有偏差的,这种偏差就

是抽样误差。

(二) 抽样平均误差的计算

上节我们给出了常用的统计量和常用样本函数的抽样分布,样本平均数$\overline{X}$和样本成数p的标准差就定义为$\overline{X}$和p的抽样平均误差,下面我们具体给出抽样平均误差的计算公式:

1. 无限总体的情况

若总体$X \sim N(\mu, \sigma^2)$,$(X_1, X_2, \cdots, X_n)$是从X中抽出的样本。由于$\overline{X} \sim N\left(\mu, \dfrac{\sigma^2}{n}\right)$,因此样本平均数$\overline{X}$的抽样平均误差的计算公式即为:

$$\mu_{\overline{x}} = \sqrt{\frac{\sigma^2}{n}} = \frac{\sigma}{\sqrt{n}}$$

对非正态总体X,在大样本的情况下,上面的公式仍成立。
同样可以给出样本成数p的抽样平均误差计算公式:

$$\mu_p = \sqrt{\frac{P(1-P)}{n}}$$

2. 有限总体的情况

若总体X是有限总体,设它共有N个个体单位,则:

$$\mu_{\overline{x}} = \sqrt{\frac{\sigma^2}{n}\left(1 - \frac{n}{N}\right)} = \frac{\sigma}{\sqrt{n}}\sqrt{1 - \frac{n}{N}}$$

$$\mu_p = \sqrt{\frac{P(1-P)}{n}\left(1 - \frac{n}{N}\right)}$$

上述公式中的$\sqrt{1 - \dfrac{n}{N}}$称为有限总体校正系数。当$\dfrac{n}{N} < 5\%$(即抽样比较小)时,有限总体的抽样平均误差计算公式中的校正系数$\sqrt{1 - \dfrac{n}{N}}$就可以忽略,此时有限总体就可以近似地当成为无限总体来处理。

在实际应用中,抽样平均误差公式中的σ,P(它们是总体的标准差和总体成数)一般是未知的,我们可用点估计的方法先求出它们的估计值 $\hat{\sigma}^2 = s^2 = \frac{1}{n-1}\sum_{i=1}^{n}(x_i - \bar{x})^2$ 和 $\hat{P} = \frac{m}{n}$。然后再将 $\hat{\sigma}^2$ 和 $\hat{P}$ 代入公式中来计算所需的抽样平均误差的值。

例 4.13 在例 4.12 中,(1)假定该天的产量无限大;(2)假定该天的产量为 $N=1\,000$。试分别计算样本平均数 $\bar{x}$ 和样本成数 p 的抽样平均误差值。

解:在例 4.12 中已经估计出了 $\hat{\sigma} = 122.51$,$\hat{P} = 5.56\%$。

(1) 用无限总体的抽样平均误差公式计算抽样平均误差值,得:

$$\mu_{\bar{x}} = \frac{\hat{\sigma}}{\sqrt{n}} = \frac{122.51}{\sqrt{18}} = 28.88$$

$$\mu_p = \sqrt{\frac{\hat{P}(1-\hat{P})}{n}} = \sqrt{\frac{0.0556 \times (1-0.0556)}{18}} = 0.054$$

(2) 由于 $N=1\,000$ 为有限总体,因此上述结果需乘上校正系数 $\sqrt{1 - \frac{n}{N}} = \sqrt{1 - \frac{18}{1\,000}} = 0.99$,所以得:

$$\mu_{\bar{x}} = 28.88 \times 0.99 = 28.59$$
$$\mu_p = 0.054 \times 0.99 = 0.053$$

在本例中,由于抽样比 $\frac{n}{N} = \frac{18}{1\,000} = 1.8\% < 5\%$,校正系数可以忽略不计。从实际计算的结果也可以看出校正系数=0.99 所起的作用非常小,即该天生产的灯泡总数($N=1\,000$)可以看成无限大。

三、总体参数的区间估计

(一) 区间估计的概念

点估计能给出总体参数一个明确的估计值,但该估计值与总体参数的真值一般存在一定的偏差,其偏差的大小与抽样误差有关。我们利用抽样平均误差的结果,以点估计为中心确定一个区间,使该区间包含总体参数真值的概率很大,从而得到总体参数的一个区间范围,这就是区间估计的思想。

设总体 X 有一个未知的参数 θ,$(X_1,X_2,\cdots,X_n)$ 是从总体中抽出的样本,如果对给定的 α(α 一般取 5%、10%),能够得到两个统计量 $\hat{\theta}_L = \hat{\theta}_L(X_1,X_2,\cdots,X_n)$ 和 $\hat{\theta}_U = \hat{\theta}_U(X_1,X_2,\cdots,X_n)$,使得:

$$P(\hat{\theta}_L < \theta < \hat{\theta}_U) = 1 - \alpha$$

则称区间 $(\hat{\theta}_L, \hat{\theta}_U)$ 是参数 θ 的置信度为 $1-\alpha$ 的置信区间,$\hat{\theta}_L$ 称为置信下限,$\hat{\theta}_U$ 称为置信上限,$1-\alpha$ 就是置信区间 $(\hat{\theta}_L, \hat{\theta}_U)$ 包含总体参数 θ 的概率,也即区间估计的可信度。

与点估计一样,区间估计也有好坏之分,判断一个区间估计的好坏主要从以下两方面来考虑:

(1) 置信度 $1-\alpha$:我们希望置信区间 $(\hat{\theta}_L, \hat{\theta}_U)$ 能够包含总体的未知参数 θ 的概率 $P(\hat{\theta}_L < \theta < \hat{\theta}_U) = 1-\alpha$ 越大越好;

(2) 精确度 $E(\hat{\theta}_U - \hat{\theta}_L)$:我们希望置信区间 $(\hat{\theta}_L, \hat{\theta}_U)$ 的平均长度 $E(\hat{\theta}_U - \hat{\theta}_L)$ 的值越小越好。

在样本容量 n 一定的情况下,区间估计的置信度与区间估计的精确度之间往往是互相矛盾的。若要提高区间估计的置信度 $1-\alpha$,则必须放宽置信区间 $(\hat{\theta}_L, \hat{\theta}_U)$ 的长度;若要提高区间估计的精确度,则必然会牺牲区间估计的可信度,也即置信区间 $(\hat{\theta}_L, \hat{\theta}_U)$ 包含总体参数 θ 的概率就会大大地降低。要想既保证区间估计的置信度,又提高区间估计的精度,则必须增加抽样的数目,即增大样本容量 n。

(二) 总体数学期望(总体均值)μ 的区间估计

为了对总体均值进行区间估计,需要对样本平均数的分布情况有所了解。如果样本不是来自正态总体,则根据中心极限定理,如果样本容量足够大,则样本平均数的分布可以认为近似地服从正态分布。我们这里 $n \geq 30$ 时即大样本,$n < 30$ 时即小样本。

1. 正态总体——方差 σ^2 已知的情况

(1) 大样本估计法。若总体 $X \sim N(\mu, \sigma^2)$，方差 σ^2 已知，$(X_1, X_2, \cdots, X_n)$ 是从 X 中抽出的样本。由本章第二节样本分布的理论，得：

$$U = \frac{\overline{X} - \mu}{\sigma/\sqrt{n}} \sim N(0,1)$$

对给定的 α，由第一节所介绍的方法，我们可以查标准正态分布 $N(0,1)$ 的双侧临界值 $u_{\frac{\alpha}{2}}$，使得 $P(|U| > u_{\frac{\alpha}{2}}) = \alpha$，即：

$$P(|U| > u_{\frac{\alpha}{2}}) = P\left(\left|\frac{\overline{X} - \mu}{\sigma/\sqrt{n}}\right| < u_{\frac{\alpha}{2}}\right) = 1 - \alpha$$

解不等式 $\left|\frac{\overline{X} - \mu}{\sigma/\sqrt{n}}\right| < u_{\frac{\alpha}{2}}$ 从而得到 μ 的取值范围：

$$\overline{X} - u_{\frac{\alpha}{2}} \frac{\sigma}{\sqrt{n}} < \mu < \overline{X} + u_{\frac{\alpha}{2}} \frac{\sigma}{\sqrt{n}}$$

记 $\hat{\mu}_L = \overline{X} - u_{\frac{\alpha}{2}} \frac{\sigma}{\sqrt{n}}$，$\hat{\mu}_U = \overline{X} + u_{\frac{\alpha}{2}} \frac{\sigma}{\sqrt{n}}$，则得 μ 的置信度为 $1 - \alpha$ 的置信区间为：

$$(\hat{\mu}_L, \hat{\mu}_U) = \left(\overline{X} - u_{\frac{\alpha}{2}} \frac{\sigma}{\sqrt{n}}, \overline{X} + u_{\frac{\alpha}{2}} \frac{\sigma}{\sqrt{n}}\right)$$

其中 $\frac{\sigma}{\sqrt{n}}$ 恰为样本平均数 $\overline{X}$ 的抽样平均误差 $\mu_{\overline{x}}$；$u_{\frac{\alpha}{2}}$ 为 $N(0,1)$ 的双侧临界值；$u_{\frac{\alpha}{2}} \frac{\sigma}{\sqrt{n}}$ 我们称之为 $\overline{X}$ 的抽样极限误差，记作 $\Delta_{\overline{x}}$。它是临界值与抽样平均误差的乘积，即 $\Delta_{\overline{x}} = u_{\frac{\alpha}{2}} \cdot \mu_{\overline{x}}$，其含义是对给定的置信度，区间估计所允许的最大误差，它反映了区间估计的精度。因此置信区间又可以表示为：

$$(\hat{\mu}_L, \hat{\mu}_U) = (\overline{X} - \Delta_{\overline{x}}, \overline{X} + \Delta_{\overline{x}}) = (\overline{X} - u_{\frac{\alpha}{2}} \mu_{\overline{x}}, \overline{X} + u_{\frac{\alpha}{2}} \mu_{\overline{x}})$$

(2) 小样本估计法。正态总体在 σ^2 已知的情况下，X 必然服从正态分布，即对于随机变量 μ 必然服从标准正态分布，所以，μ 的 $1 - \alpha$ 置信区间的计算与上述大样本估计法相同。

例 4.14 在例 4.12 中,假定灯泡的寿命 $X \sim N(\mu, \sigma^2)$ 且方差 $\sigma^2 = 15\,000$ 已知,根据试验数据求 μ 的区间估计(α 取 0.05)。

解：在例 4.12 中已经求得 $\bar{x} = 1\,647.5$,因为总体方差 $\sigma^2 = 15\,000$ 已知,对给定的 $\alpha = 0.05$,我们查标准正态分布 $N(0,1)$ 表,通过计算得双侧临界值：$u_{\frac{\alpha}{2}} = u_{0.025} = 1.96$,所以可以求得 μ 的：

置信下限：

$$\hat{\mu}_L = \bar{x} - u_{\frac{\alpha}{2}} \frac{\sigma}{\sqrt{n}} = 1\,647.5 - 1.96\sqrt{\frac{15\,000}{18}} = 1\,590.92$$

置信上限：

$$\hat{\mu}_U = \bar{x} + u_{\frac{\alpha}{2}} \frac{\sigma}{\sqrt{n}} = 1\,647.5 + 1.96\sqrt{\frac{15\,000}{18}} = 1\,704.08$$

所以 μ 的置信度为 95% 的置信区间为 $(\hat{\mu}_L, \hat{\mu}_U) = (1\,590.92, 1\,704.08)$,即有 95% 的把握认为该天生产的灯泡的平均寿命在 $1\,590.92 \sim 1\,704.08$ 小时之间。

2. 正态总体——方差 σ^2 未知的情况

在多数情况下,总体 $X \sim N(\mu, \sigma^2)$ 的数学期望 μ 和方差 σ^2 都是未知的,此时,用上述方法对 μ 进行区间估计时,μ 的置信上、下限 $\hat{\mu}_L$ 和 $\hat{\mu}_U$ 中就会出现未知参数 σ,对给定的样本观察值 $(x_1, x_2, \cdots, x_n)$,μ 的置信上、下限的数值就无法具体求出。为此,我们要用其他的抽样分布来对 μ 进行区间估计。

(1) 大样本估计法。我们已经知道,当 n 足够大时,t 分布近似于正态分布。所以,实际上,在大样本的情况下,所求的置信区间可按下式计算：

$$\bar{X} \pm \mu_{\frac{\alpha}{2}} \frac{S}{\sqrt{n}}$$

(2) 小样本估计法。设总体 $X \sim N(\mu, \sigma^2)$,方差 σ^2 未知,我们构造：

$$T = \frac{\bar{X} - \mu}{S/\sqrt{n}} \sim t(n-1)$$

对给定的 α，查 $t(n-1)$ 分布的双侧临界值 $t_{\frac{\alpha}{2}}(n-1)$，简记为 $t_{\frac{\alpha}{2}}$，使得 $P(|T|>t_{\frac{\alpha}{2}})=\alpha$，即：

$$P(|T|<t_{\frac{\alpha}{2}})=P\left(\left|\frac{\overline{X}-\mu}{S/\sqrt{n}}\right|<t_{\frac{\alpha}{2}}\right)=1-\alpha$$

由此可解得：

$$(\hat{\mu}_L,\hat{\mu}_U)=\left(\overline{X}-t_{\frac{\alpha}{2}}\frac{S}{\sqrt{n}},\overline{X}+t_{\frac{\alpha}{2}}\frac{S}{\sqrt{n}}\right)$$

其中 $\frac{S}{\sqrt{n}}$ 是抽样平均误差 $\frac{\sigma}{\sqrt{n}}$ 的点估计；$t_{\frac{\alpha}{2}}$ 为 $t(n-1)$ 分布的双侧临界值；而 $\Delta_{\overline{x}}=t_{\frac{\alpha}{2}}\frac{S}{\sqrt{n}}$ 就是抽样极限误差了。

例 4.15 在例 4.12 中，假定灯泡的寿命 $X\sim N(\mu,\sigma^2)$ 但方差 σ^2 未知，试求 μ 的区间估计（α 取 0.05）。

解：已经求得 $\overline{x}=1\,647.5$，$s=122.51$，因为总体方差 σ^2 未知，我们用 $\hat{\sigma}=s=122.51$ 来估算 σ。对给定的 $\alpha=0.05$，查 $t(n-1)=t(17)$ 分布临界值表，得双侧临界值 $t_{\frac{\alpha}{2}}=t_{0.025}=2.11$，所以 μ 的：

置信下限：

$$\hat{\mu}_L=\overline{X}-t_{\frac{\alpha}{2}}\frac{S}{\sqrt{n}}=1\,647.5-2.11\frac{122.51}{\sqrt{18}}=1\,586.57$$

置信上限：

$$\hat{\mu}_U=\overline{X}+t_{\frac{\alpha}{2}}\frac{S}{\sqrt{n}}=1\,647.5+2.11\frac{122.51}{\sqrt{18}}=1\,708.43$$

即有 95% 的把握认为该天生产的灯泡的平均寿命在 $1\,586.57\sim1\,708.43$ 小时之间。

比较例 4.14 和例 4.15 的结果，可以看出：对同样的问题，同一组试验数据，同样的置信度（$1-\alpha=95\%$），若已知总体的方差 σ^2（例 4.14）其区间估计的精度就比未知总体方差（例 4.15）的区间估计的精度要高，前者的置信区间的长度为 $\hat{\mu}_U-\hat{\mu}_L=1\,704.08-1\,590.92=113.16$，而后者的置信区间的长度则达到 $\hat{\mu}_U-\hat{\mu}_L=1\,708.43-1\,586.57=121.86$。

3. 非正态总体的情况

对不服从正态分布的总体 X，在大样本情况下，$\overline{X}$ 近似 $\sim N\left(\mu, \frac{\sigma^2}{n}\right)$，所以：

（1）若 σ^2 已知，则：

$$(\hat{\mu}_L, \hat{\mu}_U) = \left(\overline{X} - u_{\frac{\alpha}{2}} \frac{\sigma}{\sqrt{n}}, \overline{X} + u_{\frac{\alpha}{2}} \frac{\sigma}{\sqrt{n}}\right)$$

（2）若 σ^2 未知，则：

$$(\hat{\mu}_L, \hat{\mu}_U) = \left(\overline{X} - u_{\frac{\alpha}{2}} \frac{S}{\sqrt{n}}, \overline{X} + u_{\frac{\alpha}{2}} \frac{S}{\sqrt{n}}\right)$$

在对非正态总体的数学期望 μ 进行区间估计时，若抽样比 $\frac{n}{N} > 5\%$，则上述区间估计式子中的抽样平均误差 $\frac{\sigma}{\sqrt{n}}$ 和 $\frac{S}{\sqrt{n}}$ 就必须再乘上校正系数 $\sqrt{1 - \frac{n}{N}}$。

例 4.16 某厂购进了总数为 6 000 包的某种材料。为了估计该批材料的平均重量，现随机抽取 350 包组成样本进行称重。得样本的平均数和标准差分别为 32 千克和 7 千克。试求总体均值 μ 的置信度为 95% 的置信区间。

解：设该种材料的包重量为总体 X，由于总体 X 是否服从正态分布我们不知道，方差 σ^2 也未知，抽样比 $\frac{n}{N} = \frac{350}{6\ 000} = 0.058 > 5\%$，因此 μ 的区间估计公式应为：

$$(\hat{\mu}_L, \hat{\mu}_U) = \left(\overline{X} - u_{\frac{\alpha}{2}} \frac{S}{\sqrt{n}} \sqrt{1 - \frac{n}{N}}, \overline{X} + u_{\frac{\alpha}{2}} \frac{S}{\sqrt{n}} \sqrt{1 - \frac{n}{N}}\right)$$

因为 $\overline{x} = 32$，$\frac{S}{\sqrt{n}} = \frac{7}{\sqrt{350}} 0.374$，$u_{\frac{\alpha}{2}} = u_{0.025} = 1.96$，$\sqrt{1 - \frac{n}{N}} = \sqrt{1 - \frac{350}{6\ 000}} = 0.97$，所以：

$$\hat{\mu}_L = 32 - 1.96 \times 0.374 \times 0.97 = 32 - 0.71 = 31.29$$
$$\hat{\mu}_U = 32 + 1.96 \times 0.374 \times 0.97 = 32 + 0.71 = 32.71$$

即有 95% 的把握认为购进的 6 000 包材料的平均重量在 31.29～32.71 千克之间。

(三) 总体成数的区间估计

要对总体成数 P 进行区间估计,当 np 和 nq 两者都大于 5 时,我们构造样本成数统计量 $\overline{P}=p=\dfrac{m}{n}$,它近似 $\sim N\left(P,\dfrac{P(1-P)}{n}\right)$,$\overline{P}$ 的抽样平均误差 $\mu_p=\sqrt{\dfrac{P(1-P)}{n}}\approx\sqrt{\dfrac{\hat{P}(1-\hat{P})}{n}}$。

对给定的 α,查标准正态分布 $N(0,1)$ 的双侧临界值 $u_{\frac{\alpha}{2}}$,则样本成数统计量 $\overline{P}$ 的抽样极限误差 $\Delta_p=u_{\frac{\alpha}{2}}\mu_p=u_{\frac{\alpha}{2}}\sqrt{\dfrac{\hat{P}(1-\hat{P})}{n}}$,所以得 P 的置信度为 $1-\alpha$ 的置信区间为:

$$(\hat{P}_L,\hat{P}_U)=(\overline{P}-\Delta_p,\overline{P}+\Delta_p)=\left(\overline{P}-u_{\frac{\alpha}{2}}\sqrt{\dfrac{\hat{P}(1-\hat{P})}{n}},\overline{P}+u_{\frac{\alpha}{2}}\sqrt{\dfrac{\hat{P}(1-\hat{P})}{n}}\right)$$

将样本成数的观察值 p 代入上式,总体成数 P 的置信区间即为:

$$(\hat{P}_L,\hat{P}_U)=\left(p-u_{\frac{\alpha}{2}}\sqrt{\dfrac{p(1-p)}{n}},p+u_{\frac{\alpha}{2}}\sqrt{\dfrac{p(1-p)}{n}}\right)$$

若抽样比 $\dfrac{n}{N}>5\%$,则上述区间估计式子中的抽样平均误差的估计值 $\sqrt{\dfrac{p(1-p)}{n}}$ 还要乘上校正系数 $\sqrt{1-\dfrac{n}{N}}$。

例 4.17 在一所大学,有人想了解学生戴眼镜的比例(成数)P。随机抽取了 100 名学生,发现其中有 31 名学生戴眼镜。求全校学生戴眼镜的成数的置信度为 90% 的置信区间。

解:可以计算样本成数 $p=\dfrac{31}{100}=0.31=31\%$,对置信度为 90%(即 $\alpha=0.1$),查标准正态分布 $N(0,1)$ 的双侧临界值得 $u_{\frac{\alpha}{2}}=u_{0.05}=1.65$,从而总体成数 P 的

置信下限:

第四章 抽样推断

$$\hat{P}_L = p - u_{\frac{\alpha}{2}}\sqrt{\frac{p(1-p)}{n}} = 31\% - 1.65\sqrt{\frac{31\% \times (1-31\%)}{100}} = 23.4\%$$

置信上限：

$$\hat{P}_L = p + u_{\frac{\alpha}{2}}\sqrt{\frac{p(1-p)}{n}} = 31\% + 1.65\sqrt{\frac{31\% \times (1-31\%)}{100}} = 38.6\%$$

即有 90% 的把握认为该校学生戴眼镜的成数介于 23.4%～38.6% 之间。

在求总体成数的区间估计时，当样本成数 p 偏小（p 接近于 0）或偏大（p 接近于 1）而样本容量 n 不是很大时，置信上限和置信下限会出现 $\hat{P}_L < 0$（或 $\hat{P}_U > 100\%$）的情况。此时我们可以认为 $\hat{P}_L = 0$（或 $\hat{P}_U = 100\%$）。

例 4.18 在例 4.12 中，假定该天生产的灯泡总量非常大，根据该天 18 个灯泡的寿命试验数据，求总的灯泡不合格率 P 的区间估计（寿命低于 1 500 小时的灯泡为不合格品，α 取 0.05）。

解：已经求得样本成数（不合格率）$p = \frac{1}{18} = 0.055\,556 = 5.56\%$，查标准正态分布 $N(0,1)$ 的双侧临界值 $u_{0.025} = 1.96$，所以总体成数 P 的

置信下限：

$$\hat{P}_L = p - u_{\frac{\alpha}{2}}\sqrt{\frac{p(1-p)}{n}} = 5.56\% - 1.96\sqrt{\frac{5.56\% \times (1-5.56\%)}{18}}$$
$$= -0.05 = -5\%$$

置信上限：

$$\hat{P}_U = p + u_{\frac{\alpha}{2}}\sqrt{\frac{p(1-p)}{n}} = 5.56\% + 1.96\sqrt{\frac{5.56\% \times (1-5.56\%)}{18}}$$
$$= 0.161\,5 = 16.15\%$$

因为置信下限 $\hat{P}_L = -5\% < 0$，所以令 $\hat{P}_L = 0$，即有 95% 的把握认为该天生产的灯泡的不合格率 P 在 (0, 16.15%) 之间。

第四节　其他抽样组织方式的参数估计

前面我们给出了在纯随机抽样情况下,对总体的不同数量特征(μ,σ^2 和 P 等)的点估计和区间估计方法。但是在进行抽样调查时,由于所研究现象的特点和工作条件的限制,有时并不能完全做到纯随机抽样,而对有些问题采用其他的抽样组织方式可能更有效。常用的抽样组织方式除纯随机抽样(有放回的和无放回的随机抽样)外,还有分层抽样、整群抽样和等距抽样等。不同的抽样组织方式会造成不同的抽样误差,样本均值、样本成数以及它们的抽样平均误差 $\mu_{\bar{x}}$ 和 μ_p 的计算公式都会发生变化。下面就几种常用的抽样组织方式,讨论它们的抽样方法和有关参数的估计。

一、分层抽样及其参数估计

（一）分层抽样的概念

分层抽样也称类型抽样或分类抽样,这种抽样方式是按照所研究的某一标志的情况把总体单位先分成若干层;然后再分别在各层中根据随机抽样方式逐个抽取总体单位,以形成每一层的子样本。我们知道,总体单位标志差异越小,抽样误差就会越小。运用分层法可以把总体分成性质相近的若干层,使层内标志差异缩小,然后从各层抽取样本单位,从而缩小抽样误差,提高抽样指标的代表性。特别是在总体各单位标志值差异悬殊时,通过分层,一方面可缩小层内方差;另一方面也保证各层都能抽取一定的单位,所以分层抽样较之纯随机抽样有时可以获得更为满意的结果。

设总体的单位总数为 N,现要用分层抽样法从中抽出容量为 n 的样本。一般来说,进行分层抽样时,可以把 N 个总体单位分为 K 层,各层的单位数分别为 $N_1,N_2,N_3,\cdots,N_K$,然后从第 i 层的 N_i 个单位中抽取 n_i 个单位,形成第 i 层的样本容量为 n_i 的子样本,$i=1,2,\cdots$,

K,从而获得总容量为 n 的样本。其中 $n=\sum_{i=1}^{k}n_i, N=\sum_{i=1}^{k}N_i$。总体分层后,确定各层的抽样单位数 n_i 的方法有两种。

1. 分层比例抽样法

它不考虑各层标志差异程度,而是根据各层单位数 N_i 占总体单位数 N 的比例来确定各层抽取的单位数 n_i,即:

$$n_i=\frac{N_i}{N}n=N_i\frac{n}{N}$$

例 4.19 设有 $N=8\,000$ 的总体,它共分成三层,各层的单位个数分别为 $N_1=4\,000$、$N_2=2\,400$ 和 $N_3=1\,600$。现要用分层比例抽样法抽取样本容量 $n=120$ 的样本,求各层应抽多少个?

解:根据分层比例抽样法的各层样本容量的计算公式,第一层需要抽取的样本容量:

$$n_1=4\,000\times\frac{120}{8\,000}=60$$

同样可以计算出 $n_2=36$,$n_3=24$。

2. 分层适宜抽样法

它是根据标志差异程度、各层单位数的多少来确定的,凡标志差异大的层多抽一些,标志差异小的层可以少抽一些。若第 i 层单位数为 N_i,层内的标准差为 σ_i,则该层所需抽取的样本容量即为:

$$n_i=\frac{N_i\sigma_i}{\sum_{i=1}^{K}N_i\sigma_i}n$$

其中 σ_i 可用初步估计的层内全距 R_i 来代替。

例 4.20 在前例中,假定已初步估计出各层内全距 R_i 分别为:$R_1=10$,$R_2=15$,$R_3=30$,现要用分层适宜抽样法抽取样本容量 $n=120$ 的样本,求各层应抽多少个?

解:由分层适宜抽样法的计算公式,得第一层需要抽取的样本单位数为:

$$n_1 = \frac{4\,000 \times 10}{4\,000 \times 10 + 2\,400 \times 15 + 1\,600 \times 30} \times 120 = 38.7 \approx 39$$

同样可以计算 $n_2 = 34.8 \approx 35, n_3 = 46.5 \approx 47$。

在实际应用中,一般多采用分层比例抽样法。下面就分层比例抽样法给出总体参数的估计方法。

(二) 分层抽样的参数估计

1. 总体均值和总体成数的点估计

由于采用分层比例抽样,所以 $\bar{x}$ 和 p 的计算需要用加权平均公式,即:

$$\hat{\mu} = \bar{x} = \frac{\sum_{i=1}^{K} \bar{x}_i n_i}{n}$$

$$\hat{P} = p = \frac{\sum_{i=1}^{K} p_i n_i}{n}$$

其中 $\bar{x}_i$ 和 p_i 分别表示第 i 层内的样本平均数和样本成数。

2. 抽样平均误差的计算

在重复抽样的情况下:

$$\mu_{\bar{x}} = \sqrt{\frac{\overline{\sigma^2}}{n}} = \sqrt{\frac{\sum \sigma_i^2 n_i}{n^2}} = \sqrt{\frac{\sum s_i^2 n_i}{n^2}}$$

$$\mu_p = \sqrt{\frac{P(1-P)}{n}} = \sqrt{\frac{\sum P_i(1-p_i) n_i}{n^2}}$$

其中 $\overline{\sigma^2}$ 为各层方差的加权算术平均数,σ_i^2 为第 i 层内的方差,它可用该层内样本方差 s_i^2 来估计。

对于不重复抽样的情况,当抽样比较小 $\left(\frac{n}{N} < 5\%\right)$ 时,上述结论仍成立。当抽样比较大 $\left(\frac{n}{N} \geqslant 5\%\right)$,则上述抽样平均误差的计算公式就需再乘上校正系数 $\sqrt{1 - \frac{n}{N}}$。

3. 总体参数的区间估计

对给定的置信度 $1-\alpha$,在查得 $u_{\frac{\alpha}{2}}$,计算出 $\bar{x}$ 和抽样平均误差 $\mu_{\bar{x}}$ 后,总体均值 μ 的置信区间即为:

$$(\hat{\mu}_L, \hat{\mu}_U) = (\bar{x} - u_{\frac{\alpha}{2}}\mu_{\bar{x}}, \bar{x} + u_{\frac{\alpha}{2}}\mu_{\bar{x}})$$

同样,总体成数 P 的置信区间:

$$(\hat{P}_L, \hat{P}_U) = (p - u_{\frac{\alpha}{2}}\mu_p, p + u_{\frac{\alpha}{2}}\mu_p)$$

例 4.21 一个分层随机样本(不重复抽样)的有关资料如下表所示,试求总体均值和总体标志总量的置信度为 95% 的置信区间。

表 4-3

层	N_i	n_i	$\bar{x}_i$	s_i^2
1	500	50	60	10
2	700	70	75	20
3	1 000	100	100	35
合 计	2 200	220	—	—

解:本例是按比例不重复分层抽样,抽样比为 10%,所以:

$$\bar{x} = \frac{\sum_{i=1}^{K} \bar{x}_i n_i}{n} = \frac{60 \times 50 + 75 \times 70 + 100 \times 100}{220} = 82.95$$

$$\mu_{\bar{x}} = \sqrt{\frac{\sum s_i^2 n_i}{n^2}} \times \sqrt{1 - \frac{n}{N}} = \sqrt{\frac{10 \times 50 + 20 \times 70 + 35 \times 100}{220^2}} \times \sqrt{1 - \frac{220}{2\,200}} = 0.32$$

由于 $1-\alpha=95$,查表得 $u_{\frac{\alpha}{2}} = u_{0.025} = 1.96$,所以总体均值的置信区间:

$$(\hat{\mu}_L, \hat{\mu}_U) = (82.95 - 1.96 \times 0.32, 82.95 + 1.96 \times 0.32) = (82.32, 83.58)$$

总体标志总量的置信区间:

$(N\hat{\mu}_L, N\hat{\mu}_U) = (2\,200 \times 82.32, 2\,200 \times 83.58) = (181\,104, 183\,867)$

二、整群抽样及其参数估计

(一) 整群抽样的概念

整群抽样：将总数为 N 的总体划分成 R 群，第 i 群包含的单位数为 N_i，即 $N = \sum_{i=1}^{R} N_i$，现从 R 群中随机地抽取 r 群。对被抽中的群，我们对群中的所有单位进行观察和记录，得到 r 个子样本，这种抽样方式就称为整群抽样。整群抽样一般采用不重复抽样，若每一群的单位数均相等（即 $N_i = M, N = MR$），我们就称之为等群抽样。下面我们针对等群抽样来讨论总体参数的估计。

(二) 整群抽样的参数估计

1. 总体均值和总体成数的点估计公式

$$\hat{\mu} = \bar{x} = \frac{1}{r} \sum_{i=1}^{r} \bar{x}_i$$

$$\hat{P} = p = \frac{1}{r} \sum_{i=1}^{r} p_i$$

其中 $\bar{x}_i$ 和 p_i 分别表示第 i 群的群内平均数和群内成数。

2. 抽样平均误差的计算公式

$$\mu_{\bar{x}} = \sqrt{\frac{\delta_{\bar{x}}^2}{r} \left(\frac{R-r}{R-1} \right)} = \sqrt{\frac{\sum_{i=1}^{r} (\bar{x}_i - \bar{x})^2}{r^2} \left(\frac{R-r}{R-1} \right)}$$

$$\mu_p = \sqrt{\frac{\delta_p^2}{r} \left(\frac{R-r}{R-1} \right)} = \sqrt{\frac{\sum_{i=1}^{r} (p_i - p)^2}{r^2} \left(\frac{R-r}{R-1} \right)}$$

其中 $\delta_{\bar{x}}^2$ 和 δ_p^2 分别称为平均数和成数的群间方差，$\delta_{\bar{x}}^2 = \dfrac{\sum_{i=1}^{r} (\bar{x}_i - \bar{x})^2}{r}$，

$\delta_p^2 = \dfrac{\sum_{i=1}^{r} (p_i - p)^2}{r}$。当 $\dfrac{r}{R} < 5\%$ 时，上述式子中的校正系数 $\dfrac{R-r}{R-1}$ 就可以

忽略。

3. 总体参数的区间估计

和分层抽样的情况一样,总体均值 μ 的置信区间为:

$$(\hat{\mu}_L, \hat{\mu}_U) = (\bar{x} - u_{\frac{\alpha}{2}} \mu_{\bar{x}}, \bar{x} + u_{\frac{\alpha}{2}} \mu_{\bar{x}})$$

总体成数 P 的置信区间为:

$$(\hat{P}_L, \hat{P}_U) = (p - u_{\frac{\alpha}{2}} \mu_p, p + u_{\frac{\alpha}{2}} \mu_p)$$

例 4.22 假设某化肥厂大量连续生产 50 千克袋装化肥,一昼夜产量为 14 400 袋,平均每分钟为 10 袋。现在对某日生产的化肥包装工序的质量,进行整群抽样检验。确定每分钟产量 10 袋为一群,在一昼夜共抽取 24 群。经检验和计算得样本的有关资料:平均每袋化肥重量 $\bar{x}=50.11$ 千克,群间方差 $\delta_{\bar{x}}^2 = 0.6491$,平均一级品率 $p=97.56\%$,群间方差 $\delta_p^2 = 1.53(\%)^2$。求总体均值和总体一级品率的 90% 的置信区间。

解:

$$\mu_{\bar{x}} = \sqrt{\frac{\delta_{\bar{x}}^2}{r}\left(\frac{R-r}{R-1}\right)} = \sqrt{\frac{0.6491}{24} \times \left(\frac{1440-24}{1440-1}\right)} = 0.1631$$

$$\mu_p = \sqrt{\frac{\delta_p^2}{r}\left(\frac{R-r}{R-1}\right)} = \sqrt{\frac{1.53}{24} \times \left(\frac{1440-24}{1440-1}\right)} = 0.25\%$$

对置信度 $1-\alpha=90\%$,查表得 $u_{\frac{\alpha}{2}} = u_{0.05} = 1.65$,从而得总体均值和总体成数的置信区间:

$$(\hat{\mu}_L, \hat{\mu}_U) = (\bar{x} - u_{\frac{\alpha}{2}} \mu_{\bar{x}}, \bar{x} + u_{\frac{\alpha}{2}} \mu_{\bar{x}}) = (49.84, 50.38)$$

$$(\hat{P}_L, \hat{P}_U) = (p - u_{\frac{\alpha}{2}} \mu_p, p + u_{\frac{\alpha}{2}} \mu_p) = (97.15\%, 97.97\%)$$

三、等距抽样及其参数估计

(一)等距抽样的概念

等距抽样也称机械抽样,这种抽样方式是先将总体所有单位按某一标志顺序排队,然后按相等的距离抽取样本单位。抽取各个样本单位的间隔距离 $K=\dfrac{N}{n}$。

等距抽样的基本过程为:① 计算抽样间距 $K=\dfrac{N}{n}$;② 将总体单位进行顺序排队(一般按自然队列,如自动流水线生产的产品顺序,职工的姓氏笔画顺序等);③ 按随机原则抽取一个样本单位作为起点;④ 每隔 K 个单位抽取一个样本单位。

假设某企业有职工 6 120 人,要抽取 60 人进行家庭综合观察,以研究该企业职工家庭的收入水平。按照等距抽样方式,我们先计算抽样间距 $K=\dfrac{N}{n}=\dfrac{6\,120}{60}=102$;再对 6 120 人按一定的标志(如工人的工号)加以顺序排队,编出名册;然后可在第一间隔内的 102 人中随机抽取出第 1 个人;以后便可每隔 102 人抽取 1 个,直到抽满 60 个人为止。

(二) 等距抽样的参数估计

等距抽样要直接计算其抽样误差是比较复杂的。我们将每一间隔视作一个分层组,等距抽样就具有分层抽样的一些特性,但由于各层(每一间隔)只抽一个单位,所以层内方差无法计算。考虑到等距抽样总是采用不重复抽样的,一般我们按不重复随机抽样的平均误差公式来计算等距抽样的抽样平均误差,其计算公式即为:

$$\mu_{\bar{x}}=\sqrt{\dfrac{\sigma^2}{n}\left(1-\dfrac{n}{N}\right)}=\dfrac{\sigma}{\sqrt{n}}\sqrt{1-\dfrac{n}{N}}$$

$$\mu_p=\sqrt{\dfrac{P(1-P)}{n}\left(1-\dfrac{n}{N}\right)}$$

当抽样比 $\left(\dfrac{n}{N}<5\%\right)$ 较小时,上述式子中的校正系数 $\sqrt{1-\dfrac{n}{N}}$ 也可忽略。至于总体均值和总体成数的点估计和区间估计的方法就与第三节所讨论的简单随机抽样的方法完全一致了。

四、样本容量的确定

在第三节和本节前面所讨论的总体均值和成数的区间估计中,我们都是对给定的样本容量 n 列出估计的公式。但我们知道,要想提高区间估计的置信度和区间估计的精度,就必须增加抽取的样本单位数 n,这就需要付出更多的代价。因此,如何确定样本容量 n 的大小,使得既能保证区间估计的置信度,又能满足区间估计的精度要求,就是一个非常有意义的问题。

(一) 简单随机抽样的样本容量的确定

1. 总体均值区间估计的情况

因为 μ 的区间估计公式为 $(\hat{\mu}_L, \hat{\mu}_U) = \left(\overline{X} - u_{\frac{\alpha}{2}} \frac{\sigma}{\sqrt{n}}, \overline{X} + u_{\frac{\alpha}{2}} \frac{\sigma}{\sqrt{n}}\right)$,此时抽样极限误差:

$$\Delta_{\overline{x}} = u_{\frac{\alpha}{2}} \frac{\sigma}{\sqrt{n}}$$

它是临界值与抽样平均误差的乘积,其含义是对给定的置信度,区间估计所允许的最大误差,其数值为置信区间长度的一半。$\Delta_{\overline{x}}$ 的值越小就说明区间估计的精度越高。从上式解出 n,就得到样本容量的计算公式:

$$n = \frac{u_{\frac{\alpha}{2}}^2 \sigma^2}{\Delta_{\overline{x}}^2}$$

由此看出,在给定的置信度 $1-\alpha$ 下($u_{\frac{\alpha}{2}}$ 一定),要求总体均值的区间估计的精度越高($\Delta_{\overline{x}}$ 越小),则所需的样本容量 n 就越大。

2. 总体成数区间估计的情况

由于样本成数的极限误差为 $\Delta_p = u_{\frac{\alpha}{2}} \sqrt{\frac{p(1-p)}{n}}$,据此可解得:

$$n = \frac{u_{\frac{\alpha}{2}}^2 p(1-p)}{\Delta_p^2}$$

若采用不重复的随机抽样且抽样比 $\left(\dfrac{n}{N}\geqslant 5\%\right)$ 较大时，$\Delta_{\bar{x}}$ 和 Δ_p 都要乘以校正系数 $\sqrt{1-\dfrac{n}{N}}$，从而相应的样本容量的计算公式也要修正为：

$$n=\dfrac{Nu_{\frac{\alpha}{2}}^2\sigma^2}{N\Delta_{\bar{x}}^2+u_{\frac{\alpha}{2}}^2\sigma^2} \quad \text{和} \quad n=\dfrac{Nu_{\frac{\alpha}{2}}^2 p(1-p)}{N\Delta_p^2+u_{\frac{\alpha}{2}}^2 p(1-p)}$$

由于上述样本容量计算公式中的 σ^2 和 p 在抽样前是未知的，必须先对它们进行初步的估计。一种方法是：先抽取一个小容量（n_1）的样本，用之初步估计出 $\sigma^2(\hat{\sigma}^2=s^2)$ 或 p，然后根据区间估计所需的置信度和精度，用上述公式计算出必要的样本容量 n。第二次只需再抽取容量为 $n-n_1$ 的样本就可以了。另一种方法是：从同类总体的研究中得到 σ^2 或 p 的估计值，用之代替公式中的 σ^2 和 p。

例 4.23 一家机械厂要对其生产的一种大批量的零件的平均长度进行区间估计，根据以往的经验，该零件长度的标准差 σ 大约为 1.5 mm，现希望以 95% 的置信度使得估计的精度被控制在 0.5 mm 以内。问应抽取多少个零件？

解：由于 $1-\alpha=95\%$，得 $u_{\frac{\alpha}{2}}=1.96$，而 $\sigma=1.5$，$\Delta_{\bar{x}}=0.5$。所以，应抽取的零件数为：

$$n=\dfrac{u_{\frac{\alpha}{2}}^2\sigma^2}{\Delta_{\bar{x}}^2}=\dfrac{1.96^2\times 1.5^2}{0.5^2}=34.5744\approx 35$$

即该厂应抽取 35 个零件来估计其平均长度。

（二）分层抽样的样本容量的确定

（1）对总体均值的情况，由于此时 $\Delta_{\bar{x}}=u_{\frac{\alpha}{2}}\mu_{\bar{x}}=u_{\frac{\alpha}{2}}\sqrt{\dfrac{\sum\sigma_i^2 n_1}{n^2}}$，所以比例分层抽样的样本容量：

$$n = \frac{u_{\frac{\alpha}{2}}^2 \sum \sigma_i^2 n_i}{n\Delta_{\bar{x}}^2} = \frac{u_{\frac{\alpha}{2}}^2 \sum \sigma_i^2 N_i}{N\Delta_{\bar{x}}^2}$$

(2) 对总体成数的情况,有:

$$n = \frac{u_{\frac{\alpha}{2}}^2 \sum p_i(1-p_i)N_i}{N\Delta_p^2}$$

(三) 整群抽样的样本群数的确定

(1) 对总体均值的情况,由 $\Delta_{\bar{x}} = u_{\frac{\alpha}{2}} \mu_{\bar{x}} = u_{\frac{\alpha}{2}} \sqrt{\frac{\delta_{\bar{x}}^2}{r}\left(\frac{R-r}{R-1}\right)}$,可解得样本群数:

$$r = \frac{R u_{\frac{\alpha}{2}}^2 \delta_{\bar{x}}^2}{(R-1)\Delta_{\bar{x}}^2 + u_{\frac{\alpha}{2}}^2 \delta_{\bar{x}}^2}$$

(2) 对总体成数,有:

$$r = \frac{R u_{\frac{\alpha}{2}}^2 \delta_p^2}{(R-1)\Delta_p^2 + u_{\frac{\alpha}{2}}^2 \delta_p^2}$$

(四) 等距抽样的样本容量的确定

因为等距抽样的区间估计一般采用不重复随机抽样的区间估计公式来计算,所以其样本容量的确定也可按照不重复随机抽样的样本容量计算公式来计算。

第五节 总体参数的假设检验

一、假设检验的基本思想

(一) 假设检验的概念

前面我们学习了对总体未知参数的区间估计,但有时,我们希望在一定的可信度下,检验总体的未知参数是否满足事先给定的参数假设。

例如,某厂生产一批产品,产品总数 $N=1\,000$ 件,按规定次品率不能超过 5%,否则该批产品被判为不合格,不准出厂。在这一问题中,该批产品(总体)的次品率 P(总体参数)究竟等于多少,事先是未知的。但是我们可以根据以往的产品质量情况假设其次品率不超过 5%(即 $P \leqslant 5\%$,我们称之为原假设),然后从该批产品中随机抽取一定量的产品进行检验,得到样本次品率 p,最后在给定的可信度下,根据样本次品率 p 的大小来判断总体的次品率 $P \leqslant 5\%$ 是否成立,据此决定该批产品是否能够出厂。

又如,某农药厂用自动包装机装箱,每箱标准重量为 100 千克,每隔 2 小时需要检查一下包装机工作是否正常。根据以往经验,用包装机装箱,重量标准差为 1.15 千克。某日开机 2 小时后,随机抽取了 9 箱,重量(单位:千克)分别为:99.3,98.7,100.5,101.2,98.3,99.7,99.5,102.1,100.5。问包装机是否正常工作?

在这一问题中,要检验包装机工作是否正常就是检验包装机装箱的平均重量是否符合标准 100 千克。我们先假设其装箱的平均重量为 100 千克(原假设),然后根据抽取的 9 箱样品的平均重量,运用假设检验的分析方法,在给定的可信度下就能判断原假设是否正确,即给出包装机工作是否正常的结论。

像这种根据随机样本提供的信息,来检验总体某些未知参数事先所作的假设是否可信的统计分析方法,就是本节要讨论的假设检验。在假设检验中对总体参数的假设,一般有两个部分。

(1) 原假设(又称零假设)H_0,它是需要检验的假设。如假设包装机装箱的平均重量为 100 千克(即 $H_0:\mu=100$)就是一个原假设。

(2) 备择假设(也称替代假设)H_1,它是当原假设被否定时生效的另一种假设。如假设包装机装箱的平均重量不等于 100 千克(即 $H_1:\mu \neq 100$)就是备择假设,它是当原假设 $H_0:\mu=100$ 被否定时生效的另一种假设。

原假设和备择假设是相互对立的。若原假设 H_0 真实,这意味着

备择假设 H_1 不真实;若原假设 H_0 不真实,则意味着备择假设 H_1 是真实的。如果我们否定原假设 H_0,就意味着接受备择假设 H_1。

(二) 假设检验可能犯的两类错误

假设检验的依据是用样本的情况来对总体的参数进行检验的,即由部分来推断总体。由于存在抽样误差,因而假设检验不可能做到完全正确,它可能产生两类错误:

(1) 当原假设 H_0 实际是正确的,但经检验 H_0 被错误地否定掉了,这种否定真实原假设的错误称为第一类错误,也称弃真错误。犯第一类错误的概率用 α 来表示,称为第一类风险。

(2) 当原假设 H_0 实际是不正确的,但经检验 H_0 被错误地接受了,这种接受非正确原假设的错误称为第二类错误,也称取伪错误。犯第二类错误的概率用 β 来表示,称为第二类风险。

我们希望犯这两类错误的概率都尽可能小,但是在样本容量一定的条件下,减小 α 会引起 β 增大,减小 β 又会引起 α 的增大,这是一对矛盾。要想同时减小这两类错误发生的概率,就必须加大样本容量,减少抽样误差,这样又会增加检验的代价。

(三) 假设检验的基本步骤

(1) 根据所需检验的问题,提出原假设 H_0 和备择假设 H_1;

(2) 确定第一类风险 α,即允许犯第一类错误的概率,α 一般取 0.05、0.01 或 0.1;

(3) 抽取样本,获得样本观察值;

(4) 选择合适的统计量,确定其分布;

(5) 根据显著性水平确定统计量的否定域(查出分布的临界值);

(6) 根据样本观察值计算统计量的数值;

(7) 对原假设进行判断:如果统计量的值落在否定域内(临界值外),就说明原假设与样本反映的情况有显著差异,应该否定原假设。如果统计量的值不在否定域内,说明原假设与样本反映的情况没有显著差异,一般情况下,我们就接受原假设。

二、总体均值的参数假设检验

对总体的均值 μ 进行参数假设检验,一般有下面三种情况:

(1) $H_0: \mu = \mu_0$, $H_1: \mu \neq \mu_0$;

(2) $H_0: \mu \leqslant \mu_0$, $H_1: \mu > \mu_0$;

(3) $H_0: \mu \geqslant \mu_0$, $H_1: \mu < \mu_0$。

其中 μ 是总体的未知参数,μ_0 是已知的常数。下面分三种情况来讨论它们的检验问题。

(一) 正态总体、方差已知的假设检验

在大样本的情况下,设总体服从正态分布 $X \sim N(\mu, \sigma^2)$,其方差 σ^2 已知,$(X_1, X_2, \cdots, X_n)$ 是从 X 中抽出的样本。要对上述三种假设进行检验,我们构造统计量:

$$U = \frac{\overline{X} - \mu_0}{\sigma/\sqrt{n}}$$

1. 检验假设 $H_0: \mu = \mu_0$

当原假设 $H_0: \mu = \mu_0$ 成立时,统计量 $U = \dfrac{\overline{X} - \mu_0}{\sigma/\sqrt{n}}$ 就等价于 $\dfrac{\overline{X} - \mu}{\sigma/\sqrt{n}}$,由本章第二节的结论知,它服从标准正态分布 $N(0,1)$。对给定的 α,查 $N(0,1)$ 的双侧临界值 $u_{\frac{\alpha}{2}}$,使

$$P(|U| \geqslant u_{\frac{\alpha}{2}}) = \alpha$$

从而得到:

$$P(|U| < u_{\frac{\alpha}{2}}) = P\left(\left|\frac{\overline{X} - \mu_0}{\sigma/\sqrt{n}}\right| < u_{\frac{\alpha}{2}}\right) = 1 - \alpha$$

因为 $|U| \geqslant u_{\frac{\alpha}{2}}$ 是一个小概率事件,因此我们得到原假设 $H_0: \mu = \mu_0$ 的一个否定域 $|U| \geqslant u_{\frac{\alpha}{2}}$。对样本 $(X_1, X_2, \cdots, X_n)$ 的一组观察值 $(x_1, x_2, \cdots, x_n)$,将之代入统计量,可计算出统计值 $u = \dfrac{\overline{x} - \mu_0}{\sigma/\sqrt{n}}$。在正常情况

下,应该有 $|u|<u_{\frac{\alpha}{2}}$ 成立,因此我们可以作如下的判断:

$$\begin{cases} 当|u|=\left|\dfrac{\overline{x}-\mu_0}{\sigma/\sqrt{n}}\right| \geqslant u_{\frac{\alpha}{2}} \text{时,说明小概率事件发生,可以拒绝原假设} \\ H_0:\mu=\mu_0 \\ 当|u|=\left|\dfrac{\overline{x}-\mu_0}{\sigma/\sqrt{n}}\right| <u_{\frac{\alpha}{2}} \text{时,不能拒绝原假设,一般我们可以接受} \\ H_0:\mu=\mu_0 \end{cases}$$

2. 检验假设 $H_0:\mu\leqslant\mu_0$

对给定的 α,我们查 $N(0,1)$ 的上侧临界值 u_α,使 $P(U>u_\alpha)=\alpha$,得原假设 $H_0:\mu\leqslant\mu_0$ 的否定域 $U>u_\alpha$。计算 $u=\dfrac{\overline{x}-\mu_0}{\sigma/\sqrt{n}}$,判断:

$$\begin{cases} 当 u=\dfrac{\overline{x}-\mu_0}{\sigma/\sqrt{n}} \geqslant u_\alpha \text{时,拒绝原假设 } H_0:\mu\leqslant\mu_0 \\ 当 u=\dfrac{\overline{x}-\mu_0}{\sigma/\sqrt{n}} < u_\alpha \text{时,可以接受原假设 } H_0:\mu\leqslant\mu_0 \end{cases}$$

3. 检验假设 $H_0:\mu\geqslant\mu_0$

对给定的 α,此时需查 $N(0,1)$ 的下侧临界值 $u_{1-\alpha}$,使 $P(U<u_{1-\alpha})=\alpha$,从而得到原假设 $H_0:\mu\geqslant\mu_0$ 的否定域 $U<u_{1-\alpha}$。计算 $u=\dfrac{\overline{x}-\mu_0}{\sigma/\sqrt{n}}$,判断:

$$\begin{cases} 当 u=\dfrac{\overline{x}-\mu_0}{\sigma/\sqrt{n}} \leqslant u_{1-\alpha} \text{时,拒绝原假设 } H_0:\mu\geqslant\mu_0 \\ 当 u=\dfrac{\overline{x}-\mu_0}{\sigma/\sqrt{n}} > u_{1-\alpha} \text{时,可以接受原假设 } H_0:\mu\geqslant\mu_0 \end{cases}$$

在小样本的情况下,对于正态总体只要总体方差已知,仍可用 U 统计量检验。

例 4.24 假设总体服从正态分布 $X\sim N(\mu,\sigma^2)$,已知标准差 $\sigma=50$,从该总体抽出容量 $n=25$ 的随机样本,算得样本平均数 $\overline{x}=70$,试

检验总体均值 $\mu=90$ 是否成立($\alpha=0.05$)。

解：

(1) 提出假设 $H_0: \mu=90; H_1: \mu \neq 90$；

(2) 构造统计量 $U = \dfrac{\overline{X}-\mu_0}{\sigma/\sqrt{n}} = \dfrac{\overline{X}-90}{50/\sqrt{25}}$；

(3) 对 $\alpha=0.05$，查 $N(0,1)$ 的双侧临界值 $u_{\frac{\alpha}{2}}$，得 $u_{0.025}=1.96$；

(4) 将 $\overline{x}=70$ 代入统计量，得计算值 $u = \dfrac{70-90}{50/\sqrt{25}} = -2$；

(5) 判断：因为 $|u|=2>1.96=u_{0.025}$，所以拒绝原假设 $H_0: \mu=90$。利用第三节介绍的区间估计的方法，我们可以得到 μ 的置信度为 95% 的置信区间为 (50.4, 89.6)。因为 $\mu_0=90$ 没有包含在该区间内，所以我们可以否定原假设 $H_0: \mu=90$，即应承认备择假设 $H_1: \mu \neq 90$。

例 4.25 某厂生产一种产品，其日产量 X 服从正态分布，由经验数据求得以前的平均日产量为 75，方差为 14。设备更新后，假定方差不变，为了考察日产量是否提高，任意选取了 6 天，观察其日产量，求得平均日产量为 $\overline{x}=78$。试问设备更新后该产品的日产量是否有显著的提高($\alpha=0.05$)?

解：虽然样本平均值 78 大于 75，但这并不能保证平均产量一定提高了，因为也有可能总体的平均产量并未超过 75 而是由于抽出的样本平均数偏高所致。因此需用假设检验的方法来进行判断。

(1) 提出假设 $H_0: \mu \leq 75; H_1: \mu>75$；

(2) 构造统计量 $U = \dfrac{\overline{X}-\mu_0}{\sigma/\sqrt{n}} = \dfrac{\overline{X}-75}{\sqrt{14}/\sqrt{6}}$；

(3) 对 $\alpha=0.05$，查 $N(0,1)$ 的上侧临界值 u_α，得 $u_{0.05}=1.65$；

(4) 将 $\overline{x}=78$ 代入统计量，得计算值 $u = \dfrac{78-75}{\sqrt{14}/\sqrt{6}} = 1.964$；

(5) 判断：因为 $u=1.964>1.65=u_{0.05}$，所以拒绝原假设 $H_0: \mu \leq 75$，接受备择假设 $H_1: \mu>75$。即设备更新后，日产量有显著的提高。

注意,在本例中,我们作的原假设是 $H_0:\mu\leqslant 75$,在拒绝了 H_0 后就得到了 $\mu>75$ 的结论。若我们将原假设设定为 $H_0:\mu\geqslant 75$,则经检验 H_0 成立,但这并不能以大概率保证 $\mu>75$ 的结论正确。

(二)正态总体、方差未知的假设检验

在大样本的情况下,设总体服从正态分布 $X\sim N(\mu,\sigma^2)$,但其方差 σ^2 未知,要对总体均值进行假设检验,由于 $U=\dfrac{\overline{X}-\mu_0}{\sigma/\sqrt{n}}$ 中包含未知参数 σ,只要用样本标准差代入统计量 U 中,即用 $U=\dfrac{\overline{X}-\mu_0}{S/\sqrt{n}}$ 作为统计量即可。

在小样本情况下,如总体方差未知,需要我们构造 T 统计量:$T=\dfrac{\overline{X}-\mu_0}{S/\sqrt{n}}$。对给定的 α,查 $t(n-1)$ 分布的临界值,计算 $t=\dfrac{\overline{x}-\mu_0}{s/\sqrt{n}}$ 的数值。而整个的检验步骤和检验方法与 σ^2 已知的情况是基本相同的。

例 4.26 某机器加工的铁钉长度服从正态分布,要求平均长度为 2.10 cm,现欲检验机器工作是否正常,随机地抽测 16 只铁钉,测得样本的平均长度为 2.18 cm,样本标准差为 0.1,试以 0.95 的显著性水平,检验机器工作是否正常?

解:

(1)提出假设 $H_0:\mu=2.10$;$H_1:\mu\neq 2.10$;

(2)构造统计量 $T=\dfrac{\overline{X}-\mu_0}{S/\sqrt{n}}=\dfrac{\overline{X}-2.10}{S/\sqrt{16}}$;

(3)对 $\alpha=0.05$,查 $t(n-1)=t(15)$ 的双侧临界值 $t_{\frac{\alpha}{2}}$,得 $t_{0.025}=2.131$;

(4)将 $\overline{x}=2.18,s=0.1$ 代入统计量,得计算值 $t=\dfrac{2.18-2.10}{0.1/\sqrt{16}}=3.2$;

(5)判断:因为 $|t|=3.2>2.131=t_{0.025}$,所以拒绝原假设 $H_0:\mu=2.1$。即认为机器工作不正常,必须及时进行调整。

(三)非正态总体情况下的假设检验

对于非正态总体的数学期望 μ 的假设检验问题,在大样本($n\geqslant 30$)

情况下,当总体方差 σ^2 已知时,统计量 $U=\dfrac{\overline{X}-\mu_0}{\sigma/\sqrt{n}}$ 在假设 $H_0:\mu=\mu_0$ 成立的情况下近似服从标准正态分布,因此对总体均值 μ 的三种检验问题仍可采用正态总体、方差已知情况的检验方法。当总体方差 σ^2 未知时,U 统计量中的 σ 就必须用样本标准差 s 来估计了。

三、总体成数的参数假设检验

对总体的成数 P,也有下面三种类型的参数假设检验问题:
(1) $H_0:P=P_0$ $H_1:P\neq P_0$;
(2) $H_0:P\leqslant P_0$ $H_1:P>P_0$;
(3) $H_0:P\geqslant P_0$ $H_1:P<P_0$。

若 np 与 $n(1-P)$ 都大于 5,在大样本条件下,则总体成数与总体平均数的假设检验方法相似,其统计量可设 $(X_1,X_2,\cdots,X_n)$ 是从总体中抽取的一个样本,我们首先计算出样本成数 $\overline{P}$,构造统计量:

$$U=\frac{\overline{P}-P_0}{\sqrt{\dfrac{P_0(1-P_0)}{n}}}$$

当假设 $H_0:P=P_0$ 成立且样本容量 n 充分大时,U 近似 $\sim N(0,1)$,因此检验 $H_0:P=P_0$ 的问题就与正态总体、方差已知情况下检验 $H_0:\mu=\mu_0$ 的方法相类似。

对其他两种假设的检验方法也可类似地比照进行。

例 4.27 某公司某种产品的不合格率过去为 0.02,今从五批产品中随机抽取 $n=500$ 件作为样本进行检验,得到不合格率为 0.01,这是否能说明该种产品不合格率有明显下降(α 取 0.1)?

解:
(1) 提出假设 $H_0:P\geqslant 0.02, H_1:P<0.02$;

(2) 因为样本容量 $n=500$ 充分大,所以我们构造统计量

$$U=\frac{\overline{P}-P_0}{\sqrt{\frac{P_0(1-P_0)}{n}}}=\frac{\overline{P}-0.02}{\sqrt{\frac{0.02\times(1-0.02)}{500}}}$$

(3) 对 $\alpha=0.1$,查 $N(0,1)$ 的临界值 $U_{1-\alpha}$,得 $U_{0.9}=-1.28$;

(4) 将 $\overline{p}=0.01$ 代入统计量,得计算值

$$U=\frac{0.01-0.02}{\sqrt{\frac{0.02\times(1-0.02)}{500}}}=-1.59$$

(5) 判断:因为 $u=-1.59<-1.28=U_{0.9}$,所以拒绝原假设 H_0:$P_0\geqslant 0.02$,即可以认为该种产品的不合格率有明显下降。

本 章 小 结

概率是指随机事件发生可能性的大小,用 0～1 的系数(或百分数)表示。随机变量所有可能的取值及其相应的概率称为概率分布。数字期望(即均值)和方差是随机变量概率分布的两个重要的数字特征。随着变量的概率分布可以分为离散型和连续性两类。二项分布是最常见的离散型分布,正态分布是最常见的连续性分布。正态分布在理论上称为中心分布。而二项分布在内的许多分布,随着试验次数或样本容量 n 逐渐增大而逼近正态分布。所以在大样本条件下,通常可以用正态分布近似地解决其他非正态的随机变量。任何正态分布,经过标准正态分布后,可用查表方便地求得随机变量任一取值范围的概率。

抽样分布是抽样推断的理论基础,从总体中可以抽取所有可能的样本。每个样本都可以计算一个统计量(如平均数或成数等),所有可能的样本统计量和相应概率构成的分布,就称为抽样分布。抽样分布也是概率分布。

中心极限定理告诉我们:当从一个很大的正态总体中抽样时,样本平均数的抽样分布必为正态分布;当从一个很大的非正态总体中抽样

时,只要样本充分大,则样本平均数的抽样分布趋于正态分布。平均数抽样分布的均值 $E(\bar{x})=\mu$。平均数抽样分布标准差:当有限总体不放回抽样时,$\sigma_{\bar{x}}=\frac{\sigma}{\sqrt{n}}\sqrt{1-\frac{n}{N}}$;如果放回抽样,有限总体都可视为无限总体。当 N 趋于无限大时,$\sqrt{1-\frac{n}{N}}$ 趋于 1,即 $\sigma_{\bar{x}}=\frac{\sigma}{\sqrt{n}}$,$\sigma_{\bar{x}}$ 就是平均数的抽样误差。依据中心极限定理,可用抽样分布的均值来估计总体的参数,以确定所估计的参数落在不同误差范围的概率。在统计量直接估计总体参数时,该统计量(估计量)通常符合无偏性、一致性、有效性、充分性四个准则的估计量,是一个好的估计量。参数估计有两种:点估计和区间估计,点估计比较简单,应掌握数字特征法,区间估计能以一定的置信度保证的准确性,是参数估计的主要方法。

本章的重点是对总体均值和总体成数的区间估计,我们可根据已知条件不同,采用不同的方法。

假设检验的基本思想用小概率原理来解释,小概率事件是指在一次试验中几乎不可能出现的事件。根据检验问题的不同,假设检验有双侧检验和单侧检验之分,掌握第一类错误与第二类错误的概念。假设检验的一般程序可分为 7 个基本步骤,要求掌握总体平均数或成数的假设检验。

参数估计和假设检验这两类问题的基本原理是一致的,只不过侧重点有所不同,估计问题侧重于用样本统计量估计总体的某一未知参数,而检验问题侧重于用样本资料验证总体是否具有某种性质或数量特征。

练 习 与 思 考

一、单选题

1. 抽样推断的两类重要问题是(　　)。

A. 点估计和区间估计　　　B. 单侧检验和双侧检验
C. 参数估计和假设检验　　D. 总体与样本

2. 假设检验的基本思想可以用(　　)来解释。
   A. 中心极限定理　　　　B. 置信区间
   C. 小概率事件　　　　　D. 正态分布的性质

3. 抽样平均误差反映样本指标与总体指标之间的(　　)。
   A. 实际误差　　　　　　B. 实际误差的绝对值
   C. 平均误差程度　　　　D. 可能误差范围

二、多选题

1. 从总体中抽选样本单位的方法有(　　)。
   A. 纯随机抽样　　　　　B. 分层抽样
   C. 重复抽样　　　　　　D. 不重复抽样

2. 在抽样推断的区间估计中,概率保证程度与准确程度之间的关系是(　　)。
   A. 保证程度高,准确程度高　B. 保证程度低,准确程度高
   C. 保证程度低,准确程度低　D. 保证程度高,准确程度低
   E. 不能确定

3. 必要抽样单位数的确定,应考虑以下几个因素:(　　)。
   A. 总体各单位标志变动的程度　B. 点估计和区间估计
   C. 抽样绝对误差和可靠程度　　D. 大样本和小样本
   E. 抽样的组织方式和方法

三、判断题

1. 允许误差(极限抽样误差)可以和抽样误差一样大,也可以比它大或比它小。　　　　　　　　　　　　　　　　　　　　(　　)

2. 样本均值的方差恰好等于总体方差。　　　　　　　(　　)

3. 置信区间的大小表达了区间估计的精确度。　　　　(　　)

4. 双侧检验的显著性水平是单侧检验显著性水平的 2 倍。（   ）

5. 如果检验统计量 Z 大于临界值 $Z_{a/2}$，意味着拒绝 H_0。（   ）

四、计算题

1. 某厂职工在一次操作测验中所得分数服从正态分布，平均值为 600，方差为 10 000。试问参加测验的职工中：(1) 得分低于 400 者占多大比例？(2) 得分不低于 850 者占多大比例？(3) 得分在 450～700 之间的职工占多大比例？

2. 某种塑料制品的断裂强度服从正态分布，标准差为 3.5 千克。在所生产的样品中，大约有 1.83% 没有通过质量试验，试验中施加的压力是 130 千克。这些塑料制品的平均断裂强度是多大？

3. 已知随机变量 $X \sim B(20, 0.4)$，试用正态分布近似计算以下概率：(1) $P(3 \leqslant X \leqslant 11)$；(2) $P(X \geqslant 6)$。

4. 已知随机变量 $X \sim N[2, 2^2]$，试求以下概率：(1) $P(-1 \leqslant X < 3)$；(2) $P(3X + 2 < 11.6)$。

5. 电话咨询服务部门在每次通话结束时都要记下通话时间，已知通话时间服从标准差为 0.7 分钟的正态分布。从一个由 16 个记录组成的简单随机样本得出通话的平均时间为 2.5 分钟。试求总体平均值的置信度为 90% 的置信区间。

6. 为了解某村 1 200 户农民的年收入状况，抽取一个由 80 户组成的简单随机样本，得出每户农民年平均收入为 14 820 元，标准差为 1 530 元。试求该村每户农民年平均收入置信度为 95% 的置信区间。

7. 为调查某市 72 000 户居民家庭中拥有轿车的成数，随机抽取了其中的 400 户，结果有 292 户有轿车，试求总体成数的置信度为 95% 的置信区间。

8. 某企业有 3 000 名职工，该企业想估计职工们上下班在路途上的平均时间。以置信度为 95% 的置信区间进行估计，并使估计处在真正平均值附近 3 分钟的误差范围之内。一个先前抽取的小样本给出的标准差为8分钟。试问应抽取多大的样本？

9. 某地区有1 000家商店，按大、中、小型分为三层，其商店数分别为 $N_1=200, N_2=300, N_3=500$。今按比例分配抽取一个容量为 $n=100$ 的分层随机样本，平均年营业额（单位：万元）分别为 $\bar{x}_1=120, \bar{x}_2=75, \bar{x}_3=40$，各层的样本方差分别为 $s_1^2=44, s_2^2=18, s_3^2=5$。试求该地区的商店年营业额的平均值的置信度为95%的置信区间。

10. 某仓库中有200箱食品，每箱食品均装100个。今随机抽取20箱进行检查，其每箱食品变质个数如下：

$$20 \quad 17 \quad 32 \quad 24 \quad 23 \quad 18 \quad 16 \quad 12 \quad 3 \quad 9$$
$$6 \quad 2 \quad 6 \quad 12 \quad 20 \quad 20 \quad 0 \quad 1 \quad 2 \quad 3$$

试求食品变质的成数和总的食品变质个数的置信度为95%的置信区间。

11. 某银行发行信用卡，认为平均每卡的存款金额约为1 000元，为了证实这种想法，现抽取64张卡调查，发现它们的平均存款金额为1 040元，标准差为200元。试原检验 $H_0: \mu = 1\,000$元（$\alpha=0.05$）。

12. 1个容量 $n=81$ 的随机样本给出的样本平均值和样本标准差分别为485和45。请检验：

（1）原假设 $\mu=500$，设 $\alpha=0.01$；

（2）原假设 $\mu\leqslant500$，设 $\alpha=0.05$。

五、思考题

1. 频率分布与概率分布有何区别和联系？
2. 超几何分布与二项分布有何区别和联系？
3. 试描述正态分布，说明它的主要特点。
4. 评价估计量好坏的准则通常有哪些？
5. 假设检验与置信区间有何关系？

第五章 相关分析与回归分析

探索各种经济变量之间的数量变化规律,在进行观测与研究中,相关分析与回归分析是常用的方法之一。

本章介绍相关分析与回归分析的基本概念,相关关系的种类、相关系数、一元线性回归模型,对模型进行估计和检验并利用模型进行预测;同时介绍了多元线性回归模型的估计、检验和预测等内容。在非线性回归分析中,主要介绍了将非线性模型转化为线性模型的方法。

第一节 相关分析的意义和方法

一、相关分析的概念、作用和种类

(一) 相关分析的概念和作用

客观现象之间的数量依存关系,可分为两种不同的类型,即函数关系(确定性关系)和相关关系(非确定性关系)。

函数关系,是指现象之间客观存在的一种十分严格的确定性的数量关系。即在两个变量 X 与 Y 之间,当 X 取定一个值时,就有一个完全确定的 Y 值与之相对应,这也称为函数关系。其一般表达式为:$Y=f(X)$。例如,在价格为一定的条件下,商品销售量与商品销售额之间就会有一种对应的确定性的数量关系。

函数关系具有以下要点:

(1) 变量之间存在着数量上的相互依存关系,它所表现为不是对等关系；

(2) 依存关系的具体关系值是固定的,它可用数学公式表示。

相关关系,是指存在于现象之间的一种非确定性的数量关系。当给定一个 X 值时,Y 的值不是被唯一地确定,而可能同时出现几个不同的数值,并在一定范围围绕其平均数上下变动。例如,确定了家庭收入,但家庭支出却有高有低,并不随之完全确定。又如,广告费与销售量的关系、劳动生产率与工资水平的关系等都是如此。其主要原因是由于一个现象的数量受多种因素影响,关系错综复杂,因而造成现象之间变量关系的不确定性。现象之间的这种依存关系,就叫做相关关系。

相关关系具有以下要点:

(1) 变量之间确实存在着数量上的依存关系,而且表现为完全对等关系；

(2) 依存关系的具体关系值是难以固定,它不能用数学公式表示。

相关关系与函数关系虽然彼此有所不同,但它们之间并无严格的界限。函数关系在统计上是完全的相关关系。在统计研究中,为了找到相关关系的一般数量表现形式,又常用函数关系的形式来表现。而且,当人们对现象之间的内在联系和规律性了解得越深刻,则相关关系就越可能转化为函数关系。

在变量之间的相关关系中,有许多是由于因果关系而产生的,例如施肥量与亩产量、劳动生产率与成本等。通常,把其中起影响作用的现象的变量称为自变量,记作 X,把受自变量变化影响而发生对应变化的变量,称为因变量,记作 Y。但有时候,两个变量也可能存在互为因果的关系,如身高与体重、生产量与销售量等,确定何者为自变量和因变量,主要取决于研究的目的。

相关分析是指测定变量之间相关关系的密切程度。

(二) 相关分析的作用

(1) 确定现象之间是否确有依存关系,这是相关分析的前提。为此,必须根据有关经济理论对现象进行科学的分析,从事实上证明确实存在着依存关系时,才有必要应用相关分析去研究。

(2) 确定相关关系的表现形式。判明了现象相互关系的具体表现形式,才能运用相应的相关分析方法去解决。如果把曲线误认为是直线相关,按直线相关来分析,便会导致错误的结论。

(3) 测定相关关系的密切程度和方向,并检验其有效性。现象之间的相关关系是一种不严格的数量关系,相关分析就是要从这种松散的数量关系中,评定其相关关系的密切程度和方向,检验其有效性。

(三) 相关分析的种类

1. 按变量之间相关关系中的自变量的多少,相关分析可以分为单相关和复相关

单相关是指两个变量之间的相关关系,即一个因变量只与一个自变量有联系,也称为一元相关。如产品销售量和销售利润的相关关系等。复相关是指多个变量之间的相关关系,即一个因变量与二个或以上自变量的复杂依存关系,也称为多元相关。如某种商品的销售量、价格与居民收入之间的相关关系等。

2. 按变量之间相关关系的表现形式的不同,相关分析可以分为直线相关和曲线相关

X 值发生变动时,Y 值随之而发生大致均等的增加或减少,如果将各对观测值画成散点图,则各个观测点的分布近似地表现为一条直线。这种相关关系称为直线相关,又称线性相关。如广告费与销售量的相关关系等。若各个观测点的分布近似地表现为各种不同的曲线,如抛物线、双曲线、指数曲线等,这种相关关系通称为曲线相关,又称非线性相关。如商店营业额与费用率的相关关系等。

3. 按变量之间相互关系的方向不同,相关分析可以分为正相关和负相关

在某些现象之间,当自变量 X 值增加或减少时,因变量 Y 值也随

之增加或减少,即两个变量变化的方向一致,称为正相关。如企业产品产量与劳动生产率的相关关系等。但当自变量 X 值增加或减少时,因变量 Y 值随之而减少或增加,即两个变量变化的方向相反,这样的相关关系为负相关。企业产品成本与利润的相关关系等。

4. 按变量之间的相关程度不同,相关分析可以分为完全相关、不完全相关与不相关

当因变量完全随着自变量而变动,在散点图上可以看出所有的观测点都位于同一条直线上,这时的相关关系就转化为函数关系,称为完全相关。如在价格不变的条件下,商品销售额的变动完全取决于其销售量。当两个变量的变化相互独立、互不影响时,称为不相关或零相关。如房价的高低与气温的高低之间是不相关的。如果两个变量的关系介于完全相关与不相关之间,称为不完全相关。多数的相关现象都是指这种不完全相关。

二、相关分析的方法

(一) 相关图表法

相关分析应该在定性分析的基础上进行,因此,相关分析的基础性工作是判定现象间是否相关和相关的性质。其主要方法是编制相关表和绘制相关图。

1. 相关表的编制

在研究两个变量 X 与 Y 之间相关的情况时,必须通过实际观察取得一系列原始对应数据,这是相关分析的依据。将这些对应的原始数据按照自变量大小的顺序进行排列所编制的表,叫相关表。该表可以清晰地表明因变量与自变量的关系。按照资料是否分组,相关表有简单相关表和分组相关表之分。

(1) 简单相关表。它将原始资料自变量的变量值按从小到大顺序配合因变量的值一一对应平行排列编制的统计表。

例 5.1 如表 5-1 以广告费用为自变量,销售额为因变量,编制的

简单相关表。

表 5-1

某产品广告费用与销售额相关表

序 号	广告费用(万元)	销售额(万元)
1	2	30
2	2	34
3	3	40
4	4	42
5	4	45
6	4	52
7	5	56
8	5	58
9	6	54
10	6	60

从表 5-1 中可以直观地看出,随着广告费用的增加,销售额也有增长的趋势。尽管在同样的广告费用上,销售额存在着差异,但是仍然体现出两者之间存在着一定的依存关系。该表是以后进行计算和绘制相关图的根据。

(2) 分组相关表。如果原始资料很多,运用简单相关表来表示,就很难使用了。这时就要将原始资料进行分组,然后编制相关表,这种相关表称为分组相关表。分组相关表包括单变量分组表和双变量分组表两种。

第一种单变量分组表。它是将自变量数值进行分组,计算出各组次数和因变量组平均值的统计表。

例 5.2 以表 5-1 为例,将某产品广告费用分组编制,如表 5-2 所示。

表 5-2

某产品广告费用与销售额单变量分组相关表

广告费用(万元)	各组次数	平均销售额(万元)
2	2	32
3	1	40
4	3	46.3
5	2	57
6	2	57

与简单相关表相比较,分组相关表使原始资料简化了,而且能够更清晰地反映两变量之间的关系。如表 5-2 中就可以看到广告费用和销售额之间存在着正相关的依存关系。

第二种双变量分组表。对两种有关变量都进行分组,交叉排列,并列出两种变量各组间的共同次数,这种统计表称为双变量分组表。

例 5.3 根据某木材公司运材成本和运量的资料,编制如表 5-3 所示。

表 5-3

运材成本和运量分组相关表

运材成本 y (元/立方米)	木材运量 x(万立方米)					合 计
	1~11	11~21	21~31	31~41	41~51	
16~21	2	1	—	—	—	3
11~16	5	3	4	1	—	13
6~11	—	3	3	1	1	8
合 计	7	7	7	2	1	24

制作双变量分组相关表,须注意将自变量放在横栏,按自变量值从小到大自左至右排列;将因变量放在纵栏,按变量值从大到小自上而下排列。这样做的目的是将相关表与相关图一致起来,便于判断相关关系的性质。

通过双变量相关表中各组次数分布的情况,可初步判断两种变量间相关的形态、方向和程度。例如衬衫的生产,必须考虑各种体型的消费者所需要的规格型号。为了适销对路,服装厂既需要进行抽样调查,将领口、袖长按不同规格进行交叉分组,编制相关表,计算它们在各组的共同次数占总次数的比例,以决定生产各种不同规格衬衫的数量。有关类似问题,都可以使用相关表。

2. 相关图的绘制

相关图又称散点图,它是利用直角坐标的第一象限,把自变量 X 定在横轴上,因变量 Y 定在纵轴上,将相关表中的原始对应数值在平面直角坐标中用坐标点描绘出来,每个坐标点称为相关点,所有相关点组成的图形就叫相关图或散点图。编制相关图能直观地大致看出两个现象之间有无相关及相关的方向和表现形式。根据表 5-1 的资料绘制成相关图如图 5-1 所示。

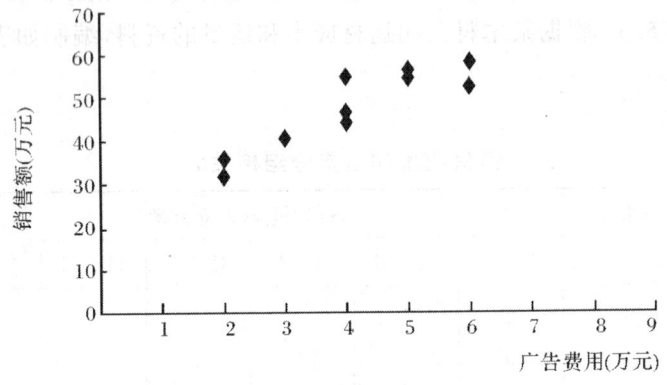

图 5-1 某产品广告费用与销售额相关图

从图 5-1 可以看出,某产品广告费用与销售额之间有依存关系,各散点虽不完全在一直线上,但其趋向近似直线,而且现象之间关系比较密切。

(二)相关系数

英国统计学家卡尔·皮尔生(Karl Pearson)提出的一个测定两变量

线性相关的计算公式,通常称为皮尔生积差相关系数。计算公式如下:

$$r=\frac{\sigma_{XY}^2}{\sigma_X\sigma_Y}=\frac{\frac{1}{N}\sum(X-\overline{X})(Y-\overline{Y})}{\sqrt{\frac{1}{N}\sum(X-\overline{X})^2}\sqrt{\frac{1}{N}\sum(Y-\overline{Y})^2}}$$

式中　r——相关系数;

　　　N——资料项数;

　　　σ_X——自变量数列的标准差;

　　　σ_Y——因变量数列的标准差;

　　　σ_{XY}^2——X 与 Y 两个变量的协方差。

1. 未分组资料相关系数的计算

(1) 积差法:

$$r=\frac{\sum(X-\overline{X})(Y-\overline{Y})}{\sqrt{\sum(X-\overline{X})^2}\sqrt{\sum(Y-\overline{Y})^2}}$$

(2) 简捷法:

$$r=\frac{N\sum XY-(\sum X)(\sum Y)}{\sqrt{N\sum X^2-(\sum X)^2}\sqrt{N\sum Y^2-(\sum Y)^2}}$$

例 5.4　现仍以表 5-1 的资料为例,来说明相关系数的计算与应用,如表 5-4 所示。

表 5-4

相关与回归分析计算表

序号	广告费用 x(万元)	销售额 y(万元)	x^2	y^2	xy	y_c	$(y-y_c)^2$	$(y-\overline{y})^2$
1	2	30	4	900	60	33.01	9.06	292.41
2	2	34	4	1 156	68	33.01	0.98	171.61
3	3	40	9	1 600	120	39.72	0.08	50.41
4	4	42	16	1 764	168	46.43	19.62	26.01
5	4	45	16	2 025	180	46.43	2.04	4.41

(续表)

序号	广告费用 x(万元)	销售额 y(万元)	x^2	y^2	xy	y_c	$(y-y_c)^2$	$(y-\bar{y})^2$
6	4	52	16	2 704	208	46.43	31.02	24.01
7	5	56	25	3 136	280	53.14	8.18	79.21
8	5	58	25	3 364	290	53.14	23.62	118.81
9	6	54	36	2 916	324	59.85	34.22	47.61
10	6	60	36	3 600	360	59.85	0.02	166.41
合计	41	471	187	23 165	2 058	471.01	128.84	980.90

将表 5-4 数据代入相关系数简捷法计算公式得:

$$r=\frac{n\sum XY-(\sum X)(\sum Y)}{\sqrt{n\sum X^2-(\sum X)^2}\sqrt{n\sum Y^2-(\sum Y)^2}}$$

$$=\frac{10\times 2\,058-41\times 471}{\sqrt{10\times 187-(41)^2}\sqrt{10\times 23\,165-(471)^2}}$$

$$=\frac{1\,269}{\sqrt{189}\sqrt{9\,809}}=0.9319$$

2. 分组资料相关系数的计算

在样本单位数较多,成对变量 (X,Y) 还存在次数不同时,应计算加权相关系数为:

(1) 积差法:

$$r=\frac{\sum(X-\bar{X})(Y-\bar{Y})f}{\sqrt{\sum(X-\bar{X})^2 f}\sqrt{\sum(Y-\bar{Y})^2 f}}$$

式中 f——权数。

(2) 简捷法:

$$r=\frac{(\sum f)(\sum XYf)-(\sum Xf)(\sum Yf)}{\sqrt{(\sum f)(\sum X^2 f)-(\sum Xf)^2}\sqrt{(\sum f)(\sum Y^2 f)-(\sum Yf)^2}}$$

或

$$r=\frac{\overline{XY}-\bar{X}\bar{Y}}{\sqrt{\overline{X^2}-(\bar{X})^2}\sqrt{\overline{Y^2}-(\bar{Y})^2}}$$

例 5.5 现以表 5-5 资料试求相关系数。

表 5-5

40 家百货商店的营业人员和营业额的分组表

营业额(万元) y	营业人员 x					合计（人）
	1～3	3～5	5～7	7～9	9～11	
6～7	—	—	—	1	6	7
5～6	—	—	2	4	4	10
4～5	—	2	4	5	—	11
3～4	2	1	4	—	—	7
2～3	1	2	—	—	—	3
1～2	2	—	—	—	—	2
合　计	5	5	10	10	10	40

根据双变量分组表计算相关系数时，X、Y 值均取各分组的组中值，并将次数分配按营业人员多少顺序排列，见表 5-6 编制计算表。

表 5-6

双变量分组相关系数计算表

x	y	f	xf	yf	xy	xyf	x^2	x^2f	y^2	y^2f
2	1.5	2	4	3	3	6	4	8	2.25	4.5
2	2.5	1	2	2.5	5	5	4	4	6.25	6.25
2	3.5	2	4	7	7	14	4	8	12.55	24.5
4	2.5	2	8	5	10	20	16	32	6.25	12.5
4	3.5	1	4	3.5	14	14	16	16	12.25	12.25
4	4.5	2	8	9	18	36	16	32	20.25	40.5
6	3.5	4	24	14	21	84	36	144	12.25	49
6	4.5	4	24	18	21	108	36	144	20.25	81
6	5.5	2	12	11	33	66	36	72	30.25	60.5

（续表）

x	y	f	xf	yf	xy	xyf	x^2	x^2f	y^2	y^2f
8	4.5	5	40	22.5	36	180	64	320	20.25	101.25
8	5.5	4	32	22	44	176	64	256	30.25	121
8	6.5	1	8	6.5	52	52	64	64	42.25	42.25
10	5.5	4	40	22	55	220	100	400	30.25	121
10	6.5	6	60	39	65	390	100	600	42.25	253.5
—	—	40	270	185	—	1 371	—	2 100	—	930

$$\overline{X}=\frac{\sum Xf}{\sum f}=\frac{270}{40}=6.75 \qquad \overline{Y}=\frac{\sum Yf}{\sum f}=\frac{185}{40}=4.625$$

$$\overline{XY}=\frac{\sum XYf}{\sum f}=\frac{1\,371}{40}=34.275 \qquad \overline{X^2}=\frac{\sum X^2f}{\sum f}=\frac{2\,100}{40}=52.5$$

$$\overline{Y^2}=\frac{\sum Y^2f}{\sum f}=\frac{930}{40}=23.25$$

$$r=\frac{\overline{XY}-\overline{X}\cdot\overline{Y}}{\sqrt{\overline{X^2}-(\overline{X})^2}\sqrt{\overline{Y^2}-(\overline{Y})^2}}$$

$$=\frac{34.275-6.75\times 4.625}{\sqrt{52.5-(6.75)^2}\sqrt{23.25-(4.625)^2}}=0.85$$

相关系数计算出来后，即可用它来说明 X 与 Y 两个变量相关的密切程度。那么如何判断呢？这就需要明确相关系数的取值范围。相关系数的取值范围在 -1 和 $+1$ 之间，即 $-1\leqslant r\leqslant +1$。

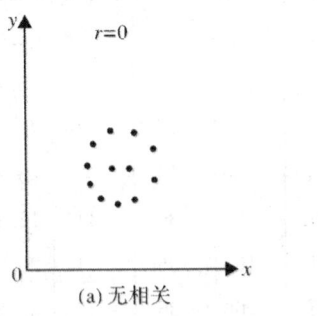

(a) 无相关

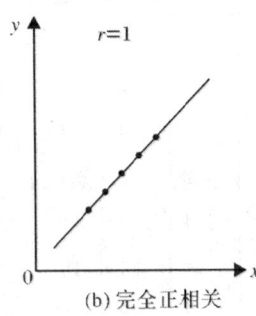

(b) 完全正相关

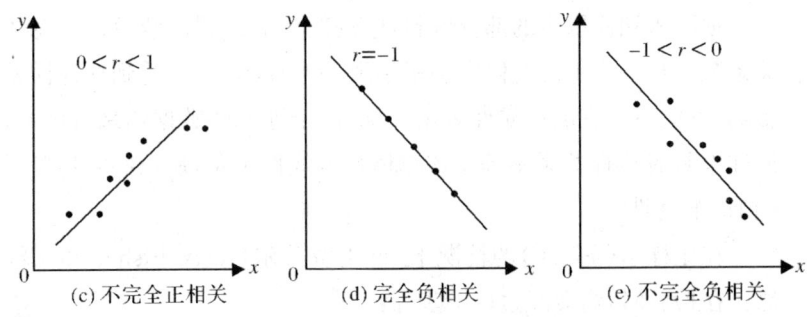

图 5-2 相关关系图

当 $r=0$ 时,说明 X 与 Y 之间没有线性相关,如图 5-2(a)所示。

当 $r=1$ 时,说明 X 与 Y 之间完全正相关,如图 5-2(b)所示。

当 $0<r<1$ 时,说明 X 与 Y 之间不完全正相关,如图 5-2(c)所示。

当 $r=-1$ 时,说明 X 与 Y 之间完全负相关,如图 5-2(d)所示。

当 $-1<r<0$ 时,说明 X 与 Y 之间不完全负相关,如图 5-2(e)所示。

r 值的趋势规律表明,$|r|$ 值越接近于 1,则相关程度越高;$|r|$ 值越趋近于 0,则相关程度越低。在样本总体足够大时,评价不完全相关的程度常用下列标准予以判断:

$0<|r|\leqslant 0.3$,表示相关关系很弱,基本上将其看作没有线性相关关系;

$0.3<|r|\leqslant 0.5$,说明变量 X 与 Y 之间低度相关;

$0.5<|r|\leqslant 0.8$,说明变量 X 与 Y 之间中度相关;

$0.8<|r|<1$,说明变量 X 与 Y 之间高度相关。

故上例表 5-4、表 5-6,变量 X 与 Y 之间属于高度相关。

但这种说明必须建立在相关系数通过显著性检验的基础之上。

(三)相关系数的显著性检验

对于已求得的相关系数 r,我们有必要对它的显著性进行进一步的测定。

据随机抽样取得的部分资料计算样本相关系数,然后推断总体相关系数。从一个正态总体中随机抽取一个样本,由于受到抽样误差的影响,不能不对它的可靠性表示怀疑,由于计算的数据均来自样本,即使样本具有线性关系不等于该总体具有线性关系,所以必须检验样本 r 值的显著性。

在小样本($n<30$)的情况下,可用费希尔(R. A. Fisher)的 t 检验法。在检验时,需要经过以下步骤:

首先,提出假设:

$H_0:\rho=0$,表示样本相关系数 r 是抽自具有零相关的总体。

$H_1:\rho\neq 0$,表示样本相关系数 r 是抽自具有相关关系的总体。

其次,以 t 公式计算数据作为检验统计量。其计算公式如下:

$$t=\frac{r\sqrt{n-2}}{\sqrt{1-r^2}}$$

式中　$n-2$ 为自由度。

最后,确定显著性水平并得出结论。选择一个显著性水平 α,这是一个由研究者主观决定的选择。可选择 0.05,0.01 或 0.1 等不同的显著性水平。根据自由度($n-2$),查 t 分布表得到检验统计量的临界值 $t_{\alpha/2}$。若 $|t|<t_{\alpha/2}$,接受原假设 H_0,表明 r 在统计上是不显著的,即变量 X 与 Y 之间的相关不显著;若 $|t|\geq t_{\alpha/2}$,拒绝原假设 H_0,表明 r 在统计上是显著的,即变量 X 与 Y 之间的相关关系是显著的。

例 5.6　现以表 5-1 的资料为例,进行相关系数 r 的显著性检验如下:

解:统计假设为:

$H_0:\rho=0; H_1:\rho\neq 0$

计算检验统计量 t 值公式:

$$t=\frac{r\sqrt{n-2}}{\sqrt{1-r^2}}=\frac{0.932\sqrt{10-2}}{\sqrt{1-(0.932)^2}}=7.28$$

按 $\alpha=0.1$ 的显著性水平,查 t 分布表得 $t_{\alpha/2}(n-2)=t_{0.05}(8)=1.86$。

由于 $|t|=7.28>1.86$,所以拒绝原假设,接受备择假设,说明样本相关系数 r 是显著的,总体的相关系数不为 0,即广告费用与销售额相关。

第二节 回归分析与一元线性回归

一、回归分析的概念和种类

(一) 回归分析的概念

"回归"(Regression)一词原来是生物学的词汇,是由英国科学家葛尔顿提出的,用来描述父母的体高或体矮在遗传学上有趋于一般的现象,这种现象便叫做回归,后来这个名词被广泛用来表示变量间的数量关系。

回归分析是一种建立在数学模型基础上的,对两个或两个以上具有相关关系的变量,将一个或一个以上自变量作为依据,来计算和预测因变量发展水平和发展趋势的统计分析方法。也称回归预测法。

(二) 回归分析的种类

1. 按自变量的多少分类

按自变量个数的多少,可以分为简单回归和复回归。

(1) 简单回归。研究一个自变量的回归分析称为简单回归,或称作一元回归预测。

(2) 复回归。研究多个自变量的回归分析叫复回归,或称作多元回归预测。

2. 按回归的表现形式分类

按回归的表现形式来分,可以分为线性回归和非线性回归。

(1) 线性回归。如果回归模型的因变量是自变量的一次函数形式,回归规律在图形上表现为一条直线,称为线性回归。

(2) 非线性回归。如果回归模型的因变量是在自变量一次以上的函数形式,回归规律在图形上表现为形态各异的各种曲线,称为非线性回归。

(三) 回归分析与相关分析的区别与联系

1. 回归分析与相关分析的区别

(1) 相关分析所研究变量之间的共变对等关系。回归分析却是在控制或给定一个或几个变量条件下来观察对应的某一变量的变化,给定的变量称为自变量,被观察对应的某一变量,称为因变量,它是随机变量。

(2) 相关分析只是计算测定变量之间关系的密切程度和变量变化的方向。但回归分析可以对具有相关关系的变量建立一个数学表达式称为回归方程,来描述变量之间具体的变动关系,通过控制或给定自变量的数值来估计或预测因变量可能的数值。

2. 回归分析与相关分析的联系

(1) 相关分析是回归分析的基础和前提。没有对相关关系的密切程度作出判断,就不能进行回归预测,相关程度愈高,回归测定的结果愈可靠。

(2) 回归分析是相关分析的深入和继续。仅仅说明变量之间具有密切的相关关系是不够的,只有利用回归模型,才能对变量的发展趋势作出估计及预测。相关分析才有实际的意义。

回归分析与相关分析既有区别又有联系,实际统计研究中,通常是把它们结合起来应用的。

二、一元线性回归模型

(一) 一元线性回归模型的概念

由于相关系数只能说明因变量和自变量相关关系的密切程度和方

向,而为了能根据某一已知因素的数值推算,另一未知因素的数值,就需要进行回归分析。

一元线性回归模型又称简单直线回归模型,是回归分析中最为简单的一种分析方法。它根据两个有相关关系的变量,配合适当的直线回归方程式,反映一个自变量与一个因变量之间的统计规律,并通过自变量的变动,预测因变量的发展趋势及水平,并对这种估计的可靠性作出判断的方法。

当两个变量互为因果关系时,如某企业某种产品的生产量与销售量,可以用两个直线回归方程式表示。一为 Y 对 X 的直线回归方程式:$Y_c=a+bX$,我们可设生产量为自变量 X,销售量为因变量 Y,Y_c 为 Y 的估计值,用 X 推算 Y;另一为 X 对 Y 的直线回归方程式:$X_c=c+dY$,我们可设销售量为自变量 Y,生产量为因变量 X,X_c 为 X 的估计值,用 Y 推算 X。这是两个不同的回归方程,实际上它们的计算方法是一致的,只是位置互换而已。所以在研究问题时,必须先确定自变量与因变量的关系,如两个变量是单方面的因果关系,可以用一个回归方程来表示,一般选用 Y 对 X 的回归直线方程式:

$$Y_c=a+bX$$

式中　Y_c——因变量 Y 的估计值,也可称为理论值;

　　　X——给定的自变量数值;

　　　a——回归直线在 Y 轴上的截距,回归直线的起点值;

　　　b——回归直线的斜率,称回归系数,它表示自变量 X 变动一个单位时,因变量 Y 的平均增减数值。

(二) 最佳一元线性回归模型必须具备的条件

配合最佳的一元线性回归模型,关键在于寻找一条最能代表两个变量相互关系的理想直线,它必须具备以下条件:

(1) 两个变量之间确实具有显著的相关关系。

(2) 两个变量的对应数值描述呈近似直线。

(3) 各个因变量的实际值与估计值的离差平方之和为最小值,即 $\sum(Y-Y_c)^2=$ 最小,为了满足这一条件,可以用最小平方法来求解回归模型中的待定参数 a 和 b。根据微分学中求极值的原理,分别对 a 和 b 求偏导数,并令其为零,求得两个标准方程式:

$$\begin{cases} \sum Y = na + b\sum X \\ \sum XY = a\sum X + b\sum X^2 \end{cases}$$

然后解标准方程,便可求得 a,b 两个参数。

$$b = \frac{n\sum XY - \sum X \cdot \sum Y}{n\sum X^2 - (\sum X)^2}$$

$$a = \frac{\sum Y}{n} - b\frac{\sum X}{n} = \overline{Y} - b\overline{X}$$

现仍以表 5-1 资料为例,拟合回归模型,说明一元回归线性的分析方法。

从图 5-1 相关图中已经显示,广告费用和销售额之间存在着依存关系,销售额随着广告费用的增加而增加,它们之间关系近似于直线形态。根据表 5-4 相关与回归分析表,计算的相关系数 r 为 0.931 9,其结果表明广告费用和销售额之间存在高度正相关。从资料中判断广告费用的多少是影响销售额的一个重要因素。我们把广告费用设为自变量,销售额设为因变量,拟合一元线性回归模型,即:

$$Y_c = a + bX$$

例 5.7 根据表 5-4 的数据,求解参数 a、b:

$$b = \frac{n\sum XY - \sum X\sum Y}{n\sum X^2 - (\sum X)^2} = \frac{10 \times 2\,058 - 41 \times 471}{10 \times 187 - (41)^2} = 6.71$$

$$a = \frac{\sum Y}{n} - b\frac{\sum X}{n} = \frac{471}{10} - 6.71 \times \frac{41}{10} = 19.59$$

所求方程为:

$$Y_c = 19.59 + 6.71X$$

式中:$a=19.59$ 为起点值,也就是没有广告宣传时的销售额;$b=6.71$ 表示每增加 1 万元广告费用,销售额平均增加 6.71 万元。如果广告费用为 7 万元,由此推算的销售额约为:

$$Y_c=19.59+6.71\times7=66.56(万元)$$

Y_c 的任意两个数值可以在相关图上画出一条直线,即为所求最佳配合的直线,如图 5-3 所示。

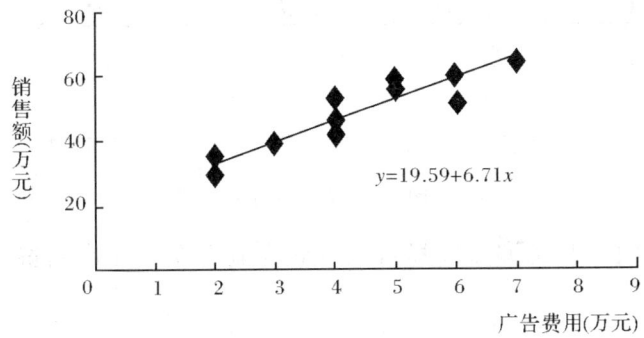

图 5-3　广告费用与销售额相关图

三、回归模型线性拟合程度分析

(一) 方差分析

用最小平方法求得的回归模型 $Y_c=a+bX$ 确定了 X 与 Y 的具体变动关系。是否能够比较地拟合实际情况,必须通过统计上拟合程度的检验加以判断,方差分析是其常用的方法之一。

对于 Y 某一个实际值 Y_0,其离差大小可以通过实际值 Y_0 与全部实际值的均值 $\overline{Y}$ 之差,即 $Y_0-\overline{Y}$ 表示,$Y_0-\overline{Y}$ 又可分解为 Y_0-Y_c 和 $Y_c-\overline{Y}$ 两部分,图 5-4 所示。即:

$$Y_0-\overline{Y}=(Y_0-Y_c)+(Y_c-\overline{Y})$$

总离差＝剩余离差＋回归离差

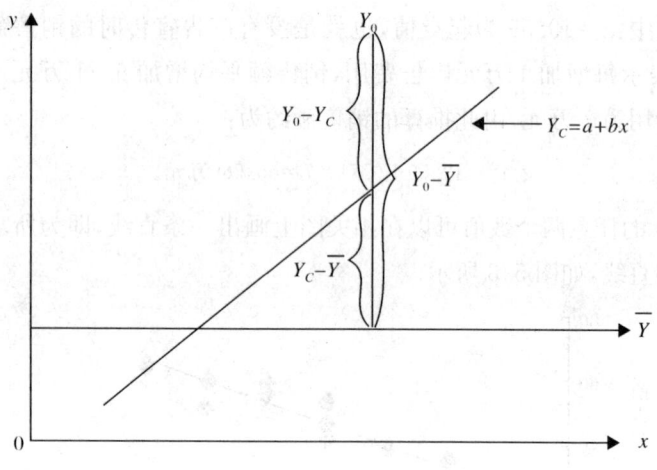

图 5-4　方差分析图

可以证明,总偏差同样可以分解为剩余偏差和回归偏差两部分,即:

$$\sum(Y-\overline{Y})^2 = \sum(Y-Y_c)^2 + \sum(Y_c-\overline{Y})^2$$

总偏差＝剩余偏差＋回归偏差

$$r^2 = \frac{\sum(Y_c-\overline{Y})^2}{\sum(Y-\overline{Y})^2} = 1 - \frac{\sum(Y-Y_c)^2}{\sum(Y-\overline{Y})^2}$$

如果实际值 Y 都紧密分布在回归直线两侧,剩余偏差 $\sum(Y-Y_c)^2$ 很小,说明 X 与 Y 的依存关系很强,总偏差 $\sum(Y-\overline{Y})^2$ 数值大小主要由回归偏差 $\sum(Y_c-\overline{Y})^2$ 来决定;如果实际值 Y 都落在回归直线上,剩余偏差 $\sum(Y-Y_c)^2=0$,则 $\sum(Y-\overline{Y})^2=\sum(Y_c-\overline{Y})^2$,说明 X 与 Y 为确定的函数关系,即总偏差 $\sum(Y-\overline{Y})^2$ 数值大小完全由回归偏差 $\sum(Y_c-\overline{Y})^2$ 来决定。各散点越靠近直线,$\sum(Y_c-\overline{Y})^2 / \sum(Y-\overline{Y})^2$ 则越大,直线拟合的优度越好。统计上将这一比例定义为判定系数或称可决系数,记为 r^2,即:

判定系数 r^2 是测定回归直线对实际数据的拟合优度以一个重要

评价指标。

如果 X 与 Y 两变量依存关系很密切,当 Y 的变化完全由 X 引起时,X 与 Y 为确定的函数关系,$\sum(Y-Y_c)^2=0$,$r^2=1$;当 X 与 Y 两变量线性依存关系不存在时,说明 Y 的变化与 X 完全无关,$\sum(Y_c-\overline{Y})^2=0$,$r^2=0$。一般情况下,$r^2$ 是在 0~1 之间。r^2 越接近于 1,表明回归偏差占总偏差的比例越大,回归直线离各实际值越接近,回归直线的拟合优度越好;反之,就越差。

例 5.8 现以表 5-4 资料及所得回归模型为例,计算判定系数。

$$r^2=1-\frac{\sum(Y-Y_c)^2}{\sum(Y-\overline{Y})^2}=1-\frac{128.89}{980.9}=0.869$$

在实际工作中,计算可采用以下简捷公式,即:

$$r^2=\frac{a\sum Y+b\sum XY-n\overline{Y}^2}{\sum Y^2-n\overline{Y}^2}$$

以表 5-1 资料为例,计算广告费用与销售额回归模型的判定系数,根据表 5-4 中的计算数据代入上述公式:

$$r^2=\frac{19.59\times 471+6.71\times 2\,058-10\times(47.1)^2}{23\,165-10\times(47.1)^2}=0.869$$

通过计算结果显示,产品销售额的总偏差中,有 86.9% 可以由广告费用与销售额的依存关系来决定,其余 13.1% 是随机因素的影响。所以,拟合的这条回归直线是合适的。

从判定系数与相关系数之间关系看,它们保持着一致性。一元线性回归的判定系数 r^2 的平方根,就是简单线性相关 r。即:

$$r^2=\sqrt{1-\frac{\sum(Y-Y_c)^2}{\sum(Y-\overline{Y})^2}}=\sqrt{\frac{\sum(Y_c-\overline{Y})^2}{\sum(Y-\overline{Y})^2}}$$

在使用上述相关系数公式条件是:先确立某种回归模型,可提供 Y_c 时,才可求出相关系数 r。这时的相关系数 r 不仅可以表明 X、Y 两个变量是否具有相关关系及关系是否密切,还可表明回归模型对数据

的拟合优度。$|r|$则越接近 1 说明拟合优度越高。用判定系数 r^2 开平方后有正负两个根,符号的取舍应根据回归模型中的回归系数的符号而定。例如,在上述的例题中,相关系数 $r=0.9319$,其判定系数 $r^2=(0.9319)^2=0.869$,进一步说明该产品的销售额 86.9% 是由广告费用所决定的。

(二) 估计标准误差

剩余偏差 $\sum(Y-Y_c)^2$ 除以自由度 $n-2$ 所得商的平方根称为估计标准误差。其公式为:

$$S_Y=\sqrt{\frac{\sum(Y-Y_c)^2}{n-2}}$$

式中　S_Y——估计标准误差;

　　　$n-2$——自由度。在一元线性回归模型中,参数 a、b 是由实际资料计算的,因而失去了两个自由度。

Y 实际值同 $\overline{Y}$ 的总偏差中,回归偏差和剩余偏差是此长彼消的关系。回归偏差是从正面来测定线性模型的拟合优度,而剩余偏差则是从反面来判定线性模型的拟合优度。

估计标准误差 S_Y 说明在正态分布中因变量实际值对估计值的离散程度。在回归分析中,估计标准误差愈小,表明实际值愈紧靠估计值,回归模型拟合得愈合适;反之,估计标准误愈大,则说明实际值对估计值愈分散,回归模型拟合得愈差。

实际工作中,估计标准误差通常采用下列简易公式求得:

$$S_Y=\sqrt{\frac{\sum Y^2-a\sum Y-b\sum XY}{n-2}}$$

例 5.9　将表 5-4 中各有关数据代入上式,即:

$$S_Y=\sqrt{\frac{23\,165-19.59\times 471-6.71\times 2\,058}{10-2}}=4.01(万元)$$

从两个回归模型拟合优度的判断和评价指标来看,估计标准误差

显然不如判定系数 r^2。r^2 是无量纲的系数,有确定的取值范围(即 0～1),便于对不同资料回归模型拟合优度进行比较。而估计标准误差则是有计量单位的,却没有确定的取值范围,不便于对不同资料回归模型拟合优度进行比较。

但是,估计标准误差在回归分析中仍然是一个重要的指标,因为它还是用自变量估计因变量时确定置信区间的尺度。用 X 值对 Y 值进行估计的置信区间为:

$$Y = Y_c \pm z_{a/2} S_Y = (a + bX) \pm z_{a/2} S_Y$$

根据正态分布的性质,对于确定的 X 值,Y 的取值是以 Y_c 为中心而对称分布的,愈靠近 Y_c 的区域内出现的机会愈大,而离 Y_c 较远的区域内出现的机会愈小。于是,我们可将 Y 的分布与估计标准误差的关系表述如下:

$Y_c \pm 1\ S_Y$ 的概率为 68.27%;

$Y_c \pm 2\ S_Y$ 的概率为 95.45%;

$Y_c \pm 3\ S_Y$ 的概率为 99.73%。

如图 5-5 所示。

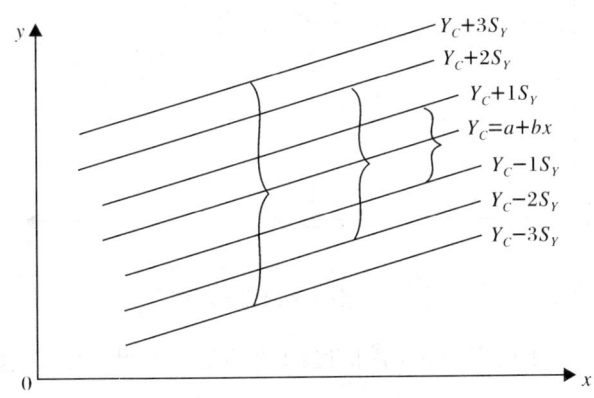

图 5-5 用 S_Y 对 Y 值估计的不同置信区间图

可见,S_Y 的大小直接影响 Y_c 的精确程度,S_Y 愈小,根据回归方程

预报的 Y_c 就愈精确。因此,估计标准误差 S_Y 又常被作为估计回归方程精确度的依据。

上述的区间估计是有一假定条件为前提的,即:当总体为正态分布或当样本容量足够大($n \geqslant 30$),可认为样本的均值亦服从正态分布。

如果样本 $n < 30$ 的情况下,估计标准误差公式则作以下调整:

$$S_d = S_Y \sqrt{1 + \frac{1}{n} + \frac{(X_0 - \overline{X})^2}{\sum(X - \overline{X})^2}}$$

用 t 分布来确定置信区间。在给定置信度 $1-\alpha$ 时,Y 的某一数值的置信区间为:

$$y_0 = y_c \pm t_{\frac{\alpha}{2}(n-2)} S_Y \sqrt{1 + \frac{1}{n} + \frac{(X_0 - \overline{X})^2}{\sum(X - \overline{X})^2}}$$

其中 $t_{\frac{\alpha}{2}(n-2)}$ 可查 t 分布表得到。X_0 为给定自变量的某一数值。区间范围如图 5-6 所示。

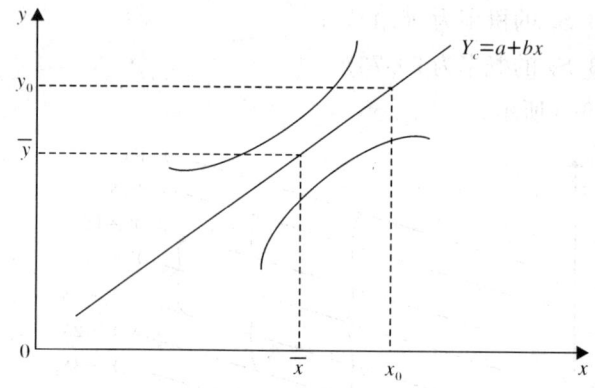

图 5-6　小样本预测区间图

从图 5-6 中可以看出,置信区间两端呈喇叭状,当 X_0 愈接近 $\overline{X}$ 时,置信区间愈窄,有较好的精确度;当远离 $\overline{X}$ 时,置信区间逐渐加宽,精确度下降。可见,小样本预测置信区间为我们提供了精确度较高的保证条件。

例 5.10 现仍以表 5-4 资料为例,根据前述计算 $S_y=4.01$ 万元,当广告费用 $x_0=7$ 万元时的销售额 y_c 的预测值为 66.56 万元。给定 $\alpha=0.05$,查 t 分布表 $t_{0.025}(8)=2.306$。y_0 的销售额置信区间:

$$Y_0 = 66.56 \pm 2.306 \times 4.01 \times \sqrt{1+\frac{1}{10}+\frac{8.41}{18.9}}$$

$$=66.56 \pm 11.49(万元)$$

即:当广告费用为 7 万元时,销售额有 95% 的可能性落在 55.07 万~78.05 万元之间。

四、回归模型的假设检验

建立回归模型后,要对其进行显著性检验,主要原因是:

首先,根据随机抽取样本的 n 组 X 与 Y 对应数据资料所建立的线性回归模型,由于受到抽样误差的影响,它所确定的自变量 X 值估计因变量 Y 之间的线性关系是否显著,必须通过假设检验才可作出结论。

其次,样本回归模型 $Y_c=a+bX$ 中的两个参数 a 和 b,是对总体回归模型 $Y_c=\alpha+\beta X+\varepsilon$ 中两个参数 α 和 β 的估计值,需要进行显著性检验。

回归模型的显著性检验一般包括两个方面的内容,即:线性关系的检验与回归系数的检验。

(一)线性关系的检验——F 检验

线性关系的检验是检验自变量 X 与因变量 Y 之间的线性关系是否显著,变量之间的关系能否用线性模型表示。进行线性关系的检验的具体步骤如下:

(1)提出原假设。

H_0:线性关系不显著。

(2)计算检验统计量 F。

$$F = \frac{\sum(Y_c - \overline{Y})^2 / 1}{\sum(Y - Y_c)^2 / n - 2}$$

可以证明,在原假设成立的情况下,F 统计量服从自由度为 1 和 $n-2$ 的 F 分布。即 $F \sim F(1, n-2)$。

(3) 确定显著性水平 α,并根据两个自由度查 F 分布表,得到相应的临界值 F_α。

(4) 得出检验结果。

若 $F \geqslant F_\alpha$,则拒绝原假设 H_0,说明变量之间的线性关系是显著的;如 $F < F_\alpha$,则接受 H_0,说明变量之间的线性关系不显著。

例 5.11 仍以上例为例,对广告费用与销售额线性关系的显著性进行检验。

解:建立原假设。

H_0:两变量之间的线性关系不显著。

计算检验统计量 F:

$$F = \frac{\sum(Y_c - \overline{Y})^2 / 1}{\sum(Y - Y_c)^2 / n - 2} = \frac{850.95 / 1}{128.84 / 8} = 52.83$$

取显著性水平 $\alpha = 0.05$,根据自由度 1,8,查 F 分布表得临界值 $F_{0.05}(1, 8) = 5.32$。由于 $F = 52.83 > F_{0.05}(1, 8) = 5.32$,故拒绝原假设 H_0,表明广告费用和销售额之间建立的线性回归模型是显著的,即利用方程进行预测有一定可靠性。

(二) 回归系数 b 的检验——t 检验

回归系数的显著性检验就是要检验自变量 X 对因变量 Y 的影响程度是否显著的问题。如总体回归系数 $\beta = 0$,则总体回归线就是一条水平线,说明总体 X 与 Y 的变量没有线性关系。进行回归系数显著性检验的具体步骤如下:

(1) 建立原假设。

假设样本从一个设有线性关系的总体中选出,即:

$H_0: \beta = 0$;$H_1: \beta \neq 0$

(2)计算检验统计量 t 值。

在大样本条件下按 Z 变量对 b 进行显著性检验,可查标准正态概率表确定临界值来确定(Z 值查找相当于标准正态附表中的 u 值)。

$$Z = \frac{b-\beta}{\sigma_b} \quad (\beta=0)$$

Z 变量服从均值为 0,方差为 1 的标准正态分布。其中,σ_b 是样本回归系数 b 的标准误差,通常是未知的,要用它的估计量 S_b 代替。

$$S_b = \sqrt{\frac{S_Y^2}{\sum(X-\overline{X})^2}} = \sqrt{\frac{(\sum Y^2 - a\sum Y - b\sum XY)/(n-2)}{\sum X^2 - n(\overline{X})^2}}$$

如果是小样本,则需用标准化处理的 t 变量,即:

$$|t| = \frac{b-\beta}{S_b} = \frac{|b|}{S_b} \quad (\beta=0)$$

此 t 变量服从自由度为 $n-2$ 的 t 分布,即 $t \sim t(n-2)$。

(3)确定显著性水平 α,并根据自由度 $= n-2$ 查 t 分布表,找出相应的临界值 $t_{\frac{\alpha}{2}}$。

(4)得出检验结果。

若 $|t| \geq t_{\frac{\alpha}{2}}$,拒绝 H_0,表明自变量 X 对因变量 Y 的影响是显著的。如 $|t| < t_{\frac{\alpha}{2}}$ 则接受 H_0,表明自变量 X 对因变量 Y 的线性影响是不显著的,两者之间不存在线性关系。

例 5.12 用前例广告费用与销售额回归模型资料对其回归系数 b 进行显著性检验。

解:建立原假设。

$H_0: \beta = 0 \quad H_1: \beta \neq 0$

计算检验统计量 t 值:

$$S_Y = 4.01 \quad S_Y^2 = 16.08$$

$$S_b = \sqrt{\frac{S_Y^2}{\sum X^2 - n(\overline{X})^2}} = \sqrt{\frac{(4.01)^2}{187 - 10 \times (4.1)^2}} = 0.922$$

已计算的回归模型为:

$$Y_c = 19.59 + 6.71X$$

$$|t| = \frac{|b|}{S_b} = \frac{6.71}{0.922} = 7.28$$

取 $\alpha = 0.05$,根据样本容量 $n = 10$,自由度 $= n - 2 = 8$,查表得:$t_{0.025}(8) = 2.306$。

因 $|t| = 7.28 \geqslant t_{\frac{\alpha}{2}} = 2.306$,拒绝 H_0,回归系数为零的可能性相应小于 5%,说明回归系数是显著的,广告费用与销售额确实存在线性关系,X 对 Y 的影响是显著的。

对于一元线性回归模型采用 F 检验和 t 检验,其结论是一致的。在一元线性回归分析中,二者取其一即可。但是,在多元回归分析中,它们是不等价的,F 检验则是检验整个回归关系的显著性,而 t 检验只是检验回归模型中各个系数(参数)的显著性。

第三节 多元线性回归模型

在实际经济研究中,我们所要研究的经济现象的变化很多,经常是几个重要因素共同作用的结果。如某种经济作物的单位收获量要受种子、肥料、土质、雨量等多种因素的影响。又如,产品的成本不仅取决于该产品的生产量,而且也与原材料价格、技术水平、管理水平等因素有关;这时就要选取几个变量来建立回归模型,这就是多元回归问题。多元回归分析的原理和方法同一元线性回归分析基本相同,只是变量愈多,计算愈复杂。

一、多元线性回归模型的确定和计算方法

多元线性回归模型为:

$$Y_c = a + b_1 X_1 + b_2 X_2 + \cdots + b_m X_m$$

式中 a 为 $X_1, X_2, \cdots, X_m$ 皆取 0 值时的 Y 值,是常数项; b_1 为 $X_2, X_3, \cdots, X_m$ 固定时 X_1 每增加一个单位对 Y 的效应,即 X_1 对 Y 的偏回归系数;同理 b_m 为 $X_1, X_2, \cdots, X_{m-1}$ 固定时 X_m 每增加一个单位对 Y 的效应,即 X_m 对 Y 的偏回归系数。在研究中,如果有 m 个独立自变量,则偏回归系数便有 m 个。这种通过 m 个偏回归系数来估算因变量理论值的模型,就称为多元线性回归模型。

二元线性回归是最简单的多元线性回归,现作重点介绍。

一元线性回归模型在几何上表现为直线,而二元线性回归模型在几何上表现为三维空间中的一个回归平面。可用二元线性回归模型描述:

$$Y_c = a + b_1 X_1 + b_2 X_2$$

b_1, b_2 分别是 X_1, X_2 的偏回归系数。

模型中的参数 a, b_1, b_2 的确定仍用最小二乘法,使剩余偏差即 $\sum(Y-Y_c)^2 = \sum[Y-(a+b_1 X_1 + b_2 X_2)]^2$ 为最小。根据微积分中的极值定理,可得出求解 a, b_1, b_2 的标准方程,经整理后的方程组为:

$$\begin{cases} \sum Y = na + b_1 \sum X_1 + b_2 \sum X_2 \\ \sum X_1 Y = a \sum X_1 + b_1 \sum X_1^2 + b_2 \sum X_1 X_2 \\ \sum X_2 Y = a \sum X_2 + b_1 \sum X_1 X_2 + b_2 \sum X_2^2 \end{cases}$$

现举例说明二元线性回归模型的求解。

例 5.13 某企业 2005~2015 年洗衣机销售利润 y(百元),销售量 x_1(台)平均价格 x_2(百元/台)的资料与有关计算列表 5-7,来计算销售利润与销售量、平均价格的数量关系。

将数据代入由最小二乘法确定的标准方程组:

$$\begin{cases} 206\ 606 = 11a + 17\ 309 b_1 + 131.5 b_2 \\ 390\ 591\ 156 = 17\ 309a + 30\ 376\ 955 b_1 + 198\ 258 b_2 \\ 2\ 285\ 638.6 = 131.5a + 198\ 258 b_1 + 1\ 600.39 b_2 \end{cases}$$

表 5-7　二元线性回归方程计算表

年份	销售利润 y	销售量 x_1	平均价格 x_2	x_1^2	x_2^2	$x_1 x_2$	$x_1 y$	$x_2 y$
2005	6 504	1 021	13.4	1 042 441	179.56	13 681.4	6 640 584	87 153.6
2006	7 584	1 053	13.4	1 108 809	179.56	14 110.2	7 985 952	101 625.6
2007	8 199	1 101	12.9	1 212 201	166.41	14 202.9	9 027 099	105 767.1
2008	10 517	1 139	13.1	1 297 321	171.61	14 920.9	11 978 863	137 772.7
2009	11 497	1 204	12.7	1 449 616	161.29	15 290.8	14 842 388	146 011.9
2010	13 881	1 310	12.5	1 716 100	156.25	16 375.0	18 184 110	173 512.5
2011	19 444	1 570	12.3	2 464 900	151.29	19 311.0	30 527 080	239 161.2
2012	25 340	1 935	12.3	3 744 225	151.29	23 800.5	49 032 900	311 682.0
2013	28 900	2 102	11.4	4 418 404	129.96	23 962.8	60 747 800	329 460.0
2014	35 760	2 287	8.9	5 230 369	79.21	20 354.3	81 783 120	318 264.0
2015	38 980	2 587	8.6	6 692 569	73.96	22 248.2	100 841 260	335 228.0
合计	206 606	17 309	131.5	30 376 955	1 600.39	198 258.0	390 591 156	2 285 638.6

解得:

$$\begin{cases} a = -941.47 \\ b_1 = 18.637 \\ b_2 = -803.237 \end{cases}$$

得到的二元线性回归模型为:

$$Y_c = -941.47 + 18.637X_1 - 803.237X_2$$

假定该企业某家电产品 2016 年销售量估计 3 000 台,平均价格设定在 800 元时,预测销售利润为:

$$Y_c = -941.47 + 18.637 \times 3\,000 - 803.237 \times 8 = 48\,543.63(百元)$$

二、多元线性回归模型的拟合程度分析

(一)估计标准误差

二元线性回归模型的估计标准误差,也是各项实际值与理论值离差平方平均数的平方根,以此反映理论值的代表性与准确程度。计算公式:

$$S_Y = \sqrt{\frac{\sum(Y-Y_c)^2}{n-3}}$$

这里,自由度为 $n-3$,因为二元线性回归模型有 3 个参数 a, b_1, b_2,求解该回归模型时消失 3 个自由度。

将 $Y_c = a + b_1X_1 + b_2X_2$ 代入,便得到下列简捷计算公式:

$$S_Y = \sqrt{\frac{\sum Y^2 - a\sum Y - b_1\sum X_1Y - b_2\sum X_2Y}{n-3}}$$

将表 5-7 数据代入,得到:

$$S_Y = [(5\,256\,125\,868 + 941.47 \times 206\,606 - 18.617 \times 390\,591\,156$$
$$+ 803.257 \times 2\,285\,638.6)/(11-3)]^{\frac{1}{2}}$$
$$= (7\,101\,336.95/8)^{\frac{1}{2}} = 942.16(百元)$$

即销售利润的估计标准误差为 94 216 元。

假定 Y 的实际值是在以 Y_c 为均值的正态分布前提下,当给定自变量 X_1,X_2 数值时,就可以估计标准误差 S_Y 为尺度对因变量 Y_0 进行区间估计。大样本条件下,Y_0 的置信区间为:

$$Y_0 = Y_c \pm Z_{\frac{\alpha}{2}} S_Y$$

如果样本 $n<30$,则用 t 分布。Y_0 的置信区间为:

$$Y_0 = Y_c \pm t_{\frac{\alpha}{2}(n-3)} S_Y \sqrt{1+C_0}$$

其中:

$$C_0 = \frac{1}{n} + \frac{(X_{10}-\overline{X}_1)^2 \sum(X_2-\overline{X}_2)^2 + (X_{20}-\overline{X}_2)^2 \sum(X_1-\overline{X}_1)^2}{D}$$

$$-2 \times \frac{(X_{10}-\overline{X}_1)(X_{20}-\overline{X}_2)\sum(X_1-\overline{X}_1)(X_2-\overline{X}_2)}{D}$$

X_{10}、X_{20} 为给定的 X_1 和 X_2 的数值:

$$D = \sum(X_1-\overline{X}_1)^2 \sum(X_2-\overline{X}_2)^2 - [\sum(X_1-\overline{X}_1)(X_2-\overline{X}_2)]^2$$

$t_{\frac{\alpha}{2}(n-3)}$ 查 t 表;$\sqrt{1+C_0}$ 计算比较繁琐,特别是多个自变量条件下,必须用计算机计算。

例 5.14 现以表 5-7 的资料,如果给定洗衣机的平均价格(x_{20})800 元/台,销售量(x_{10})3 000 台时,求洗衣机销售利润的置信区间(设定显著性水平 $\alpha=0.05$)。

$$C_0 = \frac{1}{11} + \frac{2\,034\,759.60 \times 28.34}{18\,900\,112.12} + \frac{15.60 \times 3\,140\,456.70}{18\,900\,112.12}$$

$$-2 \times \frac{(-5\,634.48) \times (-8\,372.60)}{18\,900\,112.12}$$

$$= 0.742$$

∵ $Y_c = 48\,543.63$(百元) $S_Y = 942.16$(百元)

$$t_{\frac{\alpha}{2}(n-3)} = t_{0.025}(8) = 2.306$$

$$Y_0 = Y_c \pm t_{\frac{\alpha}{2}(n-3)} S_Y \sqrt{1+C_0}$$

$$= 48\,543.63 \pm 2.306 \times 942.16 \times 1.32$$

$$= 48\,543.63 \pm 2\,867.86$$

即洗衣机销售量为 3 000 台,平均价格为 800 元/台时,有 95% 的把握估计销售利润在 45 675.77 百~51 411.49 百元。

(二) 方差分析和相关系数

对多元性回归方程而言,总偏差同样可以分成回归偏差和剩余偏差两部分。即:

$$\sum (Y_0 - \overline{Y})^2 = \sum (Y_c - \overline{Y})^2 + \sum (Y_0 - Y_c)^2$$

根据上面的分解式,可以定义出样本的复判定系数,即:

$$r^2 = \frac{\sum (Y_c - \overline{Y})^2}{\sum (Y - \overline{Y})^2} = 1 - \frac{\sum (Y - Y_c)^2}{\sum (Y - \overline{Y})^2}$$

r^2 反映了回归模型对总体线性相关关系的拟合程度的大小。其值越大,说明回归模型的拟合度越高;反之,拟合度越低。r^2 的取值范围为:$0 \leqslant r^2 \leqslant 1$,$r$ 称为复相关系数,它测定了因变量 Y 与 m 个自变量 $X_1, X_2, \cdots, X_m$ 之间线性相关程度的大小,即:

$$r = \sqrt{\frac{\sum (Y_c - \overline{Y})^2}{\sum (Y - \overline{Y})^2}}$$

以表 5-7 为例:

$$r = \sqrt{\frac{1\,368\,371\,028}{1\,375\,576\,847}} = 0.9974$$

一般来说,进行多元回归分析时,随着自变量个数的增加,总偏差虽不发生变化,但回归偏差却随之增大,剩余偏差随之缩小。因而可以看到,复判定系数 r^2 及复相关系数 r 的大小同自变量的个数 m 有关。m 越大,r^2 值越大。有时,某个变量同因变量之间没有什么明显的关系,然而将其纳入模型后,也能增加 r^2 的值,这样就造成 r^2 或 r 高估了

变量间的相关程度。因此,有必要对 r^2 的值加以修正,修正方法为:

$$\hat{r}^2 = 1 - (1-r^2)\frac{n-1}{n-m-1}$$

式中　　n——Y 的实际值个数;

　　　　m——回归方程式中自变量的个数;

　　　　$\hat{r}^2$——修正后的复判定系数。

例表 5-7 中,修正后的 r^2 为:

$$\hat{r}^2 = 1-(1-0.9948)\times(11-1)\div(11-2-1) = 0.9935$$

在多元线性相关与回归分析中,既可以用复相关系数来度量 Y 与 m 个自变量 $X_1, X_2, \cdots, X_m$ 之间的相关程度,也可以用简单相关系数来度量 Y 与其中的某一 $X_i (i=1,2,\cdots,m)$ 变量之间的相关程度,以此来比较自变量对因变量的影响中哪一个更显著。但由于在多变量的相关与回归分析中,许多问题都复杂起来。比如,任意两个自变量都有可能存在相关关系,此时,简单相关关系中就或多或少地掺杂着其他变量的影响,从而使简单相关系数在反映两个变量之间的相关程度上具有一定的虚假性,只能是粗略的度量。

为了准确地反映两个变量之间的相关程度,需要在消除其他变量的影响之后,再计算它们的相关系数,即偏相关系数。

偏相关系数可以通过简单相关系数计算。

$$r_{Y1/2} = \frac{r_{Y_1} - r_{Y_2} r_{12}}{\sqrt{1-r_{Y_2}^2} \cdot \sqrt{1-r_{12}^2}}$$

$$r_{Y2/1} = \frac{r_{Y_2} - r_{Y_1} r_{12}}{\sqrt{1-r_{Y_1}^2} \cdot \sqrt{1-r_{12}^2}}$$

$$r_{12/Y} = \frac{r_{12} - r_{Y_1} r_{Y_2}}{\sqrt{1-r_{Y_1}^2} \cdot \sqrt{1-r_{Y_2}^2}}$$

式中　　r_{Y_1}、r_{Y_2}、r_{12}——分别表示 Y 与 X_1,Y 与 X_2 及 X_1 与 X_2 之间的简单相关系数;

　　　　$r_{Y1/2}$——剔除变量 X_2 的影响后,Y 与 X_1 之间的偏相关程度,即 Y 与 X_1

的偏相关系数；

$r_{Y2/1}$——剔除变量 X_1 的影响后，Y 与 X_2 之间的偏相关程度，即 Y 与 X_2 的偏相关系数；

$r_{12/Y}$——剔除变量 Y 的影响后，X_1 与 X_2 之间的偏相关程度。

偏相关系数的计算结果小于简单相关系数，反映问题相对准确。通过偏相关系数的大小，可以判断哪些自变量对因变量的影响大，从而选取其中影响显著因素作为回归方程中的自变量，对于那些影响较小的变量可以舍去，从而可以简化模型及运算。

三、多元线性回归模型的假设检验

从总体中随机抽取一个样本，根据样本资料导出的多元线性回归模型，必须经过显著性检验，方可对总体作出结论，确证这个模型是否可靠和有应用价值。通常也是对总体的偏回归系数 $\beta_1\beta_2\cdots\beta_m$ 作如下假设：

$H_0: \beta_1 = \beta_2 = \cdots \beta_m = 0$

$H_1: \beta_1, \beta_2, \cdots, \beta_m \neq 0$

检验的方法和步骤同一元线性回归模型的检验一样，可以用 t 检验各偏回归系数，用 F 检验整个多元回归模型的显著性。

（一）回归模型线性关系的显著性检验

在多元回归模型检验中，因为具有两个以上的自变量，与之联系的偏回归系数也同样多。回归模型整体的显著性是不能由任何一个偏回归系数的显著性所能替代的。多元回归模型线性关系假设检验，实质上是计算多元样本来自没有多元线性关系的总体的概率。因此，必须采用 F 检验来判断回归模型整体线性关系的显著性。F 检验的统计量为：

$$F = \frac{\text{回归偏差}/m}{\text{剩余偏差}/(n-m-1)} = \frac{\sum(Y_c - \overline{Y})^2/m}{\sum(Y - Y_c)^2/(n-m-1)}$$

服从自由度为 m 和 $n-m-1$ 的 F 分布，即 $F \sim F(m, n-m-1)$。于是

可据此进行统计检验。

在确定显著水平 α 后,查表得临界值 λ。当 $F \geqslant \lambda$ 时,拒绝假设 H_0,可认为这 m 个自变量对因变量(Y)的影响是显著的;当 $F < \lambda$ 时,则接受原假设 H_0,说明可能取自不存在线性关系的总体。

例 5.15 现结合表 5-7,进行二元线性回归的 F 检验。

设原假设:$H_0: \beta_1 = 0, \beta_2 = 0$;

备择假设:$H_1: \beta_1 \neq 0, \beta_2 \neq 0$。

计算检验统计量 F:

$$F = \frac{1\,368\,371\,028 \div 2}{7\,103\,011.05 \div 11 - 2 - 1} = 770.58$$

已知显著性水平 $\alpha = 0.05$,查得 $F_{0.05}(2, 8) = 4.46$。

因为 $F > F_{0.05}$ 则拒绝原假设,接受备择假设。即销售利润 y 与销售量 x_1 及平均价格 x_2 之间的线性回归关系在 0.05 水平上是显著的。由此推论已建立的二元线性回归模型有效。

(二)回归系数的显著性检验

回归模型线性关系的显著性检验通过后,还必须进一步检验回归方程中各自变量对因变量(Y)的影响是否显著,从而找出哪些自变量对 Y 的影响是重要的,哪些是不重要的。与一元线性回归类似,多元线性回归模型的回归系数的显著性检验也是采用 t 检验。其统计量 t 值为:

$$t_{bj} = \frac{b_j}{S_{bj}}$$

其中:S_{bj} 是 $b(j=1,2,\cdots,m)$ 标准差的估计值。自由度 $n-m-1$。

如以二元回归模型为例

$$S_{b1} = S_Y \times \sqrt{\frac{\sum(X_2 - \overline{X}_2)^2}{\sum(X_1 - \overline{X}_1)^2 \sum(X_2 - \overline{X}_2)^2 - [\sum(X_1 - \overline{X}_1)(X_2 - \overline{X}_2)]^2}}$$

$$S_{b2} = S_Y \times \sqrt{\frac{\sum(X_1 - \overline{X}_1)^2}{\sum(X_1 - \overline{X}_1)^2 \sum(X_2 - \overline{X}_2)^2 - [\sum(X_1 - \overline{X}_1)(X_2 - \overline{X}_2)]^2}}$$

按给定的显著性水平 α 和自由度 $n-3$ 查 t 分布表得到临界值,若统计量的绝对值 $|t_{bj}|>t_{\frac{\alpha}{2}(n-3)}$,就否定原假设,说明 b_1 或 b_2 是显著区别于 $\beta_1=0$ 或 $\beta_2=0$ 的假设的,相应的自变量就保留在回归方程中;反之,则接受原假设,说明样本偏回归系数同总体偏回归系数 $\beta_1=\beta_2=0$ 的假设没有显著区别,应将其自变量从回归方程中剔除,重新建立更为简单的模型。通过偏回归系数的检验,使二元回归模型具有实际的应用价值。

第四节 一元非线性回归模型

在对经济变量问题研究中,有时因变量和自变量之间的依次关系并非是线性形式,而是某种曲线,这种配合适当类型的曲线模型,统计上被称为曲线回归或非线性回归。在只涉及一个自变量的情况下,称两个变量之间的回归为一元非线性回归。一元非线性回归的问题,一般通常采用变量代换法将非线性模式线性化,再按照线性模型的方法处理。使线性回归分析的方法也能适用于非线性回归问题的研究。

下面介绍几种常用的非线性回归模型。

一、指数曲线型

指数曲线有多种类型,如 $Y_c=ae^{bX}$, $Y_c=a e^{\frac{b}{X}}$, $Y_c=ab^X$,等等。

对于指数曲线型,一般先取对数,再作变量变换。

如 $Y_c=ab^X$,可对方程两边取对数,即:

$$\lg Y_c = \lg a + X \lg b$$

令 $Y_c'=\lg Y_c$, $a'=\lg a$, $b'=\lg b$,则得一元线性模型:

$$Y_c' = a' + b'X$$

在此基础上,由最小二乘法可先计算出 a'、b' 再求反对数,计算出 a、b 的值。

二、双曲线型

双曲线的数学模型有多种形式,这里只介绍一种双曲线模型:即 $Y_c = a + b\dfrac{1}{X}$,令 $\dfrac{1}{X} = X'$,使上述模型转换为一元线性模型:

$$Y_c = a + bX'$$

然后采用最小二乘法解出参数 a、b 的值。

三、幂函数曲线模型

若 X 和 Y 都接近等比变化,可配合幂函数曲线模型:

$$Y_c = aX^b$$

幂函数曲线方程的线性化方法是将等式两边取对数,即:

$$\lg Y_c = \lg a + b \lg X$$

令 $\qquad Y_c' = \lg Y_c,\ a' = \lg a,\ X' = \lg X$

则 $\qquad Y_c' = a' + bX'$

四、对数曲线模型

对数曲线模型:

$$Y_c = a + b\lg X$$

线性化方法为:

令 $\qquad X' = \lg X$

则 $\qquad Y_c = a + bX'$

五、抛物线模型

抛物线的数学模型为:

第五章 相关分析与回归分析

$$Y_c = a + b_1 X + b_2 X^2$$

令

$$X_1 = X, X_2 = X^2$$

则

$$Y_c = a + b_1 X_1 + b_2 X_2$$

现以双曲线回归方程为例,说明非线性模式转化为线性模式进行回归的方法。

例 5.16 某地区各类商店的商品零售额和对应的商品流通费率资料如表 5-8 所示,首先根据资料绘制散点图,可以观察到它们的相关点近似地呈双曲线形状变化。因此,可用双曲线回归模型来描述商品零售额与流通费用率之间的变化规律。

表 5-8

商品零售额和对应的商品流通费率双曲线回归计算表

商品零售额 (万元)x	商品流通费率 (%)y	$x' = 1/x$	$(x')^2$	yx'
9.5	6.0	0.105	0.01103	0.63
11.5	4.6	0.087	0.00756	0.40
13.5	4.0	0.074	0.00549	0.30
15.5	3.2	0.065	0.00416	0.21
17.5	2.8	0.057	0.00327	0.16
19.5	2.5	0.051	0.00263	0.13
21.5	2.4	0.047	0.00216	0.11
23.5	2.3	0.043	0.00181	0.10
Σ	27.8	0.529	0.03811	2.04

我们用计算表中的有关数据代入标准方程组:

$$\begin{cases} \Sigma Y = na + b\Sigma X' \\ \Sigma YX' = a\Sigma X' + b\Sigma (X')^2 \end{cases}$$

即
$$\begin{cases} 27.8 = 8a + 0.529b \\ 2.04 = 0.529a + 0.03811b \end{cases}$$

解得：	$a = -0.7868$，$b = 64.45$

回归模型为：
$$Y_c = -0.7868 + 64.45 X'$$

$$X' = \frac{1}{X} \quad Y_c = -0.7868 + 64.45 \frac{1}{X}$$

据此对给定或预计的商品零售额，预测相应的流通费率。如果该地区某商店估计商品零售额为26万元时，预测流通费率为：

$$Y_c = -0.7868 + 64.45 \times \frac{1}{26} = 1.69(\%)$$

一元非线性回归模型的线性化处理较为简单；多元非线性回归模型的线性化，方法原则相同，但计算较为复杂些。

本 章 小 结

经济现象之间的数量联系存在着两种不同的类型：一种是函数关系；另一种是相关关系。相关关系可以按不同的标志加以区分。识别相关关系的常用方法是图形法和相关系数法。相关分析与回归分析两者既有区别，又有联系。

在两个变量分布大体上呈直线趋势时，运用参数估计方法，求出一元线性回归模型，然后根据自变量与因变量之间的关系，预测因变量的数值。在建立一元线性回归模型时，可用最小二乘法来估计模型参数，用于预测或分析之前，还应通过 t 检验和 F 检验对模型及其参数进行统计检验。通过检验的模型，才能具有使用价值。

多元线性回归模型类似于一元线性回归模型，可用最小二乘法来估计模型参数，也需对模型与模型参数进行统计检验。多元线性回归

第五章 相关分析与回归分析

模型的自变量可利用变量之间的相关程度来选择。

在经济现象之间还存在许多非线性的关系,对于此类现象的分析一般要应用非线性回归分析法,通过变量替换,以非线性回归转化为线性回归。用线性回归方法解决非线性回归问题。

练 习 与 思 考

一、单选题

1. 两个变量的线性相关系数为0,表明两个变量之间(　　)。
   A. 完全相关　　　　　　B. 无关系
   C. 不完全相关　　　　　D. 不存在线性关系

2. 已知线性回归方程的判定系数为0.81,那么,线性相关系数为(　　)。
   A. 0.9　　　　　　　　B. —0.9
   C. 0.9 或 —0.9　　　　D. 无法计算

二、多选题

1. 如果变量 x 与 y 之间无线性相关关系,则(　　)。
   A. 相关系数 $r=0$　　　　B. 回归系数 $b=0$
   C. 判定系数 $r^2=0$　　　D. 估计标准误差 $S_y=0$
   E. 估计标准误差 $S_y=1$

2. 计算相关系数时(　　)。
   A. 相关的两个变量都是随机的
   B. 相关的两个变量是对等关系
   C. 相关的两个变量一个是随机的,一个是对等的
   D. 可以计算出自变量和因变量两个相关系数
   E. 相关系数有正负号

3. 回归方程的显著性检验包括( )。

A. 系数的显著性　　　　B. 方程整体的显著性

C. F 检验　　　　　　D. t 检验

E. $D-W$ 值检验

三、判断题

1. 相关系数是测定变量之间相关密切程度的唯一方法。（ ）

2. 相关分析侧重于考察变量之间关系密切程度，回归分析则侧重于考察变量之间数量变化规律。（ ）

3. 同相关分析一样，回归分析中所分析的两个变量也都一定是随机变量。（ ）

4. 回归系数的显著性检验是检验自变量对因变量的影响是否显著。（ ）

5. 在多元线性回归方程中，偏回归系数 b_k 表示在其他变量不变的情况下，自变量 x_k 每变动一个单位时因变量 y 的平均变动额。（ ）

四、计算题

1. 八个企业的可比产品成本降低率和销售利润的资料如表 5-9 所示。

表 5-9

八企业产品成本降低率与销售利润数据表

企业编号	1	2	3	4	5	6	7	8
可比产品成本降低率(%)	2.1	2	3	3.2	4.5	4.3	5	3.9
销售利润(万元)	4.1	4.5	8.1	10.5	25.4	25	35	23.4

要求：

(1) 绘制散点图观察成本降低率与销售利润是否存在相关关系，判断属于何种相关关系；

(2) 计算与检验相关系数($\alpha=0.1$);

(3) 建立一元线性回归模型。

2. 某10户家庭样本的月收入(千元)和食品支出(千元)资料如表5-10所示。

表5-10

10户家庭月收入与食品支出统计表

收入 x	20	30	33	40	15	13	26	38	35	43
支出 y	7	9	8	11	5	4	8	10	9	10

要求:

(1) 建立一元线性模型,并说明回归系数 b 的经济意义;

(2) 计算估计标准误差,并求在95%的概率保证程度下,当 $x=45\,000$元时,y 值的预测区间。

3. 某企业某产品产量与单位成本资料如表5-11所示。

表5-11

某企业产品产量与单位成本数据表

月 份	1	2	3	4	5	6
产量(千件)	4	6	8	7	8	9
单位成本(元/件)	73	72	71	72	70	69

要求:

(1) 确定单位成本对产量的一元线性回归模型;

(2) 对该模型的回归系数进行检验和模型整体进行 F 检验($\alpha=0.05$);

(3) 计算估计标准误差,可决系数;

(4) 以95%的置信度估计产量为10(千件)时单位成本的置信区间。

4. 某股份有限公司销售量、推销人员和广告费的资料如表 5-12 所示。

表 5-12

某股份有限公司销售量与推销人员及广告费统计表

销售量(万件)y	推销人员(人)x_1	广告费用(万元)x_2
25	44	15
23	42	15
24	45	14
23	45	16
24	46	15
25	44	17
26	46	16
26	46	15
25	44	15
27	46	16
28	45	18
30	48	20
31	50	19

要求：

(1) 建立一个二元线性回归模型，评价拟合优度并进行显著性检验。

(2) 当推销人员数增加到 55 人、广告费为 20 万元时，预测销售量多少？

5. 某商店 2006～2015 年的销售额和流通费率资料如表 5-13 所示。

表 5-13

某商店销售额与流通率数据表

年 份	销售额(万元)x	流通费率(%)y
2006	70	6.4
2007	150	4.5
2008	210	2.7
2009	290	2.1
2010	340	1.8
2011	430	1.5
2012	550	1.4
2013	640	1.3
2014	690	1.3
2015	780	1.2

要求：

(1) 绘制散点图观察销售额与流通费率的相关关系；

(2) 建立双曲线回归模型；

(3) 检验模型的显著性，并预测 $x_0=900$ 万元时，流通费率 y 值。

五、思考题

1. 相关关系和函数关系有何不同？
2. 相关分析有哪些种类和方法？
3. 什么是相关系数？如何判断变量相关的密切程度？
4. 什么是估计标准误差？它和判定系数 r^2 有何联系和区别？
5. 应用相关和回归分析应注意什么问题？

第六章 时间序列分析

企业的生产经营活动等社会经济现象,会随时间不断变化发展,统计分析不仅要进行静态分析,而且要进行动态分析。我们对经济现象的数量方面在不同时间上表现出来的各具体值作对比分析,以探索经济现象发展变化的过程及其规律性,并预测它的未来。而时间序列分析方法是基础。通过本章学习,要求理解时间序列的一些基本概念,掌握有关指标和数学模型的计算方法,并对有关经济现象的时间序列进行分析和预测。

第一节 时间序列概述

一、时间序列的意义

(一)时间序列的概念

时间序列是将不同时间上的同类统计指标数值,按时间先后顺序排列而形成的数列。由于它反映现象的动态发展情况,又称动态序列或时间数列。如表6-1就是一个时间序列。

表6-1

某企业各年销售收入

年 份	2010	2011	2012	2013	2014	2015
销售收入(万元)	5 000	5 600	6 200	6 800	7 500	8 400

(二)时间序列的构成

时间序列由互相配对的两个基本要素构成,其一是各指标值所属的时间(可以用年、季、月、日表示);其二是某一指标在不同时间上的数值,即现象的发展水平(可以是总量指标、相对指标和平均指标)。

(三) 时间序列分析的作用

编制时间序列,进行动态分析的作用在于研究社会经济现象的变化发展过程和趋势。首先,时间序列可以反映和描述现象发展变化的历史进程、状态和结果。其次,分析研究时间序列,可以观察现象发展变化的方向和程度。再次,时间序列可以揭示现象发展变化的规律性,并预测未来。

二、时间序列的种类

按照构成时间序列的指标的表现形式不同,可以把时间序列分为总量指标(绝对指标)时间序列、相对指标时间序列和平均指标时间序列。

(一) 总量指标时间序列

总量指标时间序列是将总量指标按时间顺序排列构成的时间序列,它反映了现象在各时间(时期和时点)状态所达到的绝对水平及发展变化情况,又称绝对数动态序列。它可以分为时期序列和时点序列。两者可以从概念和特点上加以比较、区别。

1. 时期序列

时期序列反映一段时间内的社会经济现象的发展变化。时期序列中的各个指标数值可以相加以反映现象在较长时间内发展的总量;每个指标的时间长度越长指标值就越大;数值可以连续登记。例表 6-1 中的统计指标是某企业的年度销售收入,所以它是一个时期序列。

2. 时点序列

时点序列反映某一时点上的社会经济现象的发展变化。时点序列中的各个指标数值相加没有实际意义;其数值大小与时间间隔长短无直接关系;数值一般是间断登记的。如表 6-2。

表 6-2

某公司 2015 年上半年职工人数

时间(月初)	1	2	3	4	5	6	7
月初人数	400	402	405	405	408	410	412

（二）相对指标时间序列

相对指标时间序列是将相对指标按时间顺序排列构成的时间序列，它反映了现象在各时间相互关系的发展过程。例如由产品合格率、资金利润率等指标构成的时间序列。

（三）平均指标时间序列

平均指标时间序列是将平均指标按时间顺序排列构成的时间序列，它反映了现象在各时间一般水平的发展过程。例如由平均工资、工人劳动生产率等指标构成的时间序列。

三、编制时间序列的原则

保证序列中各个指标值的可比性是编制时间序列应遵循的基本原则。

（一）时间上的可比性

指标在时间上的规定性，具体表现为时期序列中的时期长度和时点序列中的间隔期长度。在时期序列中，一般要求各指标所属的时期长短一致。时期长短不等的序列可用于特殊研究场合。在时点序列中，各指标值表明的是一定时点上的状态，一般不存在时间长短问题，但为了便于分析研究，一般也要求编制时间间隔相等的时间序列。

由总量指标时间序列派生的相对指标时间序列和平均指标时间序列也要注意其时间间隔问题。

（二）总体范围和空间范围的可比性

时间序列中各指标值所属的总体范围和空间范围应前后一致。

(三)指标含义、计算口径和计算方法的可比性

如劳动生产率有时按全员计算,有时按生产工人计算;有时按价值计算,有时按实物量计算;产值按现价计算还是不变价计算,前后应一致。这样可以保证指标经济内容的统一。

第二节 时间序列的水平分析

动态分析包括分析现象发展的水平和现象发展的速度。水平分析是基础,速度分析是深化。水平指标一般反映现象的绝对变动量或平均变动量。

一、发展水平(发展量)

发展水平是时间序列中的每一项具体指标数值 a_t,见表 6-1 中的各年销售收入。它反映了社会经济现象在各个不同时期发展的规模和所达到的水平。发展水平的表现形式可以是总量指标,也可以是相对指标或平均指标。发展水平是计算其他各种时间序列分析指标的基础。发展水平按地位和作用分为:

(一)最初水平(期初水平)a_0

期初水平是时间序列中的第一项指标数值。

(二)最末水平(期末水平)a_n

期末水平是时间序列中的最后一项指标数值。

(三)期中水平 $a_1 \sim a_{n-1}$

期中水平是时间序列中除最初水平和最末水平以外的中间各项指标数值,又称中间水平。

(四)报告期水平

报告期水平是在对比两个不同时期的发展水平时,作为分析研究上报资料时期的发展水平,又称计算期水平或分析期水平。

(五) 基期水平

基期水平是用来进行比较的基准时期的发展水平。时间序列中的任一时期发展水平都可以作为报告期水平或基期水平,但一般常用的基期水平有两种情况:报告期的前一期水平或期初水平。

二、平均发展水平(序时平均数)

(一) 平均发展水平的概念和作用

1. 平均发展水平的概念和特点

平均发展水平是对时间序列各个时期或时点上的发展水平加以平均得到的平均数。它说明某一现象在一定时期内发展的一般水平或代表水平。它又称为序时平均数或动态平均数。平均发展水平一般采用算术平均数方法计算。

平均发展水平与一般静态平均数的相同点在于:它是一个代表值,把个别数量差异抽象化,反映现象的一般水平。

平均发展水平与一般静态平均数的不同点主要在于:它们两者反映的经济内容和计算依据都不同。平均发展水平是动态平均,即某一指标在不同时间上的指标值的平均,根据时间序列计算。一般平均数是静态平均,即同一时间总体各单位某一数量标志值的平均,可以根据变量序列计算。

2. 平均发展水平的作用

在动态分析中,平均发展水平可以反映社会经济现象在一段时间内发展达到的一般水平,并对其作出概括的说明;它可以消除现象在短期内波动的影响,观察现象的发展趋势;运用它可以广泛进行对比,即对不同单位、地区等在某一段时间内某一现象发展的一般水平进行比较。

(二) 平均发展水平的计算

1. 根据总量指标时间序列计算平均发展水平

(1) 根据时期指标时间序列计算平均发展水平。由于时期序列的特点,根据时期指标时间序列计算平均发展水平,可以用简单算术平均

的方法,公式如下:

$$\bar{a} = \frac{a_1 + a_2 + \cdots + a_n}{n} = \frac{\sum a}{n}$$

例 6.1 根据表 6-1 中的资料,计算该企业销售收入的年平均发展水平。

$$\bar{a} = \frac{5\,000 + 5\,600 + 6\,200 + 6\,800 + 7\,500 + 8\,400}{6} = 6\,583.33(万元)$$

(2) 根据连续以日为时间单位的每日时点指标时间序列计算平均发展水平。计算公式仍为:

$$\bar{a} = \frac{a_1 + a_2 + \cdots + a_n}{n} = \frac{\sum a}{n}$$

例如:

$$月平均人数 = \frac{\sum 月内人数}{日历天数}$$

例 6.2 某企业某年某月上旬每日职工人数资料如下:

表 6-3

某企业某年某月上旬每日职工人数

日期(日)	1	2	3	4	5	6	7	8	9	10
人数(人)	256	249	249	245	245	236	236	236	259	259

$$\bar{a} = \frac{\sum a}{n} = \frac{256 + 249 + \cdots + 259}{10} = 247(人)$$

(3) 根据以日为时间单位的间隔不等的时点指标时间序列计算平均发展水平。

例 6.3 若把上例表 6-3 资料整理成以下变量序列形式,见表 6-4,则需采用加权算术平均数公式:$\bar{a} = \frac{\sum af}{\sum f}$,式中 f 为时间间隔(持续天数)。

表 6-4

职工人数变量序列

日期(日)	1	2	4	6	9
人数(人)	256	249	245	236	259
持续天数(天)	1	2	2	3	2

$$\bar{a} = \frac{256\times1 + 249\times2 + \cdots + 259\times2}{1+2+2+3+2} = 247(人)$$

(4) 根据时间间隔相等的时点指标时间序列计算平均发展水平。可以采用首尾折半法。计算公式如下：

$$\bar{a} = \frac{\frac{a_1+a_2}{2} + \frac{a_2+a_3}{2} + \cdots + \frac{a_{n-1}+a_n}{2}}{n-1}$$

$$= \frac{\frac{a_1}{2} + a_2 + \cdots + a_{n-1} + \frac{a_n}{2}}{n-1}$$

例 6.4 利用表 6-2 资料计算上半年度职工平均人数。

$$\bar{a} = \frac{\frac{400+402}{2} + \frac{402+405}{2} + \cdots + \frac{410+412}{2}}{7-1}$$

$$= \frac{\frac{400}{2} + 402 + \cdots + 410 + \frac{412}{2}}{7-1} = \frac{2\,436}{6} = 406(人)$$

(5) 根据时间间隔不等的时点指标时间序列计算平均发展水平。计算公式如下：

$$\bar{a} = \frac{\frac{a_1+a_2}{2}f_1 + \cdots + \frac{a_{n-1}+a_n}{2}f_{n-1}}{f_1 + \cdots + f_{n-1}}$$

2. 根据相对数或平均数指标时间序列计算平均发展水平

相对数或算术平均数一般都是由绝对数形式的分子、分母指标对比计算出来得到的。计算相对数或平均数指标时间序列的平均发展水平时,需要先分别计算构成这些指标的分子和分母序列的平均发展水平,然后再将它们对比计算,求得相对数或平均数时间序列的平均发展水平。其基本公式如下:

$$\bar{c}=\frac{\bar{a}}{\bar{b}}$$

下面通过例题说明几种常用计算方法。

(1) 分子分母都是时期指标,公式为:

$$\bar{c}=\frac{\bar{a}}{\bar{b}}=\frac{\frac{\sum a}{n}}{\frac{\sum b}{n}}=\frac{\sum a}{\sum b}$$

例 6.5 某企业 1、2、3 月份产量计划完成情况的资料如表 6-5。

表 6-5

某企业第一季度产量计划完成情况

指标	1月份	2月份	3月份
实际完成数(件)	1 256	1 367	1 978
计划数(件)	1 150	1 280	1 760
计划完成(%)	109.2	106.8	112.4

$$\text{第一季度月平均计划完成程度}=\bar{c}=\frac{\bar{a}}{\bar{b}}=\frac{\frac{\sum a}{n}}{\frac{\sum b}{n}}=\frac{\sum a}{\sum b}$$

$$=\frac{1\,256+1\,367+1\,978}{1\,150+1\,280+1\,760}=\frac{4\,601}{4\,190}$$

$$=109.8\%$$

(2) 分子分母都是时间间隔相等的时点指标,公式如下:

$$\bar{c}=\frac{\bar{a}}{\bar{b}}=\frac{\frac{a_1}{2}+a_2+\cdots+a_{n-1}+\frac{a_n}{2}}{\frac{b_1}{2}+b_2+\cdots+b_{n-1}+\frac{b_n}{2}}$$

例 6.6 某企业资料如下：

表 6-6

某企业职工人数和构成

指标名称	单位	3月末	4月末	5月末	6月末
工人人数	人	435	462	576	615
全员人数	人	580	600	720	750
工人占全员比重	%	75	77	80	82

$$\bar{c}=\frac{\bar{a}}{\bar{b}}=\frac{\frac{a_1}{2}+a_2+\cdots+a_{n-1}+\frac{a_n}{2}}{\frac{b_1}{2}+b_2+\cdots+b_{n-1}+\frac{b_n}{2}}=\frac{\frac{435}{2}+462+576+\frac{615}{2}}{\frac{580}{2}+600+720+\frac{750}{2}}=78.7\%$$

（3）分子是时期指标，分母是时点指标。

例 6.7 某企业资料如下表 6-7，求第三季度平均月劳动生产率。

表 6-7

某企业劳动生产率计算表

时间（月）	7	8	9	10
工业总产值（万元）	710	730	760	840
月初职工人数（人）	800	810	815	830
劳动生产率（元/人）	8 820	8 980	9 240	—

$$\text{第三季度平均月劳动生产率}=\bar{c}=\frac{\bar{a}}{\bar{b}}=\frac{\frac{710+730+760}{3}}{\frac{\frac{1}{2}\times 800+810+815+\frac{1}{2}\times 830}{4-1}}$$

$$=\frac{733.33(\text{万元})}{813.33(\text{人})}=9\,016.39(\text{元/人})$$

三、增长量

增长量是两个不同时间发展水平之差，用来反映现象在一定时间内增长的绝对数量。增长量可正可负。

增长量=报告期水平－基期水平

由于基期不同,增长量一般分为逐期增长量和累计增长量。

(一) 逐期增长量

逐期增长量是各期发展水平与前一期发展水平之差,即报告期水平减报告期前一期水平,可得一系列数值:$a_1-a_0,a_2-a_1,\cdots,a_n-a_{n-1}$

(二) 累计增长量

累计增长量是各期发展水平与某一固定基期水平之差,即报告期水平减期初水平,也可得一系列数值:$a_1-a_0,a_2-a_0,\cdots,a_n-a_0$

在一个时间序列中,累计增长量等于相应的各期逐期增长量之和。关系式如下:

$$a_n-a_0=(a_1-a_0)+(a_2-a_1)+\cdots+(a_n-a_{n-1})$$

(三) 年距增长量

年距增长量是报告期水平与去年同期水平之差,例如:今年某月的商品销售额比去年同期增长多少万元。它可以排除季节变动因素的影响,较确切地反映现象增长的绝对量。

对于相对数时间序列计算的增长量,通常称为百分点。如果某企业的资金利润率从2014年的10%上升到2015年的12%,资金利润率即增长了2个百分点(12%－10%)。

四、平均增长量

平均增长量是时间序列中逐期增长量的平均数,其计算公式如下:

$$\bar{a}=\frac{a_n-a_0}{n} \quad (n=1,2,\cdots,t)$$

式中　n——逐期增长量的个数。

例 6.8　根据表 6-1 资料,各年销售收入的平均增长量为:

$$\bar{a}=\frac{8\,400-5\,000}{5}=680(万元)$$

第三节　时间序列的速度分析

速度指标一般反映现象变动的相对程度或平均程度,可以与水平指标结合起来,进一步对现象变动进行分析。

一、发展速度

发展速度是两个不同时间发展水平之比,是动态相对数,一般用%表示。

$$发展速度 = \frac{报告期水平}{基期水平} \times 100\%$$

由于基期水平不同,发展速度一般可以分为环比发展速度和定基发展速度。

(一)环比发展速度

环比发展速度是各期发展水平与前一期发展水平之比,即报告期水平比报告期前一期水平,由此可得一系列数值,说明现象逐期发展的相对程度,用符号表示:

$$\frac{a_1}{a_0}, \frac{a_2}{a_1}, \cdots, \frac{a_n}{a_{n-1}}$$

(二)定基发展速度

定基发展速度是各期发展水平与某一固定基期发展水平之比,即报告期水平比期初水平,由此也可得一系列数值,说明现象在较长时期内发展的相对程度,又称为总速度。用符号表示:

$$\frac{a_1}{a_0}, \frac{a_2}{a_0}, \cdots, \frac{a_n}{a_0}$$

在一个时间序列中,定基发展速度等于相应的环比发展速度的连乘积;相邻两个定基发展速度之比等于相应时期的环比发展速度。有下式:

$$\frac{a_n}{a_0} = \frac{a_1}{a_0} \times \frac{a_2}{a_1} \times \cdots \times \frac{a_n}{a_{n-1}}$$

$$\frac{\frac{a_n}{a_0}}{\frac{a_{n-1}}{a_0}} = \frac{a_n}{a_{n-1}}$$

(三)年距发展速度

年距发展速度是指报告期水平与去年同期水平之比。例如,今年某月的商品销售额是去年同期的 120%。它可以消除季节变动因素的影响,确切反映现象发展的速度。

二、增长速度

增长速度是增长量与基期水平之比,它也因基期不同分为环比增长速度和定基增长速度,说明现象逐期增长或在较长时期内总的增长速度。

(一)环比增长速度

环比增长速度的计算,基期采用报告期前一期,故:

$$环比增长速度 = \frac{报告期水平 - 报告期前一期水平}{报告期前一期水平} = 环比发展速度 - 100\%$$

(二)定基增长速度

定基增长速度的计算,基期采用期初水平,即:

$$定基增长速度 = \frac{报告期水平 - 期初水平}{期初水平} = 定基发展速度 - 100\%$$

显然,增长速度与发展速度之间的关系为:增长速度=发展速度－100%,但环比增长速度与定基增长速度之间,不存在直接推算关系。

(三)年距增长速度

年距增长速度是报告期增长量与去年同期水平之比,也即年距发展速度减 100%。

(四)增长 1% 的绝对值

增长 1% 的绝对值反映每增长 1 个百分点的增长量,它是增长量

与增长速度之比。在现象各期水平都增长的情况下,定基增长速度的基期相同,每增长 1% 的绝对值是一个常数,即:

$$定基增长速度增长\ 1\%的绝对值 = \frac{a_n - a_0}{\left(\frac{a_n - a_0}{a_0}\right) \times 100} = a_0 \times 1\% = \frac{a_0}{100}$$

环比增长速度增长 1% 的绝对值等于逐期增长量与相应的环比增长速度之比,或等于报告期前一期水平的 1%,即:

$$环比增长速度增长\ 1\%的绝对值 = \frac{a_n - a_{n-1}}{\left(\frac{a_n - a_{n-1}}{a_{n-1}}\right) \times 100} = a_{n-1} \times 1\% = \frac{a_{n-1}}{100}$$

速度增长 1% 的绝对值主要是为了揭示可能存在的高速度后面掩盖着的低水平或低速度后面掩盖着的高水平的问题而设置的,它是绝对指标与相对指标结合运用的具体体现。

例 6.9 根据表 6-1 资料计算的各种动态分析指标。

表 6-8

某企业销售收入动态分析表

指标		2010年	2011年	2012年	2013年	2014年	2015年
销售收入(万元)		5 000	5 600	6 200	6 800	7 500	8 400
增长量(万元)	累计	—	600	1 200	1 800	2 500	3 400
	逐期	—	600	600	600	700	900
发展速度(%)	定基	100	112.00	124.00	136.00	150.00	168.00
	环比	—	112.00	110.71	109.68	110.29	112.00
增长速度(%)	定基	—	12.00	24.00	36.00	50.00	68.00
	环比	—	12.00	10.71	9.68	10.29	12.00
增长1%的绝对值(万元)		—	50	56	62	68	75

三、平均发展速度与平均增长速度

平均发展速度是各期环比发展速度的平均数,它说明现象在各个时期平均逐期发展的程度。平均增长速度是各期增长速度的平均数,说明现象在一定时期内平均逐期增长的程度。

平均发展速度与平均增长速度同平均发展水平与平均增长量一样,都是动态平均数。由于发展速度与增长速度之间存在增长速度等于发展速度减 1 的关系,平均增长速度由平均发展速度减 1 得出。

平均发展速度的计算主要有两种方法:几何平均法和高次方程法。

(一)几何平均法(水平法)

由于各环比发展速度的连乘积等于总速度,因此计算各环比发展速度的平均数 $\bar{x}$,常用几何平均法,即:

$$\bar{x}=\sqrt[n]{x_1 x_2 \cdots x_n}=\sqrt[n]{r}=\sqrt[n]{\frac{a_n}{a_0}}$$

式中　　r——总速度,即一定时期的定基发展速度;

　　　　n——环比发展速度的个数。

例 6.10　根据表 6-1 中的某企业各年销售收入资料计算平均发展速度。

表 6-9

某企业销售收入与环比发展速度

年　　份	2010	2011	2012	2013	2014	2015
销售收入(万元)	5 000	5 600	6 200	6 800	7 500	8 400
销售收入环比发展速度(%)	—	112.00	110.71	109.68	110.29	112.00

该企业 2010 年销售收入为 5 000 万元,2015 年为 8 400 万元,则这一期间的平均发展速度为:

$$\bar{x}=\sqrt[n]{\frac{a_n}{a_0}}=\sqrt[5]{\frac{8\ 400}{5\ 000}}=\sqrt[5]{1.68}=110.93\%$$

例 6.11　如果仅有各期的环比发展速度资料,则只能通过各环比发展速度的连乘积开 n 次方计算。

$$\bar{x} = \sqrt[n]{x_1 x_2 \cdots x_n} = \sqrt[5]{1.1200 \times 1.1071 \times \cdots \times 1.1200} = 1.1093 = 110.93\%$$

该企业销售收入的平均增长速度为 10.93%。

例 6.12 又例如某工厂计划某种可比产品的单位成本 2015 年比 2010 年降低 22.6%,问每年平均降低多少?

根据上述资料,2015 年对于 2010 年的总速度为 $100\% - 22.6\% = 77.4\%$。因此,$\bar{x} = \sqrt[n]{r} = \sqrt[5]{0.774} = 0.95 = 95\%$,即每年单位成本平均降低 5%。

从公式 $\bar{x} = \sqrt[n]{\dfrac{a_n}{a_0}}$ 可以推出:$a_n = a_0 \bar{x}^n$,这说明:从最初水平 a_0 出发,用平均发展速度 $\bar{x}$ 代替各期的环比发展速度 x_i,便可以达到期末的发展水平 a_n。因此几何平均法也称水平法,它也是此公式的依据。

用几何平均法计算平均发展速度是最常用的方法,利用这种方法,还可以进行各种推算。但这种方法存在着明显的缺点,它仅考虑了期初水平与期末水平,而不考虑中间各期的水平,当现象发展趋向不一致时,计算出的平均发展速度就缺乏足够的代表性,不能正确说明问题。为此,有必要结合累计法平均发展速度进行分析;并用分段平均速度、各期环比速度和增长 1% 的绝对值等作补充。

(二) 高次方程法(累计法)

高次方程法又叫累计法。同水平法不同,它考虑到了各期的发展水平。其依据是:从最初水平 a_0 出发,各期按照平均发展速度 $\bar{x}$ 发展,各期的计算水平之和应等于各期实际发展水平之和。因而有:

$$a_0 \bar{x} + a_0 \bar{x}^2 + \cdots + a_0 \bar{x}^n = a_1 + a_2 + \cdots + a_n$$

即

$$\bar{x} + \bar{x}^2 + \cdots + \bar{x}^n = \frac{\sum a}{a_0}$$

这一方程的正根即为所求的平均发展速度。解这个高次方程可借助计算机来完成,但实际工作中也常用查《平均增长速度查对表》的方法得出。

下面结合实例介绍查表的步骤和方法。

例 6.13 资料如表 6-10 所列。

表 6-10

某企业各年的基本建设投资额

年　份	2010	2011	2012	2013	2014	2015
基建投资额（万元）	150	200	250	280	300	350

要求计算五年基建投资额的平均增长速度。

计算过程如下：

第一步，计算各期实际发展水平之和。

$$\Sigma a = 200 + 250 + 280 + 300 + 350 = 1\,380（万元）$$

第二步，计算各期的定基发展速度之和。

$$\frac{\Sigma a}{a_0} = \frac{1\,380}{150} = 920\%$$

第三步，判断平均增长速度是正增长还是负增长。

当 $\frac{\Sigma a}{a_0}/n > 1$ 时，为正增长；当 $\frac{\Sigma a}{a_0}/n < 1$ 时，为负增长。

本例中 $\frac{\Sigma a}{a_0}/n = 1.84 > 1$，说明为正增长。

第四步，根据各期定基发展速度之和 $\frac{\Sigma a}{a_0}$ 和时期个数 n 查表。（表略）

根据本例资料，可得平均增长速度为 21.1%。

几何平均法（水平法）和高次方程法（累计法）各有特点：水平法着重考察最末水平 a_n，使其计算值等于实际值；累计法着重考察累计水平 Σa，使计算的累计水平等于实际累计水平。水平法只受最初水平和最末水平的影响，不反映中间水平的变动，而累计法则受各期发展水平的影响。实际应用中究竟应选择哪种方法，主要根据研究现象的性质和所关心的侧重点来确定。如产量、人口、工资等，一般侧重于观察最末一年所达到的水平,因而用水平法计算平均发展速度为宜;如企业基建投资、地质勘探等,一般侧重于观察全期总量,因而用累计法计算平均发展速度为宜。

第四节　时间序列的变动和趋势分析

一、影响时间序列变动的因素

时间序列中各项发展水平的变动是由于许多因素共同作用的结果。通常,把时间序列的总变动分解为四种不同的变动形式,或者也可以说影响时间序列变动的因素包括四个组成部分:

(一) 长期趋势

长期趋势(T)指时间序列中由各个时期普遍的、持续的、决定性的基本因素的作用产生的,使现象在一段时期内持续发展变化的趋势,是时间序列变动中的确定性部分和基本形式。如有的时间序列表现为不断上升的趋势,有的则表现为不断下降的趋势,也有的表现为相对稳定发展的趋势。

(二) 季节变动

季节变动(S)是指时间序列中所表现的,现象在一定时间时期(通常为年,也可是月、周、日)内由于受自然或社会因素的影响而发生的周期性、规律性的重复变动。例如,由于气候条件,使棉衣在一年内存在冬季销售量大、夏季销售量小的变动规律;由于工作、学习制度的影响,使一日内市内交通在上下班(学)时间出现高峰等。

(三) 循环变动

循环变动(C)是指现象由于某种原因而产生的周期较长(一般在一年以上)的涨落起伏的波动。它和季节变动不同,引起波动可能由于不同的原因,因此变动的周期的长短不同,上下波动的程度也不同。它也是某种重复运动,但其周期比较长,并非一年四季中的上下波动。资本主义市场经济中所存在的周期性经济危机,也称为商业循环,就是典型的循环变动,其每个周期都要经历危机——萧条——复苏——繁荣的过程。社会主义市场经济中也同样存在循环变动。

(四)不规则变动

不规则变动(I)是由于临时的、偶然的因素引起的非周期性或非趋势性的随机变动。它一般是很难预计和控制的。

上述四种变动的综合构成了时间序列的总变动,或者说时间序列 Y 是 T、S、C、I 的函数。为了进行统计测定和分析,一般假设这种函数有两种形式,即两种模型:

(1)乘法模型。假设四种变动形式是相互联系、相互影响的关系,则时间序列 Y 就是各变动因素的乘积,即 $Y=T\times S\times C\times I$。

(2)加法模型。假设四种变动形式是相互独立的关系,即并不相互影响和交叉作用,则时间序列就是各变动因素的总和,即 $Y=T+S+C+I$。

时间序列分析的任务,就是采用科学的方法,找出时间序列中各种变动因素的影响,并加以表现和测定,从而进行预测,为管理决策提供依据。长期趋势的测定和预测是其中最重要的部分。

二、长期趋势的测定和预测

长期趋势的测定,就是要用一定的方法对时间序列进行修匀,使修匀后的序列能排除季节变动、循环变动和不规则变动因素的影响,显示出现象变动的基本趋势,作为预测的依据。测定和预测长期趋势的方法,一般可分为非数学模型法和数学模型法两大类。

(一)非数学模型法

1. 随手画线法

随手画线法是在图纸上,按照原序列的趋势走向,用绘图工具画上一条趋势线。这种方法的步骤是先把时间序列画成动态散点图,再把各坐标点连接起来而成折线图,然后根据折线图观察其变动趋势并画出大致的趋势线。延长该线即可以进行粗略预测。

随手画线法简便、灵活,应用也很普遍,如在参与股票、期货等交易时,人们常用此法分析大致行市。但这种方法易受分析者主观影响,没有一定理论知识和经验很难准确。

2. 时距扩大法

时距扩大法是将原有时间序列较小时距单位的若干数据加以合并,得出扩大了时距单位的数据,形成新的时间序列。其目的在于消除较小时距单位所受到的偶然因素的影响,显示出现象发展变化的基本趋势。

例6.14 把表6-11中按季排列的销售量时间序列合并成按年排列的新序列,就可消除由时距短造成的波动,较明显表现出逐渐增长的总变动趋势,如表6-12所列。

表6-11

某企业各季销售量时间序列

年、季	销售量(千台)	年、季	销售量(千台)
2011.3	13	2013.3	16
2011.4	18	2013.4	22
2012.1	5	2014.1	8
2012.2	8	2014.2	12
2012.3	14	2014.3	19
2012.4	18	2014.4	25
2013.1	6	2015.1	15
2013.2	10	2015.2	17

表6-12

时距扩大的年销售量时间序列

年 份	销售量(千台)
2012	45
2013	54
2014	64

但由于时距扩大法形成新的序列项数太少,一般很难据以进行深入的趋势分析和预测。

3. 简单移动平均法

简单移动平均法是采用逐期推移的办法,计算出一系列扩大时距的动态简单算术平均数,作为对应时距的趋势值,并形成新的序列。下面我们以表 6-11 中的资料为例,说明这种方法的步骤及应用。

首先要确定移动平均的项数。一般来说,项数越多,修匀的作用越大,就越能显示变动的基本趋势。但项数越多,得出的移动平均数项目数就越少,即新的时间序列中的项目数就越少;反之,如项数越少,修匀的作用就越小,而所得出的移动平均数的项目数则越多。在时间序列中如果存在着自然周期,则应以该周期数作为移动平均数的项数,例如,季度资料是以一年内四个季度为一周期,则以 4 项移动平均为好;而月度资料则要用 12 月移动平均为宜。如果没有自然周期(如年度资料),则宜用奇数项,如:3,5,7 项等较为简便。

例 6.15 根据表 6-11 的资料为季度资料,所以我们进行四项移动平均。项数确定好之后便可进行移动平均数的计算,如表 6-13 所列,便可得出由第三栏 13 个移动平均数组成的新序列。

表 6-13

移动平均数计算表

计量单位:千台

季节顺序	销售量	4 项移动平均	4 项移动平均的修正平均	4 项移动平均逐期增长量
	(1)	(2)	(3)	(4)
1	13	—		—
2	18	11.00		
3	5	11.25	11.125	—
4	8	11.25	11.25	0.125
5	14	11.50	11.375	0.125

(续表)

季节顺序	销售量	4项移动平均	4项移动平均的修正平均	4项移动平均逐期增长量
	(1)	(2)	(3)	(4)
6	18	12.00	11.75	0.375
7	6	12.50	12.25	0.500
8	10	13.50	13.00	0.750
9	16	14.00	13.75	0.750
10	22	14.50	14.25	0.500
11	8	15.25	14.875	0.625
12	12	16.00	15.625	0.750
13	19	17.75	16.875	1.250
14	25	19.00	18.375	1.500
15	15	—		—
16	17		—	—

由于我们采用偶数项进行移动平均,移动平均数对应在两个时期的中间,还不能直接作为趋势值使用,故必须进行第二次移动平均,这样得到表6-13的第四栏数值。表6-13中第四栏数值即可作为对应各期的趋势值,据此可以观察出序列的长期趋势。

移动平均法原仅用于对序列进行修匀,把长期趋势以外的变动(如本例中的季节变动)给剔除掉。但现在这种方法已成为一种常用的预测方法。

如果以 $\hat{y}$ 代表预测值,$\bar{y}$ 代表移动平均数,$\bar{y}_n$ 代表最后一项移动平均值,$\Delta\bar{y}_n$ 代表移动平均数的逐期增长量,$\Delta\bar{y}_n$ 代表最后一项逐期增长量,t 代表预测期与 y_n 所在时期的间隔期数,则预测的基本公式如下:

$$\hat{y}_{n+t} = \bar{y}_n + \Delta\bar{y}_n \times t$$

如上例要预测第17季度的销售量,则:

$$\hat{y}_{17} = 18.375 + 1.5 \times 3 = 22.875(千台)$$

一般说来,简单移动平均法比较适用于时间序列中存在线性趋势的情况,当序列中存在非线性趋势时,需要采用加权移动平均的方法进行分析和预测。

(二) 数学模型法

长期趋势测定和预测可以用数学模型方法,数学模型方法通过数学方程来测定时间序列中存在的长期趋势,有利于进行预测。下面讨论模型选择及参数估计等问题。

1. 模型趋势曲线形式的选择

对某个时间序列来说,可能存在的长期趋势是多种多样的。不同形式的趋势,可配合不同的数学方程加以测定和预测。很多情况下,判断一个时间序列中存在的长期趋势的具体形式是靠经验,但也需要有一些其他的方法和手段。

(1) 经验判断法。例如,一个由产品销售量或销售额组成的时间序列,如销售情况极好,可选择 $b>0$ 的指数曲线方程;如销售情况较好,可选择 $b>0$ 的直线方程;如销售情况升中渐稳,可选择 $b>0, c<0$ 的抛物线方程等等。

(2) 散点图法。这是一种简易而直观的方法,以横轴代表时间,纵轴表示指标,把时间序列用图加以表示,如果代表实际值的各个坐标点的分布是大致密集在一条直线附近,就可认为是线性趋势;如果大致地密集在一条凹线附近,就可认为是某种曲线趋势。

(3) 分析判断法。对某些形式的长期趋势,可采用分析的方法进行判断。具体是计算时间序列的逐期增长量(一次增量)、逐期增长量的增长量(二次增量)和环比增长速度。如果计算的结果表现为一次增量大致相同,可选择直线形式;若表现为二次增量大致相同,就选择抛物线形式,若表现为各期环比增长速度大致相同,则选择指数曲线形式。

(4) 误差比较判断法。当难以确定趋势的具体形式时,不妨把可能的趋势形式都建立模型,然后对各种模型的拟合效果进行比较,拟合效果好的模型就可作为趋势变动的具体形式。比较拟合效果的方法很多,比较简单的办法是通过比较估计标准误差(估计标准误差的计算可以参见相关分析和回归分析一章),估计标准误差小的,拟合效果就好;反之,拟合效果就差。这种判断方法的计算工作量比较大,但如能利用统计分析软件包,如:SPSS 等;电子表格软件(Excel)在计算机上进行各种计算和比较,也是较方便的。

2. 趋势方程的参数估计和预测

选定了时间序列的趋势形式即趋势方程之后,接着就要根据时间序列资料,对趋势方程的参数进行估计,然后利用方程进行预测分析。可以用以下方法:

(1) 平均法。一般,趋势方程中包含有几个未知参数,就要建立几个方程联立求解,才能唯一地估计出这些参数值。正是因为如此,平均法的思路是:趋势方程中包含有几个未知参数,我们就在时间序列中找出几部分资料计算算术平均数,假定这些平均数都在方程的曲线上,把这些平均数代入方程,就可得出所需要的方程组,求解方程组就可得出未知参数的估计值。它是测定长期序列趋势的一种简便方法。

对求直线方程可采用半数平均法,即将时间序列分成相等的两部分,并分别求其平均数。在直角坐标系中,便可以确定两个点,连接成一条直线。半数平均法的数学依据是:时间序列的实际值 y 与趋势值 y_c 的离差之和等于零。即:

$\sum(y-y_c)=0$。将直线方程 $y_c=a+bt$ 代入上式,可得:$\sum[y-(a+bt)]=0$,即:$\sum y-na-b\sum t=0$,等式两边同除以 n 得:

$$\frac{\sum y}{n}-a-b\frac{\sum t}{n}=0$$

即
$$\bar{y}-a-b\bar{t}=0$$

将相等的两部分序列的平均数分别代入上式,可得二元一次方程组:

$$\begin{cases} \dfrac{\sum y_1}{n} - a - b\dfrac{\sum t_1}{n} = 0 \\ \dfrac{\sum y_2}{n} - a - b\dfrac{\sum t_2}{n} = 0 \end{cases}$$

求解参数 a 和 b 为：

$$b = \frac{\overline{y_2} - \overline{y_1}}{\overline{t_2} - \overline{t_1}}, \quad a = \overline{y_1} - b\overline{t_1}$$

例 6.16 根据某企业 2008～2015 年的某产品产量资料,用半数平均法求趋势方程。资料如表 6-14 所列。

表 6-14

某企业 2008～2015 年的某产品产量

年 份	时间代码 t	产量(万件) y	逐期增长量(万件)
2008	1	40	—
2009	2	42	2
2010	3	45	3
2011	4	46	1
2012	5	48	2
2013	6	50	2
2014	7	52	2
2015	8	53	1

根据表 6-14 资料计算得：

$$\overline{y_1} = 43.25, \quad \overline{t_1} = 2.5$$

$$\overline{y_2} = 50.75, \quad \overline{t_2} = 6.5$$

因此，
$$\begin{cases} b = \dfrac{50.75 - 43.25}{6.5 - 2.5} = 1.875 \\ a = 43.25 - 1.875 \times 2.5 = 38.563 \end{cases}$$

所求趋势方程为：

$$y_c = 38.563 + 1.875t$$

预测2016年产量,即$t=9$时,

$$y_c = 38.563 + 1.875 \times 9 = 55.438(万件)$$

采用半数平均法配合直线趋势模型时,一般要求资料为偶数项。若原有时间序列为奇数项时,可删去第一项资料后再进行计算。

(2) 最小平方法。最小平方法又称最小二乘法,它是进行参数估计最常用的方法。其数学依据是:时间序列的实际值y与趋势值y_c的离差之和等于零。即:$\sum(y-y_c)=0$;时间序列的实际值y与趋势值y_c的离差平方之和为最小值。即:

$$\sum(y-y_c)^2 = \min$$

利用最小二乘法不管是配合直线方程,还是曲线方程,应当根据现象变化发展的实际来决定。

第一,直线方程。

如果是求直线方程$y_c=a+bt$,将直线方程$y_c=a+bt$代入$\sum(y-y_c)^2=\min$,即$Q=\sum(y-y_c)^2=\sum(y-a-bt)^2=\min$。按照求极值的方法,必须令$Q$对$a$与$b$的偏导数为0,则:

$$\begin{cases} \frac{\partial Q}{\partial a} = 2\sum(y-a-bt) = 0 \\ \frac{\partial Q}{\partial b} = 2\sum(y-a-bt) \times (-t) = 0 \end{cases}$$

根据最小平方法求解参数的标准方程组(也叫正规方程组),有:

$$\begin{cases} \sum y = na + b\sum t \\ \sum ty = a\sum t + b\sum t^2 \end{cases}$$

解得:

$$\begin{cases} b = \dfrac{n\sum ty - \sum t \times \sum y}{n\sum t^2 - (\sum t)^2} \\ a = \bar{y} - b\bar{t} \end{cases}$$

将a和b代入直线方程,即可得所求的直线趋势方程式。

例6.17 为了进行对比,现根据表6-14的资料用最小平方法计算。计算结果如表 6-15 所列。

表 6-15

最小平方法直线趋势方程计算表

年份	时间代码 t	产量(万件)y	t^2	ty
2008	1	40	1	40
2009	2	42	4	84
2010	3	45	9	135
2011	4	46	16	184
2012	5	48	25	240
2013	6	50	36	300
2014	7	52	49	364
2015	8	53	64	424
合 计	36	376	204	1 771

$$\begin{cases} b=\dfrac{8\times 1\ 771-36\times 376}{8\times 204-36^2}=\dfrac{14\ 168-13\ 536}{1\ 632-1\ 296}=\dfrac{632}{336}=1.88 \\ a=\dfrac{376}{8}-1.88\times \dfrac{36}{8}=47-8.46=38.54 \end{cases}$$

则：   直线趋势方程 $y_c=38.54+1.88t$

预测 2016 年产量，即 $t=9$ 时，

$$y_c=38.54+1.88\times 9=55.46(万件)$$

对于上述最小二乘法求得的标准方程式，如果对 t 值作一定处理，实现 $\sum t=0$，则标准方程式可以简化为：

$$\begin{cases} \sum y=na \\ \sum ty=b\sum t^2 \end{cases}$$

解得：

$$\begin{cases} b=\dfrac{\sum ty}{\sum t^2} \\ a=\bar{y} \end{cases}$$

具体操作方法是：当时间序列为奇数时，可以假设时间 $t=\cdots$，$-3,-2,-1,0,1,2,3,\cdots$；当时间序列为偶数时，可以假设时间 $t=$ $\cdots,-5,-3,-1,1,3,5,\cdots$。如上例，可得表 6-16。

表 6-16

最小平方法直线趋势方程简化计算表

年 份	时间代码 t	产量(万件) y	t^2	ty
2008	−7	40	49	−280
2009	−5	42	25	−210
2010	−3	45	9	−135
2011	−1	46	1	−46
2012	1	48	1	48
2013	3	50	9	150
2014	5	52	25	260
2015	7	53	49	371
合 计	—	376	168	158

解得：
$$\begin{cases} b=\dfrac{\sum ty}{\sum t^2}=\dfrac{158}{168}=0.94 \\ a=\bar{y}=\dfrac{376}{8}=47 \end{cases}$$

直线趋势方程 $y_c=47+0.94t$

预测 2016 年产量，即 $t=9$ 时，

$$y_c=47+0.94\times 9=55.46(万件)$$

由以上计算可见，对同一资料，用半数平均法和最小平方法计算的趋势值和预测值可能是不同的(但此例很接近)。一般来说，半数平均法则比较简单、方便；而最小平方法估计由于有较好的数学性质，应用最为广泛。

如果我们对建立模型没有什么经验，而通过计算指标的一次增量、二次增量和环比增长速度也还不能确定应该采用什么样的趋势方程形

式,则我们可以同时建立几种可能的趋势方程,然后通过估计标准误差的比较来进行选择。

第二,抛物线趋势方程。

设抛物线趋势方程为:

$$y_c = a + bt + ct^2$$

可得以下标准方程式:

$$\begin{cases} \sum y = na + b\sum t + c\sum t^2 \\ \sum ty = a\sum t + b\sum t^2 + c\sum t^3 \\ \sum t^2 y = a\sum t^2 + b\sum t^3 + c\sum t^4 \end{cases}$$

若 $\sum t = 0$,则:

$$\begin{cases} \sum y = na + c\sum t^2 \\ \sum ty = b\sum t^2 \\ \sum t^2 y = a\sum t^2 + c\sum t^4 \end{cases}$$

例 6.18 根据表 6-14 资料用抛物线方程进行趋势测定和预测。

表 6-17

最小平方法抛物线趋势方程计算表

年份	时间代码 t	产量(万件) y	t^2	t^4	$t^2 y$	ty
2008	-7	40	49	2 401	1 960	-280
2009	-5	42	25	625	1 050	-210
2010	-3	45	9	81	405	-135
2011	-1	46	1	1	46	-46
2012	1	48	1	1	48	48
2013	3	50	9	81	450	150
2014	5	52	25	625	1 300	260
2015	7	53	49	2 401	2 597	371
合 计	—	376	168	6 216	7 856	158

$$\begin{cases} 376=8a+168c \\ 158=168b \\ 785b=168a+6216c \end{cases}$$

解得:$a=46.6871$, $b=0.9405$, $c=0.0149$,

抛物线趋势方程:

$$y_c=46.6871+0.9405t+0.0149t^2$$

预测 2016 年产量,即 $t=9$ 时,

$$y_c=46.6871+0.9405\times9+0.0149\times9^2=56.3585(万件)$$

第三,指数曲线趋势方程。

设指数趋势方程为:

$$y_c=ab^t$$

可将指数曲线化成直线形式,即上式两边取对数,则:

$$\lg y=\lg a+t\lg b$$

再设 $y'=\lg y$,$A=\lg a$,$B=\lg b$,于是有:

$$y'=A+Bt$$

可以用最小二乘法求出参数 A 和 B,然后用反对数求出 a 和 b 的值,得出:

$$y_c=ab^t$$

例 6.19 根据表 6-14 资料用指数方程进行趋势测定和预测。

表 6-18

最小平方法指数曲线趋势方程计算表

年份	时间代码 t	产量(万件)y	t^2	$y'=\lg y$	ty'
2008	−7	40	49	1.6021	−11.2147
2009	−5	42	25	1.6232	−8.1160
2010	−3	45	9	1.6532	−4.9596

(续表)

年份	时间代码 t	产量(万件)y	t^2	$y'=\lg y$	ty'
2011	-1	46	1	1.662 8	$-1.662\ 8$
2012	1	48	1	1.681 2	1.681 2
2013	3	50	9	1.699 0	5.097 0
2014	5	52	25	1.716 0	8.580 0
2015	7	53	49	1.724 3	12.070 1
合　计	—	376	168	13.361 8	1.475 2

解得：$\begin{cases} B=\dfrac{\sum ty'}{\sum t^2}=\dfrac{1.4752}{168}=0.008\ 8=\lg b \\ A=\bar{y'}=13.361\ 8/8=1.670\ 2=\lg a \end{cases}$

进一步解得：$a=46.800\ 0$，$b=1.020\ 5$，

指数趋势方程　　$y_c=46.800\ 0\times1.020\ 5^t$

预测 2016 年产量，即 $t=9$ 时，

$$y_c=46.800\ 0\times1.020\ 5^9=56.177\ 6(万件)$$

以上我们对同一资料（表 6-14），分别建立了直线、抛物线和指数曲线三种形式的趋势方程。应该注意的是，无论配合哪一种数学模型作预测，都只有在足够的把握认为过去的这种趋势仍将继续存在的情况下才能进行，并且一般只宜近测，不宜远测。情况是千变万化、错综复杂的，测算出的结果必须与深入具体的分析相结合，并比较估计标准误差，取其估计标准差较小的方程，才能确定具有说服力、比较符合实际的预测值。

三、季节变动的测定和预测

（一）测定季节变动的意义

在经济及管理领域，季节变动现象的存在是相当普遍的；从生产和

消费来看,有常年性生产、消费与季节性生产、消费之分。虽然多数商品是常年生产、常年消费,但有些工业品如汗衫、空调等大都是常年生产季节消费;农产品如粮、棉、茶、烟等大都是季节生产常年消费;瓜果蔬菜和冷饮等多为季节生产季节消费。

季节变动会对经济活动带来很大影响。测定季节变动,认识其发展变化的规律性,对于工商企业更好地组织货源、安排生产、供应市场有重要的意义,可为各级管理和决策提供科学依据。同时,测定季节变动,可以消除季节变动的影响,取得不含有季节变动的时间序列资料,便于正确进行经济分析和预测。

测定季节变动必须具有长时间短时距的时间序列资料。所谓长时间,是指至少要有三个周期以上的序列资料,例如,最后用于测定季节变动的资料,季节资料不能少于12个季(3×4),月度资料不能少于36个月(3×12)。如果资料太少,就容易受偶然因素影响,显示不出季节变动的规律性。所谓短时距,是指要有一年以内按季、月、旬、日等排列的资料,如果是按年度的序列则不能测定其季节变动。

(二) 测定季节变动的基本指标和方法

测定季节变动的基本指标是季节比率,又叫季节指数,我们用季节比率来反映季节变动的程度。季节比率的意义是:如果没有季节变动,各月(季)的比率应该相同;如果不同,就说明了季节变动,季节比率高者为旺季,低者为淡季。

测定季节变动的方法,基本可分为两类:一类是不考虑长期趋势的影响,即假定不存在长期趋势,所用方法是简单平均法,称为按月(季)平均法;另一类是考虑长期趋势的存在,剔除长期趋势影响后,再测定季节变动,称为趋势剔除法。

1. 按月(季)平均法

按月(季)平均法测定季节变动的具体步骤是:

(1) 计算各年同月(季)的平均数。

(2) 计算各年所有各月(季)的总平均数。

(3) 用各同月(季)平均数除以总平均数,求得季节比率。

(4) 季节比率的调整。各月季节比率之和应该等于1 200%,各季节比率之和应等于400%。若计算出来的各月季节比率之和不等于1 200%,或各季节比率之和不等于400%,就需要进行调整。调整的方法是:

第一,计算调整系数。

$$调整系数 = \frac{1\,200\%(或400\%)}{未调整季节比率之和}$$

第二,计算调整后的季节比率。

$$调整后的季节比率 = 调整前的季节比率 \times 调整系数$$

例 6.20 现用表 6-11 资料为例加以说明,如表 6-19 所列。

表 6-19

按月(季)平均法销售量(千台)季节变动的测定表

季别	2011年	2012年	2013年	2014年	2015年	合 计	季平均数	季节比率(%)
1	—	5	6	8	15	34	8.50	60.18
2	—	8	10	12	17	47	11.75	83.19
3	13	14	16	19	—	62	15.50	109.73
4	18	18	22	25	—	63	20.75	146.90
合 计	31	45	54	64	32	226	14.125	400.00

上例中:

(1) 第一季度的平均数 $= \dfrac{5+6+8+15}{4} = \dfrac{34}{4} = 8.5$(千台);

第二季度的平均数 $= \dfrac{8+10+12+17}{4} = \dfrac{47}{4} = 11.75$(千台);

其余季度以此类推。

(2) 各季的总平均数 $= \dfrac{8.50+11.75+15.50+20.75}{4}$

或 $= \dfrac{226}{16} = 14.125$（千台）。

(3) 第一季度的季节比率为 $8.5/14.125 = 60.18\%$；

第二季度的季节比率为 $11.75/14.125 = 83.19\%$。

(4) 由于各季节比率之和等于 400%，所以不必进行调整。

由以上计算可知，该企业该产品的销售存在明显的季节变动，第四季度为销售旺季，应提前组织货源；而第一季度为销售淡季。

用简单平均法测定季节变动，优点是计算简便，缺点是没有考虑一般时间序列中经常存在着的长期趋势的影响，不够准确。在发展趋势上升的序列中，后期某月（季）的数值必然会大于前期同月（季）的数值，而在存在下降趋势的序列中，情况则相反。为了准确测定季节变动，就需要先剔除长期趋势的影响，然后再加以测定。

2. 趋势剔除法

趋势剔除法，是先剔除长期趋势的影响，然后再测定季节变动的方法。

根据加法模型 $Y = T + S + I + C$，用实际值 y_t 减去已测定出的趋势值 $\hat{y}_t$，得到不包含长期趋势影响的序列 $y_t - \hat{y}_t$，即可测定季节变动；根据乘法模型 $Y = T \times S \times I \times C$，用实际值除以趋势值即可得到不包含长期趋势影响的时间序列。一般都采用乘法模型，在剔除长期趋势影响之后，再通过计算季节比率来测定季节变动。现在仍用表 6-11 的资料来说明，其计算步骤是：

(1) 测定趋势值。测定序列的长期趋势值，可用前面所介绍的移动平均法，也可用数学模型法。在没有明确的趋势模型可配合的资料中，一般都采用移动平均法。

例 6.21 对表 6-11 计算出来的移动平均趋势值，现重新排列可得表 6-20。

表 6-20

趋势剔除法销售量(千台)季节变动的测定表

季节顺序	销售量	4项移动平均的趋势值	趋势比率(%)
1	13	—	—
2	18	—	—
3	5	11.125	44.94
4	8	11.25	71.11
5	14	11.375	123.08
6	18	11.75	153.19
7	6	12.25	48.98
8	10	13.00	76.92
9	16	13.75	116.36
10	22	14.25	154.39
11	8	14.875	53.78
12	12	15.625	76.80
13	19	16.875	112.59
14	25	18.375	136.05
15	15	—	—
16	17	—	—

(2) 用各月(季)实际值除以相应的趋势值,求出趋势比率,见表6-20。

(3) 对趋势比率形成的序列,用简单平均法计算季节比率,如表6-21所列。

(三) 季节变动预测方法

当时间序列存在明显的季节变动时,利用趋势值进行外推预测,必须考虑季节变动的影响,把季节比率作为调整的基础。根据是否考虑

表 6-21

季节比率计算表

计量单位：%

季别	1年趋势比率	2年趋势比率	3年趋势比率	合计	季平均数	季节比率
1	44.94	48.98	53.78	147.70	49.23	50.57
2	71.11	76.92	76.80	224.83	74.94	76.98
3	123.08	116.36	112.59	352.03	117.34	120.54
4	153.19	154.39	136.05	443.63	147.88	151.91
合 计	392.32	396.65	379.22	1 168.19	97.348	400.00

长期趋势，季节变动预测方法可分为简单季节预测和趋势季节预测两种。

1. 简单季节预测模型

在没有明显的长期趋势或允许不考虑长期趋势存在的情况下，可以应用简单季节预测模型进行外推预测，即直接用各月（季）的季节比率来调整各月（季）的预测值。其预测模型为：

某月（季）预测值＝预测年度该月（季）平均预测值或计划量×季节比率

利用表 6-11 资料，若已预测某年全年产品的销售量为 80 千台，再根据表 6-21 计算的季节比率，可计算该年各季的销售量预测值分别为：

第一季度销售量预测值＝80÷4×50.57％＝10.11（千台）；

第二季度销售量预测值＝80÷4×76.89％＝15.40（千台）；其余季度以此类推。

2. 趋势季节预测模型

趋势季节预测模型是趋势预测模型与季节比率的结合。其一般模型为：

某月（季）预测值＝已选择确定的趋势预测方程×季节比率

上式中，已选择确定的趋势预测方程即对时间序列配合的趋势方程。

本 章 小 结

时间序列是将不同时间上的同类统计指标数值,按时间先后顺序排列而形成的数列。

总量指标时间序列是基本的时间序列,分为时期序列和时点序列。相对指标和平均指标时间序列是由总量指标时间序列派生的。

时间序列运用一系列动态分析指标,如平均发展水平、平均增长量、发展速度、增长速度、平均发展速度、平均增长速度等。这些指标对经济现象不仅能从纵向、横向进行比较评价,而且可以概括其发展变化的过程和特征。

通常可以把时间序列的总变动分解为:长期趋势、季节变动、循环变动、不规则变动进行测定,可以具体地认识时间序列的特征与选择适合的预测模型。

长期趋势测定的方法有:时距扩大法、移动平均法和数学模型法。当确定了趋势模型后,要对趋势方程中的参数进行估计,最常用的方法是最小二乘法。

测定季节变动的常用方法有两种:月(季)平均法和趋势剔除法。

练 习 与 思 考

一、单选题

1. 在时间序列中,每项指标数值可以相加的是( )。
   A. 相对数时间序列　　　B. 时期序列
   C. 平均数时间序列　　　D. 时点序列
2. 序时平均数与一般平均数的共同点是( )。

A. 两者均是反映同一总体的一般水平

B. 都是反映现象的一般水平

C. 两者均可消除现象波动的影响

D. 共同反映同质总体在不同时间上的一般水平

3. 一时间序列有20年的数据,现用移动平均法对原有时间序列进行修匀。若采用5年移动平均,修匀后的时间序列有(　　)年的数据。

A. 20　　　　　　　　B. 16

C. 15　　　　　　　　D. 18

二、多选题

1. 增长量由于采用的基期不同,可分为(　　)。

A. 定基增长量　　　　B. 累计增长量

C. 逐期增长量　　　　D. 环比增长量

2. 在时点序列中,各个指标(　　)。

A. 其数值大小与时间间隔长短有关

B. 其数值大小与时间间隔长短无关

C. 可以相加

D. 不能相加

E. 是通过一次性登记取得的

3. 季节变动的测定方法有(　　)。

A. 按季平均法　　　　B. 按月平均法

C. 移动平均趋势剔除法　D. 移动平均法

三、判断题

1. 若逐期增长量每年相等,则其各年的环比发展速度是年年下降的。　　　　　　　　　　　　　　　　　　　　(　　)

2. 平均数时间序列中的各个指标数值是能相加的。　(　　)

3. 环比增长速度的连乘积等于定基增长速度。   （ ）

四、计算题

1. 根据下列表 6-22 资料计算各种时间序列的分析指标。

表 6-22

某企业产量动态分析表

计量单位：万元

年份	产量	增长量		发展速度（%）		增长速度（%）		增长1% 的绝对值
		累计	逐期	定基	环比	定基	环比	
2011	30							
2012	32							
2013	35							
2014	37							
2015	40							

2. 某企业 1~7 月工人数和总产值资料如下表 6-23。

表 6-23

某企业工人数与总产值数据表

月份	1	2	3	4	5	6	7
月初工人数（人）	2 000	2 020	2 025	2 040	2 035	2 045	2 050
总产值（万元）	362	358	341	347	333	333	330

计算：

(1) 第一季度和第二季度工人的平均月劳动生产率。

(2) 上半年劳动生产率。

3. 某厂某种产品 2010 年的总产量为 20 万件，2014 年的总产量为 40 万件。

要求：

(1) 计算平均发展速度和平均增长速度。

(2) 如果按上述平均发展速度生产,则2016年产量可达到多少万件?

(3) 如果该厂计划2016年的产量要达到120万件,则这6年中每年以怎样的增长速度才能完成计划任务?

4. 某企业2005～2015年某产品的年度销售量资料如表6-24。

表6-24

某企业某产品年度销售量数据表

年 度	2005	2006	2007	2008	2009	2010	2011	2012	2013	2014	2015
销售量(万元)	21.2	24.2	25.7	27.2	25.9	28.7	29.3	29.9	32.2	34.5	35.8

用最小二乘法求解该企业销售量的直线趋势方程,并预测2016年该企业的销售量。

5. 某百货公司2012～2015年各季度羊毛衫的销售量资料如表6-25。

表6-25

某百货公司各季度羊毛衫销售量数据表

季度	2012年	2013年	2014年	2015年
1	800	850	900	1 100
2	250	270	350	390
3	450	480	600	840
4	900	1 000	1 260	1 430

试计算羊毛衫销售量的季节比率。

五、思考题

1. 什么是时间序列?有哪些种类?

2. 时期序列和时点序列各有什么特点?

3. 什么是序时平均数?它与一般平均数有什么区别?

4. 阐述影响时间序列变动因素的四个组成部分。

第七章　Excel 在企业经济统计分析中的应用

通过本章介绍,能够掌握计算机辅助实现统计计算与分析功能的一些应用操作。计算机处理统计分析的方法有很多种,统计分析软件系统就有 SAS 软件和 SPSS 软件,但常用的且容易学习和掌握的是 EXCEL 自带的统计分析工具。本章在对企业经济统计学理论研究基础上,利用 EXCEL 函数和公式、图表、数据分析工具等功能实现统计分析。章节中还具体介绍了综合利用 EXCEL 的各个分析工具进行描述统计、动态数列分析及相关与回归分析。

第一节　Excel 的企业经济统计分析功能介绍

计算机处理统计分析的方法有很多种,通常会应用专业的统计分析软件系统如 SAS 软件和 SPSS 软件进行数据访问、管理和分析,广泛应用于工业产销、房地产投资、商品流通与外贸、金融证券等各个专业领域,帮助用户实现了质量管理、财务管理、风险管理、生产优化、市场调查和预测、报表制作输出等具体业务。

Microsoft Excel 也同样提供了一些基本的统计分析工具,具有强有力的数据库管理功能、丰富的宏命令和内置函数,其强大的数据处理功能和操作的简易性使统计工作更为方便灵活。这些特性,已使 Excel 成为现代办公软件重要的组成部分。在本章中,我们以 Excel 作为工具来进行统计描述。

一、Excel 公式和统计函数应用

Excel 内置了数据库函数、日期与时间函数、工程函数、财务函数、信息函数、逻辑函数、查询和引用函数、数学和三角函数、统计函数、文本函数以及用户自定义函数。其中统计函数就有近百种。

使用 Excel"插入"菜单的"函数"选项，或点击常用工具栏中的"f_x 粘贴函数"按钮进入"粘贴函数"对话框，选择统计函数，见图 7-1。

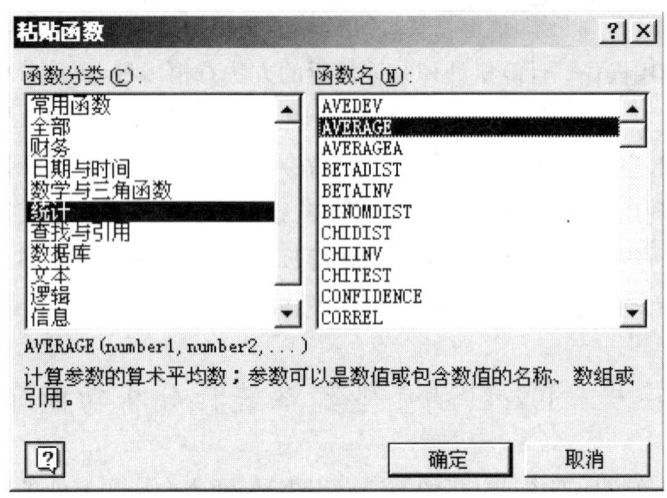

图 7-1 粘贴函数对话框

二、Excel 图表功能应用

Excel 为用户提供了直观而形象的图表分析功能。根据输入的数据要求可选择柱形图、条形图、折线图、饼图、XY 散点图、面积图、圆环图、雷达图、曲面图、气泡图、股价图、圆柱图、圆锥图和棱锥图等标准类型图表及其他自定义类型图表。

以绘制柱形图为例，介绍一下 Excel 图表实现的具体过程。

例 7.1 2013 年中国对主要国家和地区海关货物进出口情况的数

第七章　Excel 在企业经济统计分析中的应用

据如表 7-1 所示。

表 7-1

中国同主要国家和地区海关货物进出口统计表

单位:亿美元

国　　家	出口总额	进口总额
美国	3 684.06	1 523.42
香港地区	3 844.95	162.07
日本	1 502.32	1 622.45
韩国	911.65	1 830.73
台湾地区	406.34	1 564.05
德国	673.43	941.56
澳大利亚	375.54	989.54

摘自:《2014 年中国统计年鉴》。

可按图表向导的基本步骤建立柱形图:

(1) 设置数据区域,并输入数据。如本例在 A1:C8 输入数据。

(2) 拖动鼠标选定数值区域 A1:C8,包括数据上面的标志项。

(3) 使用 Excel"插入"菜单的"图表"选项,或点击常用工具栏中的"图表"按钮进入"图表向导"对话框,选择图表类型中的"柱形图",如图 7-2 所示。

图 7-2　源数据输入及图表类型选择

(4) 然后点击"下一步",进入"图表数据源",确定用于制作图表的数据区域。Excel 将自动把前面所选定的数据区地址放入图表数据区域内。如图 7-3 中显示"＝Sheet！＄A＄1：＄C＄8"为现在选定的数据区域,可通过点击所选的图标,拖曳鼠标改变所要选择的数据源。

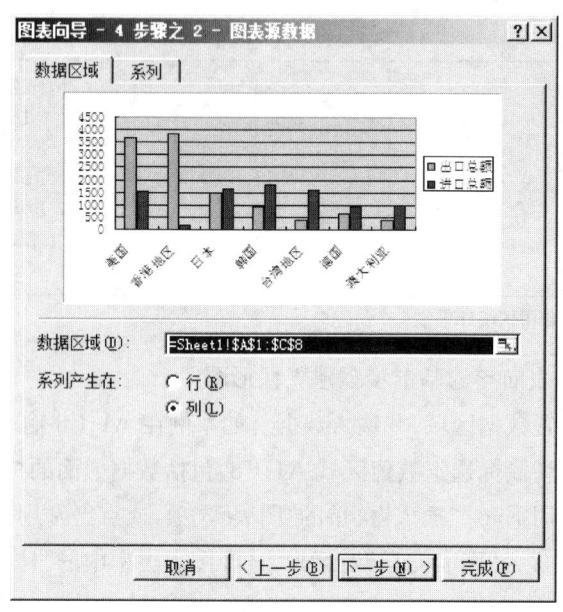

图 7-3 图表源数据选择

(5) 另外可单击"系列"标签,确认系列的数值范围,这些都是 Excel 已经默认的,所以可忽略。

(6) 直接单击"下一步",进入"图表选项"的填写。在"图表标题"文本框输入"2013 年中国对主要国家和地区进出口情况","分类 X 轴"文本框中输入"主要国家和地区","分类 Y 轴"文本框中输入"进出口额(亿元)"。可按图表显示所需选择"图例"、"数据标志"和"数据表"选项卡。如图 7-4。

(7) 单击"下一步"。选择图表输出的位置,然后单击"完成"按钮即生成图表。

第七章　Excel 在企业经济统计分析中的应用

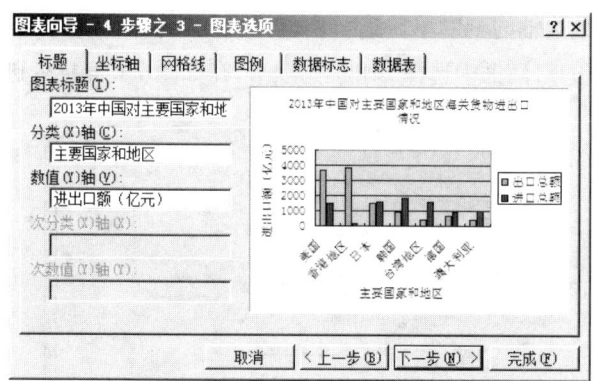

图 7-4　图表选项中选择所需选项卡

（8）对生成的图表，可采用图表格式编辑方法，经过适当处理得到满意的柱形图。鼠标在图表区中，可以点击选中"绘图区"、"图表标题"、"图例项"、"数值轴标题"、"数值轴"、"分类轴标题"、"分类轴"及"引用"的点，通过右击选中的对象，可改变其格式。如图 7-5，对数值轴格式进行编辑，右击后点击"坐标轴格式"。

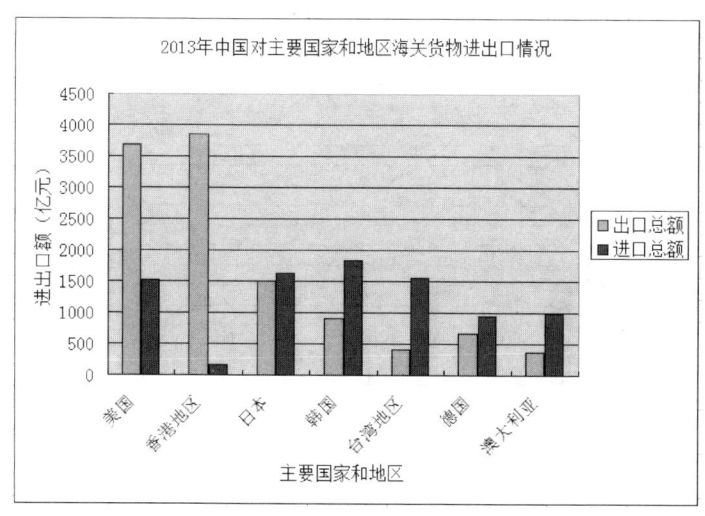

图 7-5　图表格式修改

· 261 ·

若对数值轴的刻度单位进行调整,由原来的 500 改到 300,则在"坐标轴格式"的对话框中选择"刻度"选项卡,在如图 7-6 光标处进行改动。

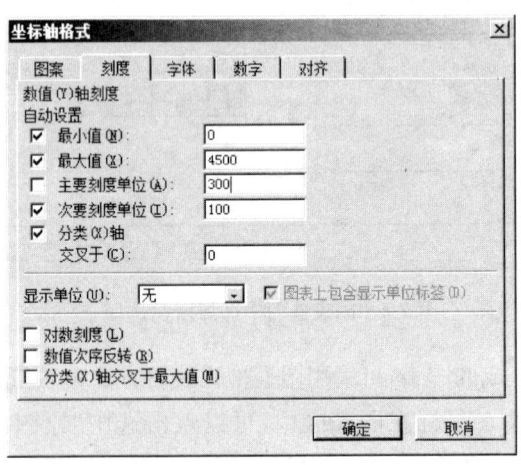

图 7-6　坐标轴格式修改

同时对图表标题的字体进行改动,最后可得到如下所示的柱形图 7-7。

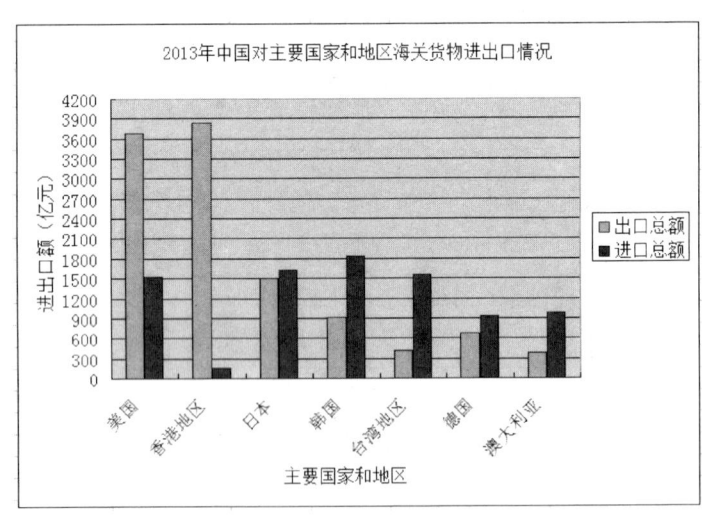

图 7-7　柱形图

三、Excel 数据分析工具应用

Excel 还提供了一组数据分析工具,称为"分析工具库",用户可以使用现成的数据分析工具,进行复杂的统计分析计算。只需要提供必要的数据和参数,该工具就会使用适宜的统计或数学函数,进行运算和处理,并在相应的输出区域或输出表中显示结果。其中的一些工具在生成输出表时还能同时创建图表。

通常初次使用 Excel 数据分析工具时,在"工具"菜单中没有"数据分析"命令,则必须重新运行 OFFICE 的"安装"程序来加载"分析工具库"。安装完毕之后,通过点击"工具"菜单中的"加载宏"命令,在"加载宏"对话框中选择并启动分析工具库,如图 7-8 所示。

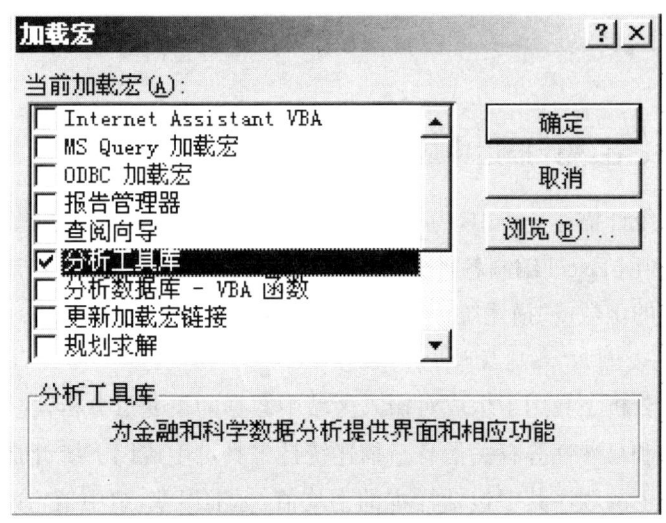

图 7-8

要使用数据分析工具时,可在主菜单的"工具"中选择"数据分析",单击后就可以调用数据分析工具的列表框。如图 7-9 所示,涉及了 19 种统计分析方法,基本囊括了基础统计学的大部分分析方式。

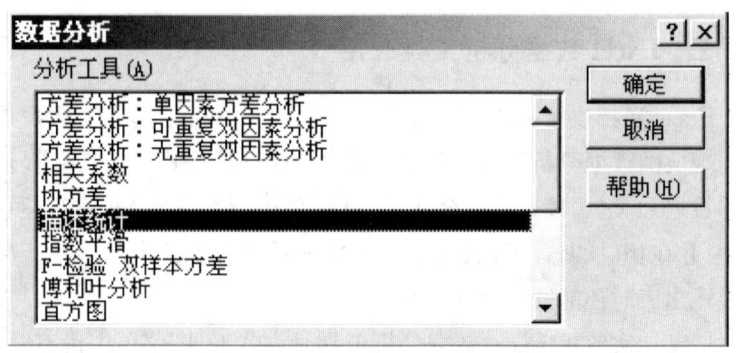

图 7-9 数据分析工具列表框

第二节 在统计学中综合应用 Excel 的统计功能

一、在统计描述中应用 Excel

在统计描述分析中,为了解反映分布的集中趋势和离散趋势的指标,可利用 Excel 编制各种分布数列,绘制直方图、折线图等统计图,通过相应的函数或"描述统计"工具计算各种特征值。

(一)利用"描述统计"分析工具

此分析工具用于生成对输入区域中数据的单变量分析,提供数据趋中性和易变性等有关信息。描述统计工具可生成以下统计指标,按从上到下的顺序其中包括样本的平均值,标准误差,组中值,众数,样本标准差,样本方差,峰度值,偏度值,极差,最小值,最大值,样本总和,样本个数和一定显著水平下总体均值的置信区间。

例 7.2 已知一所大学 34 名学生某一学期高等数学和英语的成绩:

高等数学:78,88,91,90,73,86,87,91,84,93,91,92,91,

96,82,100,96,99,84,92,84,71,74,85,96,96,74,89,71,94,87,61,88,92。

英语:67,76,71,60,64,82,75,76,68,76,76,72,70,77,65,82,74,71,64,80,71,62,60,66,82,64,65,71,60,73,70,55,64,78。

现要求对成绩进行描述统计分析。

主要步骤如下:

(1) 设置数据区域,并输入数据。如本例 A1:B35 为数据区。

(2) 选择"工具"菜单的"数据分析"子菜单。

(3) 用鼠标双击选定数据分析工具中的"描述统计"选项。

(4) 出现"描述统计"对话框。

(5) 在输入区域输入待分析数据区域的单元格引用。本例为 A1:B35。

(6) 分组方式:指出输入区域中的数据是按行还是按列排列,请单击"逐行"或"逐列"

(7) 如果输入区域的第一行中包含标志项(变量名),则选中"标志位于第一行"复选框;如果输入区域的第一列中包含标志项,则选中"标志位于第一列"复选框;如果输入区域没有标志项,则不选任何复选框,Excel 将在输出表中生成适宜的数据标志。

(8) 选择有关描述统计的复选框。

汇总统计:在输出表中若需生成下列统计结果如样本平均值、标准误差、组中值、众数、标准偏差、方差、峰值、偏斜度、极差(全距)、最小值、最大值、总和、样本容量,则选中此复选框。

平均数置信度:若需要输出由样本均值推断总体均值的置信区间,则选中此复选框,然后在右侧的编辑框中,输入所要使用的置信度。本例中置信度设置为 95%。

第 K 大值/小值:如果需要在输出表的某一行中包含每个区域的数据的第 k 个最大值或最小值,则选中此复选框。然后在右侧的编辑框中,输入 k 的数值。本例中输入 3。

(9) 在"输出区域"框输入单元格地址,本例可填 D1。用于存放输出结果。整个输出结果分为两列,左边一列包含统计标志项,右边一列包含统计值。根据"分组方式"选项的不同,Excel 将为输入表中的每一行或每一列生成一个两列的统计表。

也可以选择在当前工作簿中插入新工作表,并由新工作表的 A1 单元格开始存放计算结果。如果需要给新工作表命名,则在右侧编辑框中键入名称。或创建一新工作簿,并在新工作簿的新工作表中存放计算结果。

(10) 按图 7-10 填写完"描述统计"对话框之后,按"确定"按钮可完成成绩的描述统计分析。

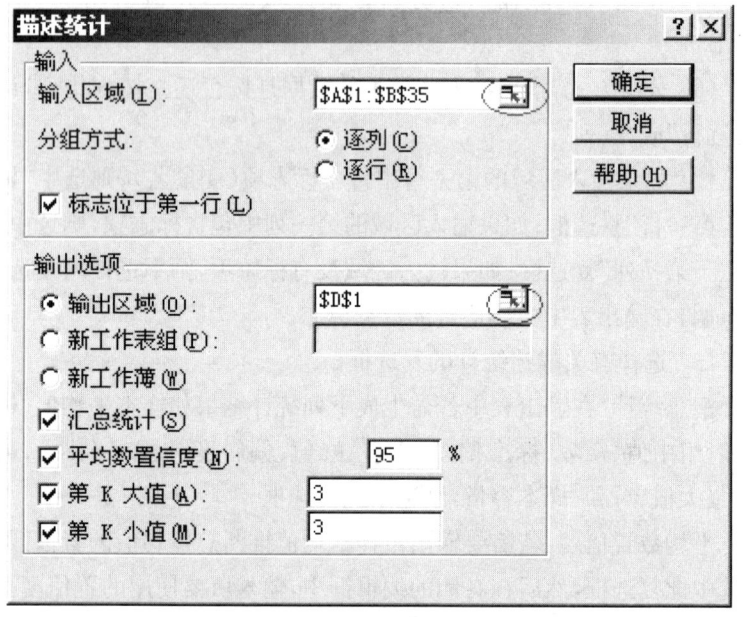

图 7-10 按要求完成描述统计对话框

(11) 分析结果如表 7-2 所示。

第七章 Excel 在企业经济统计分析中的应用

表 7-2

高等数学和英语描述统计分析结果

	A	B	C	D	E	F	G
1	高等数学	英语		高等数学		英语	
2	78	67					
3	88	76		平均	86.64706	平均	70.20588235
4	91	71		标准误差	1.560361	标准误差	1.215452654
5	90	60		中值	88.5	中值	71
6	73	64		模式	91	模式	76
7	86	82		标准偏差	9.098393	标准偏差	7.087245957
8	87	75		样本方差	82.78075	样本方差	50.22905526
9	91	76		峰值	0.626383	峰值	-0.746324758
10	84	68		偏斜度	-0.97843	偏斜度	-0.089818966
11	93	76		区域	39	区域	27
12	91	76		最小值	61	最小值	55
13	92	72		最大值	100	最大值	82
14	91	70		求和	2946	求和	2387
15	96	77		计数	34	计数	34
16	82	65		最大(3)	96	最大(3)	82
17	100	82		最小(3)	71	最小(3)	60
18	96	74		置信度(95.0%)	3.174582	置信度(95.0%)	2.472858979
19	99	71					
20	84	64					

注:输入区域和输出区域除了可直接输入单元格地址外也可点击所圈的图标,再用鼠标拖曳所需区域。如图 7-11 所示,在输出区域点击图标后,出现可选区域。鼠标点击 D1 单元格,在区域内会出现相应地址,再点击所圈图标回到描述统计对话框。

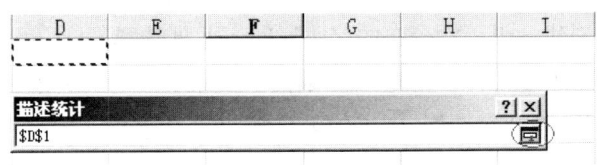

图 7-11 输入输出区域可选

"描述统计"分析工具并不能完全实现所有描述统计指标的计算,这时还应该综合应用 Excel 公式和统计函数来描述。尤其是对于分组数据。

(二)利用"直方图"分析工具

"直方图"分析工具用于在给定工作表中数据单元格区域和接收区间的情况下,计算数据的个别和累积频率,可以统计某个数值元素的出现次数。另外使用统计函数 FREQUENCY 也可以实现此统计功能。

例 7.3 通过直方图确定上述所列 34 名学生的高数考试成绩的

分布情况,它会给出考分出现在指定成绩区间的学生个数,而用户必须把存放分段区间的单元地址范围填写在直方图工具对话框中的"接收区域"框中。此例在 C1 单元格中输入列标志"接收",在 C2:C6 单元格中分别输入"59.99、69.99、79.99、89.99、99.99"。在确定该列时要注意,上限接收数据的值按升序排列,分组采用的是上限在内的原则(即离散数据应当上限减 1;连续数据应当上限减 0.01),如数据为 79.99 表示统计分数大于 70,小于 80 的数据点个数。

主要步骤如下:

(1) 设置数据区域,并输入数据。如本例 A1:A35 为数据区。

(2) 选择"工具"菜单的"数据分析"子菜单。

(3) 用鼠标双击数据分析工具中的"直方图"选项。

(4) 出现"直方图"对话框。

(5) 在"输入区域"输入待分析数据区域的单元格范围。

(6) 在"接收区域"框可选范围内,用来定义接收区间的边界值。这些值应当按升序排列。Excel 将统计在各个相邻边界值之间的数据出现的次数。省略此处的接收区域,Excel 将在数据组的最小值和最大值之间创建一组平滑分布的接收区间。此处选择 C1:C6。

(7) 打开"标志"复选框。如果输入区域的第一行或第一列中包含标志项,则选中此复选框;如果输入区域没有标志项,则清除此该复选框,Excel 将在输出表中生成适宜的数据标志。本例选择数据区域时包括了第一行的标志项。

(8) 在"输出区域"框输入单元格地址,本例可填 E2。用于存放输出结果。

(9) 选择有关直方图的复选框。用于产生不同的输出形式。

柏拉图:用于规定频率和直方图的排列顺序。选中此复选框,可以在输出表中同时显示按降序排列的频率数据。如果此复选框被清除,Excel 将只按升序来排列数据。

累积百分比:使输出结果增加累积频率分布列。选中此复选框,可以在输出结果中添加一列累积百分比数值,并同时在直方图表中添加累积百分比折线。

图表输出:选中此复选框,可以在输出表中同时生成一个嵌入式直方图表。

本例选择累积百分比及图表输出。

(10) 按图 7-12 填写完"直方图"对话框之后,按"确定"按钮即可。

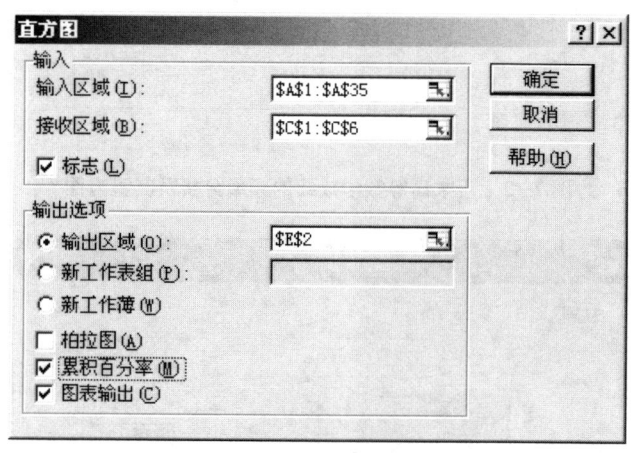

图 7-12 按要求完成直方图对话框

结果如图 7-13 所示,组限中有一行数据原为"其他",代表的是大于 99.99 的频数,但本例实际应用最大为 100,所以改动为 100。

(11) 另外在操作时还可以在图表中添加向下累积百分比曲线,与累积百分比曲线相对应。但先要设定数据源。在 H2 单元格中输入列标志"向下累计"。在 H8 中通过公式计算累计频率"=F8/34",这里 34 是参加考试的学生总人数。在 H7 中输入公式"=F7/34+H8",然后用鼠标拖曳填充柄,将公式复制到 H3:H6。对该列设置数据格式为百分比类型。

(12) 选定图表区,单击右键选"数据源",跳出源数据对话框。在"系列"页框中,单击"添加"按钮,输入要添加的系列名称和值,都可以通过鼠标选择范围。如图 7-14 所示。

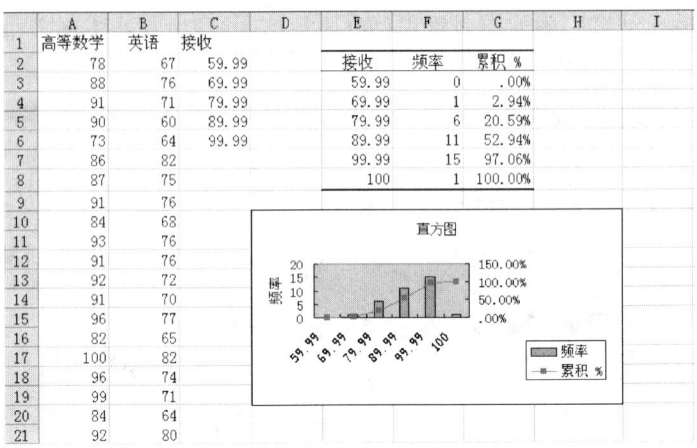

图 7-13 所求高等数学成绩的频率分析及其直方图

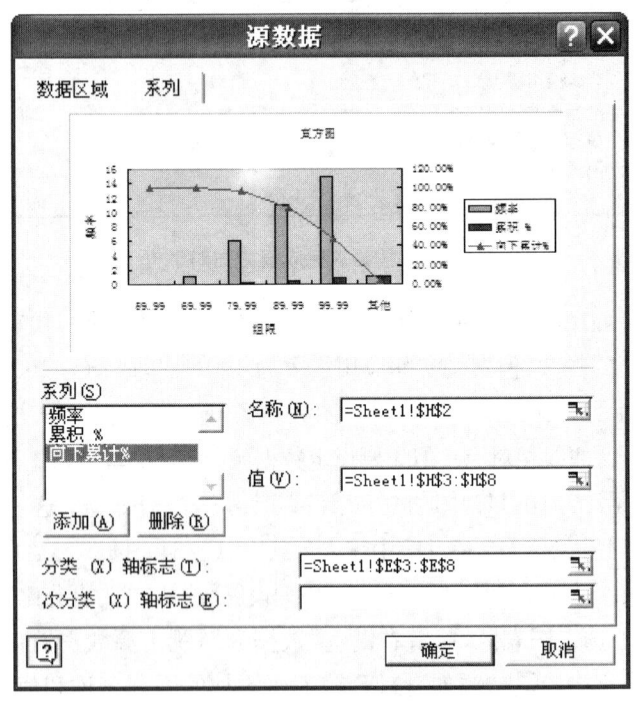

图 7-14 添加新的数据源

第七章　Excel在企业经济统计分析中的应用

右击"向下累计%"的数据点将其图表类型改为"折线图",并在数据系列格式中的坐标轴选项卡中将系列绘制在"次坐标轴",另外在进行其他部分属性的修改,结果如图7-15所示。

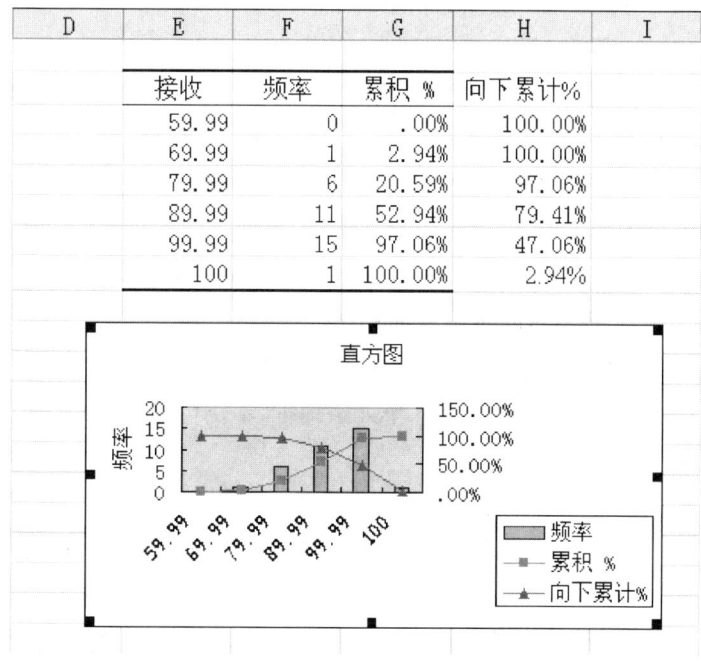

图7-15　添加向下累计%曲线后最终结果

二、在时间数列中应用Excel

在时间数列分析中,可利用Excel的公式、函数及移动平均、指数平滑等分析工具来直观表示数据的变动规律,并能对长期趋势进行预测。

(一)利用"移动平均"分析工具

例7.4　通过趋势剔除法剔除长期趋势,计算季节比率。

主要步骤如下:

(1) 设置数据区域,并输入数据。如本例 A1:B17 为数据区。存放了时间和该企业销售量(千台)。

(2) 选择"工具"菜单的"数据分析"子菜单。

(3) 用鼠标双击数据分析工具中的"移动平均"选项。

(4) 出现"移动平均"对话框。

(5) 在"输入区域"输入待分析数据区域的单元格范围。此处为"＄B＄1:＄B＄17"。

(6) 打开"标志位于第一行"复选框。如果输入区域的第一行或第一列中包含标志项,则选中此复选框;如果输入区域没有标志项,则清除此该复选框,Excel 将在输出表中生成适宜的数据标志。此处包含了标志项"销售量",故选中复选框。

(7) 输入间隔数,本例为"4 项移动平均",所以间隔为"4"

(8) 在"输出区域"框输入单元格地址,本例可填 C1。用于存放输出结果。

(9) 选择有关移动平均的复选框。用于产生不同的输出形式。

图表输出:选中此复选框,可以在输出表中同时生成一个嵌入式直方图表。

标准误差:选中此复选框,可以在输出结果中添加一列标准误差值。

(10) 按需要填写完"移动平均"对话框之后,按"确定"按钮即可。如图 7-16 所示。

(11) 移动平均数对应在两个时期中间,还不能直接作为趋势值使用,所以必须进行二次移动平均,产生移动平均数的修正值。如图 7-17 填写移动平均对话框,输出"二项移动平均趋势值"。

(12) 根据所得数列可求出趋势比率。在 E4 单元格中输入公式"=B4/D4＊100",公式中乘以 100,是因为季节指数的单位是"％"。然后用填充命令或"填充柄"将公式复制到 E5:E15。如表 7-3 所示。

(13) 对趋势比率形成的数列,重新建立表,用简单平均法计算季

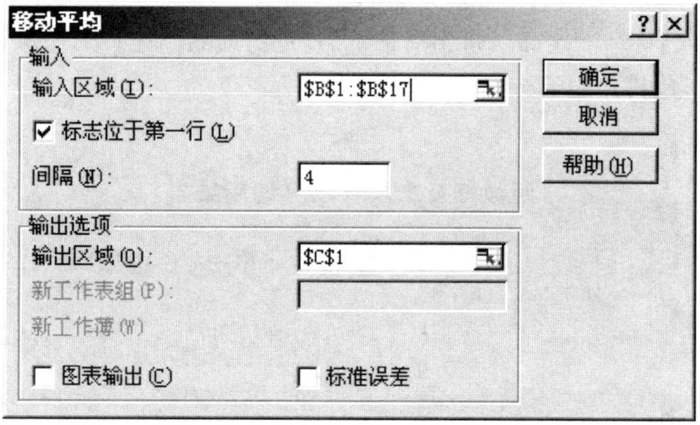

第七章　Excel在企业经济统计分析中的应用

图 7-16　按要求完成移动平均对话框

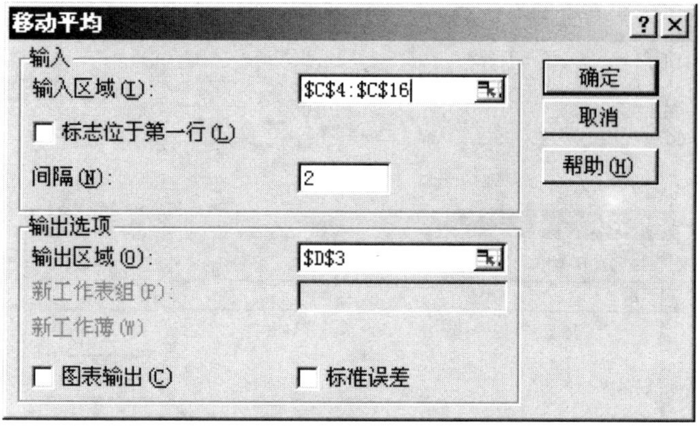

图 7-17　按要求完成二次移动平均

节比率。在 B21 单元格内可插入函数 AVERAGE，用鼠标＋CTRL 点击数据所在的单元格，选取数据源。或直接在单元格内键入"＝AVERAGE(E4,E8,E12)"，求得同季度的平均数。然后用"填充柄"将公式复制到 B22:B24。

(14) 在 B25 中计算得到四个季度的平均数。为了方便季节比率的计算,我们对 B25 单元格进行命名。点中单元格,执行菜单命令"插入"—"名称"—"定义",跳出对话框后,进行命名。注意引用位置的确定,然后执行。如图 7-18 所示。

表 7-3

源数据及二次移动平均后结果

	A	B	C	D	E
1	时间	销售量	4项移动平均	2项移动平均	趋势比率(%)
2	2011.3	13			
3	4	18			
4	2012.1	5	11.00	11.13	44.94
5	2	8	11.25	11.25	71.11
6	3	14	11.25	11.38	123.08
7	4	18	11.50	11.75	153.19
8	2013.1	6	12.00	12.25	48.98
9	2	10	12.50	13	76.92
10	3	16	13.50	13.75	116.36
11	4	22	14.00	14.25	154.39
12	2014.1	8	14.50	14.88	53.78
13	2	12	15.25	15.63	76.8
14	3	19	16.00	16.88	112.59
15	4	25	17.75	18.88	136.05
16	2015.1	15	19.00		
17	2	17			

图 7-18 对单元格命名

(15)接着就可以在 C21 单元格中输入公式"=B21/季度平均数*100",此处的季度平均数指 B25 单元格数据,然后用填充命令或"填充柄"将公式复制 C22:C24,计算得到下表 7-4 的季节比率。

表 7-4

季节比率计算后结果

	A	B	C
19			
20	季度	同季平均数	季节比率
21	1	49.23	50.58
22	2	74.94	76.98
23	3	117.34	120.54
24	4	147.88	151.90
25	季度平均数	97.35	
26			

根据所得的季节比率,可以进行相应的数据分析,确定销售额的旺季和淡季。

(二)利用"指数平滑"分析工具

应用指数平滑法关键问题就在于 α 值的确定。确定 α 值前,通常可以先取各种值进行试算,然后再做出决定。所以应用"指数平滑"分析工具,就需要选择合适的阻尼系数。一般这种方法适合用于短期预测。"指数平滑"分析工具的应用步骤与"移动平均"分析工具的类似,在此就不赘述了。

三、在相关与回归分析中应用 Excel

在相关分析与回归分析中,可以利用 Excel 的图表工具绘制相关散点图,利用"相关系数"分析工具计算相关系数,利用"回归"分析工具进行回归分析。

下面通过一个实例讲解具体的操作过程。

(一)利用图表工具绘制散点图

主要步骤如下:

(1)设置数据区域,并输入数据。如本例 A1:A11 为广告费用(万元)X自变量数据区,B1:B11为销售额(万元)Y因变量数据区。

(2)拖动鼠标选定数据区域,包括数据标志。本例为A1:B11。

(3)执行菜单命令"插入"的子菜单"图表",进入图表向导。

(4)在"图表类型"中选择"XY散点图",并在子图表类型中选中第一个"散点图。比较成对的数值",然后按"下一步"。

(5)EXCEL将自动把所选数据地址放入数据区内,若要更换纵轴和横轴位置,可点击"系列",修改X和Y的数值区域。

(6)在"图表选项"对话框内,可对"标题"、"坐标轴"、"网格线"、"图例"和"数据标志"进行选择修改。在"标题"选项卡中如图7-19所示输入如下标题栏。此时,存在Y轴的主要网格线、图例及显示各数据点的值。

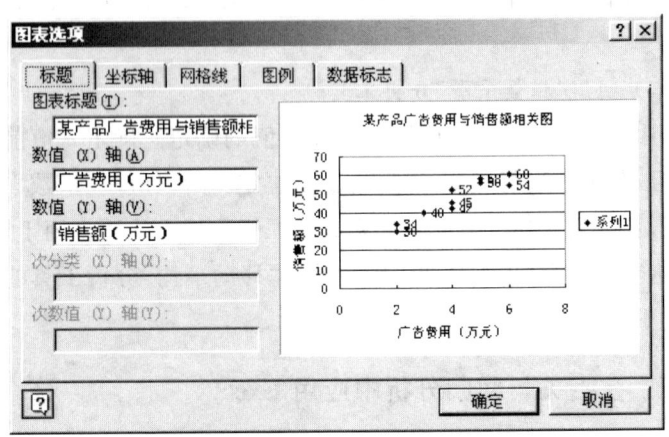

图7-19 按要求完成图表选项对话框

(1)对网格线、图例、数据标志的选项卡进行修改,则最终得到的相关图如图7-20所示。

(二)利用"相关系数"分析工具

主要步骤如下:

(1)选取"工具"栏中"数据分析"。

第七章 Excel在企业经济统计分析中的应用

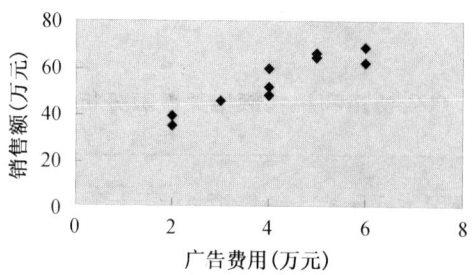

图 7-20 某产品广告费用与销售额相关图

（2）选定"相关系数"。

（3）显示"相关系数"对话框。

（4）在"输入区域"框输入 A1:B11。

（5）在"分组方式"框选择"逐列"，即自变量和因变量数据按列分组。

（6）打开"标志位于第一行"复选框。因为 A1 和 B1 包含了标志项。

（7）在"输出区域"框输入 A13。

（8）选择"确定"按钮。对话框如图 7-21 所示。

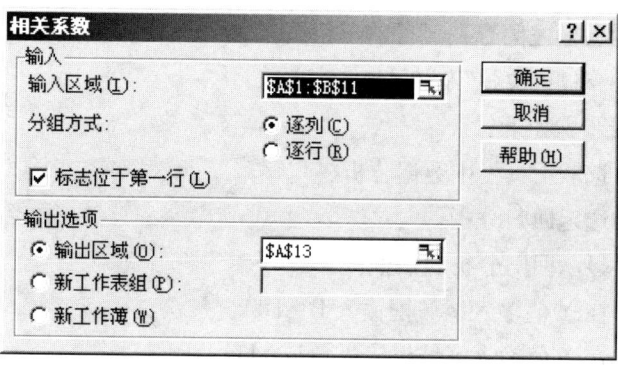

图 7-21 按要求完成相关系数对话框

(9) 有关相关系数分析结果显示如表 7-5 所示。

表 7-5

广告费用和销售额相关系数分析结果

	A	B	C
1	广告费用（万元）	销售额（万元）	
2	2	30	
3	2	34	
4	3	40	
5	4	42	
6	4	45	
7	4	52	
8	5	56	
9	5	58	
10	6	54	
11	6	60	
12			
13		广告费用（万元）	销售额（万元）
14	广告费用（万元）	1	
15	销售额（万元）	0.932005237	1
16			

(10) 得到相关系数 R 为 0.932 005 237，接近 1，说明某产品广告费用与销售额之间存在显著的正相关。

(三) 利用"回归"分析工具

主要步骤如下：

(1) 选取工具栏中数据分析。

(2) 选定回归分析。

(3) 显示回归分析对话框。

(4) 在 Y 值输入区域框输入 B1:B11。

(5) 在 X 值输入区域框输入 A1:A11。

(6) 在分组方式框选择逐列。

(7) 选中"标志"的复选框，说明第一行包含标志项。

第七章 Excel在企业经济统计分析中的应用

(8) 选中"置信度"复选框,输入所要使用的置信度。如果为95%,则可省略。

(9) 强制回归线通过原点,可选中"常数为零"复选框。本例中需要回归方程中设置常数项,故不选。

(10) 在输出区域框输入 A17。

(11) 选择有关回归的复选框。

残差:选中后可查看残差。

残差图:选中后可生成含自变量及其残差的图表。

标准残差:选中后在残差输出表中包含标准残差。

线形拟合图:选中后可为预测值和观察值生成图表。

正态概率图:选中后可对自变量的概率分布生成图表。

在本例中没有选择上述复选框。

(12) 填写完毕后,选择确定按钮。如图 7-22 所示。

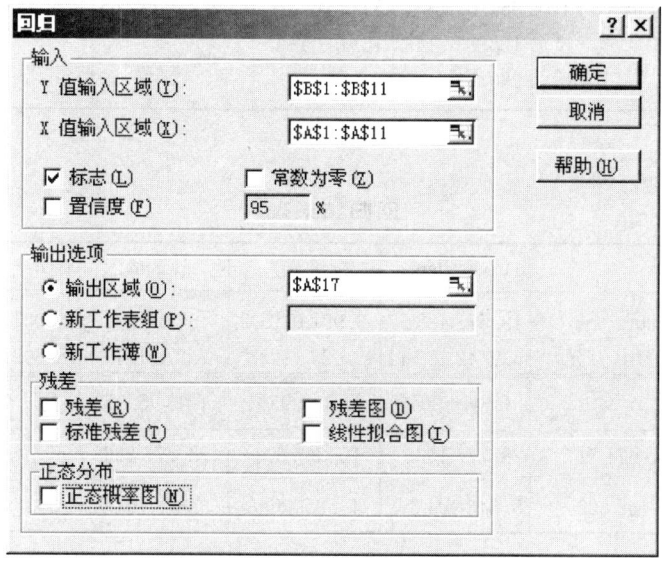

图 7-22 按要求完成回归对话框

(13) 有关回归分析结果如表 7-6、表 7-7、表 7-8 所示。

表 7-6   回归统计表

回　归　统　计	
Multiple R	0.932 005 237
R Square	0.868 633 762
Adjusted R Square	0.852 212 982
标准误差	4.013 370 511
观测值	10

表 7-7   方差分析表

	df	SS	MS	F	Significance F
回归分析	1	852.042 857	852.042 86	52.898 447 9	8.609 86E−05
残差	8	128.857 143	16.107 143		
总计	9	980.9			

表 7-8   回归结果表

	Coefficients	标准误差	t Stat	P−value
Intercept	19.571 428 57	3.992 079 27	4.9025651	0.001 189 91
广告费(万元)	6.714 285 714	0.923 162 92	7.273 131 9	8.609 9E−05
	Lower 95%	Upper 95%	下限 95.0%	上限 95.0%
	10.365 671 31	28.777 186	10.365 671	28.777 186
	4.585 466 822	8.843 104 6	4.585 466 8	8.843 104 6

结果分析：

(1) 从回归统计部分的复相关系数、决定系数 R^2、调整自由度的

第七章　Excel在企业经济统计分析中的应用

决定系数、回归标准差的数据看,回归直线离各实际值比较接近,回归直线的拟合优度也较好。

（2）通过F检验、t检验,F统计量较大、t检验值较大可说明广告费用和销售额之间建立的线性回归模型是显著的,利用方程进行预测有一定可靠性。

（3）从计算结果确定本例所拟合的样本回归方程为：

$$Y = 19.571\,428\,57 + 6.714\,285\,714X$$

另外,相关系数的计算和回归方程的确立同样可以应用部分统计函数来实现。如LINEST函数得到一组两列五行的数组（包括回归直线方程的斜率、截距及相关的一些回归统计量）、CORREL函数可以计算相关系数、RSQ函数用于计算判定系数 R^2、SLOPE函数及INTERCEPT函数分别计算回归直线方程的斜率和截距。可以学习尝试不同的解决和分析方法。

本 章 小 结

本章是在理解和掌握统计学的系统分析与决策的基本概念、基本方法及相关技术的基础上,能熟练应用 Excel 的计算机功能快速而有效率的进行统计分析,培养一定分析与综合评价的能力和应用操作的实践能力。

因此,在第一节中就具体介绍了 Excel 的统计分析功能,包括Excel的统计函数及公式的应用、图表功能的应用和可以进行复杂统计分析计算的一组数据分析工具应用的介绍。

在第二节里就利用前面所学的统计分析工具,在统计学中综合应用Excel的统计功能实现统计分析与计算。在这一节里,要求学会利用"描述统计"、直方图等分析工具进行描述统计分析；要求熟练掌握动态数列分析应用操作,综合了解如何应用计算机实现长期趋势分析和季节变动分析;要求掌握相关与回归分析的综合应用操作,通过具体样本数据进行统计预测,完成绘制散点图、计算相关系数、确定回归模型的各个步骤。

Excel 在统计学中的应用十分广泛,并且提供了丰富的统计函数及数据分析工具。要将这些函数和统计分析工具一一介绍,并合理有效的应用在统计学的多种实际分析中不是这一章节能简单介绍的。所以要求通过学习掌握 Excel 的各个统计分析功能,熟练运用到实际的案例分析中。

练 习 与 思 考

一、描述统计分析

使用 Excel 随机数发生器产生 200 个随机数,平均值及标准差自定,正态分布。然后,从中随机抽出 100 个样本,并在 95% 的置信度下,计算样本平均数、样本方差及标准差,并与总体进行比较。在 0.95 的置信水平下估计样本的置信区间。

二、利用函数求统计指标

已知某县去年粮食产量资料如表 7-9 所示。

表 7-9

某县粮食产量与播种面积比重统计表

按单位面积产量分组(千克/公顷)	播种面积比重
3 000 以下	0.05
3 000~3 750	0.35
3 750~6 000	0.40
6 000	0.20

第七章 Excel 在企业经济统计分析中的应用

试根据上述资料计算该县粮食作物平均单位面积产量。

三、直方图绘制

某地区进行农产量抽样调查,抽取 50 个单位构成样本。样本资料如下表 7-10 所示。

表 7-10

某地区农产量抽样调查数据表　　（公斤）

240	440	400	375	500	528	412	425	320	400
600	588	412	444	430	342	364	450	455	465
340	320	300	403	445	360	517	390	410	360
400	425	385	440	380	548	304	448	605	325
520	500	422	500	600	580	428	485	345	520

要求:

1. 编制次数分布数列(组距为 100,进行等距分组),并绘制次数分布图。
2. 分别向上累计和向下累计并绘制累计分布图。

四、动态数列分析

已知 2012～2014 年某市各季度旅游人数如表 7-11 所示。

表 7-11

某市 2012～2014 年各季度旅游人数统计表　　（万人）

时间	旅游人数	时间	旅游人数	时间	旅游人数
2012.1	32	2013.1	41	2014.1	57
2	40	2	51	2	65
3	61	3	74	3	93
4	28	4	36	4	57

要求：

1. 应用移动平均法编制动态数列（移动平均项数为4），包括计算移动平均数、移动修正平均数、移动平均数逐期增长量，并用移动平均法预测2015年第1季度的旅游人数。

2. 以消除趋势变动后的数列计算季节指数，测定季节变动。

五、相关与回归分析。

1. 某地高校教育经费与高校学生人数连续六年统计资料如表7-12所示。

表 7-12

某地高校教育经费与高校学生数统计表

教育经费(万元)	在校学生数(万人)
316	11
343	16
373	18
393	20
418	22
455	25

要求

(1) 运用回归分析工具建立回归直线方程，计算相关系数。

(2) 估计教育经费为500万元的在校学生数。

2. 某地区国内生产总值、财政收入与银行年末存款余额的统计资料如表7-13所示。

要求：

(1) 利用分析工具计算国内生产总值、财政收入与银行年末存款余额的相关系数。

第七章　Excel 在企业经济统计分析中的应用

表 7-13

某地区国内生产总值、财政收入与银行年末存款余额的统计表

(亿元)

国内生产总值	财政收入	银行年末存款余额
2.2	0.8	0.2
2.4	0.9	0.4
2.5	1.0	0.5
2.7	1.2	0.7
2.9	1.4	0.6
3.0	1.5	0.8

(2) 利用函数 LINEST 计算财政收入与银行年末存款余额的相关系数,并显示相关回归量。

(3) 绘制散点图建立国内生产总值与财政收入的直线回归方程。

第八章　企业外部环境和内部生产经营条件统计

本章主要介绍了市场经济体制条件下,企业生产经营所面临的外部环境的制约,主要表现在资本、资源供应、劳动力、技术、信息、产出等市场;企业内部条件的限制,主要体现在已拥有的要素水平和产出水平,通过一系列统计的量化指标体系进行描述,在搜集信息时采用抽样调查方法,在市场预测时采用回归模型、时间序列等统计分析方法。

第一节　企业外部环境和内部生产经营条件统计概述

一、国内外经济制度的特征

国际社会以自由竞争、平等互利的市场原则进行经济交往,而国内实行的是社会主义市场经济体制,中国进入WTO后,纳入了经济全球化的行列,使中国企业由国内市场向国外市场转移成为现实。

当前国内企业投资主体多元化已成为主流,在向混合所有制转变后,企业真正成为独立的市场竞争主体。

面临接轨、转制、知识创新三重挑战或机遇,企业要在市场经济激烈竞争中处于不败之地,必须进行企业功能、企业追求的目标、企业经营观念、企业管理方式、企业管理手段的大变革,它将构成市场经济体制下崭新的企业科学管理方式。

二、企业经济统计是企业科学管理的基础

（一）企业科学管理的环节

企业作为社会主义市场经济的竞争主体,其职能是为股东和业主提供利润,为社会提供商品或服务。企业只有顺应市场,才能得以生存和发展,以追求利润最大化。作为新建企业,先从信息搜集与分析开始,产生意向,通过市场预测把握发展前景,根据资金、劳动力、物资等限制条件作出投资决策,然后按照预期目标实施经营控制,最后按月、季、年对经营效果作出综合评价,决定是否改扩建或调整经营方向,其后进入第二循环。企业就在如此的周而复始中,优胜劣汰。

（二）市场经济中企业科学管理对企业经济统计的需求

企业科学管理的各个环节都离不开统计。首先,统计数据是信息的主要组成部分,信息的搜集需要依托抽样调查方法；其次,市场预测需要利用统计方法建立预测模型、检验结果,并对市场前景作出预测；再次,投资决策需要利用统计方法对各种备选方案作出风险估计；第四,经营控制也离不开统计方法,例如工业生产中的质量控制、成品批抽检等等；第五,综合评价必须建立在科学合理的统计指标体系基础之上。每个环节都是统计所涉及的领域。可见,无论是传统的统计方法还是现代统计技术都是市场经济中企业经营管理必不可少的有效工具。否则就会在市场竞争中寸步难行。

企业经营管理必须以企业统计为依托,市场竞争中的大量不确定因素只有依靠企业经济统计去发现规律,从而使企业管理建立在对市场经济正确认识的基础之上,进而企业管理的科学性、有效性才能充分发挥,现代企业制度的目标才能实现。

三、企业外部环境统计

企业面对的外部环境是指企业生产经营的外界条件,它包含国际、

国内政治经济环境,诸如政府法令、政策、国际条约、协定等环境。这些环境调节着国内外市场环境,所以企业外部环境包括:资金市场、供应(物质资源与服务)市场、劳动力市场、技术市场、信息市场、产出(产品或劳务)市场等。

企业必须根据自身生存和发展的需要,由浅入深、由狭拓广地建立、健全上述要素市场和产出市场的企业外部环境统计。

四、企业内部条件统计

企业内部条件是指企业生产经营已拥有的要素水平和产出水平,包括人、财、物等各个方面。

企业根据自身具备的生产经营的要素和产出条件,从数量上进行全面统计。

第二节 企业资金统计

一、企业资金供应市场统计

(一)企业资金供应市场统计的概念

资金是企业生存和发展的前提条件,企业资金供应市场统计是对企业生产经营需要筹集的资金来源进行市场统计,为企业筹资决策提供依据。一个新建的企业项目与已运行生产经营活动的企业都需要筹集资金,企业应在资金供应市场中灵活有效地选择筹资渠道和方式,以体现企业在筹集资金上的科学管理。

(二)企业资金供应市场分类统计

企业投资者投入的资本金,除了自有资金即资本公积金、公益金和未分配利润外,相当部分资金通过市场筹集。

按供应市场的资金渠道不同可分为多种形式的直接筹资和间接筹资。

第八章　企业外部环境和内部生产经营条件统计

1. 直接筹资渠道

（1）资本金筹资。即企业所有者对企业的直接投资。其统计范围既包括企业创办初期的资本金投入，也包括企业经营过程中所有者的追加投资。资本金按投资主体的不同又可分为国家资本金、法人资本金、境内自然人资本金和境外资本金等。一般情况下，企业筹集的资本金在企业经营期内不得以任何方式抽回投资，如要兑现只能依法将参股份额在股权市场上转让。

（2）发行债券。即负债筹资的一种方式，发行企业债一般是筹措长期资金、扩大生产规模，因此期限较长，在发行结束时，应予统计实际负债额。到期要还本付息。

（3）发行股票。即资本金筹集的主要方式，按照所承担风险和权利的不同可分为普通股和优先股。发行结束后，应统计不同发行方式所筹得的资金额。通常的发行方式有：新股票按比例配售给老股东；通过券商投资银行向社会公众公开招股发行；通过私募，由发行企业直接出售给投资者；通过从业者股票购置计划向雇员发行；通过送红股实现利润的再投资计划等。

不但要关注国内的资本市场，同时可以利用国外的资本市场，发行债券和股票筹集资金。

2. 间接筹资渠道

金融性筹资属间接筹资。它是企业通过银行和有关金融机构的中介作用，筹措企业生产经营所需资金的方式。除了应分别统计企业与各银行间借贷筹资业务所发生的资金外，还应分别统计包括用补偿贸易、金融租赁、投资信托、证券抵押、票据承兑和贴现等方式所筹得的资金。还应利用外资，具体的筹资方式包括接受国际金融机构的贷款，主要机构有：国际货币基金组织、世界银行及其所属的国际开发协会等金融组织；出口信贷，根据借贷方式的区别又可分为卖方信贷和买方信贷两种；国际租赁信贷以及补偿贸易、来料来样加工等。应分别统计不同外资筹集方式所筹得的资金。

二、企业投资环境和资金需求统计

世界经济的巨大变化,越来越多的企业注重投资环境的选择,认识到投资环境是影响投资效果、生产效益的重要因素。

(一)企业投资环境统计

1. 企业投资环境的涵义

企业投资环境包括内部环境和外部环境。

内部环境是决定企业投资决策的自我要求和内在条件,受客观限制,企业期望通过投资方案的实施加以改进完善的对象。它包括经营思想、发展目标、市场地位、资金实力、技术水平、人员素质、组织机构等要素。

外部环境既是向企业提出投资要求的利益驱动源和竞争压力,也是投资决策的条件和限制。企业应慎加选择,即使已适应环境,也要尽可能改造环境。外部环境分为微观、中观和宏观环境。

2. 企业投资环境统计的内容

(1)微观投资环境统计的内容。微观投资环境统计的主要内容包括:① 竞争者和竞争产品;② 用户或顾客;③ 基础设施和原材料,即运输、通讯、能源和原材料供应等条件;④ 合作者,即合作者的信誉、目标、实力、优势和可能发挥的作用;⑤ 投资对象,即对象的估计成本和预期利润;⑥ 供应者,即执行投资方案所需的设备制造商、建筑商、配套企业和机构;⑦ 劳动力,即投资地区劳动力数量、质量、报酬水平等。

(2)中观投资环境统计的内容。中观投资环境统计的主要内容包括:① 区域产业集聚、区位优势、资源因素统计;② 交通设施、市场化程度统计;③ 生态环境、生活文化因素统计;④ 地方法律法规和政策因素统计等。

(3)宏观投资环境统计的内容。宏观投资环境统计的主要内容包括:① 经济因素统计。主要指标有:国内生产总值增长率、银行利率、通货膨胀率、汇率、储蓄和投资率、平均收入水平等。② 政治和法律因素统计。包括政局稳定程度、政策面向、政府行为、税收法规、外汇法规、股权控制、雇佣限制等。

(二)企业资金需求统计

1. 企业资金需求的涵义

企业要进行生产经营活动,就必然会产生一定量的资金需求。一是满足日常生产经营活动对固定资产形成、资材储备、商品库存、工资发放等资金占用的需求;二是满足经营战略、发展目标对长期投资、短期投资及特定用途资金投入的需求。

企业的生产经营要能不间断地进行和持续地增长,必须要有一定数量的长期资金以形成主要劳动资料等物质基础,必须要有一定数量的短期资金以形成劳动对象等周转资源。因此,企业资金占用统计和投资统计是企业资金需求统计的重要手段和基本内容。

2. 企业资金需求指标

(1)企业资金占用统计。企业在生产经营过程中占用的资金是企业拥有或控制的经济来源,它构成了企业资金需求的存量部分,包括各种财产、债权和其他权利的货币表现。企业生产经营活动过程中的资金占用,可以从静态占用和动态占用两个方面进行统计。

(2)企业投资统计。企业投资是企业以获得最大利润为目的,是为实现经营战略与发展目标所投入的、尚未形成各种资产的资金。企业把筹措到的资金运用到扩展企业的经营规模和经营领域中去,以建立企业发展需要的生产经营条件和正常从事生产经营活动的良好环境。因此,投资资金也是企业应拥有或控制的经济来源,它构成了企业资金需求的增量部分,包括各种长期投资、短期投资的货币表现。企业投资统计主要包括企业投资环境统计、资金筹措统计、投资方案选择统计和投资效果评价统计等。

三、企业筹资决策统计指标

无论是长期资金筹措,还是短期资金筹措,都需要研究筹资的数量和时间问题,因为这两个因素直接与企业资金运用效益的高低有关。确定筹资的数量与时间的关键因素是筹资成本,不同的企业应根据其具体情况采用不同的筹资方法,但不管企业采用何种方法,都需要综合比较筹资成本指标。

(一) 证券发行筹资成本统计

发行证券是企业直接筹资的最佳途径,但是发行程序较为复杂,筹资费用较高,一般高于贷款筹资成本。

1. 发行债券成本统计

企业发行债券所偿付的利息是在税前利润中支付的,故发行债券具免税效应,是证券发行中筹资成本较低的一种。其计算公式如下:

$$\text{债券年资金成本率}(\%) = \frac{\text{债券发行总额} \times \text{债券年利率}}{\text{债券发行总额} \times (1-\text{债券发行费用率})} \times 100\%$$

2. 发行普通股成本统计

企业发行普通股所偿付的股利是在税后利润中支付的,其计算公式如下:

$$\text{普通股年资金成本率}(\%) = \frac{\text{普通股发行总面额} \times \text{上年股利率} \times (1+\text{预计股利年增长率})}{\text{普通股发行总额} \times (1-\text{普通股发行费用率})} \times 100\%$$

(二) 贷款筹资成本统计

向银行贷款是企业筹资的主要途径,也是比较简单易行的办法,但是由于种种开支,贷款资金成本一般会高于银行公布的贷款利率。其计算公式如下:

$$\text{贷款年资金成本率}(\%) = \frac{\text{贷款总额} \times \text{年贷款利率}}{\text{贷款总额} - \text{贷款业务费用}} \times 100\%$$

(三) 资金筹集综合成本统计

企业欲采取不同途径筹集资金,须计算资金筹集综合成本率以决策合理的筹资组合,满足对资金数量和时间上的不同需要。计算公式如下:

$$\text{资金筹集综合成本率}(\%) = \left[\sum\left(\text{某种筹资方式资金来源的资金成本率} \times \text{该种资金来源占全部资金来源的比重}\right)\right] \times 100\%$$

四、企业资金投入统计

(一) 企业流动资金投入统计

1. 企业流动资金概念、特点与投入统计目的

企业进行生产经营,必须有一定数量的流动资金用于购买原材料或能源、支付工资及其他费用,它是指被流动资产所占用的资金。

流动资金特点:在同一时点,各种不同形态的流动资金并存于企业中;随着时间的推移,每一种形态的流动资金总是在向下一种形态转化。在生产经营过程中,流动资金的最初形态是货币资金,从货币资金形态开始,用于购买原材料或耗材、支付工资、支付其他费用。将原材料或耗材投入生产经营过程之中,改变了其本身的物理化学形态,转化为产品或提供了服务。原材料或耗材的价值、工资和其他费用一次性地全部转移到产品或服务的成本之中,并通过产品或劳务的销售重新回到货币资金状态。

这种循环往复不断、周而复始地进行,称为资金的周转。

企业流动资金按管理方式不同分为定额流动资金与非定额流动资金;按形态不同分为储备资金、生产资金、成品资金、货币资金与结算资金。

企业流动资金投入统计的目的是研究流动资金的总量、构成和使用情况,便于改进流动资金的管理,加速流动资金的周转,充分发挥流动资金的作用。

2. 流动资金周转速度统计

由于流动资金是周而复始的循环使用,如果流动资金回收得越快,那么在一定时期内使用的次数越多,其占用的效率也就越高。

(1) 流动资金周转次数。其计算公式如下:

$$流动资金周转次数 = \frac{报告期销售(营业)收入总额}{报告期流动资金平均余额}$$

式中:

月度流动资金平均余额＝(月初流动资金余额＋月末流动资金余额)÷2
季度流动资金平均余额＝该季度的三个月度流动资金平均余额之和÷3
年度流动资金平均余额＝全年各季度的流动资金平均余额之和÷4

该公式说明,在同一时间尺度的时期内流动资金周转次数越大,资金的周转速度越快。

3. 流动资金周转天数

它是指流动资金周转一次所需要的天数。计算公式如下:

$$流动资金周转天数＝\frac{报告期日历日数}{报告期流动资金周转次数}$$

该公式说明,流动资金的周转天数越少,周转速度越快,流动资金占用的效率也就越高。在实际工作中,用流动资金周转天数分析说明流动资金周转速度最简单明确,这是因为该指标的可比性强,不必考虑报告期是月度、季度还是年度。

由于流动资金周转速度加快(或减慢)而节约(或超支)的流动资金数额。计算公式如下:

$$流动资金节约额＝\left(\frac{基期流动资金周转天数}{}-\frac{报告期流动资金周转天数}{}\right)\times\frac{报告期销售(营业)收入总额}{报告期日历日数}$$

4. 百元产值占用流动资金统计

为了分析流动资金的占用效果,通常可计算百元产值占用流动资金和百元流动资金创造的产值两个指标。计算公式分别如下:

(1) $$百元产值占用流动资金＝\frac{报告期流动资金平均占用额(元)}{报告期企业总产值或增加值(百元)}$$

(2) $$百元流动资金创造产值＝\frac{报告期企业总产值或增加值(元)}{报告期流动资金平均占用额(百元)}$$

(二) 企业固定资金投入统计

1. 企业固定资金概念、特点与投入统计目的

企业在生产经营过程中,由建筑物和机器设备等生产资料长期占用的资金称为企业固定资金,它是企业固定资产的价值表现,一般占企业资金的绝大部分。

企业固定资产具有价值大、使用时间长的特点,它在生产过程中被

长期使用而不改变原来的实物形态,它的价值随着固定资产本身在生产经营过程中的磨损程度,以折旧的方式逐步转移到产品或劳务成本中去,并且通过产品或劳务的销售得以收回。

企业固定资金投入统计的目的是反映企业现有固定资产的总量、构成及其变动情况,并研究企业固定资产的利用程度,以便加强管理、挖掘潜力。

2. 企业固定资产总量和变动统计

(1) 固定资产总量统计。固定资产总量指标有固定资产原值和固定资产净值两大类。

固定资产原值是指企业建造和购置各种固定资产时所实际支付的金额,以及为固定资产改建、扩建所追加支付金额的总和。它是企业提取折旧的依据,是研究企业固定资金构成和利用情况的基础。

固定资产净值是指企业固定资产原值减去历年已提取折旧,加上大修理费用后的余额,也称为折余价值。它反映了企业固定资产扣除磨损后的现有价值,即企业实际拥有的固定资金总额,是企业规划再生产的依据。

(2) 固定资产原值增减变动统计。反映固定资产变动情况的指标有:

$$固定资产原值增长率 = \frac{固定资产原值增加净额}{期初固定资产原值} \times 100\%$$

$$固定资产更新率 = \frac{报告期新增的固定资产原值}{期末固定资产原值} \times 100\%$$

$$固定资产退废率 = \frac{报告期退废的固定资产原值}{期初固定资产原值} \times 100\%$$

$$固定资产净值率 = \frac{固定资产净值}{固定资产原值} \times 100\%$$

3. 固定资产的利用效果指标

反映固定资产的利用效果指标有:

$$固定资产产值率 = \frac{报告期总产值或增加值}{报告期固定资产平均原值} \times 100\%$$

$$固定资产利润率 = \frac{报告期利润总额}{报告期固定资产平均原值} \times 100\%$$

此两个指标反映固定资产的投入产出效益。

第三节 企业劳动力统计

在企业生产经营过程中,人的劳动是最重要的决定因素,因此研究劳动力市场供应、企业劳动力的需求与投入具有十分重要的意义。

一、劳动力市场供应统计

劳动力市场供给量是一定时期,一个国家或地区劳动力市场上可供企业单位使用的劳动力数量。劳动力市场供给量主要由下列三个因素所决定:第一,由劳动适龄人口决定的劳动力资源总数;第二,劳动适龄人口中自愿选择参与劳动的那部分人所占的比率,即劳动力参与率;第三,参与劳动的人愿意选择提供的工作时间,即劳动工时数。因此,劳动力市场可供量具体可统计如下三个基本指标:

1. 劳动力资源总数

它是指在劳动年龄内,具有劳动能力,可能或实际参加社会劳动的人口数。它是由人口规模,特别是适龄劳动人口数量决定的。

劳动力资源总数可分为经济活动人口和非经济活动人口。经济活动人口指在劳动年龄内有劳动能力、参加或要求参加社会经济活动的人口,包括从业人员和失业人员;非经济活动人口指在劳动年龄内虽有劳动能力而未参加或不要求参加社会经济活动的人口。

在劳动力市场上,实际的劳动力供应量是指劳动力资源总数中的经济活动人口。计算公式如下:

实际劳动力供应量＝劳动力资源总数－非经济活动人口数

实际劳动力供应量是劳动力市场统计中主要研究的对象。

2. 劳动力参与率

劳动力参与率也称经济活动人口比率,计算公式如下:

$$劳动力参与率 = \frac{经济活动人口数}{劳动力资源总数} \times 100\%$$

劳动力参与率越高,参加工作和要求参加工作的人数越多。

3. 劳动工时数

劳动时间延长,可看作实际使用的劳动力供应量的增加;反之,视为实际使用的劳动力供应量的减少。

一般市场经济统计公布的是各行业部门的周平均工时数。它采用抽样调查方法,计算公式如下:

$$\frac{各类抽样企业}{周平均劳动工时} = \frac{该类抽样企业工人全周实际工作小时总数}{该类抽样企业全周工人平均人数}$$

$$\frac{全部行业周}{平均劳动工时} = \frac{\Sigma(各行业周平均劳动工时 \times 该行业周工人平均人数)}{\Sigma 各行业周工人平均人数}$$

二、企业劳动力需求统计

(一) 企业劳动力配置统计

企业劳动力需求数量主要表现在劳动力配置上,企业劳动力配置的基本依据是企业总的工作量和每个工作人员的工作效率。可通过计算来确定合理的劳动力配置数量。

1. 按劳动效率(或按劳动定额)配置劳动力

这是一种根据工作量、劳动者的平均劳动效率和出勤率等因素配置劳动力的方法。其计算公式如下:

$$\frac{劳动力配}{置量(人)} = \frac{每一工作轮班应该完成的工作量 \times 每日轮班次数}{劳动力的平均劳动生产效率 \times 出勤率}$$

这种方法主要用于以手工操作、体力劳动为主的工种。凡是可以编制劳动定额的岗位,一般均可采用这种方法。在实际使用时,应对生产效率作出合理调整,当生产效率指标采用产量定额时应考虑超额系数,当生产效率指标采用工时定额时应考虑压缩系数以保持定额的先进性,从而使得计算所得的劳动力配置数量能先进合理。

2. 按设备配置劳动力

这是根据机器设备的数量、操作看管定额、开工班次和出勤率等因素配置劳动力的方法。其计算公式如下：

$$\text{劳动力配置量(人)} = \frac{\text{为完成生产任务所必须开动的设备台数} \times \text{每台设备平均开动班次}}{\text{每个劳动力的操作看管定额} \times \text{出勤率}}$$

这种方法主要用于以机械操作为主的工种。在拥有大量同类设备、采用多机床设备看管的劳动组织中，用得最为广泛，例如纺织厂挡车工的配置；在单机操作的情况下，往往与第一种方法结合使用，例如机械制造厂的大多数机床操作工岗位。

3. 按岗位配置劳动力

这是根据劳动岗位的多少来配置劳动力的方法。运用这种方法，首先要确定有多少需要劳动者操作或看管的岗位，然后再根据各岗位的工作量、劳动效率、开工班次和出勤率等因素，计算所需要的劳动力数量。这种方法常用于冶金、化工、客货运输、宾馆等企业。

4. 按比例配置劳动力

这是根据企业劳动力总数或某一类人员总数的比例来配置劳动力的方法。这种方法的出发点是某类人员的需求数量与该企业劳动力总数或其他人员数的增减在客观上存在着正比关系。例如，勤杂人员、保健人员等可按企业劳动力总数的一定比例计算所需配置的人员数等。

5. 按组织机构与职责范围和业务分工配置劳动力

这种方法主要适用于企业管理人员和工程技术人员的配置。采用这种方法，不仅要考虑精简机构、提高效率的要求，还要考虑产品或业务特点、生产经营过程的复杂程度、管理工作的基础和现有人员的业务能力等因素，例如商店的采购人员、房地产的经纪人员等。

以上五种劳动力配置方法，可根据各企业的实际情况灵活运用，以促进企业生产能力的充分发挥。但在企业劳动力的配置时要随着实际情况的变化而及时调整。

（二）企业劳动力招聘与培训统计

企业劳动力要素通过市场配置，实现流动优化组合达到合理使用；

同时根据企业需要,在现有从业人员中培养人才。反映企业劳动力招聘与培训的指标有:

1. 企业劳动力招聘测试指标

(1) 反映应聘者个人基本情况的指标。它主要包括年龄、性别、工龄、文化程度、专业、原职业、原职务、原职称和身体健康等。

(2) 反映应聘者择业要求的指标。① 岗位。该指标是指应聘者选中的企业招聘岗位。② 报酬。该指标是指应聘者所提出的薪水要求。

(3) 反映应聘者个人能力的指标。① 专长。② 技术等级。③ 科研成果。④ 人才类型。

2. 企业劳动力培训统计

① 受训劳动力人次数;② 受训劳动力人数及其比重;③ 专门培训劳动力所占比重;④ 各种培训方法所占比重;⑤ 培训工时数占制度工时数的比重等。

三、企业劳动力投入统计

(一) 企业劳动力投入人数统计

1. 企业劳动力投入构成统计

(1) 企业员工岗位分类。由于生产和管理上的分工,企业劳动者分别在不同的岗位上从事各种工作,企业的全部劳动力按所处的工作岗位可划分为五大类:① 生产人员。指直接参加企业第一线生产的企业劳动者,例如工厂的工人、商店的营业员、民航公司的空勤人员和地勤人员等;② 工程技术人员。指具有工程技术能力并实际担负工程技术工作的人员;③ 管理人员。指在企业内部从事行政、生产、经济管理和政治工作的人员;④ 服务人员。指在企业内部服务于企业劳动者生活或间接服务于生产的人员,包括生活福利人员、警卫消防人员、文教卫生人员和勤杂人员;⑤ 其他人员。指由企业支付工资,但与本企业生产基本无关的人员,包括出国援外人员、长期学习人员、长期伤病假人员、长期外借人员等。

这种分类是研究企业全部劳动者构成的重要分类，目的在于研究企业中不同岗位人员的配置状况，有利于改善劳动组织、合理配备人员和提高劳动效率。

某岗位人数占全员比重指标是反映某岗位人员配置合理程度的重要指标。

(2) 企业劳动力技术水平统计。企业劳动力技术水平统计包括：① 工程技术人员数量及其比重。② 各级专业技术人员数量及其比重。高、中级专业技术人员的比重越高，说明企业劳动力的质量越高。

(3) 生产人员分类。企业生产人员是从事生产活动的基本力量，在企业全员中占有很大比重。由于各类生产人员在生产过程中所起的作用不同，因此有必要进行细分类。① 按其在生产过程中所起的作用不同，可分为基本生产人员和辅助生产人员。研究他们的构成是为了求得合理配置，其合理性应视行业特点而定。② 按其劳动技能不同，可分为不同工种的人员。例如，可将机械制造企业的生产人员分为铸工、锻工、车工、钳工等。分类后据以计算各种生产人员占全部生产人员的比重，进而研究各种生产人员在数量上保证生产服务对各种劳动技能的需要程度，为制订生产作业计划、正确配备劳动力和更有效地组织各工序或环节间的分工协作提供必要依据。

(4) 其他分类。企业可以根据实际工作需要，采用不同的分类标志，对企业员工进行不同的分类。例如，将企业劳动力按年龄分类，进而计算结构相对数可反映企业劳动力的年龄特征属橄榄型(老青少中年多)、哑铃型(老青多中年少)还是柱型(老中青均等)及其分布情况，研究企业劳动力构成的合理程度。又如，企业劳动力按政治素质、文化程度等进行分类。

2. 企业劳动力投入数量统计

(1) 时点人数。劳动力数量属于时点现象，指企业在某一时点上的劳动力数量称为时点人数。实际工作中只需统计特殊时点的劳动力数量，一般是报告期的期初期末人数。

(2) 平均人数。指企业在报告期内实际拥有的人数。它表明企业在报告期内占用劳动力的一般水平。其计算公式如下：

$$月平均人数 = \frac{报告月每日实有人数之和}{报告月日历日数}$$

或

$$= \frac{报告月月初人数 + 报告月月末人数}{2}$$

$$季(年)平均人数 = \frac{季(年)内各月平均人数之和}{3(12)}$$

在统计平均人数时必须注意：每日实有人数是指企业每天实际拥有的人数，而无论是否出勤，都应计算在内；节假日的实有人数按前一天的实际拥有人数计算；在计算期内不论企业开工时间长短，都必须就报告期的全部日历日数进行平均。

3. 企业劳动力投入数量变动指标

(1) 从业人数变动统计。企业中从业人员（即企业劳动力）总数的变动受到期内增加人数和减少人数两方面的影响。在一定时期内从业人员数的增减变化，存在着下列平衡关系：

$$期末人数 = 期初人数 + 本期增加人数 - 本期减少人数$$

或

$$期末人数 - 期初人数 = 本期增加人数 - 本期减少人数$$
$$= 本期净增减人数$$

(2) 从业人数增减变动程度统计。

第一，从业人数动态指标。它是表明在一定的范围内，不同时期劳动力人数发展变化的速度。其计算公式如下：

$$从业人数动态指标(\%) = \frac{报告期从业人数}{基期从业人数} \times 100\%$$

第二，从业人数变动程度统计指标。它是表明报告期内从业人数净增或净减程度。

$$从业人数变动程度指标(\%) = \frac{期末人数 - 期初人数}{期初人数} \times 100\%$$

通过劳动力增减变动统计,能确切掌握劳动力新增数量和来源、减少数量和去向,并分析其原因,及时发现问题,保证各类劳动力满足生产经营活动的正常需要。

(3) 企业劳动力数量投入动态指标。该指标说明一定范围内、不同时期企业劳动力投入数量的变化。

$$\frac{报告期企业劳动力投}{入数量动态指标(\%)} = \frac{报告期出勤总人次数}{基期出勤总人次数} \times 100\%$$

(4) 期内企业劳动力投入数量变动指标。该指标说明一定时期内劳动力投入数量净增减的变化程度。

$$\frac{期内企业劳动投入}{数量变动指标(\%)} = \frac{期内企业从业人数}{变动程度指标(\%)} \times \frac{报告期出}{勤率(\%)}$$

$$= \frac{期末人数 - 期初人数}{期初人数} \times \frac{报告期出勤总人次数}{报告期平均人数 \times 报告期制度工作日数}$$

当指标值为正时,说明投入为净增加;当指标值为负时,说明投入为净减少。

(二) 企业劳动力时间投入统计

企业从业人员充分有效地利用劳动时间,是提高劳动生产率、降低成本的重要途径。因此,研究从业人员的劳动时间构成和劳动时间利用具有明显的经济和现实意义。

1. 企业劳动时间构成指标

企业劳动时间的计量单位有"工日"和"工时"两种,"工日"是指从业人员工作一个班,而不考虑工作日长度。"工时"是从业人员工作一个小时。1工日=8工时,下面以"工日"来叙述劳动时间的构成指标。

(1) 日历工日数。它是指以日历时间计算的工作工日数。

(2) 制度工作工日数。它是指按国家制度规定,在一定时期内应该工作的工日数。

(3) 公休工日数。它是指按国家制度规定,从业人员在一定时期

第八章 企业外部环境和内部生产经营条件统计

内应该休息的工日数。

(4) 缺勤工日数。它是指从业人员因本人原因全日未曾上班的工日数(主要包括:个人的病假、事假、旷工、探亲假、公伤假和产假)。

(5) 出勤工日数。它是指制度工日数扣除缺勤工日后的剩余工日数。

(6) 停工工日数。它是指员工在出勤后因非本人原因无法正常工作的工日数。

(7) 非本岗工作工日数。它是指从业者出勤后被分派去干其他工作的时间。

(8) 制度内(班内)实际工作工日数。它是指从业人员在制度规定时间内在本岗位的实际工作的工日数。

(9) 实际工作工日数。它是指制度内实际工作工日数与制度外实际加班工日数的总和。

以"工时"表示的劳动时间构成指标同"工日"道理相同,不再专门阐述。

2. 劳动时间利用程度指标

(1) 出勤率。它反映在制度工作时间内,从业人员实际出勤程度。

$$出勤率(\%) = \frac{出勤工日(工时)}{制度工作工日(工时)} \times 100\%$$

(2) 制度时间利用率。它是反映从业人员在制度工作时间内,实际利用时间程度的一个相对指标。

$$制度时间利用率(\%) = \frac{制度内实际工作工日(工时)}{制度工作工日(工时)} \times 100\%$$

用"工日"计算的制度时间利用率通常称为制度工日利用率。用"工时"计算的制度时间利用率通常称为制度工时利用率。在实际工作中,出勤率指标用"工日"计算较普遍,而制度时间利用率指标则用"工时"计算较多。

(3) 出勤时间利用率。它是反映从业人员在出勤时间内实际利用时间程度的一个相对指标。

$$出勤时间利用率(\%) = \frac{制度内实际工作工日(工时)}{出勤工日(工时)} \times 100\%$$

(三)劳动时间影响分析

研究劳动时间构成,计算未被利用的劳动时间数量和由此带来的损失,查明原因,对企业合理的配置劳动力、提高经济效益都有现实意义。为了切实说明未合理利用劳动时间带来的损失,需要计算下列几个损失分析指标。

1. 产量(产出)损失指标

$$产量(产出)损失指标 = 未被利用工时数 \times 小时产量(产出)$$

2. 劳动力损失指标

$$劳动力损失 = \frac{未被利用工时数}{每人制度工作工时}$$

四、企业劳动定额考核统计

企业劳动定额有两种表现形式:一是产量定额;二是工时定额。产量定额是指在一定的生产经营条件下,从业者在单位时间内应完成的产出数量标准,指标值越大效率越高,属正指标。工时定额是指在一定的生产经营条件下,从业者完成单位产出量应耗费的时间数量标准,指标值越小效率越高,属逆指标。两种形式在计算定额考核指标时是有所区别的。

1. 产量定额完成率指标

$$产量定额完成率(\%) = \frac{单位时间平均产出数量}{单位时间产出数量定额} \times 100\%$$

可见指标值等于100%为完成定额,大于100%为超额完成定额。说明指标值越大效率越高,属正指标。

2. 工时定额完成率指标

$$工时定额完成率(\%) = \frac{单位产品工时定额}{单位产出实做工时} \times 100\%$$

由于计算式中逆指标分子、分母的换位,因此评判标准与产量定额

完成率指标相同。当多种产出能用劳动时间汇总时,则可用工时定额完成率指标综合计算:

$$\text{工时定额完成率}(\%) = \frac{\Sigma(\text{单位产品工时定额} \times \text{报告期产品产量})}{\text{报告期实际耗费的总工时}} \times 100\%$$

第四节 企业资材统计

一、企业资材供需统计

(一) 企业资材市场供应统计

1. 企业资材市场供应量统计

企业资材市场供应量是企业经济统计在企业领导层作出投资决策前,必须认真研究并提供可靠信息的统计问题。主要包括生产经营设备、能源、关键性原材料或消耗性材料的市场供应量统计。

(1) 企业资材市场实际供应量统计。它是指企业所需资材近期市场的实际销售总量、本企业已拥有的供应量源(相对稳定的供应商个数)、实际可供量及其与需求量的差额、本企业可能开拓的供应量源及其可补充的供应量统计。

(2) 企业资材市场预测可供量统计。它是指企业应根据本企业所需资材的销售总量的动态趋势、生命周期阶段、销售价格变动、近期产出总量等指标进行统计预测各个时期最大供给量。

2. 企业资材供应形式统计

(1) 外协供应。外协是指企业从其他企业购进按本企业生产经营需求定制资材的购买形式。促使企业采纳外协供应的主要统计抉择因素有:① 技术经济比较。若本企业无技术优势、投资额大,属非关键环节,该产出市场预测前景欠佳,则选择外协既保证了质量,又不失经济性。② 市场风险比较。若据统计预测分析本企业该产出市场需求波动较大或预计宏观经济面临萧条,则取外协供应能自如应付需求扩张和萎缩。③ 能降低成本。若据统计分析外协能降低成本,是企业选择外协的主要因素。如外协单位劳动成本、管理费用低,本企业不承担治理环境污染费用等。

(2) **市场采购**。采购是指企业从流通市场中购进生产经营所需资材,是企业原材料购买活动的一种主要形式。企业所需资材的绝大部分应从流通市场采购,涉及的主要统计任务有:① 企业资材供应市场统计调查。包括宏观经济趋势、政府政策调控、国内外供应市场行情、本企业需求量变动与供应缺口调查等。② 企业资材供应渠道统计抉择。企业对资材制造商、经销商、代理商等之间进行采购成本、供应保证程度(数量、质量、时间)等指标比较,选择合理的供应渠道。

(二) 企业资材需求统计

1. 不同类型企业的需求

(1) 生产产品企业的需求。生产产品企业如采掘、制造、房产、饮食等行业,它们所生产的产品,需要投入的设备、原材料和能源等。

(2) 劳务产出企业的需求。劳务产出企业如商业、运输、邮电、金融、咨询、生活服务、文化娱乐等行业。它们所提供的劳务,也需要投入设备、原材料和能源等。

2. 企业资材需求统计

(1) 企业资材需求数量统计。企业应根据市场对本企业产出的需求量、本企业的产出能力等因素分别统计所需各种资材的年、月、日需求量。

(2) 企业资材需求质量统计。企业应根据本企业产出要求,与具有的生产设备的性能、生产工艺要求等因素,分别统计符合质量要求的各种资材的年、月、日需求量。

(3) 企业资材需求配置统计。企业应重视各种资材的合理配置。防止产出中断、产出质量事故发生。

(4) 企业需求时间统计。根据企业产出的多环节、多工序要求,资材投入要严格按照生产经营的时间节拍,以求缩短交货期或等候时间、

第八章　企业外部环境和内部生产经营条件统计

降低储备、节约费用,以达到各种时间的期望值指标。

二、资材购买统计

统计要为企业资材供应的职能部门提供有关信息:买什么、向谁买、买多少的决策依据。

通过对不同种类、品级的可替代资材进行价值工程分析,选择价值工程系数最大的资材,以提高企业的经济效益。具体指标有:

1. 费用一次性摊入成本的资材价值分析指标

$$\frac{待选资材}{价格功能比} = \frac{不同功能的产出价格}{待选资材价格 + 待选资材须增减的单位产出费用}$$

在产出功能可变的前提下,上式指标值最大的待选资材为首选。

2. 费用多次性摊入成本的资材价值分析指标

$$\frac{待选资材}{价格功能比} = \frac{不同功能的产出价格 \times 待选资材寿命期产出总量}{待选资材价格 + 待选资材寿命期须追加产出费用总额}$$

在产出功能可变的前提下,上式指标值最大的待选资材为首选。

3. 资材供应商信誉评价指标

在市场经济条件下,选择资材供应商有宽广的余地,如何选择,可通过资材交货净值加成率来评价、选择。具体指标是资材交货净值加成率:

$$交货净值加成率 = 质量成本比值 + 交货成本比值 + 服务成本比值$$

加成率是购进资材净价值以外的追加费用率。其数值越高,说明供应商的信誉越差;反之,信誉越好。式中:

(1) 交货净值。它是指实际收到的资材购入价值与应由企业承担的运输、保险、税杂费用之和。

(2) 质量成本比值。质量成本是指自资材抵达企业始,企业为使用该资材所支付的有关资材质量方面的所有费用。将质量成本总额去除交货净值,即为质量成本比值。

(3) 交货成本比值。交货成本包括购买业务成本和延迟交货成本。前者由为购买资材所支付的调查、通讯、差旅、谈判等费用组成;后者是指由于供货商没有按时交货而导致企业的补救和损失费用,将交货成本总额去除交货净值,即为交货成本比值。

(4) 服务成本比值。狭义的服务指方便购买者的购买方式和售后服务,广义的服务还包括供应商的生产能力、技术水平、成品储备能力、生产均衡性、资金融通能力和管理水平等等。服务成本指企业使用供应商所提供的资材可能节约的费用,因难以计量,故采用给各项标志评分的办法予以解决,计算公式如下:

$$\text{服务成本比值} = \frac{\text{各项标志最高等级分总和} - \text{供应商品各项标志得分总和}}{\text{各项标志最高等级分总和}}$$

由上式可知,如某供应商得分均为满分则比值为零,说明服务最佳,则使用该供应商提供的资材具备可靠保证。

4. 资材购买批量决策指标

随后企业需要决策购买多少资材的问题,购买批量指每次购买的数量,其主要决策指标是资材的经济购买批量。计算每一种资材的经济购买批量公式:

$$\text{某种资材经济购买批量} = \sqrt{\frac{2 \times \text{年需求量} \times \text{每次购买的业务成本}}{\text{单位资材年度储存费用} + \text{资材单价} \times \text{年利率}}}$$

将求出的所有资材经济购买批量总和经统筹安排后与企业仓储能力比较,若能力许可,则可得下列购买成本、购买时间的决策统计指标:

$$\text{某种资材年度最低供应成本} = \frac{\text{年需求量}}{\text{经济购买批量}} \times \text{每次购买的业务成本} + \frac{\text{经济购买批量}}{2} \times \left(\text{单位资材年度储存费用} + \text{资材单价} \times \text{年利率} \right)$$

$$\text{某种资材年经济购买次数} = \frac{\text{某种资材年需求量}}{\text{某种资材经济购买批量}}$$

$$\text{某种原材料年内经济购买时距} = \frac{\text{全年生产经营日数}}{\text{某种资材年经济购买次数}}$$

三、企业原材料投入统计

（一）原材料收、支、存的统计

1. 原材料收入统计

（1）原材料收入数量统计。原材料收入数量即进货量，是指企业报告期收到的经检验合格的办理了入库手续的原材料数量。在途的或未验收的原材料数量一般不作为收入数量统计。但因生产急需未经验收直接投入生产使用的原材料数量则应统计收入数量。

（2）原材料收入质量统计。企业原材料收入质量指标有：① 原材料收入量计划完成率指标。将不同的原材料进行收入实物量计算，以反映对各品种原材料需求量的齐备性。② 原材料收入误工天数指标。原材料收入品种完成了计划，但进货时贻误日期，此指标反映原材料收入的及时性。③ 收入原材料合格率指标。除了从数量、品种、时间外，还应从原材料质量上统计。

2. 原材料消费量统计

企业原材料消费量指在报告期内企业实际使用的各种原材料数量。它包括企业用于劳动对象、劳动资料维修、技改措施、劳动保护、办公用品消耗等在生产经营中使用消费的所有原材料。统计原材料消费量是为了反映原材料的使用方向和使用数量，为以后确定物资需要量提供依据。

3. 原材料拨出量统计

原材料拨出量是指企业报告期实际拨出的已办理出库手续的原材料数量。也就是说，无论是因为什么原因拨出的，也无论是采用什么价格拨出的还是借出的，只要改变了原材料的使用权办理了出库手续，一律以拨出量统计。

4. 原材料库存量统计

原材料库存量也就是原材料储备量。原材料储备量有下列几种情况：

(1) 经常储备量。它是指在前后两批原材料供应间隔期内,为保证生产正常进行,所需要的原材料储备量。它是由供应间隔期和平均每日计划需要来定的,其数量是经常变动的。当刚收到原材料时为最高储备量,到下一次原材料进货前夕为最低储备量。

(2) 保险储备量。它是指为防止供货脱节,造成原材料的供应中断而保有的原材料储备量。其数量由保险天数和平均日需用量两个因素确定的,保险天数可按过去到货误期天数来确定。

原材料储备定额有最高储备定额和最低储备定额两种。原材料最高储备定额等于经常储备的最高储备量加保险储备量,原材料最低储备定额等于经常储备的最低储备量加保险储备量。

把原材料期末库存量与原材料储备定额对比,说明其超储或低储的情况。用以表示原材料储备能否保证生产正常进行。

$$原材料实际库存量-储备定额=超(+)或低(-)储量$$

分析原材料实际库存量是否属于超储备或低储备时,应分别用最高储备定额与最低储备定额来衡量,当库存量界于最高与最低储备定额之间时,应认为是合理的储备。

(二) 企业原材料消耗统计

1. 原材料消耗总量指标

它是指在生产或提供某种产出(产品或劳务)的全过程中实际耗用的某种原材料的全部数量。

企业产品原材料消耗总量指标是指生产某批产品自开始投料到制成成品的整个生产过程中实际消耗的某种原材料的全部数量,包括该批产品中的合格品、次品和废品实体所耗用的原材料数量,以及在生产过程中的工艺性损耗及边角余料。

2. 单位产出的原材料消耗统计

单位产出原材料消耗即单耗,是指生产或提供的符合规定质量标准的产品或劳务平均消耗的原材料数量,该指标越小,说明产出所需原材料的消耗水平越低。

(1) 单位工业产品原材料消耗量指标。

$$单耗 = \frac{生产某种产品的原材料总消耗量}{产品产量}$$

(2) 单位工程建筑材料消耗量指标。该指标是指每单位工程成果平均消耗的建筑材料数量。它有两种计算公式：

$$\frac{单位面积建筑}{材料消耗数量} = \frac{单位工程某种建筑材料消耗总量}{单位工程竣工面积}$$

$$\frac{单位工程万元建安产值建筑}{材料消耗数量} = \frac{单位工程某种建筑材料消耗总量}{单位工程建安产值(万元)}$$

(3) 单位商品流转额材料消耗量指标。该指标是指每单位商业生产成果平均消耗的材料数量。常以材料费用总额计算单耗。例如：

$$\frac{单位商品流转额}{包装材料消耗} = \frac{报告期投入包装材料的费用总额}{报告期商品流转额}$$

3. 原材料消耗定额执行情况检查

它是通过计算原材料消耗定额完成率来反映的。其计算公式如下：

(1) 单一产品生产采用的公式：

$$原材料消耗定额完成率(\%) = \frac{单耗}{单位产品计划消耗定额} \times 100\%$$

(2) 多种产品生产采用的公式：

$$\frac{多种产品原材料消耗}{定额综合完成率(\%)} = \frac{多种产品生产实际耗用的原材料总量}{按计划原材料消耗定额计算的实际产量原材料消耗总量} \times 100\%$$

该指标是个逆指标，计算结果等于100%或者小于100%表示完成或超额完成计划，而大于100%表示没有完成原材料消耗定额计划。

(三) 主要原材料利用率

它是反映工业企业主要原材料的利用程度的一个相对指标。计算

公式如下:

$$主要原材料利用率(\%) = \frac{合格产品中包含的原材料数量}{投入该产品生产的原材料总量} \times 100\%$$

主要原材料是指在产品生产过程中用量较大的原材料,如钢材、铝材和钢材等。原材料利用率指标越接近100%,说明原材料的利用程度越高。

四、企业能源投入统计

(一) 能源的一般问题

能源是指能够产生或提供某种形式能量的原材料。通常我们把来自于自然界的煤、石油、天然气、太阳能与地热等称为一次能源;而把一次能源加工转换生产出的产品称二次能源。按能源的使用情况不同,又可以分为常规能源和新能源。国际上采用两种标准燃料计算:一是标准煤;二是标准油。我国采用标准煤计算:以每千克发热量7 000大卡的标准煤作为能源换算的统一计量单位。计算公式如下:

各种能源标准煤量 = Σ(某种能源实物量 × 该种能源折算标准煤系数)

(二) 企业综合能源消费量统计

1. 企业收入能源消费总量

该指标是指报告期内企业消费的各种能源的总和。它从能源供应角度反映企业能源消费总量的指标,可作为编制企业能源供应计划和分配计划的依据。计算公式如下:

企业收入能源消费量 = 年初库存量 + 年内收入量 − 年内拨出量 − 年末库存量 − 盘盈量 + 盘亏量

2. 企业综合能源消费量

它是指报告期内企业用于生产经营活动的各种能源总和。它是从能源消耗角度反映企业能源消费总量的指标,可作为计算企业能源消费水平和节能量的依据。有两种计算公式如下:

(1) $\dfrac{\text{企业综合}}{\text{能源消费量}} = \dfrac{\text{企业收入}}{\text{能源消费量}} - \dfrac{\text{自产二次}}{\text{能源销售量}} - \dfrac{\text{回收利用}}{\text{余热余能量}}$

(2) $\dfrac{\text{企业综合}}{\text{能源消费量}} = \dfrac{\text{企业能源}}{\text{最终消费量}} + \dfrac{\text{能源加工}}{\text{转换损失量}} - \dfrac{\text{回收利用}}{\text{余热余能量}}$

$= \dfrac{\text{企业能源}}{\text{直接消费量}} + \dfrac{\text{能源加工}}{\text{转换投入量}} - \dfrac{\text{能源加工}}{\text{转换产出量}} - \dfrac{\text{回收利用}}{\text{余热余能量}}$

(三) 单位产品能源消耗量统计

1. 单位产品单项能耗

该指标是指企业生产某种产品所消耗的某种能源的数量,它是检查单位产品燃料或动力消耗定额的依据。计算公式如下:

$$\text{单位产品单项能耗} = \dfrac{\text{该种产品某种能源消耗量}}{\text{该种产品产量}}$$

该指标只反映能源的节约和浪费,但不能反映企业能耗的全貌。

2. 单位产品综合能耗

该指标是反映企业在一定时期内生产经营全过程能源消耗水平的指标,它可以用产品的实物量(即产量)或价值量(即产值)进行计算。

(1) 单位产量综合能耗。该指标反映企业在一定时期内生产某种产品的能源消耗水平。计算公式如下:

$$\dfrac{\text{单位产量综合能耗}}{(\text{吨标准煤/吨})} = \dfrac{\text{某种产品综合能耗(吨标准煤)}}{\text{某种产品产量(吨)}}$$

(2) 单位产值综合能耗。该指标是反映企业在一定时期内能源消耗总水平和总效果的主要指标,又称为万元产值综合能耗。计算公式如下:

$$\dfrac{\text{万元产值综合能耗}}{(\text{吨标准煤/万元})} = \dfrac{\text{企业综合能耗(吨标准煤)}}{\text{企业总产值或增加值(万元)}}$$

(四) 节能量和节能率指标

1. 节能量

它是指在生产某产品时,由于改进生产工艺,进行综合利用、加强管理等措施,在其他条件不变时,报告期比基期少消耗的能源数量。计算时,可以按实物量分别计算,也可以折合为标准煤。可以按单一产品

计算;也可以综合计算。计算公式如下:

$$节能量=\left(\begin{array}{c}报告期单位产\\品能源消耗量\end{array}-\begin{array}{c}基期单位产\\品能源消耗量\end{array}\right)\times\begin{array}{c}报告期\\产\quad量\end{array}$$

2. 节能率

它是反映节约程度的一个相对指标。计算公式如下:

$$节能率(\%)=\frac{节能量}{按基期能源消耗水平和报告期产量计算的综合能源消费量}\times100\%$$

五、企业设备投入统计

(一) 企业生产经营设备的概念与分类

1. 企业生产经营设备的概念

企业生产经营设备是企业生产经营活动的劳动资料的主要组成部分,也是企业固定资产的主要组成部分。

企业生产经营设备包括生产经营性设备和动力设备以及用于计量、检测、信息处理与控制的设备。

企业生产经营性设备是指劳动资料中直接作用于劳动对象或直接服务于消费者的,其价值可计入固定资产的设备。如厂房、道路、仓库和简单的生产经营工具都不是生产经营设备。

根据企业生产经营性设备在企业生产经营中的不同用途可进一步细分,例如工业生产设备可分为专业生产设备和通用机械设备;宾馆业经营设备可分为客房设备、餐厅设备、游乐健身设施等。

2. 企业生产经营设备的主要分类

(1) 按技术等级分:① 国际先进水平;② 国际水平;③ 国内一般水平;④ 国内落后水平。

(2) 按自动化程度分:① 自动化生产线;② 半自动化生产线;③ 机器人、机械手。

(二) 企业生产经营设备数量统计指标

1. 企业生产经营设备的数量统计

第八章 企业外部环境和内部生产经营条件统计

（1）实有设备。该指标是指企业实际拥有的、可供企业调配的全部生产经营设备的数量。

（2）已安装设备。它是指实有设备中已安装在一定地点或移动式使用的，经过验收合格正式投入生产经营的设备。

（3）实际使用设备。它是指已安装设备中，在报告期内使用过一个班次以上的设备。

（4）完好设备。它是指性能良好、运转正常、零部件齐全、原料燃料油料消耗正常等条件的设备。

2. 企业生产经营设备数量统计的指标形式

（1）设备期末数量＝设备期初数量＋本期增加数量－本期减少数量

（2）设备期内平均数＝$\dfrac{设备期末数量＋设备期初数量}{2}$

（三）企业生产经营设备潜力分析指标

1. 实有设备安装率

$$实际设备安装率(\%)=\dfrac{已安装设备数}{实有设备数}\times100\%$$

此指标反映报告期实有设备中尚未安装设备的潜在力量。

2. 设备完好率

$$设备完好率(\%)=\dfrac{完好设备数}{实有设备数}\times100\%$$

此指标反映报告期实有设备中有待维修设备的潜在力量。

3. 已安装设备使用率

$$已安装设备使用率(\%)=\dfrac{实际使用设备数}{已安装设备数}\times100\%$$

此指标反映报告期虽已安装但尚未使用设备的潜在力量。

4. 实有设备使用率

$$实有设备使用率(\%)=\dfrac{实际使用设备数}{实有设备数}\times100\%$$

此指标反映报告期实有设备中未装、未用设备的潜在力量。

实有设备使用率＝实有设备安装率×已安装设备使用率

第五节 企业科技统计

一、企业技术市场供应统计

（一）技术市场的概念与技术商品的特征

技术市场是连接科学技术与经济活动的纽带，是企业引进科技商品的中介场所。科学技术最终能在技术市场上成为商品，必须满足两个条件：一是必须具有先进性；二是必须具有保密性。由于某项科学技术的先进性，其应用会带来巨大的经济效益，从而形成一种对先进技术的广泛需求；又由于这种先进的技术成果具有独占性，因此要获得该项技术成果并将它实际应用，必须通过交易。

（二）技术市场供应统计的内容

技术市场供应统计是企业了解技术市场供应状况、市场规模水平及其变化，反映技术成果商品化程度的主要途径，其基本任务是对技术市场的发展状况进行调查、分析、判断，为适时引进先进技术提供依据。

1. 技术引进合同统计

签订各类技术合同是企业技术市场活动的主要内容。了解、分析各类技术引进合同的成交数量、成交金额以及成交比率等，更是统计研究的重点之一。反映技术引进合同成交的指标有：① 技术引进合同份数。② 技术引进合同金额。③ 技术引进交易额。④ 技术引进实际金额。⑤ 技术引进交易净支出额。⑥ 技术引进合同成交率。

2. 技术引进来源统计

技术引进来源统计主要指技术引进的合同的来源统计。通常是按技术的供应方进行分类统计。

3. 企业技术引进投资经费统计

第八章　企业外部环境和内部生产经营条件统计

企业技术引进的根本目的在于提高企业的技术水平和创新能力,因此在引进技术的同时,尚需根据企业的实际情况选择那些易于消化吸收、见效快、能为企业所用的高起点的先进技术。企业技术引进投资经费统计是指按企业报告期引进的技术项目统计其投资经费总额,并就所有的项目进行汇总。投资经费总额一般可分为三个部分:一是技术费用和设备费用;二是消化吸收费用(或试制投产费用);三是开发创新费用。技术引进项目的投资经费统计能为估算技术引进的产出和效益提供基础数据。

二、企业科技需求统计

（一）企业科技需求统计的概念

它是指企业为了竞争、发展的需要,利用企业与应用社会科技成果,增加企业要素投入的科技含量,从而推进企业产出的科技水平,提高企业经济效益,从科技需求的数量与数量关系上进行的统计。

（二）企业科技需求统计的内容

首先对企业劳动资料、劳动对象、劳动力素质的科技进步统计,生产过程机械化、自动化、电气化程度与新工艺采用情况统计,企业管理组织与方法的科技现状统计。在此基础上,与同行、国内乃至国外先进企业比较,找出差距,正是企业科技需求统计的内容。

1. 劳动资料科技进步统计

（1）设备技术先进水平统计。设备的技术水平可参照国际、国内同种设备的技术参数划分等级,然后通过选用设备平均等级指标或设备先进技术水平系数来反映企业的设备技术先进水平。

设备平均等级指标。计算公式如下:

$$设备平均等级 = \frac{\Sigma(某种设备技术等级 \times 某种设备数量)}{全部设备数量}$$

它是通过计算全部设备技术等级的平均数,说明企业设备的总体技术水平。

设备先进技术水平系数。计算公式如下：

$$设备先进技术水平系数 = \frac{达到国际国内先进水平的设备数量}{全部设备数量}$$

该指标说明企业设备的总体技术水平，指标值越大表示企业设备的技术水平越先进。

(2) 设备更新水平统计。用技术先进的新设备对陈旧设备进行替代置换是推进企业设备科技进步的主要措施，为反映企业设备的更新状态可计算设备更新率。计算公式如下：

$$设备更新率(\%) = \frac{期末已投入使用的新设备数}{期末已更新的设备数 + 期末尚未更新的设备数} \times 100\%$$

此指标值越大，说明企业设备的技术先进水平越高。

(3) 设备技术改造水平统计。对原有设备进行技术改造，使这些设备达到改造时的先进水平也是推进企业设备科技进步的主要措施，为反映企业设备的技术改造状态可计算下列指标。

设备技术改造率。计算公式如下：

$$设备技术改造率(\%) = \frac{已进行技术改造并投产的设备数}{应进行技术改造的设备数} \times 100\%$$

设备经济寿命。计算公式如下：

$$设备经济寿命 = \sqrt{\frac{2 \times 设备最初投资额}{设备使用费年均增加额}}$$

此指标是确定企业技术改造适宜时间的分析指标。

(4) 现代化设备使用情况统计。该指标是反映企业劳动资料科技进步的重要尺度，需要对现代化设备如电子计算机、机器人、机械手的拥有量及其增长率指标进行统计。

2. 劳动对象科技进步统计

劳动对象科技进步统计的主要对象是新材料的使用，因为新材料的使用必须配以新工艺、新设备，所以劳动对象的科技进步是企业生产经营科技进步的出发点。劳动对象科技进步统计主要指标有：① 新材料品种率；② 新材料先进程度比率；③ 新材料价值工程系数比率。

3. 劳动力文化技能素质统计

劳动力是企业科技进步最重要的推动力，劳动力科技进步主要产生于劳动力文化技能素质的提高。统计指标有：

(1) 劳动力教育水平统计。通常采用企业从业者平均受教育年限。

(2) 劳动力技术水平统计。常用指标有：一线从业者平均技术等级，工程技术和管理人员获中高级职称占全体工程技术和管理人员人数的比重。

4. 生产经营过程科技进步统计

生产经营过程中科技进步的主要标志是生产经营过程的机械化、自动化、电气化以及新工艺的采用。现以工业企业为例说明指标的设置，其他行业可根据本行业的生产经营特点作出取舍和增列。

(1) 生产过程机械化水平统计。可通过生产机械化程度和劳动机械化程度两项指标反映。计算公式如下：

$$生产机械化程度(\%) = \frac{报告期用机械化方式完成的工作量}{报告期完成的全部工作量} \times 100\%$$

$$劳动机械化程度(\%) = \frac{报告期从事机械化操作的从业人员数}{报告期全部从业人员数} \times 100\%$$

(2) 生产过程自动化水平统计。可通过生产自动化程度和劳动自动化程度两项指标反映。计算公式如下：

$$生产自动化程度(\%) = \frac{报告期用自动化设备生产的产品数量}{报告期全部产品数量} \times 100\%$$

$$劳动自动化程度(\%) = \frac{报告期从事自动化操作的从业人员数}{报告期全部从业人员数} \times 100\%$$

5. 企业管理科技进步统计

(1) 管理装备科技进步统计。主要指标有：管理技术装备程度、办公自动化人员比重、管理技术装备利用率等。如：

$$办公自动化人员比重(\%) = \frac{使用办公自动化设备的工作人员数}{管理人员总数} \times 100\%$$

(2) 管理方法科技进步统计。计算公式如下：

$$\begin{matrix}最新版本计算机管理信息系统\\软件本企业化完成并投入使用\\与该系统软件首次发售时间差\end{matrix} = \begin{matrix}本企业化完成开始使\\用最新版本计算机管\\理信息系统软件时间\end{matrix} - \begin{matrix}最新版本计算机\\管理信息系统软\\件首次发售时间\end{matrix}$$

(三) 企业科学技术开发统计

$$新产品开发率(\%) = \frac{开发成功的新产品品种数}{全部开发产品品种数} \times 100\%$$

$$新产品投产率(\%) = \frac{正式投产的新产品品种数}{全部开发产品品种数} \times 100\%$$

$$新产品出口率(\%) = \frac{新产品出口额}{进出口总额} \times 100\%$$

$$\begin{matrix}产品现代\\化总系数\end{matrix} = \frac{\sum(某种产品年代系数 \times 某种产品产值)}{\sum(某种产品最新年代系数 \times 某种产品产值)} \times 100\%$$

三、企业科技引进决策分析指标

(一) 科技引进决策的最终标志

技术引进的目的归根到底是提高经济效益，因此经济效益是衡量技术引进成功与否的唯一标志，也是最终标志。

技术引进的经济效益具体表现在提高劳动生产率、增加产量、提高质量和节约原材料、能源等方面。这就要求决策人员对引进技术的技术参数、可能产生的效益有一客观公正的估计与比较，或者以社会平均经济效益作为引进技术的量化标准。

(二) 科技引进的经济效益分析指标

1. 劳动生产率提高的经济效益分析

技术引进是企业提高劳动生产率的有效途径，计算公式如下：

$$\begin{matrix}由于技术引\\进所节约的\\劳动力人数\end{matrix} = \frac{\begin{matrix}引进技术后报告\\期所创造的效益\end{matrix}}{\begin{matrix}引进技术前基期每一个\\工作人员所创造的效益\end{matrix}} - \begin{matrix}引进技术后\\报告期平均\\工作人员数\end{matrix}$$

第八章 企业外部环境和内部生产经营条件统计

2. 产出质量提高的经济效益分析

由于技术引进,必然会提高产品或服务的质量、降低消耗,从而提高企业的经济效益。可以从以下指标加以反映:由于技术引进提高合格率而增加的产量;节约的原材料、能源数量;改善劳动条件和生产环境等。

3. 原材料、能源消耗节约的经济效益分析

技术引进后,所引起产品结构或生产工艺改进,可能是代用品采用或综合利用,或者是以节能为中心开展设备技术改造。进行技术引进前后的原材料、能源节约量或金额比较。因为,原材料、能源消耗的节约是衡量技术引进经济效益的重要指标。

4. 机时节约的经济效益分析

技术引进后,由于设备或者工艺效率的提高,会引起单位时间产出的增加,也就相当于机时的节约。因此,机时的节约也是衡量技术引进经济效益的重要指标。

5. 技术引进的规模经济效益分析

引进的技术应该是最新的或先进的技术,在决策是否引进技术时,要考虑引进后的推广问题,因为更可观的效益产生于规模效应。最常用指标有:

(1) 引进计划完成程度与达产时间。计算公式如下:

$$\text{引进计划完成程度}(\%) = \frac{\text{引进技术竣工投产后年实际产出量}}{\text{引进技术年设计能力}} \times 100\%$$

$$\text{达产时间} = \text{引进技术竣工投产后年产出量首次达到设计能力的时间} - \text{引进技术竣工投产的时间}$$

当引进计划完成程度为100%,达产时间越短,说明规模经济效益越好。

(2) 引进技术推广程度。具体指标有:

$$\text{引进技术产出量占同种产品产出量的比重}(\%) = \frac{\text{报告期引进技术产出量}}{\text{报告期同种产品产出量}} \times 100\%$$

$$\text{引进技术企业向外推广程度}(\%) = \frac{\text{报告期企业向外转让引进技术的用户数}}{\text{报告期同行业内能够采用引进技术的用户数}} \times 100\%$$

上述指标值越大,说明引进技术的推广程度越好,企业可能获取的效益越多。

6. 引进技术的产品潜在市场分析

引进技术的产品市场是企业引进技术获取收益的生命线,是企业决策引进技术前必须明确估计的问题。分析的基本指标有:

(1) 潜在市场容量。通过市场调查和预测作出判断。

(2) 潜在的市场占有率。计算公式如下:

$$\text{潜在的市场占有率}(\%) = \left(1 - \frac{\text{潜在市场供应量}}{\text{潜在市场容量}}\right) \times 100\%$$

四、企业科技投入统计

(一) 企业科技人力统计

1. 企业科技人力总量构成变动统计

(1) 企业科技人力资源的概念。它是指企业中具有一定的科学技术知识水平的新型从业者的总称。包括:合格的科技人员(具备必要资格和具有从事科技活动能力的人员)、从事科技活动的人员(直接从事科技活动或提供直接服务的人员)、从事研究与发展(R&D)活动人员(从事基础研究与试验发展活动的人员)。

(2) 企业科技人员总量与构成及变动统计。

第一,企业从事科技活动人员总量统计。该统计是指报告期在企业中从事各类科学技术活动的人员总数量,一般采用自然人数统计和约当(折合)全时工作量统计两种方式。

第二,企业从事科技活动人员结构统计。将企业从事科技活动人员按工作岗位、技术领域、研究类型、学历、职称、年龄、成果水平、经济效益等等标志进行分类,如企业从事科技活动人员占企业科技人力投入的比重、博士学历占从事科技活动人员的比重、高级职称占从事科技活动人员的比重等反映总体特征和内部结构配置合理性。

第三，企业科技人员变动统计。它是将企业科技人员的各种数量的动态比较指标，科技人员的增减量(率)反映总的变动状况，调入、调出(率)的变动状况反映企业对科技人才的吸引力。要分析主要原因，以便研究对策。

第四，企业科技人员利用状况统计。包括客观评价指标和主观评价指标。

客观评价指标。这类指标主要计算各类企业科技人力投入占企业科技人力资源的比重，以反映企业科技人员资源开发利用程度。

主观评价指标。这类指标主要用以反映企业科技人员对企业的向心力，主要有调离倾向率、对工作环境的满意率、希望兼职率等。

2. 企业科技人员劳动效率统计

(1) 企业科技人员劳动效率的概念。它是指企业科技人员的劳动成果的数量与相应的活劳动消耗量的对比，它是反映企业科技人员创造力的主要指标。

(2) 企业科技人员劳动效率统计指标。

第一，企业科技人员实物量劳动效率指标。

由于各类科技人员的劳动成果有所区别，故应分别计算劳动效率指标。如：

$$\text{应用研究科技人员的劳动效率} = \frac{\text{报告期已通过鉴定的为实现实用目标提供的技术、方法和途径的项目个数}}{\text{报告期应用研究科技人员平均人数}}$$

$$\text{试验与发展研究科技人员劳动效率} = \frac{\text{报告期已通过鉴定的对已有系统、材料、工艺、产品、技术所作的实质性改进或创新的项目个数}}{\text{报告期试验与发展研究科技人员平均人数}}$$

第二，企业科技人员价值量劳动效率指标。

企业科技人员实物量劳动效率指标具有科技成果类别明确、具体的优点，但不能反映科技成果的应用价值，且汇总困难。因此，需要计算价值量的科技人员劳动效率指标。

科技人员人均科技成果转让收入。科技成果转让收入是指企业将科技成果出售给企业以外的客户所获得的货币金额。计算公式如下：

$$\text{科技人员人均科技成果转让收入} = \frac{\text{报告期企业科技成果转让收入}}{\text{报告期企业科技人员平均人数}}$$

科技人员人均科技成果增量收入。科技成果增量收入是指企业将科技成果应用于本企业的生产经营活动所产生的广义收入的增加量。计算公式如下：

$$\text{科技人员人均科技成果增量收入} = \frac{\text{报告期企业科技成果应用产生的收入增量}}{\text{报告期企业科技人员平均人数}}$$

（二）企业科技经费投入规模分析指标

评价企业的科技经费投入是否充足，除了要观察其投入总量外，还须观察科技人员的人均科研经费投入水平、科研经费总量占企业全部生产经营费用的比重等指标，才能正确认识企业科技财力状况。

（1）企业科技经费投入增长率。该指标的时间序列能充分反映企业的科技活动是否逐步发展与决策者是否有进取性。

（2）企业科技经费投入占企业总费用支出的比重。该指标反映了企业科技经费的投入在企业的总费用中所处的地位及其规模水平。

（3）企业人均占有科技经费投入与企业科技人员人均占有科技经费。前者从总体上反映企业对科研的重视水平，体现了企业形象和产出的科技含量；后者反映了企业科研人员的装备规模，是企业科研出成果的重要条件。

本 章 小 结

企业在市场经济体制下，要生存求发展，必须进行科学管理，而企业经济统计是企业科学管理的基础，从信息搜集与分析开始，产生意向，通过市场预测把握发展前景，根据资金劳动力物资等限制条件作出

第八章 企业外部环境和内部生产经营条件统计

投资决策,然后按照预期实施经营控制,最后对经营效果作出综合评价所涉及的统计方法。

本章把企业外部环境与内部生产经营条件结合作为分析的思路,而资金是企业生存和发展的前提条件,因此介绍企业资金供应市场、资金需求、企业筹资决策、企业资金投入统计;在企业生产经营过程中,人的劳动是最重要的决定性因素,因此介绍劳动力市场供应、企业劳动力需求、企业劳动力投入、企业劳动定额考核统计。然后介绍企业资材市场供需、资材购买、企业原材料能源投入、企业设备投入统计。最后介绍企业技术市场供应、企业科技需求、企业科技引进决策分析指标、企业科技投入统计。

练习与思考

一、单选题

1. 企业科学管理的各个环节都离不开( )。
   A. 统计　　　　　　　　B. 统计数据
   C. 统计方法
2. 资金筹集综合成本统计属于( )内容。
   A. 企业资金需求统计　　B. 企业筹资决策统计
   C. 企业资金投入统计
3. 设备先进技术水平系数的统计指标属于( )。
   A. 设备更新水平统计　　B. 设备技术先进水平统计
   C. 设备技术改造水平统计

二、多选题

1. 企业外部环境统计主要包括( )。
   A. 资金市场统计　　　　B. 供应市场统计

C. 要素市场统计 　　　　D. 产出市场统计

2. 企业微观投资环境统计的主要内容包括(　　)。

　A. 竞争者和竞争产品　　B. 用户或客户

　C. 基础设施和原材料　　D. 合作者

　E. 投资对象　　　　　　F. 供应者

　G. 劳动力

3. 企业资材需求统计包括企业资材需求(　　)。

　A. 数量统计　　　　　　B. 品质统计

　C. 质量统计　　　　　　D. 配置统计

　E. 时间统计

三、判断题

1. 市场竞争中的大量不确定因素只有依靠企业经济统计去发现规律,使企业管理建立在对市场经济正确认识的基础之上。(　　)

2. 劳动力损失指标 $= \dfrac{\text{未被利用小时数}}{\text{每人制度工作工时}}$ 　(　　)

3. 考察企业科技人员价值量劳动效率指标有:科技人员人均科技成果转让收入、科技人员人均科技成果增量收入。(　　)

四、计算题

1. 某机械加工车间 9 月份资料：① 制度工作日数 22 个工作日；② 工人平均人数 86 人；③ 车间一班制生产(8 小时)；④ 工人病事假合计为 436 个工时；⑤ 停工为 950 个工时；⑥ 工人参加各类会议占用 572 个工时；⑦ 加班加点 148 个工时。

　根据以上资料计算以工时表示的出勤率和制度工时利用率。

2. 某企业资料:报告期生产甲产品投入钢材 5 000 千克,生产完成甲产品 402 件,经检验 400 件合格,其余废品。甲产品材料消耗定额 12 千克。产品净重 10 千克。

第八章 企业外部环境和内部生产经营条件统计

根据以上资料：① 计算单耗；② 计算甲产品钢材利用率；③ 检查材料消耗定额的执行情况。

五、思考题

1. 在市场经济环境中企业科学管理对企业经济统计有何需求？
2. 证券发行筹资成本统计指标有哪些？
3. 叙述企业劳动力配置统计指标。
4. 简述劳动力招聘测试指标。
5. 企业劳动力投入有几种分类？
6. 简述资材购买决策指标。
7. 企业生产经营设备潜力分析指标有哪些？
8. 简述企业科技需求统计的内容。

第九章 工业企业产销统计

工业是国民经济的主导产业。工业企业产销统计主要介绍了产出需求市场、供应市场统计指标,与产出的市场份额决策、开发决策、销售渠道决策、价格决策、销售推广策略、销售服务策略统计。最后介绍了工业产出的实物产量、定额工时产量、价值量、品种质量统计,为工业企业的生存、竞争和发展决策提供数量上的依据。

第一节 工业企业产出供需市场统计

工业企业产出的供需市场统计的意义在于:对企业产出供需市场调查研究,并在此基础上对需求市场的前景作出预测,然后经过对企业内部条件和企业生产经营要素供应市场的配合研究,提出若干方案,以供企业领导决策。因此工业企业产出供需市场统计对工业企业生存、竞争和发展都有着非常重要的意义。

一、工业企业产出需求市场统计指标

工业企业产出需求市场是指在一定时期内,社会用于中间消费或最终消费类同本企业产出的所有需求总量。其中已实现的需求量可用下列指标反映,例如:

1. 工业产品销售量

它是说明某一时期各行各业生产的符合规定的质量标准或订货合同规定的技术条件的工业产品销售给本单位以外的总量指标,它反映工业企业生产成果已经实现销售的数量。它应根据国家统计局颁布的

产品目录分别统计。

企业要重视所属行业的工业产品销售量及其出口量统计。

2. 社会商品销售总额与社会商品零售总额

社会商品销售总额指各行各业对本单位以外出售的商品总额,包括对生产经营与批发零售贸易单位的批发额、对农民的农业生产资料销售额、对居民和社会集团商品零售额及直接出口额。

社会商品零售总额指各行各业出售给居民、农民、社会集团的消费品和出售给农民的农业生产资料,以及农民出售给居民的农副产品的总和,是一定时期已实现的社会商品购买力。

该指标不仅受上期末社会商品积余购买力、本期货币支付能力的影响,而且还受市场商品供应货源的丰歉程度、物价等变化影响。

企业要重视所属行业的社会商品销售总额与零售总额统计。

3. 原材料、能源消费量

它是说明某一时期各行各业为生产经营活动所实际投入消费的原材料、能源总量的指标。它必须根据国家统计局颁布的原材料、能源目录统计,因此它能明确揭示某种原材料、能源某一时期的市场的实际需求量。

企业要重视相关行业的原材料、能源消费量统计。

二、工业企业产出供应市场统计指标

工业企业产出供应市场是指在一定时期内,类同本企业产出的所有产品或劳务可提供社会消费或再生产的总量。其主要的统计指标有:

1. 工业产品生产能力

它是指企业生产某种产品的全部设备的综合平衡能力,即在一定时期(一般为一年)内,生产类同产品的工业企业以劳动力、原材料、动力、资金等条件充分满足为前提,由配套生产设备正常开动所能生产的全部产品数量。它须根据国家统计局颁布的产品目录统计。它表明某一时期该种工业产品市场不含进口的最大理论供应量。

企业要重视所属行业的类同产品的生产能力及其替代产品、新产品生产能力的形成。

2. 工业产品生产量

它是指在一定时期内实际完工、符合质量标准并已办理入库手续的产品数量。它应按国家统计局颁布的产品目录统计。它是某一时期该种工业产品需求市场不包括进口的最大可能供应量。

企业要重视所属行业的类同产品生产量的变化。

3. 商品进口量

它是指在一定时期内实际进口,且经检验符合合同规定,并已办理入关手续的商品数量,它是某一时期该种商品需求市场进口的最大可能供应量。

企业要重视所属行业的类同产品进口量及其产地、价格、功能。

三、工业企业产出市场需求预测基本影响因素指标

1. 社会商品购买力

它是指一定时期内可用于购买商品的货币支付能力。货币支付能力指该时期货币收入总额减非商品性支出总额所得差值。

当期社会商品购买力指已实现的购买力(当期社会商品零售总额)加当期结余购买力(当期期末期初居民、农民储蓄存款余额差加居民、农民手存现金余额差的和)之和。

工业企业要重视分区域的社会商品购买力统计。

2. 货币流通量

它是说明某一时点(期末)市场流通中实际存在的现金的指标。它表现为居民手存现金和社会集团库存现金,是一种最容易实现的社会商品购买力。它与居民的工资性收入和非工资性收入水平的变化,以及银行储蓄存款余额的变化等情况有关。

3. 社会农副产品收购总额

它是指在一定时期内各行各业以及非农业居民向农业生产者收购的农副产品的实际价值总和。此指标的高低对农业生产资料和消费品制造等企业尤为重要。

4. 固定资产投资额与流动资产余额

固定资产投资额指某一时期各行各业投资于固定资产的金额，包括建造的建筑物、购置安装的机器设备等，是已实现的生产资料的购买力。

流动资金余额指某一时点（期末）各行各业可用于下一时期购置原材料、支付工资和其他生产费用的资金存量。

工业企业要重视相关产品的市场需求统计。

5. 原材料、能源期末库存量

它是说明某一时点各行各业所拥有的、具有支配权的、尚未投入消费的原材料、能源总量。应在下一时期抵扣的需求量。

生产资料生产、流通企业要重视相关行业的原材料、能源期末库存量统计。

6. 社会商品购销存总额

它是说明流通企业商品购销存总额变化的总量指标。购销两旺、库存稳定是市场繁荣的重要标志；反之，是市场萧条的预兆。

企业要重视所属行业的社会商品购销存总额的变动统计。

7. 物价指数

它是说明不同时期商品价格总体水平变动趋势和程度的相对数指标。如物价指数有社会零售物价总指数、职工生活费用价格指数、农产品收购价格指数、农村工业品零售价格指数、工业品出厂价格指数等。

企业要重视所属行业的分类物价指数、本企业产出的价格水平区间及与之相关的价格弹性系数。

8. 普及率

它是指耐用消费品在居民户中的普及程度。普及率反映耐用消费品的饱和状况，能估计所处于生命周期哪一阶段的重要标志。

企业要重视本企业类同产品及意欲开拓新产出的普及率,以便作出开发、引进、仿制等不同的决策。

第二节 工业企业产出市场营销活动统计

一、工业企业产出市场营销活动统计的意义

工业企业产出市场营销活动是企业产出与消费者(或生产用户)沟通的连接点,通过活动使消费者(或生产用户)满足现实需求,并引导其潜在需求,同时企业产出的价值得以实现,企业在市场经济中为生存、竞争、发展所进行的一系列经营活动的总和。

工业企业产出市场营销活动统计的意义在于:一系列的产出营销策略统计与评价指标体系设计是围绕着企业市场营销活动展开的。企业产出市场营销活动的成功与否,是企业生产经营成败的关键。因此企业产出市场营销活动统计对企业整体经营活动具有极其重要的作用。

二、工业企业产出的市场份额决策统计

通过市场份额统计不仅可以了解企业现有产出的市场地位,而且要为增强企业产出的市场竞争力以便拓展市场,为获取企业的目标利润作出决策。常用指标有:

(一) 市场占有率

$$\text{企业商品市场占有率}(\%) = \frac{\text{报告期本企业商品销售量}}{\text{报告期同种商品市场销售总量}} \times 100\%$$

$$\text{劳务市场占有率}(\%) = \frac{\text{报告期已销售的劳务工作量}}{\text{报告期已销售的同种劳务工作总量}} \times 100\%$$

企业不但要观察本企业各种产出市场占有率动态变化状况,而且密切注视竞争对手市场占有率动向。

（二）市场覆盖率

$$市场覆盖率(\%) = \frac{报告期本企业产出营销地区数}{报告期本企业产出能够营销地区数} \times 100\%$$

当企业的市场供应率（即：本企业产出生产量占同类产出生产总量的比值）大于市场占有率，就可以通过提高市场覆盖率来提高市场占有率。

（三）企业产出的市场竞争力统计

商品市场竞争力指在其功能、寿命、可靠性、安全性、经济性、外观、包装、价格、生产能力、单位成本、售后服务、商标、广告、市场占有率、市场供应率、市场覆盖率等各方面的领先地位；劳务市场竞争力指在其项目、内容、方便、舒适、快捷、可靠、安全、经济、悦目、等候时间、价格、可供能力、广告、市场占有率、市场供应率、市场覆盖率等各方面的领先地位。

企业产出的市场竞争力指标是通过企业现有产出与主要竞争对手类同产出的比较，选择具有竞争潜力的企业产出，作为下一时期企业营销的主攻目标，以扩大市场份额的决策。可用相关指标倍率来评价竞争的强弱。主要指标有：

1. 销售量倍率

$$销售量倍率 = \frac{报告期本企业某种产出销售量}{报告期本企业主要竞争对手同种产出销售量}$$

此指标属正指标，其值越大说明本企业的市场竞争力越强。

2. 市场零售价格倍率

$$市场零售价格倍率 = \frac{报告期本企业某种产出市场零售价格}{报告期本企业主要竞争对手同种产出市场零售价格}$$

此指标属逆指标，其值越小说明本企业的市场竞争力越强。

（四）企业产出的市场盈利力统计

通过描述市场占有率、覆盖率、销售量倍率等指标，来显示企业产出的市场份额，以表明企业产出在市场中的竞争力，其目的是谋取盈

利。市场盈利力统计是为了选择企业产出中的主导产出,以便对各种现有产出作出是继续拓展或逐步收缩退出的决策,常用指标有:

1. 盈亏销售量

$$\text{税前保本销售量} = \frac{\text{本企业现有产出生产经营的固定费用}}{\text{该种产出的单价} - \text{该种产出的单位变动费用}}$$

该指标是反映企业生产经营某种产出的盈亏安全线指标,销售量超过此指标企业才开始盈利。

$$\text{税前目标利润销售量} = \frac{\text{本企业某种现有产出生产经营的固定费用} + \text{该种产出目标利润}}{\text{该种产出的单价} - \text{该种产出的单位变动费用}}$$

$$\text{税前目标利润销售额} = \frac{\text{本企业某种现有产出生产经营的固定费用} + \text{该种产出目标利润}}{1 - \text{该种产出的单位变动费用占单价的比重}}$$

目标利润销售量是营销目标的根本条件,目标利润销售额是营销目标的最终结果。

2. 边际利润率

$$\text{边际利润率}(\%) = \frac{\text{报告期比基期本企业某种产出销售利润额增长量}}{\text{报告期比基期本企业该种产出销售量增长量}} \times 100\%$$

此指标数值逐渐趋向于零时,在排除销售成本大幅提高、销售价格大幅下降的影响后,则说明本企业该种产出的销售量在现有市场已近最高水平,应考虑转移或退出营销重点。

边际利润率指标是考察本企业某种产出盈利力变化速率的指标,应随时观察其动态变化。

三、企业新产出开发决策统计

(一) 企业产出生命周期决策统计

企业生产的产品或提供的服务项目,都会经历投入(试销)、成长、成熟、衰退四个阶段。各阶段的社会销售量,一般来说差异很大。在产出的投入期,由于消费者对企业产出的结构、性能等方面不了解,买的人较少,销量增长较慢;在产出的成长期,由于消费者对企业产出有了较多的了解,并接受了企业的产出,销量会迅速增加;在成熟期,企业产出销售稳定,市场倾向饱和;衰退期,产品销售开始下降。四个阶段的鉴别指标为:

$$\text{某种产出销售量动态边际增长率}(\%)=\frac{\text{报告期销售量增长率}}{\text{报告期时间(月)增长量}}\times 100\%$$

该指标分母一般取一个时间单位,增长率值所经历的 $0.1\%\sim 10\%$、$>10\%$、$10\%\sim 0.1\%$、$<0.1\%$ 四个区间即分别为生命周期的四个阶段。

$$\text{某种产出市场扩散度}=\frac{\text{某种产出截至报告期累计实际消费者数量}}{\text{该种产出目标市场理论消费者总和}}\times 100\%$$

该指标以某种产出目标市场理论消费者总和进入市场的时间服从正态分布为前提,则扩散度所经历的 ① $0\sim 2.5\%$(概率度≤-1.96);② $2.5\%\sim 10\%$($-1.96<$概率度≤-1.65);③ $10\%\sim 70\%$($1.65<$概率度≤ 0.52);④ $70\%\sim 84\%$($0.52<$概率度≤ 1.0);⑤ $84\%\sim 100\%$(概率度≥ 1.0)等五个区间即分别为生命周期的投入期、成长前期、成长后期、成熟期、衰退期等阶段。

另外,还可以用产出普及率指标予以界定,经验标准是小于 5% 时为投入期;$5\%\sim 50\%$ 时为成长期;$50\%\sim 90\%$ 时为成熟期;大于 90% 时为衰退期。

所以,企业要根据产品生命周期的不同阶段,清醒地预测企业产品的未来销售量,根据不同阶段,果断作出经营决策,提高企业的竞争能力和经济效益。

(二)企业新产出开发决策统计

根据企业开拓产出需求的潜在市场、延伸产出功能策略,当新产出予以开发,如何决策?通常采用盈亏平衡销售量、获利概率、技术经济比值和指标予以评判。

1. 盈亏平衡销售量

该指标主要以不同开发策略资金、资源投入的差别导致新产出盈亏平衡销售量(计算式见前文盈亏销售量)的大小抉择,显然小者为优。

2. 获利概率

该指标根据不同开发策略的目标利润实现概率(假设利润额的预测服从正态分布)和亏损概率的大小抉择,显然前者大为优、后者小为优。

$$获利概率 = F\left(z = \frac{目标利润额 - 期望利润额}{利润额的标准差}\right)$$

据概率度 z 计算结果,查单侧标准正态分布表,即得获利概率;当目标利润为零时,经计算查表,即得亏损概率。

3. 技术经济比值和

该指标根据不同开发策略的技术比值与经济比值之和的大小抉择,一般在 1.2~1.5 以上选优。

$$技术比值 = \frac{新产出各项功能质量指标分值之和 \div 指标项数}{4}$$

该指标是对分子的各项指标评分,继而计算平均分,然后除以最高平均分得比值。对指标评价由优到劣分为五个等级,分别为 4、3、2、1、0 分,故技术比值趋近于 1 为优。

$$经济比值 = \frac{新产出市场最低畅销价 - 单位新产出税前目标利润}{单位新产出实际制造费用}$$

该指标的分子可视为单位新产出的目标制造费用,据经验,经济比值不得低于 0.7,也不得高于 1,显然趋近于 1 为优。

四、工业企业产出的销售渠道决策统计

企业销售渠道是指企业产品(或劳务)所有权转移至消费者(或生产用户)的途径。销售渠道有直接与间接、宽与窄、长与短之分,如何进行销售渠道抉择?以比较不同销售渠道的经济效益为依据,通过计

算"渠道获利平衡点"指标取得。

该指标是以企业直接销售获利为标准来取舍间接销售方式,当预计销售量大于指标值——平衡点销售量时,取直接销售;反之,取间接销售。

$$\frac{平衡点}{销售量} = \frac{企业直销费用总额}{企业直销零售价 - 企业间接销售出厂价}$$

对于不同方式的间接销售,可分别计算渠道获利平衡点指标,再作出比较决策。

五、企业产出的价格决策统计

企业产出的价格决策统计,实际上是指企业应按照什么样的价格策略,即:企业依据产出成本、市场供求关系、同业竞争状况、政府价格政策等因素,按企业经营目标确定的价格对策,包括定价方针、价格目标和竞价方式等。它是企业营销决策的重要组成部分。企业产出价格是否科学、合理,将直接影响到企业经营目标的实现。

(一)企业产出定价方针指标

1. 投资报酬率和投资回收期

投资报酬率指标是企业年净利润与企业投资总额之比,其倒数是投资回收期。

以在一个预期的时间内收回投资为基准,作为企业产出的定价方针指标。其投资报酬率应高于银行存款利率的公认标准,该产出的生命周期大于投资回收期,预计有长期稳定的收益。

2. 市场占有率

以在一个预期的时间内占领市场为基准,作为企业产出的定价方针指标,以求长期利润。因为市场占有率的提高意味着利润的增加。有研究表明:税前利润率的市场占有率弹性为 0.5,即市场占有率每增长 1%,则税前利润率增长 0.5%。

3. 市场价众数

以市场价众数指标为基准,作为企业产出的定价方针指标,是企业同类产出在市场中最流行的价格。如本企业实力、规模弱小,以此定价可回避低价竞争引致竞争对手报复,以求企业的生存发展。

4. 最大目标利润

以企业某种产出的成本费用、产出能力、生命周期阶段、目标市场需求量等约束条件估计的目标利润最大值为基准,作为企业产出的定价方针指标。当在短期内获取超额利润,达到预期目标后,或大幅下调价格,倾销该种产出;或迅即退出该产出市场,开发新产出。由于高价高利会引起竞争者的大量进入,因此采取这种定价方针的一般是规模较小,且无名新兴企业,并在此领域占据绝对领先优势、极具新产出开发、创意能力强的企业。

(二)企业产出定价因素指标

1. 行业平均产出成本指标

企业产出价格的竞争,实质上是企业产出成本的竞争,通常企业产出定价的依据应该是行业平均产出成本,而不是单个企业的产出成本。

2. 价格弹性指标

它是用以分析市场供求关系的工具,包括需求价格弹性、供应价格弹性和交叉价格弹性。其计算公式分别如下:

$$\frac{\text{需求价格}}{\text{弹性系数}} = \frac{\text{报告期企业同类产出销售量增减率}}{\text{报告期企业同类产出销售价格涨跌率}}$$

① 指标值等于 0,说明销售量不动而价格在变动;② 指标值 +1~-1 之间,说明销售量变动缓于价格变动;③ 指标值等于 +1 或 -1,说明销售量变动等于价格变动;④ 指标值 >+1 或 <-1,说明销售量变动大于价格变动。第四种情况最有意义,依次顺序第一种情况无意义(正值表示变动方向一致、负值表示变动方向相反)。

$$\frac{\text{供应价格}}{\text{弹性系数}} = \frac{\text{报告期企业同类产出生产量增减率}}{\text{报告期企业同类产出供应价格涨跌率}}$$

第九章　工业企业产销统计

该指标值以+1、0、-1为界,分多种情况。考察的是供应量受价格变动的影响,企业可据其影响程度和自身条件来决策是否需要扩大生产。

$$\frac{交叉价格}{弹性系数}=\frac{报告期企业 A 类产出生产量增减率}{报告期企业 B 类产出销售价格涨跌率}$$

该指标值以+1、0、-1为界,分多种情况。考察的是 B 类产出的价格变动引起 A 类替代产出的销售量变动程度,企业可据其变动程度和自身条件来决策是否适时转产。

3. 市场均衡价

市场上的某种产出在价格竞争过程中达到需求量与供应量平衡的价格即为市场均衡价。

4. 指导价格、物价指数、税率等宏观经济和政府调控指标

企业在定价时充分考虑宏观经济因素和政府调控目标的变化。

5. 产出质量、销售量、流动资金周转速度、生命周期等企业微观指标

产出质量是企业定价的基础,背离质量的高价会导致企业经营的失败,背离质量的低价是一种定价策略。如定价不合理,会影响企业产出的销售量、流动资金周转速度,进而影响企业的盈利额;生命周期的不同阶段,有不同的策略。

(三) 企业产出定价导向指标

1. 成本导向指标

它是从生产供应者角度出发构造定价模式:

$$目标价格=\frac{目标成本\times(1+目标成本利润率)}{1-产出税率}$$

2. 利润导向指标

它是从市场需求角度出发,按盈亏平衡原则构造定价模式:

$$目标价格 = 保本价格+单位产出目标利润$$

其中

$$保本价格=\left(\begin{matrix}单位产出\\变动成本\end{matrix}+\frac{固定成本费用}{保本销售量}\right)\times\frac{1}{1-产出税率}$$

此种指标是以保本为基础,以实现利润为目标的模式。

3. 竞价导向指标

它是从占领市场角度出发构造定价模式:

目标价格 = 单位产出变动成本 + 单位产出边际贡献

目标价格 = 积压成本 + 单位产出变动成本

　　　　　+ 占用资金利息 + 库存费用

$$\text{目标价格} = \text{单位产出成本} + \frac{\text{期望税前单位利润} + \text{单位失标损失} \times (1-\text{中标概率})}{\text{中标概率}}$$

期望税前单位利润 = (目标价格 − 单位产出成本)×中标概率

　　　　　　　　+ (−单位失标损失)×(1−中标概率)

以上定价模式中:前指标不考虑固定成本费用,着眼于初创阶段欲以较低的定价去最大限度地占领市场,或为解脱企业产出不景气而保住市场。随着销售量的增长,分摊到单位产出上的固定成本费用迅速减少,同时产出边际贡献总额加速扩大,从而抵补了固定成本费用。中指标不考虑固定成本费用,着眼于前期已收回固定成本费或干脆是出于无奈,目标是尽可能减少损失。后指标着眼于投标竞价存在失标风险,故以期望税前单位利润为目标,求得目标价格。

(四) 企业产出定价决策的参考指标

企业产出定价决策的参考指标很多,诸如新产出的渗透(低价)、取脂(高价)、满意(中价)决策;迎合客户心理的整数、尾数、名牌(身价)、分级(按质)、安全(附加服务)决策;促销的现金折扣、数量折扣、季节折扣、特别让价决策;价格调整的少次大幅度、多次小幅度决策等等。价格如何抉择,应根据上述方针、因素指标的多层次研究,然后依据导向指标制定目标价格,最终决策。

六、企业产出销售推广策略统计

产品销售推广简称产品推销,是企业通过各种手段将商品或劳务信息传递给消费者或生产用户,激发人们购买欲望、促进购买决策、实现购买行为的全过程。在市场经济条件下,产品销售推广活动,是企业产出价值实现过程,它关系到企业的生存与发展的大问题。

销售推广的方式主要有:广告、公共关系、人员推销、营业推广等,它们各有特色。

(一)广告促销的统计评价

广告是销售推广的有效方式之一,其主要作用是传播信息、诱发购买、指导消费、促进竞争。评价广告促销的指标有:

1. 广告媒体的统计评价

广告媒体有报纸、杂志、广播、电视、宽带网络、邮政专递、声讯电话、户外固定、户外移动等等,在选择过程中,关键性的抉择指标是广告传播密度,又称为广告显露总数。计算公式如下:

$$\text{传播密度（总次数/天）} = \frac{\text{报告期某种媒体广告接触人(或家庭)数} \times \text{报告期某种媒体广告个人(或家庭)接触次数}}{\text{报告期天数}}$$

2. 广告效果的统计评价

(1)传播效果评价。主要采取问卷回收统计收视率、收听率、读者率、略知者率、深知者率、联想者率、知后传播者率等。

(2)销售效果评价。主要计算三个指标,它们分别是:

$$\text{广告边际收益(百元/元)} = \frac{\text{报告期销售额(百元)} - \text{基期销售额(百元)}}{\text{报告期广告费(元)} - \text{基期广告费(元)}}$$

该指标以每增加一元广告费所增加的销售额来说明广告费投入的经济效益,当边际收益趋近于零时,说明广告费已无必要继续投入。

$$\text{追加广告费销售额倍率} = \frac{\text{报告期追加广告费地区销售额增量}}{\text{报告期不追加广告费而基期销售量相当地区销售额增量}}$$

$$\text{减少广告费销售额增减倍率} = 1 - \frac{\text{报告期减少广告费地区销售额增量}}{\text{报告期不减少广告费而基期销售量相当地区销售额增量}}$$

当倍率≤1,缩减率趋近于零时,说明广告费的继续投入已无必要。

此两个指标对销售水平相当不同市场进行实验后,以广告费变动的敏感性来说明广告费投入的经济效益。

(二) 公关促销与营业推广促销的统计评价

1. 公关促销的统计评价

公关促销是指企业依托各种社会活动调整与社会公众的关系,以建立良好的企业形象和信誉,提高企业的知名度,引起消费者和生产用户对企业各种产出的注意,从而获得促进销售的效果。

公关促销的具体方法:① 每间隔1~2年作一次知名度问卷调查,计算各种比率,并与以前各次调查作动态比较;② 每2~3年就企业的整体发展作全面统计分析,重点是企业的业种、规模、收入、盈利等方面的动态分析。

2. 营业推广促销的统计评价

营业推广促销是通过赠品、折价、优惠券、分期付款、有奖销售、特价、以旧换新、咨询服务、现场服务、推销奖金等多种形式刺激客户的购买行为和中间商推销积极性,较多用于消费品市场的以推出新产出和扩大老产出市场的间断性、一时性的销售活动。

营业推广促销通常在每次活动前后都应进行评估。事前就不同形式的预期效果进行充分讨论,宜用"专家会议法"选择观点趋同的方案,或用"实验法"进行几种比较选优的方法;事中对顾客的年龄、职业、收入等特征标志及购买动机、价格高低、服务要求、满意程度等主观标志,宜用"问卷调查法"进行调查,同时根据每天统计客流量、成交人次数、营业额等指标,随时监控营业推广期间实绩决定延期或结束;事后应对调查问卷、每天统计数据进行整理分析,汇总营业推广期间的营业收入、盈利水平等指标,最后对该次促销进行评估。

(三) 人员促销的统计评价

人员促销是企业通过派出推销人员与客户直接接触,提供本企业的产出信息,以诱导消费者或生产用户的需求,激发中间商经销或代理的欲望,实现客户购买本企业产品或劳务的销售活动。

企业人员促销活动通常设置有如下统计指标体系:月推销成交额、成交额占企业销售总额的比重、月受理订货额、受理成交率、直接推销费用、推销额费用率、毛利额、日均推销额、月走访客户人次数、应收货款周转天数等来评价推销人员的促销实绩。

七、企业产品销售服务策略统计

企业产业的方向,由生产向服务转移。产品销售服务是指企业售前开通在线专家智能导购服务,个性化在线定制服务,在客户网上订购后,企业送货上门;售后为客户提供产品安装、调试等服务,解决产品修理服务,赔偿因产品质量造成的损失等工作,达到使用户满意的目的。优良的销售服务的策略就是促进了产品销售推广。

1. 反映销售业务服务情况的统计指标

(1) 产品"三包"服务统计。对产品实行"三包"(包修、包换、包退)可以消除用户对产品的疑虑和不信任感,能提高企业的信誉,增强产品市场占有率。

内容主要有:"三包"产品数量、价值、维修劳动量;成品赔偿率;平均赔偿费用;"三包"产品修赔费用率等。

(2) 接待用户和访问用户情况的统计。通过互联网、专业网站可以建立企业与用户的密切关系,深入了解本企业产品的状况,收集用户对产品的评价和改进意见,决策层可以根据反馈信息确定企业的客户群,制定开拓、稳固市场的战略。

主要内容有:网上浏览、来函、来电的人次数;专访用户单位数、人数;用户对产品质量、交货期、配件供应、服务等所提意见条数;用户意见处理率等。

2. 反映使用指导服务情况的统计指标

内容主要有:网上、电视、广播、报刊宣传指导次数;现场指导安装、调试、修理台数;产品目录、使用说明书本数等。

3. 反映销售技术服务情况的统计指标

内容主要有:参加技术咨询、交流的人数;技术咨询效果;用户参加使用、维修培训的人数;技术培训效果等。

4. 反映产品维修服务网点情况的统计指标

内容主要有:维修网点数、维修人员数、检修台次数、修理费用总额、平均小时修理费、零部件及备品配件销售量等。

根据维修网点的统计信息资料,可进一步分析本企业那些产品维修次数最多及主要原因,作为企业改进产出工作的依据。

第三节 工业产出数量统计

一、工业产品实物量统计

(一) 工业产品的概念及其分类

1. 工业产品的概念

工业产品是指工业企业进行工业生产活动的直接有效的成果。也就是说,它必须同时具备下列四个条件才能作为工业产品统计。

(1) 它是工业企业进行生产活动的成果。凡未经本企业加工制造而转售的外购的产品或材料,均不能视为本企业的工业产品。

(2) 它是工业企业工业生产活动的成果。如工业企业从事的非工业生产活动,就不能统计为工业产品。

(3) 它是工业企业工业生产活动的直接成果。它是指工业企业工业生产活动的直接目的产品,在工业生产过程中同时完成的具有独立使用价值的产品称为联产品,也是工业产品。

(4) 它是工业企业工业生产活动的有效成果。即生产中出现的次品和废品不能视为工业产品。如验收,虽达不到质量标准或设计要求,但尚能使用,并能取得折价收入的产品,一般可降级(判为次品或等外品)统计为企业产品。

2. 工业产品的基本分类

(1) 按工业产品的表现形态可以把工业产品划分为实物产品和工业性作业价值产品。

实物产品是指工业生产活动的结果改变了原材料的实物形态同时创造出新的使用价值的产品，如由钢材加工成冰箱、洗衣机等产品。

工业性作业价值产品是指工业生产活动的结果只表现为对原产品使用价值的恢复或者增加其价值量，如设备的修理等。

(2) 按工业产品的完成程度把工业产品划分为成品、半成品和在产品。

成品是指完成了企业内的全部加工工序，经检验合格并办理了入库手续的齐备产品，可随时提供社会需要。

半成品是指完成了企业内一个车间或几个车间加工工序，并检验合格，但仍需在企业继续加工的产品。对于完成了部分工序的加工经检验合格直接出售的产品，以成品对待。

在产品是指正在工序上加工的或者加工完毕有待检验入库的产品。

(二) 工业产品实物产量统计

1. 工业产品实物产量的概念

它是指在一定时期内企业实际生产的符合产品质量标准的准备销售的成品数量。它以实物单位计算的产品产量。

工业产品实物产量是一定时期企业工业生产活动的最主要的劳动成果，它的变化直接关系到企业对市场的供应能力。

2. 企业工业产品实物产量统计原则

(1) 必须符合《工业产品目录》原则。目录规定了统计范围、名称、计量单位、分类标准以及计算方法等。凡是名称进入目录的产品，都必须统计实物产量。

(2) 必须符合质量、时间、入库原则。质量原则是指凡统计实物产量的工业产品必须是通过检验的合格产品和仍可使用并可作工业品销售的次品;时间原则是指严格规定统计期间,即以日历时间的最后一天的最后班次的下班时点为统计工业产品实物产量的截止时点;入库原则是指必须是已检验合格并办理了入库手续的工业产品才能统计实物产量。

3. 工业产品实物量指标

工业产品实物产量指标可以分为混合产量和标准实物产量。

(1) 混合产量。它是指把名称、用途相同,但型号规格不同的同类产品按其实物单位直接相加的总产量。

(2) 标准实物产量。又称折合量,是把经济用途相同,而不同型号规格或含量的同类产品按一定的折算系数折算为某一标准规格或标准含量的实物数量。其计算方法如下:

$$标准实物产量 = \Sigma(实物产量 \times 折算系数)$$

$$折算系数 = \frac{某产品的实际规格或含量}{标准品规格或含量}$$

例如,10 吨含氮 60% 的化肥与 10 吨含氮 100% 的化肥不能简单加总成 20 吨化肥,若含氮 100% 为标准,把不同含氮量的化肥按上述公式进行折算,则 10 吨含氮 60% 的化肥折合成 6 吨标准化肥,这样合计为 16 吨含氮 100% 的标准化肥。

二、工业产品定额工时产量统计

(一) 工业产品定额工时产量的概念

它是用劳动量表示的工业产品产量,即以劳动时间(工时定额)作为不同产品的共同计量单位计算的产品总量。

工业产品定额工时产量统计是企业统计工作的重要内容。通过对工时产量统计,可以及时了解并掌握生产进度、工序间的衔接、工人的劳动效率等,对合理地组织安排生产、调配劳动力、计算劳动生产率、修订产品或零件的工序工时定额诸方面都是必要的。

(二) 工业产品定额工时产量指标

$$\begin{matrix}\text{企业(车间、班组、个人)}\\ \text{完成的定额工时产量}\end{matrix} = \Sigma \left(\begin{matrix}\text{零件工序}\\ \text{工时定额}\end{matrix} \times \begin{matrix}\text{合\ 格}\\ \text{品数量}\end{matrix} \right) + \begin{matrix}\text{承接的外协加工}\\ \text{实足工时产量}\end{matrix}$$

工业企业汇总定额工时产量的方法有两种：一种是从工人个人到班组、到车间、再到企业逐级汇总，计算出工人个人、班组、车间和企业的实际完成定额工时数；另一种是分产品分工种汇总，计算出各种产品各工种实际完成定额工时数。在逐级汇总计算车间、企业实际完成定额工时数时，应扣除由于本单位(班组或车间)责任造成的间接废品工时。所谓间接废品工时，是指由于后工序、后车间加工的产品发生报废而造成以前各工序、各车间合格品工时报废的废品工时。例如，某零件加工到第四道工序发生报废，则前三道工序的合格工时也成为间接废品工时，应从定额工时总数中扣除。只有从各班组、车间汇总的定额工时数中扣除影响前面各工序、各车间的间接废品工时，才会等于车间、企业实际完成定额工时数。

(三) 生产进度统计与分析

为了保证全面地完成生产计划，需要在计划的执行过程中，随时掌握进度并根据生产的发展趋势，兼顾有利和不利因素，预计一定时期内能否完成计划，便于及时采取措施，克服薄弱环节影响，确保生产计划完成。分析方法结合举例说明如下：

例 9.1 某企业 2014 年资料：① 全年计划工业增加值 650 万元；② 1～4 月累计实际完成工业增加值 210 万元(84 个工作日数)；③ 5～12 月完成 166 个制度工作日数。

要求：① 预计年计划的完成程度；② 说明完成年计划提前或不足的天数。

第一步，计算 1～4 月平均实际日产量。

$$210 \div 84 = 2.5(\text{万元})$$

第二步，预计全年完成的工业增加值。

$$210 + 2.5 \times 166 = 625(万元)$$

第三步,预计年计划完成程度。

$$\frac{625}{650} \times 100\% = 96.15\%$$

第四步,说明完成年计划提前或不足的天数。

$$166 - \frac{650 - 210}{2.5} = 166 - 176 = -10(天)$$

这说明,如果按照1~4月的平均实际日产值水平继续生产,到年底只能完成全年工业总产值计划的96.15%,按时间测算尚需10个工作日。这提醒工业企业的领导注意,必须采取有效措施,才能保证生产任务完成。

三、工业产品价值量统计

工业产品价值量指标主要有:工业总产值、工业增加值指标等,下面分别叙述。

(一)关于工业产品价值量指标计算时的价格问题

工业产品价值量指标计算时有两种价格,即现行价和不变价。

1. 现行价格

它是指报告期正在实行的产品出厂价格。

2. 不变价格

它是指是国家或上级主管部门统一制定的某一个历史时期固定不变的产品价格,又称固定价格。其目的是消除价格变动对价值量指标的影响。

3. 价格的换算问题

在实际工作中,有时要求以不变价格计算价值量指标时,就需要进行价格计算,换算的具体方法是:

(1)不变价格换算系数。为了消除价格变动对价值量指标的影响,便于工业企业历年价值量指标的对比分析,需要计算交替年价格换算系数。所谓交替年,是指同时采用新旧不变价格计算价值量指标的年份。

$$\frac{\text{不变价格}}{\text{换算系数}}=\frac{\text{交替年按新的不变价格计算的价值量}}{\text{交替年按旧的不变价格计算的价值量}}$$

(2) 换算基年产值。

$$\frac{\text{基年按新的不变}}{\text{价格计算的产值}}=\frac{\text{基年按旧的不变}}{\text{价格计算的产值}}\times\frac{\text{不变价格}}{\text{换算系数}}$$

例9.2 某企业计算2012年对1971年工业总产值的发展速度,资料如表9-1所示。

表9-1

某企业工业总产值情况表

（万元）

年份	按1970年不变价格计算	按1980年不变价格计算	按1990年不变价格计算
1971	420		
1981	1 080	1 040	
1990		1 847	1 958
2012			5 800

$$\text{交替年价格换算系数}=\frac{1\ 040}{1\ 080}\times\frac{1\ 958}{1\ 847}$$

$$=0.96\times1.06=1.018$$

1971年按1990年不变价格计算的总产值为:

$$420\times1.018=427.56(\text{万元})$$

$$\text{2012年比1971年工业总产值发展速度}=\frac{5\ 800}{427.56}\times100\%$$

$$=1\ 356.53\%=13.56(\text{倍})$$

(二) 企业工业总产值

1. 企业工业总产值的概念和内容

(1) 企业工业总产值的概念。它是以货币表示的工业企业一定时期生产的工业最终产品和提供工业性劳务活动的总价值量指标。企业工业总产值统计必须遵循"工厂法"原则,即工厂内部不得重复计算产品价值。它的计算有不变和现行出厂价两种方法计算。

(2) 企业工业总产值包括的内容:① 自备原材料生产成品价值。② 订货者来料生产产品的加工费。按财务会计部门实际收到的加工费计算。③ 已完成的工业性作业价值。它主要包括企业对外承作的加工和修理价值,对本企业非生产部门的加工、修理价值。④ 列入固定资产账户的自制设备价值,可以按照实际生产费用计入工业总产值。⑤ 半成品、在产品的期末期初结存量差额价值。对于这部分价值原则上应计入工业总产值。在实际处理上,可以有下列方法:

如果会计产品成本核算中包括了半成品、在产品的成本则计算工业总产值;如果会计产品成本核算中未计算半成品、在产品则不计算工业总产值。

2. 具体问题处理

(1) 对于工业企业生产的产品,如工具、模具、量具、卡具、电力和蒸汽等,凡属工业产品生产中用的部分一律不再计算产值,而对外销售和企业内非工业生产部门使用的则一律计算产值。

(2) 企业利用"三废"生产副产品,本企业工业生产自用的不再计算产值,而对准备销售或已经销售的部分应计算产值。

(3) 企业自制或外购的包装器材,若属于一次性使用的则不再单独计算产值。企业自制的属于多次重复使用的包装器材,应在完成的当期一次计入产值,以后不得重复计算。

(4) 凡产品有保修期规定的企业,在保修期以内的修理价值不计算产值;超过保修期的产品修理价值要计入产值。

(三) 企业工业增加值

1. 企业工业增加值的概念

它是指工业企业一定时期内以货币形式表现的工业生产活动的最终成果。它以现行出厂价计算的,是企业生产过程中新增加的价值。

2. 企业工业增加值计算方法

(1) 生产法。

$$\text{企业工业增加值} = \text{企业工业总产出} - \text{企业工业中间投入}$$

目前我国工业增加值的实际计算公式如下：

$$\begin{aligned}\text{工 业}\atop\text{增加值} &= {\text{工业总产值}\atop(\text{现行价})} - {\text{工业中间投}\atop\text{入(不含税)}} + {\text{本期应交}\atop\text{增 值 税}}\\ &= \text{企业现价工业总产值} + \text{企业工业废品、废料销售价值}\\ &\quad - [\text{直接材料} + (\text{制造费用} - \text{工资} - \text{福利费用} - \text{折旧})\\ &\quad + (\text{销售费用} - \text{工资} - \text{福利费用}) + (\text{管理费用} - \text{工资}\\ &\quad - \text{效益工资} - \text{福利费用} - \text{折旧} - \text{税金} - \text{保险费})\\ &\quad + \text{利息支出}](\text{不含税}) + \text{本期应交增值税}\end{aligned}$$

(2) 分配法。

$$\begin{aligned}\text{工 业}\atop\text{增加值} = {\text{劳 动}\atop\text{者报酬}} + {\text{固定资}\atop\text{产折旧}} + {\text{生 产}\atop\text{税净额}} + {\text{营业}\atop\text{盈余}}\end{aligned}$$

工业增加值是适应社会主义市场经济管理的需要，在新国民经济核算体系中，全面反映工业生产发展的规模、速度、效益和结构的新的总量指标；它是国民生产总值的重要组成部分，为计算国民生产总值提供可靠依据；它具有可比性，便于和西方各国进行统计指标对比。

(四) 企业工业销售产值

它是以货币表现的工业企业在一定时期内销售的本企业生产的工业产品总量。该指标强调的是销售和视同销售，因此无论是否本期生产，只要本期销售均应计入。该指标可分别按现行价和不变价计算。

$$\begin{aligned}\text{企业工业}\atop\text{销售产值} &= {\text{销售成}\atop\text{品价值}} + {\text{已完工的对外工业性}\atop\text{作业劳务费结算价值}}\\ &\quad + {\text{对本企业工业}\atop\text{提供的成本价值}} + {\text{已完工的对内工业}\atop\text{性作业的成本价值}}\\ &\quad + {\text{生产周期 6 个月以上有订货客户的}\atop\text{半成品按已完成定额工时折算价值}}\end{aligned}$$

(五) 企业工业出口交货值

它是指工业企业在一定时期内交给外贸单位或自营(委托)出口的

产品价值,以外汇结算的批量边贸、内贸产品价值,外商来料加工、来件装配、补偿贸易等价值的总和,是有出口产品企业的现行价工业总产值的组成部分。

第四节　工业产品品种质量统计

一、工业产品品种统计

（一）工业产品品种的概念

它是指在经济用途基本相同的同一种类工业产品中,其实际使用价值有较大差别的工业产品。它是介于产品种类与规格型号花色之间的概念。

（二）企业产品品种统计指标

1. 产品品种统计的范围

产品品种统计范围是:企业产品的种类数、品种数、规格数、型号数、花色数,以了解企业产品的深度与宽度的现状和动态变化。

2. 产品品种计划完成率

它是针对企业内部管理高度计划性要求,责成生产调度职能部门严格产品品种计划管理的指标,其计算公式如下:

$$\text{企业品种计划完成率}(\%) = \frac{\text{报告期实际完成产量计划的品种数}}{\text{报告期计划规定应生产的品种数}} \times 100\%$$

$$\text{以产量(产值)计算的品种计划完成率}(\%) = \frac{\text{计划内实际完成产量(产值)之和(超计划部分扣除)}}{\text{计划产量(产值)之和}} \times 100\%$$

上述公式,前者忽略品种计划各自的产量(产值)规模;后者则予以考虑,其实质是以计划产量、价值作为品种计划重要性的权重。

3. 产品新品种替代率

它是指企业自行开发或引进的原未生产过的品种,该指标用以说明企业更新产品的力度,体现了企业产品组合变化状态。计算公式如下：

$$\text{产品新品种替代率}(\%) = \frac{\text{报告期投产的产品新品种数}}{\text{报告期停产的产品老品种数}} \times 100\%$$

二、工业产品质量统计

（一）工业产品质量的概念

它是指工业产品本身所应具备的特性或特征，包括产品的性能（功能）、寿命、可靠性、安全性、经济性和外观等六个方面。

工业产品质量指标有两大类：一类是反映工业产品本身的内在质量水平的统计指标，包括产品内在质量和外观质量；另一类是反映企业生产产品的工作质量的统计指标。

（二）反映产品本身的质量指标

1. 产品的平均技术性能或平均含量指标

产品的平均技术性能或平均含量，是指产品的物理、化学性能实际达到的水平，它是根据普遍检测或抽查检测而计算出来的。其计算公式如下：

$$\text{产品平均有效成分含量或浓度}(\%) = \frac{\text{各批(产量} \times \text{实际含量或纯度)之和}}{\text{各批检查化验产品产量之和}} \times 100\%$$

例如：

$$\text{试批显像管平均寿命} = \frac{\text{试批显像管每个实际寿命之和}}{\text{试批显像管个数}}$$

2. 产品质量分指标

该指标可用以综合产品全部质量特征的差异，最适用于轻工行业的装配性质的产品，例如照相机、自行车、手表等。

具体的方法是全部项目满分为 100 分，给每一项质量特征赋予标准分，根据实际检测结果，计算各项目得分总数，来反映产品全部质量状况的综合水平。

3. 产品等级品分类与平均等级

产品等级品分类是在符合产品质量标准的产品中参照同类产品

的国际标准,将达到国际先进水平的判为优等品,达到国际一般水平的判为一等品,其余的皆为合格品。在此基础上计算批量产品的平均等级,能判定本批产品总体上与国际水平之间的差距。计算公式如下:

$$\frac{平均}{等级} = \frac{0 \times 优等品产量 + 1 \times 一等品产量 + 2 \times 合格品产量}{优等品产量 + 一等品产量 + 合格品产量}$$

当平均等级大于1时,说明产品质量总体上离国际一般水平还有距离;小于1时,说明产品质量总体上已超出国际一般水平。该指标值越小,说明质量等级越高。

(三) 反映企业生产产品工作质量的指标

1. 产品合格率

它是指合格品占全部送检产品数量的比重指标。

$$产品合格率(\%) = \frac{合格品数量}{全部送检产品数量} \times 100\%$$

产品合格率越高,说明企业工作质量越高,但不能确切地反映产品本身的质量水平,必须结合产品平均技术性能指标,以及产品质量技术性能的各种指标进行分析。

2. 废品率

它是指废品占全部送检产品数量的比重指标。导致废品的原因可分解为工废、料废、其他废,而工废又分为:内废(即本车间内发现的废品)和外废(即外车间发现属于本车间责任的废品)。其计算公式如下:

$$\frac{车间责任}{废品率(\%)} = \frac{内废工时 + 外废工时}{合格品工时 + 内废工时} \times 100\%$$

$$\frac{全厂综合}{废品率(\%)} = \frac{内废工时 + 外废工时 + 料废工时 + 其他废工时}{合格品工时 + 内废工时 + 料废工时 + 其他废工时} \times 100\%$$

废品率越高,说明企业工作质量越差,可以用来分析废品产生的原因,但不能说明产品质量的好坏。

3. 返修率

它是指返修品占全部送检产品数量的比重指标。返修率一般按实物量计算,也可按实耗工时计算,又称返工率。

$$\frac{返\ 修\ 率}{(返工率)}(\%)=\frac{返修品数量(或返修工时)}{全部送检产品数量(或全部实耗工时)}\times 100\%$$

返修率(返工率)越高,说明企业工作质量越差。

本 章 小 结

本章从工业企业生产的产品角度出发,首先考虑工业产品销售量、社会商品销售总额与社会商品零售总额、原材料、能源消费量的需求市场统计,然后考虑工业产品生产能力、工业产品生产量、商品进口量的供应市场统计,在这基础上介绍了产出市场需求预测基本因素指标。工业企业产出市场营销活动统计是本章的重点,主要介绍了企业产出的市场占有率、覆盖率、竞争力、盈利力的份额决策统计,企业产出生命周期、新产出开发决策统计,产出的销售渠道决策统计,产出的价格决策统计,产出销售推广策略统计,产品销售服务策略统计。最后介绍了工业产品的实物量、定额工时产量、价值量统计,工业产品的品种完成率、新产品代替率指标,反映产品本身质量的有:平均技术性能或平均含量、质量分、等级品分类与平均等级指标,反映企业生产产品工作质量的有:产品合格率、废品率、返修率指标。

练 习 与 思 考

一、单选题

1. 工业产品生产能力、工业产品生产量、商品进口量是属于工业企业产出(　　)市场统计指标。

  A. 需求   B. 供应

2. (　　) = $\dfrac{报告期本企业产出营销地区数}{报告期本企业产出能够营销地区数} \times 100\%$

  A. 企业商品市场占有率   B. 市场覆盖率

  C. 市场竞争率

3. 产品"三包"服务统计、接待用户和访问用户情况的统计属于(　　)服务情况的统计指标。

  A. 销售业务   B. 使用指导

  C. 销售技术

二、多选题

1. 工业企业产出需求市场统计指标包括(　　)。

  A. 工业产品销售量

  B. 社会商品销售总额与社会商品零售总额

  C. 原材料能源消费量   D. 商品进口量

2. 企业新产出开发决策统计指标通常采用(　　)指标予以评判。

  A. 盈亏平衡销售量   B. 获利概率

  C. 技术经济比值和

3. 企业产出定价导向指标有(　　)。

  A. 目标导向指标   B. 成本导向指标

  C. 利润导向指标   D. 竞价导向指标

三、判断题

1. 平衡点销售量 = $\dfrac{企业直销费用总额}{企业直销零售价 + 企业间接销售出厂价}$ (　　)

2. 追加广告费销售额倍率 = $\dfrac{报告期追加广告费地区销售额增量}{报告期不追加广告费而基期销售量相当地区销售额增量}$ (　　)

3. 工业增加值＝劳动者报酬＋固定资产折旧＋生产税净额＋营业盈余
( )

四、计算题

1. 某工业企业 1985 年 10 月工业总产值按 1980 年不变价格计算为 1 250 万元,1990 年 10 月份工业总产值按 1980 年不变价格计算为 1 550 万元,按 1990 年不变价格计算为 1 880 万元,2010 年 10 月份产值资料如表 9-2 所示。

表 9-2

某工业企业不同价格产值情况表

单位：万元

项 目	按 1990 年不变价格产值	现行价格产值(不含税)
1. 用自备原材料生产的产品价值	1 300	1 810
2. 自制新产品价值	1 000	1 620
3. 自制设备成品价值	150	260
4. 准备销售的自制半成品价值	50	155
5. 对外完成的工业性作业价值	100	152
6. 对本厂生活福利部门加工修理价值	90	151
7. 自制半成品、在产品期末期初结存差额价值	300	385
8. 出售废料价值		50
9. 转售原材料价值		300
10. 自行完成的修路价值		110
11. 为外单位提供运输服务收入		100
12. 自行完成基建房屋价值		500

要求：

(1) 按不变、现行价格计算工业总产值；

(2) 计算1985～2010年工业总产值发展速度。

2. 某工业企业9月份工业总产值(不含税)与工业中间投入(年含税)资料如表9-3所示。

表9-3

某工业企业工业总产值与工业中间投入情况表

单位：万元

工业总产值(不含税)	价值	工业中间投入(不含税)	价值
一、成品生产价值	4 000	一、直接材料	1 850
1. 用自备原材料生产的成品价值	3 761	二、制造费用中的中间投入	58
2. 已销售的自制半成品价值	34	三、销售费用中的中间投入	8
3. 自制设备价值	154	四、管理费用中的中间投入	34
4. 提供给本厂生活福利部门使用的成品价值	51	五、利息净支出	15
二、对外加工费收入	188		
三、自制半成品,在产品期末期初差额价值	85.5		

另从该厂有关会计科目查找,得知如下资料：固定资产折旧额76.5万元,应付给与工业生产活动直接有关的职工工资363万元,奖金72万元,应付福利费48万元,保险费18万元；应交纳的增值税726.5万元,城市维护建设税8万元,教育费附加3万元。要求分别按生产法和收入法计算该厂9月份工业增加值。

3. 某企业9月份各车间产品质量检验情况如下：① 工具车间生产车刀300件,有30件不合格；② 铸工车间浇铸件共172吨,铸工车间检验有152吨合格,需要焊补的4吨,废品16吨,本月机加工车间又发现3吨铸件毛坯不合格,是废品；③ 机加工车间加工零件,检验结果有50 000分钟的定额工时产量合格入库,机加工车间发现废品定额工时共4 500分钟,其中：内废定额工时为1 370分钟,料废定额工时为1 130分钟.其他非车间责任废品定额工时为1 100分钟；在装配车间发

现,该种零件有 900 分钟的废品定额工时是由机加工车间责任造成的;
④ 装配车间共装配整机 112 台,在第 1 次送检时 106 台合格,需要返修 6 台,此 6 台返修后再次送检,有 2 台仍需返修;此 2 台经再次返修后为合格品。

要求计算:
(1) 工具车间的车刀合格率;
(2) 铸工车间的责任废品率;
(3) 机加工车间的责任废品率和综合废品率;
(4) 成品返修率。

五、问答题

1. 工业企业产出市场需求预测基本因素指标有哪些?
2. 企业产出市场竞争指标主要有哪些?
3. 简述税前目标利润销售量和边际利润率指标。
4. 简述技术经济比值和指标。
5. 叙述工业总产值、增加值、销售产值、出口交货值的概念。

第十章 房地产投资统计

房地产投资是指企业和个人为了取得房地产收益,直接或间接地投入用于房地产开发、经营、管理和服务的资金,它是固定资产投资的重要组成部分。房地产是房屋财产(房产)和土地财产(地产)的总称。随着社会主义市场经济的深入和发展,房地产企业经济在整个国民经济中的地位和作用越来越重要,房地产投资统计成为企业经济统计的重要组成部分。

本章首先介绍了房地产市场供需的统计指标,然后介绍房地产开发投资的统计、房地产经营和交易的统计、房地产的市场价格统计指标及其评价方法。

第一节 房地产市场需求和供给统计

房地产需求包括土地需求和房屋需求两大部分。土地需求是指人类在一定历史阶段为了生存和发展,进行各种生产和生活活动时对土地的需要总量。其包括农业用地需求和非农业用地需求两种形式。对土地的需求而产生的交易场所即地产市场。房屋需求是指一定时期内人们用有偿方式愿意承租和购买房屋的数量,是一种有支付能力的需求。包括住房需求和非住房需求两种形式。其交易的场所即为房产市场。

一、房地产市场需求统计

(一)地产市场需求统计指标

随着房地产市场化程度的不断提高,土地需求的转让由原先的批租转向土地招标、拍卖、挂牌、协议等方式,以使土地价格逐步回归真实价值水平。因此,目前土地市场需求统计指标可采用土地招标(拍卖)量等指标。

土地需求面积数指标反映某一时点(年末)某地各类土地需求者欲求征用土地的面积数,可以按各类土地等级的需求量分类统计。土地需求主要有商业用地、居住用地和工业用地需求。但是,不同城市各类型用地价格变化差异较大。通常,居住用地价格增幅高于商业用途和工业用途,而城市居住用地增长率最高,反映了商品房开发仍然是对土地的主要需求。

(二) 房产市场需求统计指标

对房产市场需求的统计,主要采用房产求购(求租)量、房产售(租)需求比例、商品房空置面积等指标。

1. 各类房产求购量(求租量)

该指标是某一时点上(一般年末)某地需要购买或租赁房产的面积数。该指标可按住宅和非住宅等各种类型房产分别计算。因为较难取得全面统计资料,一般可采用重点调查、典型调查或抽样调查等专门调查方法进行统计。

2. 各类房产购租需求比例

该指标为各类房产求购量指标与求租量指标的比例,计算公式如下:

$$房产售租需求比例 = \frac{房产求购量}{房产求租量}$$

此指标反映房产需求量中购房与租房面积的比例,为房地产市场的有效供应提高依据。

3. 商品房空置率

该指标是指报告期商品房空置数量占报告期可供销售、出租商品房数量的比重。计算公式如下:

$$商品房空置率(\%) = \frac{报告期商品房空置面积}{报告期可供销售出租的商品房面积} \times 100\%$$

$$\begin{matrix}\text{报告期可供销售}\\\text{出租商品房面积}\end{matrix} = \begin{matrix}\text{上年度商品}\\\text{房空置面积}\end{matrix} + \left(\begin{matrix}\text{本 年 度 竣}\\\text{工房屋面积}\end{matrix} - \begin{matrix}\text{本年度不可销售}\\\text{出 租 房 屋 面 积}\end{matrix}\right)$$

商品房空置率合理区间 15%～30%之间,空置适量,供求平衡,价格平稳,良性发展;小于此区间,一般认为供不应求;大于此区间,一般认为供大于求。

另外,要注意收集对房地产需求产生影响的相关信息,主要包括:人口变化与收入状况、利率与政策的变动状况、房地产需求层次状况、居住与投资变动状况;开工、将竣工的房地产数量和空置量状况、各类房屋预计更新情况等。

二、房地产市场供应统计

(一)地产市场供应统计

经营性土地使用权实行招标、拍卖和挂牌方式,有利于建立公开、公平和公正的土地市场,挂牌方式综合体现了招标、拍卖和协议方式的优点,而且具有招标、拍卖不具备的优势。因此,根据不同的土地用途实施不同的土地出让方式。竞争激烈的住宅用地、一般商业性用地、加油站等特种用地,均可采用挂牌方式。对于中低价房用地(动迁用房)拟采用土地邀请招标方式,而对于征地农民的动迁安置房,由于有其特殊性,市场性不强,建议以协议方式供地较妥。

地产市场供应统计,主要由土地招标、拍卖数量和已招标、拍卖及出租几部分统计组成,主要有以下几个统计指标:

1. 土地开发面积

该指标指由于房地产开发活动而在一定时期内各类土地开发利用的面积之和。

2. 可供招标(拍卖)土地面积数(一级市场供应量)

该指标统计年末或某一时点上已列入规划被批准可供招标、拍卖的土地面积数,能反映该时点上可供应的土地情况。

3. 已招标(拍卖)土地转让面积数(二级市场供应量)

该指标统计年末或某一时点上已被招标、拍卖但未被开发利用的可转让的土地面积数,能反映地产二级市场上土地供应状况。

4. 招标(拍卖)土地完全可供量

该指标为规划内可供招标、拍卖土地面积和已招标、拍卖土地可转让面积之和,即地产一二级市场的可供应总量。

5. 土地转让率

该指标是已转让土地面积数与规划的土地转让可供面积数之比,能反映实际土地出让的情况。其计算公式发如下:

$$土地转让率(\%) = \frac{已转让土地面积数}{规划的土地转让可供面积数} \times 100\%$$

$$= \frac{地产二级市场供应量}{地产一级市场供应量} \times 100\%$$

6. 土地有效利用率

土地资源是房地产业发展的命脉。土地资源的永续利用是实现房地产业可持续发展的物质基础,对于有限得土地资源,要按照可持续原则开发利用。土地有效利用率可以反映已开发土地的有效利用程度。其计算公式如下:

$$土地有效利用率(\%) = \frac{土地有效利用面积}{已开发土地面积 + 正在开发土地面积} \times 100\%$$

另外,要注意收集对房地产供给产生影响的信息,主要包括:现有房地产性质结构和数量、房地产开发成本及成本指数、新开发房地产面积(计划/开工/竣工)、预计开竣工日期、拆除或改变用途的房地产数量、可供开发的土地资源及规划要求等。

(二)房产市场供应统计

房产市场供应可有多种分类,如:出售、出租与转售、转租;二级房地产市场与三级房地产市场等。因此,形成以下房产市场主要的供应统计指标。

1. 房屋竣工面积

该统计指标是指一定时期内按照设计要求已全部完工,经验收合格,能具备居住或其他使用条件,可正式移交使用的房屋建筑面积。它能反映出售、出租等二级房地产市场在一定时期内的最大可供应的房产数量。

2. 房源可供出售(出租)量

该指标是年末或某一时点上可供出售或出租的各类房产面积数。它能反映房产开发商可能供应的状况,即二级房地产市场年末或截止某一时点的可能供应的房产数量。它通常按住宅、非住宅分类统计。

3. 房源可供转售(转租)量

该指标是年末或某一时点上可供转售或转租的各类房产面积数,它能反映三级房地产市场年末或截止某一时点的可能供应的房产数量。一般也按住宅、非住宅分类统计。

4. 房源完全可供量

该指标实际上是房源出售(出租)量和房源转售(租)量之和,也即房地产二三级市场的房产可供应总量。可按售与租分别统计。其计算公式如下:

$$\text{房源完全可供出售(出租)量} = \text{房源可供出售(出租)量} + \text{房源可供转售(转租)量}$$

$$= \text{二级房产市场可供出售(出租)量} + \text{三级房产市场可供出售(转租)量}$$

5. 可供房源售租比例

该指标反映了房产市场售和租的比例关系。其计算公式如下:

$$\text{可供房源售租比例} = \text{房源完全可供出售量} \div \text{房源完全可供出租量}$$

6. 可供房源售(租)与转售(转租)比例

该指标反映了房产市场二级市场与三级市场之间的关系。其计算公式如下:

$$\text{可供房源的售(租)与转售(转租)比例} = \text{房源可供出售(出租)量} \div \text{房源可供转售(转租)量}$$

三、房地产市场的供求关系分析

房地产的需求与供给是对立统一的关系,形成了房地产供求的矛盾运动。供求均衡和供求不均衡是这种矛盾运动的形态,而基本形态是不均衡的。

(一) 房产市场供求关系

房产按用途分为两种不同性质的房产,即住宅和非住宅,应分别研究其供求关系。

1. 城市住宅市场供求关系分析

(1) 一般而言,个人可支配收入水平是决定对住宅需求的重要因素。居民对别墅、高层房、多层房等不同住宅类型的需求弹性计算公式如下:

$$E_m = \frac{\Delta Q}{Q} \bigg/ \frac{\Delta M}{M}$$

式中 E_m——需求弹性;

       Q——需求量;

       ΔQ——需求量增量;

       M——收入;

       ΔM——收入增量。

住宅的需求收入弹性为较高的正值,则说明个人可支配收入的增加会直接导致对住宅需求的增加。

例 10.1   某市有别墅(A),高层房(B),各 20 万平方米建筑面积。别墅(A)的需求收入弹性系数为 4(别墅住宅需求收入弹性大,即收入增加快,需求量增加也快);高层房(B)的需求收入弹性系数为 1(高层住宅需求收入弹性小,即收入增加对需求量增加影响不大)。求居民收入水平提高 20% 和下降 10% 时,居民对别墅(A)和高层房(B)需求量的变化;同时分析别墅(A)和高层房(B)两种房产的利润与投资风险。

居民收入水平提高 20% 时:

$$\frac{\Delta Q_A}{Q_A}\bigg/\frac{\Delta M}{M}=4$$

$$\Delta Q_A = E_m \cdot \Delta M/M \cdot Q_A = 4 \times 0.2 \times 200\,000 = 160\,000(平方米)$$

$$\frac{\Delta Q_B}{Q_B}\bigg/\frac{\Delta M}{M}=1$$

$$\Delta Q_B = E_m \cdot \Delta M/M \cdot Q_B = 1 \times 0.2 \times 200\,000 = 40\,000(平方米)$$

说明居民收入增加,别墅住宅需求量大于高层住宅需求量,也就是说别墅住宅价格上涨将超过高层住宅,会使开发商获取更高利润。

反之,当居民收入水平降低时,别墅住宅需求量小于高层住宅需求量。也就是说别墅住宅价格下降幅度大于高层住宅,别墅住宅风险也大。

(2)房产供给也会随房产价格的变化而变化,供给弹性计算公式如下:

$$E_S = \frac{\Delta Q}{Q}\bigg/\frac{\Delta P}{P} = \frac{\Delta Q}{\Delta P} \times \frac{P}{Q}$$

式中　E_S——供给弹性;

　　　Q——供给量;

　　　ΔQ——供给量增量;

　　　P——价格;

　　　ΔP——价格增量。

2. 城市非住宅市场供求关系分析

城市非居住用房是除住宅以外的各类房屋的总称,主要包括商业用房和写字楼等。城市非住宅的用房市场需求主要取决于第三产业产值、第三产业从业人数、城市人口、居民收入水平等因素。城市非居住用房的供给有两种渠道:一是原有房产;二是新建房产。

城市非居住用房中原有房产的供需变动,很大程度上受经济形势变化影响。经济高涨时期,原有房产往往供不应求。经济衰退时期,原有房产往往供过于求。

城市非居住用房中新建房产的供需变动,往往受房产开发成本和房产价值差额变动,即房产开发所得利润变动的影响。新建房产的开发利润越高,供应量就越大,但需求量反而会因新建房产的价格偏高而减少。

(二)房地产需求满足率

1. 各类房产需求满足率

该指标是一定时间地点条件下的各类房产实际出售量(出租量)指标与各类房产求购量(求租量)指标之比,是房产二级市场供需平衡的指标。

2. 土地需求满足率

该指标是一定时间地点条件下的土地批租或转让、出租面积数与批租或转让、出租土地需求面积数之比,反映各类土地需求的满足程度,体现了地产供需的平衡关系。

(三)地产市场供求关系

1. 地产市场的土地需求分析

这里分析的土地需求主要是指非农业用地需求,是指人类在科学、文化、教育、住宅、道路及各种设施等方面对土地的需求。非农业用地需求会随着社会生产力水平的提高而增加,尤其是在中国的城市化进程中,以城市为中心的经济发展模式,更是导致城市的各种非农业用地需求量的急剧增加。

土地需求量同样具有一定的弹性,随土地价格的变动而变动。分析土地的需求弹性,可以研究土地需求量的变动规律。从土地需求角度看,盈利用途的土地需求弹性 E_D 较小,即,$0<E_D<1$,需求量并不会因价格的提高而大幅度减少;而非盈利用途的土地需求弹性较大,即 $E_D>1$,需求量会因价格的提高而有较大幅度的下降。

2. 地产市场土地供给分析

可供人们利用的土地称为土地供给,一般可分为自然供给和经济供给两类。自然供给指可供人们利用的土地数量,包括已被利用的土地和待开发的土地资源。土地自然供给是固定的,不受人为因素或社会经济因素的影响,因此不存在弹性。经济供给则指在土地自然供给基础上,通过投入劳动力、资金、技术进行开发后,成为可直接用作房地产开发的土地。一地区可供招标(拍卖等)开发的土地数量即为土地经济供给的数量,它是在土地自然供给基础上增加的供给数量,是个变量。土地经济供给量具有一定的弹性,随土地价格的变动而变动。

3. 地产市场的土地供需平衡分析

一个城市的土地开发和供应计划,一般由城市土地管理部门和规划部门按总体发展需求、土地发展潜力以及城市规划的要求制定。

对于一个国家或地区而言,土地供需平衡是相对的、暂时的,而不平衡则是绝对的。从实践看,土地供不应求是绝对的、普遍的,而土地供过于求则是个别的、暂时的现象。故而土地的价格一般会不断上升,且常常受房产价格的牵引,并同方向变动。

第二节 房地产开发投资统计

房地产开发经营,是指房地产开发企业在城市规划区内国有土地上进行基础设施建设、房屋建设,并转让房地产开发项目或者销售、出租商品房的行为。在实际的房地产开发运作中,通常有几种开发形式,即房地产合作开发、房地产联建、项目公司开发等形式。

一、房地产开发资源统计

房地产开发的劳动对象——待开发的土地、房屋和建筑材料;劳动者——房地产企业的职工及其组织;同时还应有劳动资料——房地产企业固定资产等,这些要素共同构成房地产开发的基本前提或开发资源。

(一) 土地

土地包括农村土地和城市土地,它们都可作为房地产开发或再开发的客体。可以计算有关土地的统计指标：土地面积及其构成、土地质量等级、土地利用程度、城市土地征用面积、土地征用费（包括土地补偿费、土地投资补偿费、安置补偿费）等。

（二）房屋

房屋在作为拆迁对象或改建扩建对象时，便作为房地产开发的客体。可以计算有关房屋的统计指标：房屋利用类型构成、房屋面积及其构成、房屋建筑年限、房屋质量等级、拆迁房屋数（包括拆迁面积、拆迁户数及人数）、拆迁补偿费等，其中两类房屋拆迁补偿金额计算公式：

（1）住宅房：

$$补偿金额＝基本价格\times(成新系数＋区位系数＋楼层系数)\times建筑面积$$

（2）商业用房：

$$补偿金额＝基本价格\times(成新系数＋区位系数＋道路系数＋使用性能系数＋楼层系数)\times建筑面积$$

式中的区位系数，是指因环境、交通，物业管理等不同造成的价格差异的调节系数。

该指标只是相对量，具体的拆迁补偿价格的计算方式和各个系数的规定不同地区不尽相同，所以，在实践中，要了解当地的相关房地产政策及规定。

（三）建筑材料

建筑材料是房地产开发的主要劳动对象，其价值一般占房屋开发工程造价的70%左右，可以计算有关建筑材料的统计指标：建筑材料收入量、消耗量及库存量、材料消耗定额完成程度、材料利用率等。

（四）房地产企业职工

房地产企业职工是专门从事房地产投资开发、中介服务（咨询、评估、经纪）和物业管理等业务的主体。可以计算有关劳动者的统计指标：职工人数及各类人员构成、工资及福利费水平、劳动生产率、劳动定额、劳动出勤时间和出勤率等。

(五) 房地产企业固定资产

房地产企业固定资产这里主要指建筑机械设备(土地房屋在前已述)。可以计算有关建筑机械设备的统计指标:机械设备数量、构成、装备水平、利用程度和生产能力、设备完好率、机械化程度等。

二、房地产开发投资统计

要实现房地产开发,除了具备开发资源以外,还需拥有开发资金,这就是房地产开发的投资。投资统计中主要包括投资环境、投资来源、投资额、投资构成、投资效果五个方面。

(一) 投资环境

投资环境是指资金得以有效运营的外部投资条件,包括自然因素、生态因素、社会因素、经济因素、政策法制因素、市场因素、竞争因素等。

(二) 投资来源

投资来源是指房地产开发吸收投资的渠道。主要包括自有资金积累转增投资、向银行等金融机构借款、以发行股票等方式吸收外界人士投资、发行公司债券、预收购房定金和委托单位建设资金等。投资来源统计主要反映各种渠道吸引的资金比例。

(三) 投资额

投资额也即投资规模,它是企业在一定时期内投入资金用于开发的积累结果,常以计划投资额和投资完成额分别表示企业计划与实际完成情况。

(四) 投资构成

投资构成是指企业将资金投资于开发活动的不同方面的比例大小,一般包括建筑安装工程投资、建设机械设备投资和其他投资(如运输设备投资、勘察设计投资等),这三种投资比例不同,表明房地产投资不同时期的不同侧重,它们之间有着密切的联系,共同构成房地产开发的投资总额。

（五）投资效果

投资效果表示房地产投资的成效，一般从建设工期、造价、投资回收速度以及投资效果系数等方面来考察。

三、房地产开发过程统计

工程开发是房地产开发的实质内容。可以计算下列统计指标：包括工程项目数、工程种类、开工面积、施工面积、工程进度（含施工工期、工程实际完成量及其完成率等）、工程质量等级、工程成本、工程事故数等。

四、房地产开发成果统计

房地产开发的成果是指房地产开发的直接产物，包括开发产物实物量和开发产物价值量。可以计算下列有关统计指标：实物量方面包括竣工面积、开发实物工程量、各类开发产品数量等；价值量方面包括施工产值、竣工产值、总产值、增加值等。

五、房地产开发投资决策因素分析

项目投资的影响因素大致可以分为四类，即资源供给因素、成本影响因素、房地产市场因素和国家宏观政策变化的影响因素。

（一）资源供给因素

1. 土地供给

能否获得和获得多少以及获得什么样的土地，是项目投资先决条件。土地的供给受城市规划和城镇建设新征土地计划的制约，通过城市规划管理部门和土地管理部门的资料，可以掌握计划期内土地资源供给的数量和可供给土地的位置以分析预期投资效益。

2. 资金供给

投资项目的资金来源主要是开发公司的自有资金、银行贷款和预收购房款。资金供给方面的分析有两方面内容：一是资金来源的总量平衡;二是资金来源的分阶段平衡,总量不平衡或是分阶段的不平衡都将影响项目的顺利进展。

3. 建筑材料供给

在房地产开发经营活动中,建筑材料的供应基本上依靠市场。房地产开发项目的建设周期比较长,因而建筑材料供给的分析:一方面是总需求量的分析;另一方面是供给及时性的分析。

4. 施工力量的供给

特别对于某些有特殊技术要求的开发项目,需要在一定的资金和技术、装备力量范围内选择施工队伍,这样就得分析施工力量供给的可能性。

5. 基础设施的供给

包括上水、下水、电力、煤气、热力、通信以及项目对外交通等。这些资源的供给不但要进行建设过程中的可行性分析,而且要做项目建设完毕投入使用后的资源供给分析。

6. 公司自身的开发经营力量供给

包括发展商本身所拥有的技术力量,设计、施工方面的管理能力以及在该行业的声誉等。

(二) 开发成本因素

影响房地产开发投资项目成本的因素很多,主要有资源价格、建设周期、设计和工程质量、装修档次、资金占用成本和投资项目商品面积比重等。这里主要分析资源的价格、投资项目的建设周期以及投资项目的商品面积比重三项关键因素。

1. 资源的价格

投资建设过程中的参与要素主要有土地、建筑材料和劳动力。它们的价格不断随市场供求变化而变化,对于动态的资源价格的分析,主要依赖于市场资料的收集、整理和分析,并在此基础上做出合理的预测。

2. 投资项目的建设周期

投资项目的建设周期,实际上是资金占用的过程。资金占用对成本的影响,直观的是利息支出。在开发过程中,一方面由于资金占用量大,单纯依靠企业的自有资金是无法满足资金供给需要的,大量资金要依靠银行贷款,这就必然导致利息支出占成本的一定比例,开发项目的建设周期越长,占用银行贷款的数量越大,时间越长,利息支出就越大。另一方面是资金的时效性,资金占用时间越短,资金周转次数就越多,效益就越大。

3. 投资项目商品面积所占比重(项目商品产出率)

在投资项目中,由于规划的要求和安置拆迁户的需要,并非所有的房屋产品都能作为商品销售。一部分公共服务用房无偿地提供给社会;拆迁户的安置也需要一定数量的房屋。投资项目的商品产出率必然小于百分之百。商品产出率越低,对单位成本的影响就越大,其结果可能是使效益处于负值,或者使价格高到难以被市场接受。

(三)房地产市场因素

房地产市场的影响因素主要是市场需求量和房地产价格,它们是预测投资项目收益的基本因素。投资项目建成后,必须与市场需求相一致,而价格又是效益预测的基本因素。价格上涨速率大于供给上涨速率,才能使收益期望值大;反之,意味着投资风险增大,这是投资单位分析的主要内容。

(四)宏观政策变化的影响

一个投资项目的建设周期较长,少则一年,多则若干年,这期间国家的宏观政策完全可能发生变化,从而影响项目的预期收益。这就要求项目开发商认真分析国家有关产业、城市经济发展政策,以使投资风险最小化。

六、房地产投资项目收益分析

(一)房地产投资收益的种类

房地产投资收益是指房地产投资者因投资而获得的经济利益。房地产投资收益一般分为拥有房地产时的现金流量、销售收益、避税收入、无形收益等四种。

(1) 现金流量收益是指从开发经营房地产而获取的销售、租金收入中扣除各种支出后的余额,是房地产投资者获取的净收入。

(2) 房地产的销售收益是指房地产销售收入减去房地产开发成本之后的差额。它是房地产投资者在卖出房地产时,得到的房地产投资收益。在房地产投资收益中,销售收益是最主要的。

(3) 避税收入是指因提取房地产折旧而降低纳税基数,给投资者带来的收益,它是房地产投资者因拥有房地产而间接获取的收益。

(4) 房地产投资的无形收益是指房地产投资者因进行成功的投资而在社会和公众中提高的形象和信誉,一般无形收益很难数量化和确定大小。不过在当前的房地产市场中,因品牌效应而所得到的无形收益越来越引起房地产开发商们的重视。

(二) 房地产投资收益的组合和构成

获取投资收益是房地产投资者追求的目标,通过投资收益组合,可以达到最为满意的综合效益。至于如何进行投资收益组合,没有现成固定的方法和标准,只能因人而异,灵活掌握。

房地产投资者在从事房地产项目的投资时,既要占用巨量资金,又要付出管理劳动,还要冒一定的投资风险。以上三方面都是房地产投资者付出的代价,都应该得到回报。所以,房地产投资收益的合理构成,应包括三部分:一是银行利息报酬;二是管理报酬;三是风险报酬。

七、房地产投资评估指标

对投资项目评价时使用的指标分为两类:一类是贴现指标,即考虑了时间价值因素的指标,主要包括净现值、现值指数、内含报酬率等;另一类是非贴现指标,即没有考虑时间价值因素的指标,主要包括回收期、会计收益率等。

第十章　房地产投资统计

(一) 贴现的分析评价方法

贴现的分析评价方法,是指考虑货币时间价值的分析评价方法,亦被称为贴现现金流量分析技术。

1. 净现值法

所谓净现值,是指未来现金流入的现值与未来现金流出的现值之间的差额。计算净现值的公式如下:

$$净现值(NV) = \sum_{k=0}^{n} \frac{I_k}{(1+i)^k} - \sum_{k=0}^{n} \frac{O_k}{(1+i)^k}$$

式中　n——投资涉及的年限;

　　　I_k——第 k 年的现金流入量;

　　　O_k——第 k 年的现金流出量;

　　　i——预期的贴现率。

若 $NV>0$,说明该投资项目的报酬率大于预定的贴现率;反之,投资项目的报酬率小于预定的贴现率。

2. 现值指数法

所谓现值指数,是未来现金流入现值与现金流出现值的比率,亦称现值比率、获利指数、贴现后收益—成本比率等。其计算公式:

$$现值指数(PP) = \sum_{k=0}^{n} \frac{I_k}{(1+i)^k} \Big/ \sum_{k=0}^{n} \frac{O_k}{(1+i)^k}$$

PP 指数,是一个相对数指标,反映投资的效率;而净现值指标是绝对指标,反映投资的效益。

(二) 非贴现的分析评价方法

非贴现的方法不考虑时间价值,把不同时间的货币收支看成是等效的。该方法在选择方案时起辅助作用。

1. 回收期法

回收期是指投资引起的现金流入累计到与投资额相等所需要的时间。它代表收回投资所需要的年限。回收年限越短,方案越有利。该指标主要用来测定方案的流动性而非营利性。

计算公式如下：

$$回收期 = \frac{原始投资额}{每年现金净流入量}$$

2. 会计收益率法

这种方法计算简便，应用范围很广。在计算时使用会计报表上的数据，以及普通会计的收益和成本观念。

$$会计收益率(\%) = \frac{年平均净收益}{原始投资额} \times 100\%$$

对于不确定性的项目可以运用统计决策中的盈亏平衡、敏感性分析、概率分析等方法以降低项目运作中所面临的风险和损失，增加盈利能力。

第三节　房地产经营和交易统计

房地产经营是一个综合的概念，是指产品完工后进入流通、消费领域的房地产销售、租赁等经营活动，它包括房地产租售、房屋修缮服务等多个方面。在房地产经营管理中，须了解以下数量指标：包括各类开发产品的销售量、销售价格、销售额、销售计划完成率、租金收缴率、租金计划完成率、房屋修缮率等。

一、房地产经营计划和考核指标

房地产经营计划是房地产企业计划中最基本、最重要的计划，它规划着房地产企业的主要经济活动。由于房地产经营的业务范围不同，其经营计划的内容和考核指标也不同，可分为房地产开发、销售经营计划和房地产租赁经营计划几种。

（一）房地产开发、销售经营计划和指标

1. 房地产开发计划

它包括土地开发和房屋建设计划。

(1) 土地开发计划以企业经营决策确定的开发规模、已取得和预期取得的土地使用权为依据进行编制,并应符合有关土地管理和利用的规定。土地开发计划的内容包括:本期计划开发规模和进度,本期计划投资量和进度,本期计划开发的具体地块和进度安排。

(2) 房屋建设计划反映企业计划期内计划投资开发建设房屋的数量和具体安排。计划内容包括:计划新开工规模与进度,在建项目规模及其进度,计划竣工项目、规模及其时间,竣工率等。房屋建设计划编制的主要依据是以自有资金、集资、借资和预售房款等综合所形成的投资能力,此外,还应当考虑由建筑结构形式、开发建设规模、承包合同等综合影响的建设进度及根据销售、租赁情况而预计的资金周转速度。

2. 房地产销售经营计划的内容

它包括:销售总面积、各期销售的面积所占的比重及价格、各期销售房地产的收款计划和每期计划销售收入等。

例如:房屋销售计划可根据上期结转的待售房屋和本期竣工销售房屋数量以及市场情况编制。计划内容包括:不同销售方式(预售、现销、赊销)的计划销售量和销售进度、计划销售收入。

3. 房地产开发、销售经营考核的主要指标

它们是:土地开发建房计划完成率和房屋销售计划完成率。

(1) $$开发建房计划完成率(\%) = \frac{实际开发建房总额或面积}{计划开发建房总额或面积} \times 100\%$$

(2) $$房屋销售计划完成率(\%) = \frac{实际房屋销售总额或面积}{计划房屋销售总额或面积} \times 100\%$$

(二) 房地产租赁经营计划和指标

1. 房地产租赁经营计划的主要内容

它包括:出租房屋的总面积、各期可投入出租的面积(含预租)及出租率、单位租金、预计毛租金收入、出租房屋转售面积及预计转售时间、价格、成本和税费、预计净转售收入等。

2. 房地产租赁经营计划考核的主要指标

(1) $房屋计划(实际)出租率(\%) = \dfrac{计划(实际)出租房屋面积}{房屋租赁经营面积} \times 100\%$

(2) $房屋出租计划完成率(\%) = \dfrac{实际出租房屋面积}{计划出租房屋面积} \times 100\%$

(3) $欠租收交率(\%) = \dfrac{本期实收欠租额}{本期应收欠租额} \times 100\%$

二、房地产经营业务统计核算和分析

房地产经营业务核算的内容是由其经营活动的特点所决定的,其主要内容包括以下几个方面:

(一)房地产开发建、售业务的核算

房地产商品开发建、售核算是通过房地产商品的开发建设和销售两个指标进行的。房地产开发建设指标表示房源的保证程度;房地产商品销售指标体现进入市场满足社会需要的程度。在核算房地产商品建、售时,不仅要核算建、售总额和主要类型房地产商品建、售额,而且还要核算主要类型房地产商品的数量,以保持供需之间的平衡,更好地满足社会需要。

按房屋建、售计划进行核算的主要指标是:开发建房计划完成率、房屋销售计划完成率、房屋销售率。其中:

$$房屋销售率(\%) = \dfrac{实际房屋销售总额或面积}{本期竣工可供销售的房屋总额或面积 + 前期结转待销房屋总额或面积} \times 100\%$$

(二)房屋租赁业务的核算

房屋租赁业务的核算是通过以租金收入为主,按期接管房屋和未经营房屋为辅的三个指标进行的。提高按期接管房屋率和压缩未经营房屋率的目的是:在租金标准不变的条件下增加租金收入。

(1) 租金收入核算的指标。

$$租金计划完成率(\%) = \dfrac{实际租金收入总额}{计划租金收入总额} \times 100\%$$

(2) 按期接管房屋核算指标。

$$\text{按期接管房屋率}(\%) = \frac{\text{按期接管房屋建筑面积总和}}{\text{应接管房屋建筑面积总和}} \times 100\%$$

(3) 未经营房屋核算指标。

$$\text{未经营房屋率}(\%) = \frac{\text{未经营房屋计租面积总和}}{\text{掌管房屋计租面积总和}} \times 100\%$$

$$\text{未经营房屋租金率}(\%) = \frac{\text{未经营房屋租金定额总额}}{\text{掌管房屋租金定额总额}} \times 100\%$$

以上仅是房地产经营业务的核算。但从房地产企业整体来讲，还应有成本、流通费用、奖金和利润等核算。

(三) 房地产经营业务经济活动分析

房地产经营业务经济活动分析的主要内容，决定于房地产经营业务的基本任务，包括以下几方面：

(1) 资金的分析。房屋租赁经营占有大量的固定资金，对固定资金的分析，重点应放在实现资金循环上，也就是通过一些有效措施使综合收回的租金能够有步骤的逐步实现，或者说抵偿房地产的综合原始价值。这是房地产经营业务经济活动分析的首要任务。另外，流动资金要着重分析减少占用量，加速周转时间，增加周转次数，采取措施挖掘潜力。房地产开发建房的资金分析重点在于流动资金的经济活动分析，加速资金周转速度。

(2) 经营收入的分析。房屋租赁经营业务是经济活动分析的一项经常任务，房屋租赁经营分析重点是在国家规定的租金标准的指导下增加租金收入。房地产销售经营的经济活动分析的重点是要保证房源畅销对路，加速资金周转，扩大营业额，提高市场占有率。

(3) 费用支出的分析。只有增收节支才能扩大经济效益，费用支出的分析也是房地产经营业务经济活动分析的一项经常性的任务。房屋租赁经营的费用支出中主要包括两项：一是修理费；二是管理费。对修理费的分析主要是支出得当，少花钱、多修房、修好房，尽快地提高房屋完好率。对直接施工的养护费用支出要在节约材料、提高劳动生产率和服务质量上分析，挖掘潜力，降低成本。房地产开发建房主要分析在开发建房过程中实际发生的各项费用和流通费用，以降低开发建房成本，提高经济效益。

（4）劳动力使用的分析。房地产经营业务，往往由于劳动力安排不善，加大了成本，造成浪费，影响经济效益。对富余的人员予以下岗，提高劳动效率。同时对下岗人员培训、提高业务和技术水平，提供再就业机会。

三、房地产交易统计

房地产交易是指有偿取得或转让房地产的所有权、使用权及其他项权利的具有法律保证的买卖行为。房地产交易不同于其他商品交易，除买卖成交外还须办理房地产产权证登记过户手续，获得法律认可后，才意味结束买卖行为。由于这一特点，房地产市场中买卖交易活动统计资料容易取得，且较完整；但租赁、抵押等其他交易活动不涉及产权让渡等统计资料则不易取得。

（一）房地产交易规模统计

1. 地产市场交易规模统计

随着房地产市场化程度的提高，土地以批租过渡为公开招标、拍卖和挂牌出让的形式。地产市场交易规模统计，应按土地出让和已转让等类型分别统计地产招标交易量和交易额。主要统计指标有：

（1）招标土地出让量（出让额）。该指标是年内或某一段时期内土地一级市场上由国家各级政府机构协议并完成交易的土地使用权招标出让量（出让额）。招标量指标用平方米计算，招标额以人民币或美元（涉外批租）计算。该指标是完成交易过程的土地招标出让量（出让额）。协议谈判中或规划中的土地出让和无偿土地划拨不列入统计范围。

招标土地出让量（出让额）指标可以按招标受让单位的所有制性质

划分为:向国有单位招标、向集体所有制单位招标、向外商外资招标等分类指标。

(2) 招标土地转让量(转让额)。该指标是年内或某一时期内土地二级市场上由原土地招标受让单位转让的土地使用权并完成交易手续的招标土地转让量(转让额)。同样,招标量用平方米计量,招标额以人民币或美元计算。该指标反映实际交易的土地招标转让量(转让额)。协议中的土地招标转让和无偿的土地转让使用权不统计入内。

招标土地转让量(转让额)统计指标也可按出让、受让单位的所有制性质,以及招标形式等分类加以统计。

地产市场交易规模是土地一、二、三级市场交易规模的总和,可以用土地面积反映,也可用交易额反映,前者即地产市场交易面积指标,后者即地产市场交易额指标。

2. 房产交易规模统计

房产市场交易规模是房产二、三级市场交易规模之和,也可以从房产面积和交易额两个角度反映,前者即房产市场交易面积指标,后者即房产市场交易额指标。

房产交易规模统计,应核算房产交易量和交易额,可以分住宅与非住宅统计,以反映交易活动中不同用途房产的交易规模;可以分售与租两种类型统计,以反映房产交易活动中不同交易形式的数量;还可以分房地产二级市场与三级市场统计,而且这些指标又可按买卖、租赁等类型分别统计,以全面反映各类房产交易的具体数量。其主要统计指标有:

(1) 住宅买卖成交量(成交额)。该指标是年内或某一时期内住宅的实际成交数量和成交金额。成交量用平方米计量,成交额用人民币或美元计算。住宅买卖交易成交量(成交额)指标还可以按新建住宅、老住宅分类统计。

(2) 非住宅买卖成交量(成交额)。该指标是年内或某一时期内非住宅的实际成交数量和成交金额。非住宅买卖成交量(成交额)指标还可以按非住宅的用途,如办公综合楼、商务楼、其他经营用房屋等类型分别统计。

(3) 住宅租赁成交量(租金总额)。该指标统计年内或某一时期内住宅的实际租赁成交数量和相应的同期租金总额。

(4) 非住宅租赁成交量(租金总额)。该指标统计年内或某一时期内非住宅的实际租赁成交数量和相应的租金总额。

3. 商品房市场交易规模统计

商品房是房产商或房产经营企业为获取利润而招标或征地建造的房地产,其价格随市场情况、供需情况而不断变动。商品房按其交付的时间分为现货房和期货房。

商品房交易规模统计主要核算商品房交易量和交易额。而商品房交易量和交易额是房产交易量(交易额)中的一部分。它的统计指标主要有:

(1) 商品房买卖成交量(成交额)。该指标是年内或某一时期内各类商品房出售成交数量(成交金额)。它只统计属于房地产二级市场的新建房产的交易数,不统计房地产三级市场的转售房产。

商品房买卖成交量(成交额)指标可分住宅和非住宅两类统计,包括一定时期内的现货商品房和期货商品房。

(2) 商品房现货买卖成交量(成交额)。该指标统计年内或某一时期内现货商品房的出售成交数量(成交金额)。

(3) 商品房期货买卖成交量(成交额)。该指标统计年内或某一时期内期货商品房的出售成交数量(成交金额)。

(二) 房地产交易变动统计

房地产交易统计不仅应从静态上反映其交易的规模、水平,还应从房地产交易活动的动态上揭示其发展变化的趋势。房地产交易变动统计主要计算房地产交易变动量和变动率指标。

1. 房地产交易变动量

该指标反映报告期房地产交易量(交易额)与基期的房地产交易量

(交易额)的变动差额,可按住宅、非住宅、商品房等分类计算,还可分别计算逐期增长量(额)和累积增长量(额)。

2. 房地产交易变动率

该指标反映报告期房地产交易量(交易额)比基期房地产交易量(交易额)的变动程度。该指标可按住宅、非住宅、商品房等分类计算,同时还可按不同的基期计算定基或环比变动率(发展速度和增长速度)。

另外,还要注意收集对房地产交易产生影响的信息,主要包括:房地产出租的租金及租金指数、房地产销售价格及价格指数、房地产租客和买家的分布、各类房地产的成交量、市场吸纳周期与比例及房地产的投资收益率等。

第四节 房地产市场价格统计

房地产市场的交易活动是围绕房地产价格进行的,即价格是房地产市场运行的核心,房地产价格的变动直接影响房地产交易行为的变化,因此,房地产市场价格统计是房地产市场统计的重要内容。合理地确定房地产价格对促进房地产业发展有十分重要的作用。本节将在正确理解房地产价格基本涵义的前提下,对地产价格和房地产价格分别进行统计指标设计,并对其进行统计分析。

一、房地产市场价格的特征

一般来说,房地产价格是房屋建筑价格与房屋用地价格的总和。房地产商品的特殊性决定了房地产价格具有以下特征:

(1) 具体性。房地产价格一般表现为具体的交易价格。房地产商品受开发成本、地理环境、房屋质量、成新率、设施配套程度等因素影响,价格差异较大。房地产价格一般是以某一具体的房地产标的物来定价的。

(2) 权利利益性。房地产价格是关于房地产权利利益的价格。房地产权利让渡程度的大小直接决定房地产价格的高低,具体有全部产权的价格、部分产权的价格、出让使用权的价格等。其中出让使用权的租赁价格又随其使用权出让时间长短而异。

(3) 变动性。房地产商品作为消费和投资的兼有物,其价格随时间的推移一般会发生保值和升值的变化。

二、房地产市场价格的分类

房地产价格的种类多种多样,名称也不完全一致。不同的房地产价格构成不同,所起的作用也不一样。因此,了解房地产价格的种类对于房地产开发与管理很有必要。

(1) 房地产市场价格按其交易标的物性质不同,分为土地价格和房屋价格。

(2) 房地产市场价格按其房地产权利让渡的不同,分为房地产销售价格、房地产租赁价格和房地产抵押价格等。

(3) 房地产市场价格按其市场化程度分为商品房价格、成本房价格、福利型优惠房价格等。目前住宅商品房价格可分为微利商品房价格、福利商品房价格和市价商品房价格。

(4) 房地产市场价格按其付款方式不同,分为现货房价、期货房价、按揭房价等。

(5) 房地产市场价格按其交易方式不同,分为拍卖价、招标价、协议价。

(6) 房地产市场价格按计算形式分为:

房地产交易市场的起点价。它是指某一种类型的房地产最低的价格,以每平方米建筑面积售价表示,是交易的参考价格。这种价格在不同的交易市场具有可比性。

房地产交易市场的平均价格。它是指同一市场或者不同市场全部实际交易的同类房地产的价格平均数,是分类型计算的房地产代表价格,一般也以每平方米建筑面积售价表示。房地产交易市场的平均价格反映了房地产交易的一般价格水平。

房地产市场实际成交价格,即在实际交易行为发生时所成交的房地产价格。其价格以成套房地产的总金额表示。在不同的交易市场上或者同一交易市场内部,这种价格一般不具可比性。

三、房地产市场价格统计

(一)房地产市场平均交易价格统计

房地产交易市场所表现的价格种类繁多,就统计角度而言,必须计算每种类型房地产的代表性价格,这就是房地产市场的平均交易价格。

房地产市场平均价格是同一类型的房地产在一定时期内或一定地区内(包括交易市场)中不同交易价格的平均数。它表明该类房地产市场价格的一般水平。其计算公式如下:

(1) $\dfrac{\text{某种(类)房产售或租}}{\text{平均价格(元/平方米)}} = \dfrac{\text{房产实际交易总金额}}{\text{实际交易的房产建筑面积数(平方米)}}$

该指标计算时,首先区分为售卖和租赁两大类,然后再从房屋用途(住宅、非住宅)、房屋档次(别墅、高层、多层等)、房屋地域等级、层次朝向、新旧程度等类型分别统计计算。

(2) $\dfrac{\text{某种(类)土地招标平}}{\text{均价格(元/平方米)}} = \dfrac{\text{土地实际招标总金额}}{\text{被招标交易土地面积数(平方米)}}$

该指标计算时可考虑从土地等级、前期开发程度、招标期限等不同因素分类统计计算。

(二)房地产市场差价和比价统计

1. 房地产市场差价统计

房地产商品具有其独有的特殊性,不能在市场上自由流动,而且个体差异性特点。因此房地产差价,主要是指结构、设计、材料相类似的房地产品由于坐落位置不同、地区不同、使用性质不同或价格形式不同等所形成的价格差额。房地产差价主要有以下几种:

(1) 购销差价。它是指房屋商品在同一时间、同一市场购进价格与销售价格之间的差额。

(2) 区域差价。它是指由于建造房屋的地段等级,所在区位不同而形成的房产价格的差额。房产经营者或使用者需要土地,所以房价中必然包括地价。建造房屋的地理位置好、交通方便、周围环境优越、商业繁华等,决定了此建筑地段的等级就高,所形成的建筑地段级差地租越高,因而支付的土地使用费也就越多,房屋出售价值也就越高;反之,亦然。

(3) 质量差价。它是指因房屋质量的不同而形成的价格之间的差额,房屋质量的高低是由房屋生产过程中所耗费的社会必要劳动量决定的。按质论价是促进房地产企业不断提高房屋质量的重要途径,也是保护消费者利益、稳定房产价格的重要手段。

(4) 规模差价。它是指房屋商品在同一时间、同一市场因购买量大小不同而形成的价格之间的差额。商品房屋购买规模的大小,对房地产开发企业资金周转速度有重要影响,即规模销售越大,资金周转速度越快,经济效益越高。

(5) 材料差价。由于不同地区建筑材料价格水平的差异,导致建筑产品价格的差异。由于各地区的自然资源条件不同,许多建筑材料出厂价格差异很大;一些自然资源丰富的地区,建筑材料运输条件往往较好,价格水平较低,致使同一设计标准、同一建筑结构的房屋,在不同地区建筑造价高低悬殊。

(6) 工期差价。它是指同一类型的工程因工期长短不一而发生的价格差异。房屋体形庞大,结构复杂,建设周期长,施工单位要支出大量的劳动力和生产资料,在房屋建设周期中,不能提供其使用价值,而且建设周期越长,占用资金就越多,单位价值就越高。因此,缩短房屋建设周期,就能减少占用资金,提高效率,降低房屋的单位造价。

房地产市场交易的差价统计不仅要计算价格的绝对差额,还要计算其以相对数形式表示的差价率。差价率由房地产交易的差价与计算的基价对比而得。其计算公式如下：

$$房地产交易差价率(\%) = \frac{房地产差价金额}{被比较的基价金额} \times 100\%$$

2. 房地产市场比价统计

房地产比价是指在同一市场、同一时间内，各种不同房地产价格之间的比例关系。

在房地产价格体系中，各种房地产价格的比例关系主要有：

(1) 用途相同、建筑标准不同的房产价格的比例关系。具有同一用途和同一性质的房屋，由于采用不同的建筑标准，必然会形成不同的价格水平。

(2) 用途相同、结构不同的房产价格的比例关系。用途相同的标准房屋，因结构不同而采用的材料不同，造价就有很大的差别。

(3) 标准设计和非标准设计房产价格的比例关系。采用标准设计的房屋，可以大大节省设计力量和设计费用。由于是定型标准设计，标准构件的加工，可以大大节省原材料和时间，可以提高企业的经济效益。

(4) 不同用途的房地产价格比例关系。如房屋按用途分为住宅和非住宅，两者的出售价格和出租价格不同，一般非住宅(生产经营用房)的租金应高于住宅，因为非住宅的生产经营用房是盈利性的。

(5) 出售和出租房地产价格的比例关系。出售价格反映一般商品的买卖关系；而出租价格反映的租赁关系既是使用权的买卖关系，又是房地产价值的借贷关系。房地产的出售价格和出租价格之间有着密切的联系，在房地产经营中就存在着如何处理二者比价关系的问题，反映到实际工作中就是如何协调出售价格、房租、利息三者间的关系。

四、房地产市场价格指数

房地产价格指数，是综合反映房地产交易价格(如房屋销售价格、房屋出租价格、土地出让价格、土地转让价格、土地出租价格、房地产管理服务价格、房地产中介服务价格等)总水平变动方向及程度的相对数。可以用加权算术平均法计算,即先计算各类价格指数,然后用各类经营收入占房地产各类经营收入之和的比重作权数,按加权算术平均形式计算房地产价格总指数。计算公式如下:

$$K_P = \frac{\sum \frac{P_1}{P_0} \cdot P_0 S_0}{\sum P_0 S_0} = \frac{\sum K M_0}{M_0}$$

式中　K_P——房地产价格指数;

$K = \frac{P_1}{P_0}$——房地产个体价格指数;

$M_0 = P_0 S_0$——基期的房产租、售收入额或地产出让金额。

目前能比较准确地衡量房地产市场行情的涨落,反映房地产市场的发展趋势的是"中国房地产指数系统"简称"中房指数系统",它主要包括中房城市指数、中房全国指数和中房出租指数。其中中房城市指数又包括中房各地分类物业指数和中房各地指数,中房全国指数又分为中房全国分类物业指数和中房综合指数。

中房指数系统的重要意义在于:为政府宏观调控,发展房地产市场提供参考;为投资者投资决策提供依据,提高其投资时机、投资结构的决策准确度,减少投资风险;为房地产中介机构提供咨询参考,提高这类机构对市场发展变化的科学预见和判断能力。

中房指数系统按反映的内容不同,又可将指数分为中房价格指数和中房效益指数。价格是市场的中心,中房价格指数采用拉氏价格指数公式,即以基期物业量为权数的价格指数公式来编制,意义在于:① 具有直接可比性;② 资料取得较为方便。

五、房地产价格评估(房地产估价)的方法

房地产价格评估的方法主要有市场比较法、成本估价法、收益还原法、假设开发法等。这些方法在评估时各有其适用范围,但对某一房地

产估价时,可能几种方法均可采用。实际中可对各个评估结论进行分析比较,提出一个比较可靠、合理的结论。

(一)市场比较法

市场比较法是将估价对象房地产与较近时期内已经发生了交易的类似房地产加以比较对照,根据已经发生了交易的类似房地产(是指在用途、建筑结构、所处地区等方面与估价对象房地产相同或相似的房地产)的价格,修正得出估价对象房地产价格的一种估价方法。

应用市场比较法进行房地产估价,其基本经济条件是需要一个充分发展的房地产市场,以及一个可以便捷利用的市场资料源。市场比较法的评估程序包括:

1. 进行市场调查

在市场调查中,要尽可能多地收集各种不同类型的房地产交易资料,利用计算机进行资料分类,建立房地产市场交易资料库,以满足相类似的待估房地产的需要,形成一个完整而便捷的资料查询操作系统。收集资料的内容一般包括交易价格、交易日期、交易房地产状态(如坐落位置、用途、土地状况、建筑物状况、环境条件)、交易双方及交易情况等。

2. 确定比较参照交易案例

从众多的市场交易案例中,能选择出合适的案例作为比较案例,这一步是重要的基础工作,它直接影响评估的结果。选择比较参照的交易案例时,应符合下列具体要求:

(1)与待估对象房地产的用途应相同。

(2)与估价对象房地产的建筑结构应相同。

(3)与估价对象房地产所处的地区相同。

(4)与估价对象房地产的价格类型应相同。价格可分为买卖价格、租赁价格、抵押价格、课税价格、投保价格等。

(5)与待估房地产的估价期日应接近或可以进行比较修正。

3. 选取比较单位

为了能够进行比较,待估房地产与比较实例的价格单位必须是同一的,否则就无法比较。对于房地产来说,常被采用的有以下一些价格单位:每平方米建筑面积的售价;每平方米土地的出让或转让价格;每平方米房屋使用面积的月租金;每套标准设计的公寓或每间住房的月租金等。

4. 市场交易情况修正

市场交易情况修正,是指排除掉交易行为中的一些特殊因素所造成的交易价格偏差。由于房地产市场的特殊性质,如交易物的不可移动性、市场的不完全性等,其交易价格是随个别交易而形成的,往往容易受当时的一些特殊因素的影响形成偏差。因此,运用比较法评估时,必须进行市场交易情况的比较、分析。

5. 交易日期修正

进行交易日期修正就是将可比实例的交易日期调整到评估时点,因为在可比实例完成交易后,到评价时市场情况已经发生了变化,市场价格可能提高或降低,一般可以用价格指数进行修正。

6. 区域因素与个别因素修正

区域因素是指房地产所在地区的自然条件与社会、经济、行政等因素相结合所产生的地区特性对土地价格水平产生影响的因素,区域因素包含的内容主要有:地区的繁华程度、交通状况、基础设施条件、人文环境等。个别因素是指房地产的个别特性对其价格的影响因素。由于可比实例和待估房地产在具体位置、楼层、朝向、采光、通风、装修情况、房型等方面存在差异,在此还要进行充分的比较分析,判断其中的差异及其对价格的影响。

7. 综合评估决定估计额

以市场比较法来求取估价对象房地产的价格时,通常需要进行交易情况修正、交易日期修正、区域因素修正、个别因素修正,最后决定估计额。

通过这几个方面修正,就把比较实例房地产的价格转变成了估价对象房地产的价格。其计算公式如下：

$$\text{估价对象房地产的价格} = \text{比较实例房地产的价格} \times \text{交易情况修正系数} \\ \times \text{交易日期修正系数} \times \text{区域因素修正系数} \times \text{个别因素修正系数}$$

由于选取用来比较参照的交易实例有多个，通过上述各种修正之后，每个比较实例都会得出一个价格，而且不可能完全一致，最后需要综合求出一个估价结果，定为估价对象房地产的估价额。综合统计的方法有：简单算术平均；加权算术平均；中位数；众数；混合法等。

（二）成本估价法

成本估价法是以开发或建造估价对象房地产或类似房地产所需耗费的各项必要费用之和为基础，再加上正常的利润和缴纳税金来确定估价对象房地产的价格的一种估价方法。

成本估价法的运用范围有时比市场比较法还要广泛，特别适用于独立或狭小市场上无法运用市场比较法进行估价的房地产的估价。另外，对于既无收益，又很少出现买卖情况的学校、图书馆、医院、政府办公楼、部队营房、公园等公共建筑、公益设施的估价也很适用。

1. 成本估价法的基本公式

(1) $\text{新开发土地价格} = \text{取得待开发土地费用} + \text{开发土地所需费用} + \text{正常利税}$

(2) $\text{新建房地产价格} = \text{取得土地费用} + \text{建造建筑物费用} + \text{正常利税}$

在计算新建建筑物价格时，上述公式中不含取得土地费用，即：

$$\text{新建筑物价格} = \text{建造建筑物费用} + \text{正常利税}$$

新建房地价格在目前实际评估时，可具体化为下列公式：

$$\text{新建房地产价格} = \text{取得土地费用} + \text{建筑工程费用} + \text{开发商负担的专业费用}$$

$$旧有房地产价格 = 旧有房地产重新建造完全价值 - 建筑物折旧 + 开发商投资的利息 + 销售费用 + 开发商负担的税费 + 开发商利润$$

(3) $$旧有房地产价格 = 旧有房地产重新建造完全价值 - 建筑物折旧$$

旧有房地产运用成本估价法评估是一种典型情况,这种情况下的成本估价法通常具体称之为重置成本法或重建成本法。

2. 运用成本估价法对旧有房地产进行估价的步骤

(1) 地产估价。

(2) 确定房地产在估价时点的重新建造完全价值。重新建造完全价值的确定有很多种方法,其中一种方法是以建筑物所需的各种材料的数量和人工时数,逐一乘以估价时该同样材料设备的单价和工资支付标准,汇总得到建筑物的重新建造完全价值;另一种方法是先计算建筑物每平方米(或立方米)的建造价格,再乘以建筑物的总面积(或总体积),即得建筑物的重新建造完全价值。

(3) 计算折旧额。常用方法有:直线折旧法、成新折扣法等。

(4) 综合计算。将空置土地的价格,加上建筑物的重建或重置成本,减去折旧项,即为待估房地产的价格。

3. 成本估价法的实例

(1) 估价对象概况。该房地产为三幢出租办公楼;土地总面积为1 800平方米;总建筑面积为4 285平方米,其中甲办公楼为3 500平方米、乙办公楼675平方米、丙办公楼110平方米。这些办公楼建于2011年10月。

(2) 估价要求。需要评估出该办公楼2015年10月的市场价值。

(3) 估价过程。

第一步,运用市场比较法求得地价为12 000元/平方米。

$$1\ 800\ 平方米地价 = 1\ 800 \times 12\ 000 = 2\ 160(万元)$$

第二步,计算这些办公楼的重置成本。经调查,此类办公楼的直接成本为2 800元/平方米,则:

第十章 房地产投资统计

总直接成本＝4 285×2 800＝1 199.8(万元)

若间接费用按直接成本的 20% 取值,利税按直接成本的 15% 取值,则各为:

间接成本＝1 199.8×20%＝240(万元)

利税＝1 199.8×15%＝180(万元)

因此,办公楼总的重置成本为＝1 199.8＋240.0＋180.0＝1 619.8(万元)

第三步,计算折旧额。此类办公楼的使用寿命为 50 年,残值率为 0,则其年折旧率为 2%。这些办公楼已使用了 4 年,因此已折旧总额为:

$$1\ 619.8 \times 2\% \times 4 = 129.58(万元)$$

第四步,进行综合计算。

建筑物现值＝1 619.8－129.58＝1 490.22(万元)

办公楼总价＝1 490.22＋2 160＝3 650.22(万元)

办公楼平均单价＝3 650.22÷4 285＝8 518.60(元/平方米)

(三) 收益还原法

收益还原法又称投资法,它是运用某种适当的还原利率,将预期的估价对象房地产未来各期的正常纯收益折算到估价时点上的现值,求其和以确定估价对象房地产价格的一种估价方法。

收益还原法的基本思想是:由于房地产的耐用年限相当长久,因此占用某一房地产,不仅现在能取得一定的纯收益,而且能期待在将来继续取得这个纯收益。这样,这一房地产的价格就相当于这样一个货币额,如果将这个货币额存入银行也会源源不断地带来一种与这个纯收益等量的收入。由此这某一货币额就是这宗房地产的价格。用公式可表达如下:

$$房地产价格 = \frac{纯收益}{利率}$$

收益还原法只适用于每年有明确收益的房地产的价格评估。

1. 收益还原法的评估步骤

(1) 计算总收益。计算总收益的条件是房地产在正常经营使用情况下的收益;它应是有规则的持续产生的收益;它应是建立在科学的市场预测基础上的最可能实现的收益。

(2) 计算总费用。总费用所包括的项目,一般以正常经营所持续支付且直接必要的费用为限。包括:土地租赁标准总费用;房屋租赁标准总费用等。

(3) 确定还原利率。还原利率是房地产价格计算中最敏感的因素,当房地产纯收益为一定时,还原利率只要相差一个百分点,其估价就会发生较大的差别。还原利率有三种类型:第一种,建筑物还原率,是求取单纯建筑物的价格时,所应使用的还原利率。第二种,土地还原利率,是求取单纯土地的价格所应使用的还原利率。第三种,综合还原利率,是求取土地与其上的建筑物合成一体的价格时,所应使用的还原利率。

(4) 综合计算。将计算的总收益减去总费用,得到年纯收益,再除以确定的还原利率,即可求得待估房地产的现值。

2. 收益还原法计算公式

(1) 一般的情况

$$v = \frac{a_1}{1+r} + \frac{a_2}{(1+r)^2} + \cdots + \frac{a_n}{(1+r)^n}$$

式中　v——房地产的价格;

$a_1, a_2, \cdots, a_n$——房地产未来各年的纯收益;

r——还原利率;

n——房地产的使用年限或仅有收益的年限。

此公式适用于纯收益各年变化,还原利率每年固定不变,年限为有限年 n 的房地产价格评估。

(2) 简单的情况:

$$v = \frac{a}{r}$$

此公式的假设前提是:总收益减总费用获得的纯收益 a 每年不变;还原利率 r 每年不变;纯收益获得的年期无限。

(3) 有限年期且其他因素不变的情况。

$$v=\frac{a}{r}\left[1-\frac{1}{(1+r)^n}\right]$$

此公式的假设前提是:a 每年不变;r 每年不变;年期有限为 n 年。

(四) 假设开发法

假设开发法又称剩余法,它是将估价对象房地产的预期开发后的价值,扣除其正常的开发费用、销售费用、税金及开发利润,来确定估价对象房地产价格的一种估价方法。它主要适用于土地价格评估。

假设开发法评估地价的关键在于:① 根据房地产估价的合法原则和优化使用原则,正确地假设土地的最佳开发利用公式(包括用途、容积率、建筑式样、布局等);② 根据当地房地产市场行情和供求关系,正确地确定房地产的预期开发价值;③ 正确地确定开发费用、销售费用、利税等。

其评估过程如下:

(1) 计算总楼价。

(2) 计算总建筑费。

(3) 计算其他费用。

(4) 计算总销售费用。

(5) 计算总税费。

(6) 计算总利润。

总利润=(总地价+总建筑费+其他费用)×投资利润率

(7) 计算总地价。

总地价=总楼价-总建筑费-其他费用-销售费用-税费-利润

本章小结

本章从房地产市场供需统计指标开始,到房地产开发、投资、经营和交易以及房地产价格评估统计等,系统地进行了分析和讨论。我们知道,房地产投资是开展房地产开发与经营活动的基础,是形成新的房地产使用价值的综合经济活动,其目的就是获取开发和经营房地产产生的收益。房地产收益包括现金流量、避税收入、销售收益和无形收益等。由于房地产市场的诸多不确定因素的存在,房地产收益是一种不确定收益。

房地产投资相对于其他方面投资有其独有的特征:第一,房地产的不可移动性,使投资者往往不愿投资于那些难以更改用途的特种物业,而愿意投资于多用途且投资效益不会造成长期影响的物业,如商场、写字楼、居民楼等;第二,房地产开发周期长,投资额大,使房地产投资者很重视可行性研究等投资的前期工作;第三,由于土地资源的不可移动性与不可再生性,以及人类对土地及房屋需求的日益增长,造成房地产商品(尤其是城市住宅)经常处于供不应求的状态;因此,我们在实际的工作中,要把房地产的特征以及相关的统计指标相结合以满足实际的需求,以得到最准确的决策信息。

练习与思考

一、单选题

1. 房地产现金流量收益等于( )。
   A. 经营收入—运营费用　　B. 运营费用—经营收入
   C. 经营收入+运营费用　　D. 经营收入—税收
2. 房地产市场运行的核心是( )。
   A. 价格　　　　　　　　　B. 市场

C. 供求　　　　　　　　　D. 需求
 3. 房地产价格由(　　)构成。
　　A. 房屋建筑价格　　　　　B. 房屋用地价格
　　C. 房屋价格－房屋用地价格　D. 房屋价格＋房屋用地价格
 4. 房产二级市场供需平衡的指标是(　　)。
　　A. 需求弹性系数　　　　　B. 土地需求满足率
　　C. 房产需求满足率　　　　D. 房产实际出售量

二、多选题

 1. 房产市场需求统计指标包括(　　)。
　　A. 房产求购量　　　　　　B. 房产售租需求比例
　　C. 商品房空置面积　　　　D. 房产建筑面积
 2. 项目投资的影响因素可包括(　　)。
　　A. 资源供给因素　　　　　B. 成本影响因素
　　C. 房地产市场因素　　　　D. 国家政策变化因素
 3. 房地产投资收益一般分为(　　)。
　　A. 现金流量　　　　　　　B. 销售收益
　　C. 避税收入　　　　　　　D. 无形收益
 4. 房地产经营业务经济活动分析的主要内容包括(　　)。
　　A. 资金分析　　　　　　　B. 经营收入分析
　　C. 费用支出分析　　　　　D. 劳动力使用分析
 5. 房地产价格评估方法(　　)等。
　　A. 市场比较法　　　　　　B. 成本估价法
　　C. 收益还原法　　　　　　D. 假设开发法

三、判断题

 1. 房屋需求是指一种有支付能力的需求,即是住房需求。(　　)
 2. 投资于需求收入弹性高的物业,利润较高,风险也大。(　　)

3. 房地产价格指数,是综合反映房地产交易价格总水平变动方向及程度的相对数。（　　）

4. 房地产产品是可以替代的。（　　）

四、计算题

1. 某市有 A、B 两种房地产各 10 万平方米,A 房地产需求收入弹性系数为 3,B 房地产需求收入弹性系数为 0.2,求收入水平提高 10% 和下降 5% 时,居民对 A、B 两种房地产需求量的变化,并分析 A、B 房地产的投资风险与利润。

2. 某公司有房地产 150 万平方米,根据 2014 年房地产市场需求,估计平均提价 50%,根据上次调价时的调查资料,调价前 10 天出售 55 万平方米,其平均价格为 5 600 元/平方米,调价后 10 天出售 25 万平方米,其平均价格为 8 400 元/平方米,预测 2014 年该公司房地产销售量(即可实现的销售量)?

五、思考题

1. 房地产市场供给的统计指标有哪些？如何计算？
2. 房地产开发投资统计的主要内容有哪些？
3. 简述房地产开发、销售经营计划的主要内容和考核指标。
4. 如何统计房地产市场的交易规模？
5. 房地产价格评估的主要方法有哪些？它们的适用条件是什么？

第十一章　商品流通与外贸统计

商品流通是指社会产品作为商品通过买卖活动,由生产领域进入消费领域的转移过程。经过商品流通,不仅能为生产部门提供生产资料保证再生产的正常进行,同时可以满足居民对消费品的需要,因此商品流通是社会再生产中的必要和重要环节。随着国际经济一体化,反映了国际间的商品流转活动更为广泛。

本章首先介绍了商品需求量、供应量和供需平衡的影响因素和衡量指标;然后介绍商品购进、商品销售、商品库存统计指标与在商业企业中的统计分析;最后介绍了商品价格统计,对外贸易统计有关知识。

第一节　商品供需统计

从微观角度看,贸易企业的营销活动实质上是一种市场行为,企业要根据市场需求情况,实现经营要素的优化配置,就必须对市场商品供需进行统计。

一、商品需求量统计

(一)商品需求量的概念、特点与分类

1. 商品需求量的概念

商品需求量从理论上说应该是社会和消费者对生产资料和生活资料的需求量。在市场经济的条件下,商品需求通常是通过市场来实现的,市场上的商品需求量是以货币为媒介,通过作价、结算、商品交换来实现的,实际上它是指有货币支付能力的商品需求。因此商品需求量通常称为社会商品购买力。

2. 商品需求量的特点

(1) 商品性。商品一般仅指有形商品，不包括用于非商品性的货币支出。

(2) 货币性。商品需求量是购买商品的货币支付能力。

(3) 消费性。购买商品的目的是为了生产或自身消费，而不是用于转卖。

(4) 可能性。它是指购买商品可能支付的全部货币，包括实际支付与准备支付的货币。

3. 商品需求量的基本分类

(1) 按消费性质分类。按商品需求者的消费性质不同，商品需求量可分为消费品需求量(购买力)和生产资料需求量(购买力)。

消费品需求量是生活资料消费者对市场的消费品需求总量或货币支付能力。依需求者不同，消费品需求量又分为居民消费品需求量和社会集团消费品需求量。这种细分对于深入研究居民生活消费水平及其发展趋势，了解集团购买力的变化情况是非常必要的。

生产资料需求量是指生产资料消费者购买自身消费的生产资料的货币支付能力。对生产资料购买力按其用途不同，又可分为本期固定资产投资的生产资料需求量和本期流动资产投资的生产资料需求量。前者包括基本建设更新改造、大修理的固定资产投资等对生产资料的需求；后者包括流动资产中的储备资金和产成品资金。

(2) 按国民经济行业分类。按国民经济行业分，商品需求量可分为农业(包括农、林、牧、渔业)生产资料需求量、工业(包括采掘业和制造业)生产资料需求量、建筑业生产资料需求量以及其他行业(包括交通运输业、仓储业及邮电通信业、批发零售业、贸易业、餐饮业等)生产资料需求量。这种分类，便于观察生产资料购买力形成的来源以及在各物质生产部门间的分配比例，为合理配置资源、安排生产和市场供应提供依据。

(二) 商品需求量统计的指标体系

1. 结余购买力

结余购买力是消费者和生产者拟用于购买商品的货币额中尚未用完的部分,是可能用来购买商品的货币积蓄,它表现为手存现金和储蓄存款,又称为未实现的购买力。结余购买力是个时点指标,有期初结余购买力和期末结余购买力之分。

它由以下两个形成原因:一是由于消费者的货币收入增加,使他们有意识地从中积蓄一部分货币,以备日后购买商品使用;二是由于市场商品供应不足或没有合适商品,使这部分购买力推迟实现,故它又称为潜在购买力。但由于这部分储蓄存款和手(库)存现金不会全部用来购买商品,所以只有其中用于购买商品的那一部分,才算作结余购买力。结余购买力是个时点指标,结余商品购买力可分为期初、期末两种。期初结余购买力就是上期期末结转下来的未实现的商品购买力,是本期全部购买力的组成部分,是安排市场商品供应及研究市场商品供需平衡状况的依据。期末结余购买力即本期全部结余的购买力,又称累计结余购买力。它反映了消费者和生产者商品需求(购买力)未实现的状况。结余购买力表示结余货币量。结余购买力期末与期初差额可以反映出购买力的实现情况。若期末结余购买力大于期初结余购买力,结果为正值,表明本期形成的购买力没有得到全部实现,其余额将推迟到下期去实现;若期末结余购买力小于期初结余购买力,结果为负值,在不实行赊销的情况下,表明本期形成的购买力不仅已全部实现,而且还实现了上期结转下来的部分购买力。

2. 本期形成的购买力

本期形成的购买力是商品需求统计的最常用指标,指消费者和生产者在本期货币收入中,可能在市场上购买商品的那部分货币额,又称本期新增的购买力。它是一个时期指标,其数值大小主要受消费者和生产者本期货币收入和非商品支出两因素的影响。其计算公式如下:

本期形成的购买力＝本期全部货币收入－本期非商品支出

本期形成的商品购买力又可以用下式来计算：

$$\text{本期形成的商品购买力} = \text{本期实现的商品购买力} + \text{本期结余的商品购买力}$$

这一指标可以反映消费者和生产者在本期形成的有支付能力的商品需求总量，是安排市场商品可供量的最低限度，也是分析市场商品供需关系的重要依据。

3. 本期全部购买力

本期全部购买力是指本期形成的购买力和期初结余购买力之和。它表明本期市场最大可能的商品需求量，反映本期可能用来在市场上购买商品的货币总额，也是确定本期市场全部商品可供量的依据。一般为了实现市场商品的供需平衡，必须使全部商品供应量与本期商品的需求量（购买力）基本一致，或商品供应量大于商品需求量（购买力）。否则，将会出现供求之间的缺口。

4. 本期已实现的购买力

本期已实现的购买力是指消费者和生产者的商品购买力中在本期已实现的部分，即本期在市场上购买商品而支付的货币额。它是一个时期指标，反映了消费者和生产者对商品需求的满足程度，是考察本期商品购买力的实现程度和市场商品供需平衡状况的重要依据。

本期已实现的购买力不可能大于本期全部购买力，但可能大于、小于或等于本期形成的购买力。当本期已实现的购买力大于本期形成的购买力时，说明本期形成的购买力已全部实现，还动用了上期结余的购买力；当本期已实现的购买力小于本期形成的购买力时，说明本期形成的购买力未能全部实现，有一部分商品购买力结余并有待下期实现，这就使期末结余购买力比期初增加。从销售方面来看，实现的购买力就是社会商品零售额，所以在计算本期已实现的购买力时，既可用社会商品零售额代替，也可用本期全部购买力减去期末结余购买力求得。

5. 本期未实现的购买力

它是指本期形成的购买力中未实现的部分，即：

第十一章　商品流通与外贸统计

本期未实现购买力＝本期形成购买力－本期已实现购买力

以上几个指标除各有其独立的经济意义和作用外，它们之间的相互关系可以用下式表示：

$$\frac{期初结}{余购买力}+\frac{本期形成}{的购买力}=\frac{本期已实}{现的购买力}+\frac{未实现}{的购买力}=\frac{本期全}{部购买力}$$

上述基本指标，构成了商品需求量统计的基本指标体系，可适用于整个市场的商品需求量统计，也适用于其中的各部分主要商品需求量统计。

（三）商品需求量的统计核算

商品需求量分为消费资料需求量和生产资料需求量，两者具有不同的特点，因此，需要分别进行核算。将这两方面核算的结果相加，即可得整个市场或社会商品需求量。

（1）消费品需求量的核算。消费品购买力包括居民消费品购买力和社会集团购买力两部分。统计上对社会集团购买力是"实现多少，计算多少"，即按其实现的结果来计算。在具体统计核算工作中，要直接确定主要商品需求量比较困难。一般只需计算期初或期末结余购买力，本期形成的购买力和本期已实现的购买力几个指标，其他指标可以由此推算。所需资料可从有关统计报表或专门调查资料中取得或推算。

（2）生产资料需求量的核算。生产资料需求量就是生产者购买生产资料的货币支付能力。与消费品购买力一样，需要计算期初结余购买力、本期形成的购买力，然后再相加即得生产资料全部购买力。若要具体测算各种主要商品的需求量，或具体测算企业所生产的某种产品的需求量，则要根据不同情况分别用下述方法取得：对于供应充足的商品，可直接用其全社会的实际销售量代替（但企业生产量可能只是社会商品需求量的一部分）；对于供应偏紧的商品，可根据市场调查或其他专门调查资料或有关资料推算。

二、商品供应量统计

（一）商品供应量的概念、特点与分类

1. 商品供应量的概念

商品供应量也称为商品可供量,它是指一定时期、一定地区可以通过市场供应给消费者和生产者,以满足其生活或生产需要的商品总量。它是市场需求得以实现的物质保证,因而商品供应量是与商品需求量相对应的概念。

2. 商品供应量的特点

（1）商品性。商品供应量表现为一定数量的有形商品或物质产品,不包括各种非物质形态的服务项目、无形资产等。

（2）可售性。这些商品是可能投入市场进行销售的全部商品,而不论其是否已经销售。

（3）流通性。这些商品是已经或即将进入流通领域的商品,即都是将要通过市场供应的商品。

3. 商品供应量的基本分类

（1）按商品的经济用途分类,可分:

消费品供应量。它是指可通过市场供应给城乡居民和社会集团以满足其生活需要的供应量,即消费品市场或零售市场商品供应量。

生产资料供应量。它是指可通过市场供应给生产者以满足其生产经营需要的供应量,即生产资料市场商品供应量。

这种分类,可以反映两类不同市场商品供应量的规模、两者之间的比例,便于研究各类市场商品供需平衡状况。

（2）按商品供应量的来源分类。商品供应量按商品供应量形成来源分为国产商品供应量和进口商品供应量两部分。通过这种分类可以观察商品供应量形成的具体来源,便于观察两者的比例关系是否适当,其发展变化的趋势应有利于市场的平衡和稳定。

（3）按商品的自然属性分类。商品供应量按商品的自然属性可分为农副产品供应量和工业品供应量,这种分类可以反映不同性质的商品在国民经济和人民生活中的地位、作用和发展变化。

(二)商品供应量统计的指标体系

与商品需求量统计相对应,在商品供应量统计中有下列几个基本指标:

1. 结余商品供应量

结余商品供应量是指一定时点上各商品供应单位的商品供应量,即生产者和转卖者拟投放市场的商品中没有销售的部分,有称未实现的供应量。结余商品供应量是个时点数,通常在报告期末统计。其形成原因有:一是商品供应总量超过需求总量;二是商品供应结构不适应市场需求;三是货主惜售。结余商品供应量可以分为期初、期末和本期结余供应量三个方面。期初结余商品供应量是上期期末结转到本期的结余商品供应量,它是过去各期结余商品量之和,即累计结余供应量。期末结余供应量是本期全部商品供应量中未实现部分。它反映市场商品供需矛盾平衡的结果,以及对下期市场供应的保证程度。本期结余商品供应量是本期形成的商品供应量尚未销售的部分。本期结余供应量的产生,导致期末结余供应量大于期初结余供应量。

2. 本期形成的商品供应量

本期形成的商品供应量是指本期通过各种渠道、来源所形成的可用来满足市场商品需求的商品数量,也即本期商品货源总量,包括供应零售市场的本期国内生产的商品、进口商品、储备拨入和社会潜在物资等。它是本期商品供应量的主要部分,是一个时期指标。主要来源国内生产部分,进口商品只能起到增添和调剂商品花色品种的作用,国家储备拨入是为了应付意外事件的发生而经常储备的物资,社会潜在物资由于数量有限,也只能起到补充作用。本期形成的商品供应量主要用来反映本期商品货源的来源状况以及对本期市场商品需求的保证程度。

3. 本期全部商品供应量

本期全部商品供应量是期初结余商品供应量和本期形成的商品供

应量之和。它是本期市场最大可能的商品供应量,是决定全部商品需求能否顺利实现的物质条件。计算该指标,是为了考察当前的商品供应力量,并与本期全部商品购买力相比较,分析当前市场供求关系及其变化趋势。

4. 本期已实现的商品供应量

本期已实现的商品供应量是本期全部商品供应量中已经销售了的商品数量。它是一个时期指标。它与社会商品零售额或已实现的商品购买力在数量上是一致的。这个指标可以反映本期商品供应量的实现程度和适销对路情况,也可以反映商品库存的增减变化情况。本期已实现的商品供应量要小于本期全部商品供应量,但却有可能大于本期形成的商品供应量,这时说明本期动用了期初结余的商品供应量。

5. 本期未实现的商品供应量

本期未实现的商品供应量是指本期商品供应量中没有售出去的部分。

以上几个指标除各有其独立的经济意义和作用外,它们之间的相互关系可以用下式表示:

$$\text{期初结余供应量} + \text{本期形成的供应量} = \text{本期已实现的供应量} + \text{本期未实现的供应量} = \text{本期全部供应量}$$

上述基本指标,也构成了商品供应量统计的基本指标体系。

(三) 商品供应量的核算

与市场商品需求量指标的统计核算相对应,市场商品供应量的核算要对消费品供应量和生产资料供应量分别进行核算。各种主要商品供应量的核算比较容易,因为其生产、进出口及库存等数据大多可从有关报表中取得。其具体核算方法可参照其指标体系。

三、商品供需关系平衡统计

商品供需平衡统计是研究市场商品供应量与有货币支付能力的商

品需求量之间的平衡比例关系。企业了解这方面的统计指标和分析方法,有助于企业经营活动的开展。

(一)商品供需平衡状况分析

在分析市场商品供需关系时,首先要分析两者在量上的适应性和平衡状况。因此,要根据统计研究任务的要求,从不同角度计算和分析供求总额之间的差额、比率和差率以及企业市场占有率等指标。

1. 商品供需差额

商品供需差额是指市场商品供应量与市场商品购买力之差。即:

$$商品供需差额 = 商品供应量 - 商品购买力(需求量)$$

其值若为正数,表示供大于求,即顺差;若为零,表示供需完全平衡;若为负数,表示供小于求,即逆差。

商品供需差额还可用下式求得:

$$\text{本期形成的商品供需差额} = \text{本期未实现供应量} - \text{本期未实现购买力}$$

$$\text{本期全部商品供需差额} = \text{累计未实现供应量} - \text{累计未实现购买力}$$

2. 商品供需比率

商品供需比率是指商品供应量与商品购买力之比。即:

$$商品供需率 = 商品供应量 \div 商品购买力$$

它说明商品供应量满足需求商品的程度。其值若大于 1,表示供大于求;其值若等于 1,表示供求完全平衡;若小于 1,表示供小于求。

3. 商品供需差率

商品供需差率是指商品供需差额与购买力之比。即:

$$商品供需差率(\%) = 商品供需差额 \div 商品购买力 \times 100\%$$

一般来说,在正常条件下应当尽可能争取本期消费品供需量大于本期消费品购买力,这样才能保证购买力的充分实现和市场的稳定。

但供大于求应有一个适当的限度,否则,将会出现商品积压,资金周转缓慢等现象。通过大量观察得出,消费品供需顺差率在1%~5%时为恰当。

上述分析指标,从不同角度说明了市场商品供需之间的平衡状况,是统计考察市场商品供需关系的基本依据。同时,这些指标除了就市场商品供需总量进行分析外,还可按商品类别进行分析,以观察商品供需的构成及变化特点。

(二) 商品购买力和商品供应量实现程度分析

1. 商品购买力实现程度分析

商品购买力实现程度是本期已实现的商品购买力与本期形成的商品购买力之比。其计算公式如下:

$$商品购买力实现程度(\%) = \frac{本期已实现的商品购买力}{本期形成的商品购买力} \times 100\%$$

这个指标从相对数上说明本期形成的商品购买力在期内的实现程度。当计算结果大于100%时,说明本期形成的商品购买力已全部得到实现,还实现了部分结余购买力,表现为期末结余购买力小于期初结余购买力,供应状况良好;小于100%时,说明商品供应不足,致使一部分手存现金或储蓄结余,也可能是城乡居民购不到适合商品而结余购买力;当接近100%时,说明本期形成的购买力全部得以实现,供需基本平衡。

2. 商品供应量的实现程度分析

市场商品供应量能否在市场上实现,实现程度如何,是衡量市场商品供应总量是否适当的重要标志。可通过计算市场商品供应量实现程度指标来分析。其计算公式如下:

$$商品供应量实现程度(\%) = \frac{本期已实现的商品供应量}{本期形成的商品供应量} \times 100\%$$

这个指标从相对数上说明本期形成的商品供应量在期内的实现程度。当计算结果小于100%时,说明本期形成的商品供应量没有全部实现,即还有结余;当接近100%时,说明供需基本平衡;当大于100%时,说明本期形成的商品供应量已全部得到实现,还动用了部分结余供应量。

(三) 结余购买力与商品库存额的比例关系

分析结余购买力与商品库存额之间的比例关系,其实质是对商品供需余额进行分析。由于商品供需的结余,是本期商品供需实现的结果,因此,一方面它可以说明本期商品市场供需平衡的状况;另一方面还可预示下期市场商品供求变化的前景。结余购买力与商品库存额的比例关系,常用每元结余购买力拥有的商品库存额指标表示。其计算公式如下:

$$\frac{每元结余购买力}{拥有的商品库存额} = \frac{期初(末)商品库存额}{期初(末)结余商品购买力}$$

商品供需余额的比例关系,受商品供需平衡状况和购买力实现程度的影响。因此,在运用指标分析市场商品供需状况时,要考虑全部商品供需比例是否正常、商品购买力实现程度是否稳定、商品库存结构是否合理等。

(四) 商品供需关系影响因素分析

商品供需关系是可供量与购买力的关系,它要受生产、分配、流通和消费的影响。一般影响商品供需关系的因素分析可从两个方面进行:一是社会商品可供量(供应量)影响因素分析。二是商品购买力(需求量)影响因素分析。决定购买力大小的因素是收入水平、消费愿望、消费习惯、消费水平等。决定可供量大小的因素是生产量。但企业在具体分析商品供需平衡影响因素时,可以有以下几个方面:

(1) 收入水平及其投向(包括积蓄、不同商品品种投向、购买力的时间、各种投资、购买各种消费品及非商品支出的构成)或商品销售收入及其分配(包括补偿消耗、新增固定资产与流动资产的投资及其构成)的影响。

(2) 国民经济发展和各部门生产水平及产品结构的影响。特别是工农业生产部门,它们是为市场提供商品货源的主体。

(3)货币发行量及物价的影响。市场商品供需平衡状况不仅受诸多因素的影响,反过来,已形成的商品供需格局对国民经济也会产生一定的影响。例如,供过于求时,生产资料需求将会得到满足,但产品销售困难,库存随之增大;结构失衡时,有的商品会脱销,有的商品会积压;供不应求时,居民消费水平会下降,购买力将增大,物价也会上涨。

四、商品交易市场统计

在市场经济条件下,消费品和生产资料是通过商品交易市场流通的,对商品交易市场开展统计调查和分析,对研究我国商品流通的发展变化有其重要意义。

对资料调查的方法,要改变过去以业主为清查对象的做法,转为以经营场所清查为主。改变抽样建立企业名库录的做法,转为建立规范标准的区域名库录。

第二节 商品流转统计

一、商品流转统计的基本问题

(一)商品流转的概念和特征

商品流转也称商品流通,是指社会产品作为商品通过买卖活动,即以"商品—货币"的交换方式(或货币结算关系)由生产领域进入消费领域(包括生活消费和生产消费的领域)消费的转移过程。商品流通是买和卖两个方面的统一过程,但并非所有买卖活动都是商品流通。因此,商品流转必须同时具备以下三个基本特征:

(1)商品流转必须是物质产品的转移。这就是说,商品流转必须是有用的物品的转移。商品流转的这一特征,把它同不具有物质性的文化娱乐、生活服务和公用事业等营业活动区别开来。例如:电影、照相、理发、医疗和旅游等,虽然也能满足消费者的某种需要,也要通过货币结算,但都不具有物质产品转移的性质,所以都不应视为商品流转。

(2) 商品流转必须是物质产品通过买卖行为,即必须通过以货币为媒介进行交换。商品流转的这一特征,把它同没有通过买卖行为的物质产品的转移区分开来。如样品、礼品的赠送,物资的奖励、发放、没收,等等,都不属于商品流转。

(3) 商品流转必须是通过买卖改变商品所有权的物质产品转移。商品流转的这一特征把它同一些虽是物质产品的转移,也有买卖行为,但所有权没有发生变化的活动区分开来。如货物运输,设备工具的租赁与支付自有原材料的成品加工等不属于商品流转,如在企业内部的车间之间、商品部组之间的产品(或商品)的转移,为了进行管理和经济核算,虽然也要以货币作价结算,但它们都在一个统一的总体中,不产生所有权的改变,故也不就视为商品流转。

总之,构成商品流转必须同时具备上述三个基本特征,缺一不可。因此,在统计实践中,这三条也就成为鉴别是否是商品流转的重要依据。商品流转统计的研究范围已由前述商品流转的概念及其基本特征所界定,这里所讲的商品流转只限于国内市场的商品流转。其调查范围包括在国内市场上专门从事批发、零售贸易的各种经济类型的经营单位和个人。

(二) 商品流转的基本分类和关系

商品流转是商品买卖行为的总和。商品从生产者手中转移到消费者手中,是一个复杂的过程。参加这一过程的买者卖者也是复杂的。由于他们在再生产过程中所处的地位的不同,进行买卖的目的、要求不同,这就决定了由于不同的买者与卖者所构成的各种交易活动,具有不同的性质、特点与作用。按买者或卖者在再生产过程中所处地位不同,可将其分为三类:一是处于生产阶段的生产者;二是处于流通过程的转卖者;三是处于消费过程的消费者。必须明确这三者有卖方和买方的双重身份,构成了各种买者、卖者错综复杂的商品买卖行为总体。

商品交易行为总是买卖双方的结合,因此,把处在再生产过程中的不同卖者和买者联系起来,就形成如图11-1所示的9类交易行为。

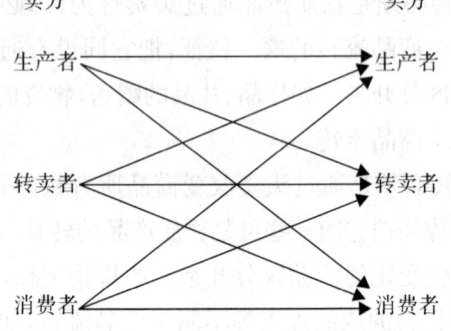

图 11-1　商品交易行为图

第1类是生产者将产品直接售给生产者的行为,如:工农业生产者之间、工业生产者之间的生产资料的销售行为。

第2类是生产者对商业部门的销售行为,也就是商业部门直接向工农业生产者收购工农产品的行为。

第3类是生产者向消费者的直接销售。

第4类是商业部门对工农业生产者供应生产资料的行为。

第5类是商业部门之间的商品调拨或商品购销活动。

第6类是商业企业对消费者供应商品的行为。如:零售商业将经营的吃、穿、用等生活资料直接出售给城乡居民供其生活消费用;或出售给机关团体供其本身非生产性消费用。

第7类是工矿企业作为生产资料消费者将废旧物资、退役设备、边角下料和清仓物资等在城乡生产者之间的调剂和供应。

第8类主要是指机关、团体、企业和居民将剩余物资、清仓和废旧物资卖给商业部门的回收活动。

第9类主要是指居民之间废旧物资的相互买卖活动,为数很少,除农村集市中发生的,一般不做统计。

现代经济中的电子商务通过电子化的贸易手段把商品流通各方面

连接到一起,"电子数据流"使企业与企业之间、企业与消费者之间的联系更便捷,例如:B to B、B to C 或 B to G 等,电子商务中的"商流"、"信息流"、"资金流"及"促销流",通过网络使企业与消费者的时间与空间障碍大大降低。

上述分类,基本显示了国内市场商品交易行为的基本面貌与构成。其中最基本的常见的买卖行为是第 2、4、5、6、8 等五类,其他多为辅助行为。目前,第 1、3 类买卖活动也很活跃,而第 7、9 两类数量不多,可忽略不进行统计。

(三)商品流转的基本范畴

在上述商品流转分类的基础上,将具有共性的买卖行为再归类整理,可形成以下商品流转的基本经济范畴系列:

1. 从商品流转全过程考察,商品流转可形成以下基本范畴

(1)最初商品流转。它是商品流转的开始,反映一定时期内进入商品流通过程中的商品总量和构成,也就是本期内社会所能提供的商品量。是第 1、2、3、7、8、9 类买卖行为的总和。

(2)最终商品流转。它是商品流转的终结,反映一定时期内商品从生产领域经过流通领域最终进入消费领域的规模和构成,也就是本期内社会所消费的商品量。是第 1、3、4、6、7、9 类买卖行为的总和。

(3)中间商品流转。它是商品流转在流通领域内的继续,反映商业部门内部各商业企业机构在地区之间、环节之间、系统之间的买卖行为和商品交换关系。它包括第 5 类买卖行为。

2. 从不同买者来考察,商品流转可形成以下基本范畴

(1)生活资料供应,即商品零售流转。它是商品离开流通领域进入生活消费领域的买卖行为,反映消费者通过市场取得的全部生活资料。包括第 3、6、9 类买卖行为。

(2)商品批发流转。它是商品进入流通领域供进一步转卖和进入消费领域供生产性消费的买卖行为。它包括第 1、2、4、5、7、8 类买卖行为。

(3) 生产资料供应,即从买者看凡是对生产者销售的行为都属于这一范畴,反映生产者通过市场得到的生产资料的规模。包括第1、4、7类买卖行为。

3. 从不同卖者考察,可形成如下范畴

(1) 生产者自销商品流转。它是指不通过商业部门,将自己的产品自行销售的行为。它包括第1、3、7、9类买卖行为。

(2) 商业部门经销商品流转。它是指通过商业部门的商品流通,是商品流转的主要渠道。它包括第2、4、5、6、8类买卖行为。

由此可见,商品流转的基本经济范畴,是建立在商品流转分类的基础上的,这将是我们进一步研究商品流转统计指标的理论依据。

(四) 商品流转统计的内容

商品流转统计的基本内容,包括商品流转活动购、销、存等各个环节的基本内容,可以统计商品流转的运行总量;检查商品流转计划及其合同的执行情况;研究商品流转的动态;分析商品流转的内部构成;考察商品流转过程中所体现的各种重要经济关系。具体包括以下几个方面:

(1) 反映商品购进的来源、规模、构成、质量等状况及其变化。

(2) 分析商品库存的水平、构成、质量、周转速度等状况及其变化。

(3) 了解商品销售的去向、规模、构成、居民消费水平等状况及其变化。

(4) 研究商品购进、销售、库存之间,供需之间和产销之间的经济联系及其变化,综合分析市场的现状及其发展。

(五) 商品流转统计的基本指标

商品购进、商品销售和商品库存是商品流转统计的三个基本指标,是建立各种口径、不同层次的商品流转统计指标体系的基础。

(1) 商品购进是商品流通领域中付出货币获得商品的买卖行为。它是商品流转的最初环节,是商品销售的前提和保证市场供应的必要条件。商品购进统计指标可以反映商品购进的规模、来源、构成和质量等情况。

(2) 商品销售是商品流通领域中付出商品获得货币的买卖行为。它是商品流通过程的终结,也是组织商品流通、满足市场需要的重要的环节。作为统计指标,它可以反映商品销售的规模、去向、构成等情况。

(3) 商品库存是商品在流通领域的暂时停滞,是联系商品购、销的中间环节,是保证商品流通连续不断地运行的物质基础,它可以反映商品库存的水平、构成与分布等情况。

上述商品购、销、存指标组成了商品流转统计的基本指标体系。它们之间在数量上还存在着如下的平衡关系:

$$\text{期初商品库存} + \text{本期商品购进} = \text{本期商品销售} + \text{期末商品库存}$$

利用上述平衡式,可以说明商品流通的全过程及有关环节之间的相互关系,并据此进行综合分析。同时,还可以审核统计数字的准确性,根据其中的已知指标来推算未知指标。

二、商品购进统计

(一) 商品购进总额

商品购进总额(量)指从本企业以外的单位和个人购进或进口作为转卖或加工后转卖的商品金额,这个指标反映国内商业企业从国内、国外市场上购进商品的总金额(量)。

商品购进总额中包括:

(1) 从工农业生产者购进的各种工矿产品、农副产品总额。

(2) 从各种经济类型的批发零售贸易企业或其他行业办的附营批发零售贸易业单位购进的商品总额。

(3) 从出版社、报社购进的图书、杂志和报纸。

(4) 从生产、批发零售贸易业以外的其他单位购进的商品,如:从机关、团体、企业、单位购进的剩余物资;从餐饮业、服务业购进的商品;

从海关、市场管理部门购进的缉私和没收物品;从企业、事业单位和居民收购的废旧商品等。

(5) 从国(境)外直接进口的商品。

(二) 商品购进的统计核算

1. 商品购进的记载时间

一般情况下,商品购进记载时间是以取得商品所有权的时间为准。即凡是货款先付,商品后到的,在支付货款时作购进统计;凡是商品先到,货款后付的,在收到商品时作购进统计。

2. 商品购进的作价方法

从国内购进的商品,以进货原价计算商品购进;进口商品的国外进价一律以到岸价格(CIF)为基础,并将外币按人民币折合计算。

三、商品销售统计

我国贸易统计指标体系的改革目标是:建立一个以销售额为核心、以商品销售分类为主要分组的,多层次、多侧面满足多方面需要的,并与贸易统计调查体系衔接、协调的统计指标体系。因此,商品销售统计是商品流转统计的重点。

(一) 商品销售总额

商品销售总额(量)指对本企业以外的单位和个人出售的商品(包括售给本单位消费者的商品)总额,这个指标反映商业企业在国内市场上销售商品的总金额(量)。

商品销售总额中包括:

(1) 售给城乡居民和售给社会集团消费用的商品;

(2) 售给国民经济和社会各部门作为生产经营使用的商品;

(3) 售给批发零售贸易商作为转卖或加工以后转卖的商品;

(4) 直接向国(境)外出口和委托外贸部门代理出口的商品。

(二) 商品销售和业态的主要分类

1. 商品销售主要分类

(1) 批发指除零售以外的一切商品销售活动,包括对生产经营单位的批发,对批发零售贸易批发等;

(2) 零售指售给城乡居民和社会集团的用于直接消费的商品。

2. 零售业态统计分类

零售业依据销售重点不同,可以分为百货商店、大卖场、超级市场、连锁企业、专业(专卖)店和其他。

通过零售业态统计,可以掌握零售业和零售市场的发展动态,推动生产和消费的良性循环。特别是大卖场、超市、连锁企业是近年发展起来的新型商业形态,也是今后商业部门统计调查的工作重点。

IT时代的电子商务虽无店堂、营业员,但仍是有健全的物流、信息流和货币流的实体网络,它将成为继零售店、超市等之后的又一新的商业形态且发展势头强劲。

在各种分类的基础上,可以计算各类商业业态的销售量(额)占全部销售量(销售总额)的比重,反映各种业态的市场份额及竞争力。

(三) 商品销售的统计核算

1. 商品销售的记载时间

商品销售的记载时间是以失去商品所有权为准,具体有以下几种情况:

(1) 采用直接收款方式的,在实际收到货款或取得收款凭证时,作为商品销售。

(2) 采用托收承付和委托银行收款结算方式的,在发出商品并办好托收手续时,作为商品销售。

(3) 采用预收货款方式的,在发出商品时作为商品销售。

(4) 采用分期收款方式的,可按合同预定的收款时间作为商品销售。

(5) 委托其他单位代销商品的,在收到代销单位的代销清单时,作为商品销售。

2. 商品销售的作价方法

对国内销售的商品,以销售原价即销货发票上的价格计算商品销售;出口商品一律以离岸价格(FOB)计算。

(四) 商品销售服务统计

可以运用以下统计指标对企业的商品销售服务数量和质量加以反映。

1. 市场占有率

$$市场占有率 = \frac{某商品销售量}{该商品市场销售总量}$$

2. 市场覆盖率

$$市场覆盖率 = \frac{本企业某种商品行销的地区数}{市场上该种商品行销的地区总数}$$

3. 消费者满意率

$$消费者满意率 = \frac{消费者满意次数}{抽样调查总次数}$$

4. 消费者投诉率

$$消费者投诉率 = 投诉次数 \div 商品交易数$$

5. 索赔率

$$索赔率 = 索赔数量 \div 商品交易量$$

四、商品库存统计

商品库存指商业企业已取得所有权的全部商品。这个指标反映商业企业商品库存情况及对市场商品供应的保证程度。

(一) 商品库存额(量)

商品库存额(量)统计的主要指标是期末库存额(量)。

商品库存中包括:

(1) 存放在本单位(如门市部、批发站和采购站经营处)的仓库、货场、货柜和货架中的商品。

(2) 挑选、整理与包装中的商品。

(3) 已发出但未办妥银行收款,或采取送货制,尚未取得运输凭证的商品。

(4) 已记入购进而尚未运到本单位的商品,即发货单或银行承兑凭证已到而货未到的商品。

(5) 委托其他单位代销(未作销售或调出)尚未售出的商品。

(6) 寄放他处的商品,如因购货方拒绝付款而暂时存放在购货方的商品和已办完加工成品收回手续而未提回的商品。

(7) 代其他单位购进尚未交付的商品。

(8) 外贸企业出口和内销用的库存商品。

(二) 商品库存的统计核算

1. 实际盘点法

它是在一定时点上组织有关人员对库存商品进行实地清点、秤量、计数、汇总,取得商品库存实际数量的方法。

2. 平衡法

它是利用商品购、销、存的平衡关系,进行期末商品库存数的推算。

$$期末商品库存＝期初商品库存＋本期商品收入－本期商品支出$$

其中:本期商品收入包括:商品购进、加工成品收回、商品升溢和其他收入;本期商品支出包括:商品销售、加工原料付出、商品损失和其他支出。

五、商品流转的统计分析

(一) 商品流转计划执行情况分析

商品流转计划是商业企业营业状况的体现,它包括商品购进计划、商品销售计划和商品库存计划。商品流转计划执行情况分析,主要计算和分析计划完成指标。

(二)商品购进的统计分析

包括:(1)商品购进合同执行情况分析。

(2)购进商品的质量变化分析。

(3)商品购进等级比重的分析。

(三)商品销售的统计分析

包括:(1)影响商品销售的因素分析。

(2)商品销售动态及发展趋势分析。

以上统计分析可以利用统计学原理中的相对指标、时间序列、统计指数和回归预测法等进行。

(四)商品库存的统计分析

1. 商品库存适销状况的构成分析

库存中的商品,就其适销状况不同,可分为畅销品、平销品和滞销品,计算各类商品库存占总库存的比重,并在不同时间、不同单位之间比较,可以说明库存质量的动态或库存质量的差异,对于改善企业的经营管理,促进商品周转有很大作用。

2. 商品销存关系的分析

(1)商品库存对市场供应的保证情况分析。商品库存对市场供应保证可计算商品库存对商品销售保证天数指标。其计算公式如下:

$$\text{商品库存保证销售天数} = \frac{\text{报告期某一时点商品库存量}}{\text{平均每日商品销售量}}$$

商品库存保证销售天数,只用于表明实际库存量对市场供应可以保证销售天数多少,但它本身并不能说明商品库存对市场供应的保证程度,它还必须与一个合理的定额库存天数相比,才能得到进一步的说明。可用下式计算:

$$\text{商品库存对市场供应的保证天数} = \frac{\text{实际库存保证销售天数}}{\text{定额库存保证销售天数}}$$

(2)商品流转速度分析。

第一,商品流转速度的指标。商品流转速度是指商品从离开生产领域进入流通领域之后,经过中间买卖再到时达消费领域的流转运动所经历的时间;具体地讲可以指某一商业总体,其商品从购进到销售的流转活动所需要的时间。商品流转速度愈快,商品在流通领域停留的时间愈短,其效益愈佳。从商业企业的角度来看,加快其商品流转速度,可节约流动资金占用,减少库存费用和商品损耗,可大大提高商业企业的经济效益,增加盈利。

商品流转速度指标有:商品流转次数和商品流转天数。商品流转次数表明一定时期内一定数量的商品周转了几次。商品周转次数是反映商品流转速度的正指标,在一定时期,商品流转次数越多,说明商品流转速度越快。商品流转天数则是反映商品周转一次所需要的时间。商品周转天数是反映商品周转速度的逆指标,商品流转天数越多,说明商品流转速度越慢;反之,则说明流转速度越快。其计算式如下:

$$商品流转次数=\frac{报告期商品销售额}{平均每日商品库存额}$$

上式中,由于商品销售额为时期数,商品库存额为时点数,在计算过程中,要把时点资料的库存额计算为期内平均数,才能与销售额进行对比计算。

$$商品流转天数=\frac{报告期平均商品库存额}{平均每日商品销售额}$$

上述两个指标,存在着一定的数量关系,即:

$$商品流转次数=\frac{报告期日历天数}{商品流转天数}$$

第二,商品流转速度对商品库存额变动的影响分析。加速商品流转,对于扩大流转规模,减少库存数量,提高企业利润,具有重要的意义。以下利用商品流转天数指标,重点分析商品流转速度变动对商品库存额变动的影响。

例 11.1 根据表 11-1 资料,可利用因素分析法对平均库存额的变动进行分析,现分别计算各因素变动的相对数和影响平均商品库存变动的绝对额。如表 11-1 所示。

表 11-1

某大卖场商品流转速度变动对商品库存额的影响

	2014 年 1 季度	2015 年 1 季度	变动相对数(%)	变动绝对数
平均每日销售额(万元)	33.8	50.7	150.0	16.9
商品流转天数(天)	9.47	7.89	83.32	−1.58
平均商品库存额(万元)	320	400	125.0	+80

由表 11-1 所列资料可以看出:该大卖场平均商品库存额总变动为提高 25%,增加了 80 万元。其中,平均商品日销售额有较大增长,同上年同期相比,提高了 50%,按理相应地要增加库存额 160 万元,而实际上,只增加 80 万元。这是由于商品流转速度的加快,流转天数减少了 1.58 天(7.89−9.47),使平均商品库存额节约 80 万元(1.58×50.7)。由此可见,商品流转速度的快慢,对于商品库存额变动是会产生直接影响的。

第三,商品流转速度与商品库存额的相关分析。利用相关分析法,可把一些规模、经营性质相近的企业排列成序列,观察它们的商品流转次数与商品库存额之间的相关关系,一般来说,商品流转次数越多,商品库存越少;反之,如果商品流转次数越少,则商品库存额越多。它们之间存在着一定的相关关系。

第三节 商品价格统计

商品价格是市场经济中一个重要的经济杠杆。商品价格统计的基本任务是:通过系统地搜集和整理价格资料,及时反映价格水平的变化,研究各种价格之间的关系与合理程度,分析价格变动的影响,考察商品质价变化,为各级部门合理制定价格政策,加强市场价格管理,提供科学的依据。

一、商品价格水平统计

(一)商品价格水平统计指标

商品价格水平指标按其反映内容不同,可分为以下两种:

1. 时点价格水平

它是反映单位商品在一定地区与价格形式下,某个时点上的价格水平。

2. 平均价格水平

它是反映单位商品在一定范围内价格的平均水平。平均价格水平指标除了用来反映一定时间内(如月、季、年)价格的平均水平外,还可用来反映一定地区范围内与不同价格形式的价格平均水平。其基本计算公式如下:

$$商品平均价格 = 商品购进(销售)总额 \div 商品购进(销售)总量$$

用上述公式计算时,有时由于资料掌握和计算准确程度要求的不同,还可以采用下列一些变通方法计算:

(1)简单算术平均法。当只掌握商品的价格 p,而无相应的商品购进(销售)量 q 资料时,可用它计算,其计算结果只是近似值。其计算公式如下:

$$\bar{p} = \frac{\sum p}{n}$$

(2)加权调和平均法。当只掌握每种商品购进(销售)额 m 和价格 p 资料,而无相应的商品购进(销售)量资料时,可用它计算,其计算结果与基本公式相同。计算公式如下:

$$\bar{p} = \frac{\sum m}{\sum m/p} = \frac{\sum qp}{\sum q}$$

(3) 价格执行日数加权算术平均法。当只掌握了一定时间上的价格 p 和价格执行日数 d 资料,而无相应的商品购进(销售)量 q 资料时,可用它计算,其计算结果也是近似值。计算公式如下:

$$\bar{p}=\frac{\sum pd}{\sum d}$$

(4) 序时平均法。除上述所列计算方法外,如只计算时间上的平均价格,在未掌握商品购进(销售)额资料、但掌握了各时点价格资料情况下,可用序时平均法。此法在时间序列一章里已有说明。

以上平均价格的计算均是就某一种具体商品来说的。

(二) 价格水平统计资料的搜集

价格水平统计指标是在一定价格资料基础上进行计算和确定的,因此,及时准确地搜集价格资料就成为价格水平统计中的一个重要问题。

1. 确定价格搜集资料内容

价格资料搜集的内容,要根据我国市场上商品价格实际存在的现状来确定。在当前的市场中,存在着多种经济成分,多种商品流通渠道与多种商品交换形式,因而在市场上也产生了各种商品价格。从理论上说,对于众多的价格在不同时间均有不同的价格水平,都应属于价格资料搜集的内容。但在实际统计时,一一搜集,既不可能,也无必要,故一般只选择部分在时间上、地区上与价格变动趋势上具有代表性的商品集团和代表规格品,搜集其价格资料。另外,在搜集商品价格资料的同时,还应搜集与它有关的服务项目价格资料,为了计算平均价格,通常还要搜集与其计算有关的商品流转量和商品流转额资料。

2. 价格资料搜集的方法

价格资料搜集的方法,也要根据我国各种价格形式的特点、价格管理的不同状况与统计研究的目的来选定。其基本形式有两种:即定期统计报表制度和抽样选点派员直接调查。例如,我国的商品零售价格指数就是采用分层抽样的方法,然后派员直接调查搜集价格资料。

二、商品差价、比价统计

商品差价、比价的产生和存在,既是由于各种商品内含社会必要劳动耗费量的不同和商品在生产、流通过程中支出的费用和所缴利税的差异;又是国家的价格政策的具体体现。因此,从数量上研究商品差价、比价的合理状况及其发展变化,对深化价格改革,稳定市场物价,促进国民经济持续、稳定和协调发展等,都具有十分重要的意义。

(一)商品差价统计

1. 商品差价的种类

商品差价是指市场上同一种商品,处于不同条件价格之间的数量上的差异。它包括购销差价、地区差价、季节差价、质量差价和批零差价等。

(1)商品购销差价是指同一种商品、同一时间在同一市场上,商品收购价与商品销售价格之间的数量差异。例如工业品购销差价。

(2)商品地区差价是指同种商品、同一时间在不同地区价格之间数量的差异。它又具体分为商品收购价格的地区差价与商品销售价格的地区差价。

(3)商品季节差价是指同种商品、同一市场在不同季节价格之间的数量差异。其中主要是商品在购销旺季与淡季之间的价格差异。

(4)商品质量差价是指同种商品在同一市场、同一时期,由于质量不同而引起的价格差异。

(5)商品批零差价是指同种商品,在同一市场、同一时间批发价格与零售价格之间的数量差异。

上述各种差价虽然均表现为同一商品两种不同价格之间的数量差

异,但由于它们所处的条件不同,所反映的经济关系、价格政策与价格构成也不相同,因此,在研究其数量关系时,必须针对不同差价,作不同的分析。

2. 商品差价的统计指标

研究商品差价的主要统计指标有:商品差价额和商品差价率。它们分别从绝对值和相对关系上来说明商品的各种价格数量差异大小和程度。

(1) 商品差价额。它是反映同种商品在不同条件下,两种有联系的价格之间差额大小的统计指标。其计算公式如下:

$$商品差价额 = 比较价格水平 - 基础价格水平$$

(2) 商品差价率。它是同种商品在不同条件下,两种有联系的价格差额占基础价格水平比重的相对指标。其计算公式如下:

$$商品差价率(\%) = \frac{商品差价率}{基础价格水平} \times 100\%$$

在计算商品差价额和商品差价率时必须注意以下几个问题:首先,要科学地选定商品差价额中的比较价格水平与基础价格水平;其次,要正确选择差价率中的分母价格水平;再次,要注意区分单项和综合差价率。

(二) 商品比价统计

1. 商品比价的种类

商品比价是指同一时间、同一市场不同商品价格之间的比例关系。它反映了商品价格之间的比例关系和商品交换数量之间的比例关系。比价主要有农产品比价、工业品比价、工农产品比价和国内产品与国外产品比价等。

(1) 农产品比价是指同一市场、同一时间不同农产品价格之间的比例关系。

(2) 工业品比价是指同一市场、同一时间不同工业品价格之间的比例关系。如原材料、燃料与加工产品的比价,半成品与成品的比价,整机与零配件的比价,新产品与老产品的比价以及一般消费品与耐用消费品的比价等等。在实际工作中,主要研究使用价值相同的或在生产与消费中相互关联产品的比价。

(3) 工农产品比价是指同一时间、同一市场工业品与农产品价格之间的比例。它表示用一定数量的农产品能换多少数量的工业品,或用一定数量的工业品能换多少数量的农产品。

(4) 国内产品与国外产品比价是指同一时间国内产品与进口产品或国际市场产品价格之间的比例。为了便于对比,要求在产品质量、规格、型号等方面尽可能保持一致。

2. 商品比价的基本统计指标

(1) 单项商品比价。它是同一时间、同一市场两种不同商品价格之比,用以说明所比商品价格比例的大小和交换数量的多少。其计算公式如下:

$$单项商品比价 = 某种商品价格 \div 对比商品价格$$

(2) 综合商品比价。它是指同一时间、同一市场两类不同商品的多种商品价格之比。一般用两类不同商品价格指数进行对比,它只说明比价的变化,不说明比价究竟是多大。其计算公式如下:

$$综合商品比价指数(\%) = \frac{某类商品价格指数}{对比类商品价格指数} \times 100\%$$

在计算上述商品比价指标时,应注意以下两个问题:其一,要正确把握商品比价指标中交换品与被交换品的含义;其二,要根据不同研究目的和不同比价来确定计算公式中的分子与分母。

三、价格指数及价格变动的测定

在价格统计中,测定商品价格变动的主要方法是编制价格指数。价格指数是指用来反映不同时期商品价格变动程度的动态相对数。就其编制方法来说,价格指数可分为单项商品价格指数和物价总指数(包括类指数)。

目前,我国编制的物价总指数主要有:商品零售价格指数,居民消费价格指数,农产品收购价格指数,工业品出厂价格指数,固定资产投资价格指数,建筑产值价格指数以及进出口商品价格指数。各种物价总指数的编制可参见统计指数一章。

以下介绍价格变动的统计分析。

1. 价格变动情况的统计分析

(1) 价格变动范围的统计分析。一般可以采用分组法,将商品按其价格变动情况分为升、平、降三组;然后分别统计各组的商品品种数、占总体的比重和平均变动幅度。

(2) 价格变动幅度和持续时间的统计分析。价格变动幅度是通过计算价格涨跌率指标反映的。价格涨跌率是报告期价格减基期价格之差与基期价格相除的比率。而价格持续时间可以通过时间序列观察得到。

(3) 价格变动的趋势和规律性的统计分析。对其分析,通常可以通过编制价格指数序列来进行。

2. 影响价格变动因素的统计分析

影响价格变动的因素很多,主要有如下几种:

(1) 当年新涨跌因素的影响,如:国家价格政策变动、原材料涨跌等影响;

(2) 上年涨跌价对本年价格变动的滞后影响;

(3) 不同时间、不同企业、不同品种或类别、不同形式价格的商品流转量在相应的全部流转量中所占的比重的变化影响;

(4) 市场供求关系及其他有关因素(如商品质量)变动的影响。

在具体分析时,要结合影响价格变动的原因不同,分别采取不同的分析方法。如,对于上述第二种影响因素可采用平均数指数分析法、自回归分析法,而对于第四种影响因素可采用相关分析法等。

3. 价格变动影响其他方面的统计分析。

价格的变动,直接影响着社会经济生活的各个方面,影响着国家、企业和个人三者的经济利益。主要包括以下几个方面:

(1) 价格变动对商品交易双方货币收支影响的统计分析。

(2) 价格变动对货币购买力影响的统计分析。

(3) 价格变动对居民实际收入影响的统计分析。

第四节 对外贸易统计

对外贸易是指一国(地区)与其他国家(地区)之间商品交换活动及其有关的其他经济联系和往来。随着世界经济一体化,我国与国际间的交往越来越频繁,对外贸易量也与日俱增。对外贸易统计,就是要通过对外贸商品的购、销、存和进出口业务活动的资料调查、整理和分析,反映外贸商品的流转活动的状况、过程和发展趋势及规律性。

一、对外贸易统计的原则

由于对外贸易商品流转中,商品繁多,计量单位、价格条件、贸易方式和结算货币十分复杂,因此要对国别划分、商品数量、商品计价、币值折算等问题有统一的原则。

(一) 国别原则

国际上有三种确定国别的统计原则。

1. 按贸易国统计。

贸易国又称为成交国、买卖国或购销国,是指直接发生进出口贸易的对方国家(地区)。按照这种方法,进口时按卖方国、销售国或购自国统计,出口时按买方国、购买国或售予国统计。因此,可以反映国与国之间的贸易关系,分析对外贸易政策的执行情况。

2. 按产销国统计。

根据这种方法,进口时按生产国或原产国统计,出口时按消费国统计。因此,可以了解生产国与消费国之间的经济联系,有助于减少中间贸易渠道,改善本国对外贸易市场结构。

3. 按运输国统计。

根据这种方法,进口按起运国统计,出口按抵达国统计。由此,可以正确划定发生进出口贸易的双方国家(地区),反映实际发生贸易联系的国家(地区)的分布状况。

(二) 价格统计原则

对外贸易的进出口业务都采用通用的价格,在国际上最常用的有离岸价格、到岸价格、成本加运费价格三种。

1. 离岸价格(FOB)

这是指卖方负责将货物装到船上的价格,不包括货物离开起运港后的运费、保险费和其他一切费用。

2. 到岸价格(CIF)

这是指卖方要负责货物装船前的一切费用和负责支付到指定目的港的运费、保险费,买方则负责卸货后的一切费用。

3. 成本加运费价格(CFR)

这是指卖方负责货物装上船前的一切费用和支付到指定的目的港的正常费用,买方负责支付保险费和卸货后的一切费用。

目前,国际上许多国家(地区)包括我国,一般都是采用出口商品按离岸价格计算,进口商品按到岸价格计算的原则。

(三) 商品数量原则

确定进出口商品数量时,必须确定商品的计量单位。一般有重量单位、个数单位、长度单位、面积单位、体积单位和容积单位等。重量单位是统计进出口商品时最常用的单位。目前,我国对于各种进出口商品的数量按照对外贸易统计商品目录中统一规定的计量单位进行统计的。其中重量是按净重计算的。

(四) 外币折算原则

在计算进出口贸易总额时,不能用不同货币计价的价值直接相加,必须换算成统一的货币单位,通常是采用本国货币或折算成统一的外币之后才能相加(即:直接标价法或间接标价法)。

二、对外贸易业务统计

(一) 外贸业务的统计范围

外贸业务统计制度规定的统计范围是:通过贸易方式,从国外(境外)进入国境的进口商品和从国内运出国境的出口商品。具体内容有:① 进料加工;② 补偿贸易;③ 来料加工装配贸易;④ 来料加工;⑤ 出料加工;⑥ 各作各价对口合同。它是指交易双方在签订进出口商品合同时,各作各价。进口原材料不支付外汇,从出口成品收汇中扣除;⑦ 易货贸易;⑧ 边境贸易;⑨ 租赁贸易;⑩ 转口贸易;⑪ 技术成套设备;⑫ 寄售代销。

(二) 对外贸易业务统计指标体系

对外贸易业务统计,是按照对外贸易商品流转的业务环节而进行的专业统计。其指标体系的内容包括:出口商品收购统计、出口业务统计、进口业务统计和出口商品库存统计等四个方面。

1. 出口商品收购统计

又称出口货源统计,它主要反映一定时期内可供出口的商品货源、收购数量、收购总值、商品品种和构成等情况。

对外贸易出口商品收购,必须是供应出口的商品收购;必须是通过买卖和结算方式取得了商品所有权的商品;必须是从对外贸易部门系统以外的单位和个人购进的商品。

出口商品收购统计按谁收购谁统计原则进行。确定谁收购的准则主要根据直接结算者来划定。

出口商品收购统计价格,无论是产地交货、集中点交货,还是直运口岸结算交货,一律按实际价格计算,即外贸公司最初从生产等部门收购商品的价格作为起始点。购进后再行包装、加工挑选的费用不包括在内。进出口企业自产的出口商品,根据企业核算的产品价格统计。

2. 出口业务统计

出口是指外贸企业按照出口商品合同规定，向国外销售商品的行为。出口业务统计主要反映我国某地区、某企业在一定时期内出口了哪些商品、出口规模、出口的国家和地区以及出口商品的结构和出口市场等情况。

对外贸易业务统计国别(地区)以起运国和运抵国为原则，即出口统计运抵国，运抵国是指出口货物在中转国(地区)未发生任何商业性交易情况下，发运货物的最终目的国(地区)。

在具体核算出口商品时，陆路以取得承运货物收据或铁路联运运单，海运以取得出口装船提单，空运以取得运单，并向银行办理交单后作为出口统计。预收货款不通过银行交单的，取得以上提单或运单后，作为商品出口。凡出口的商品，一律以离岸价(FOB)计算，如按到岸价(CIF)对外成交的，在商品离境后所发生的应由我方负担的以外汇支付的国外运费、保险费、佣金和银行财务费等，冲减商品出口。

出口业务统计具体包括：出口成交统计、出口交货统计和实际出口统计。

(1) 出口成交统计。出口成交又称已签出口合同，是指我对外贸易企业与境外机构或企业正式签订的出口合同，或经双方函电往来所达成的出口商品交易。出口成交按合同价计算。出口成交统计有以下几个主要指标：① 本年出口成交(本年已签订出口合同)。② 按合同规定截止本季(月)末应交数。③ 往年合同未交数(本年应继续执行的合同数)。

(2) 出口交货统计。出口交货是指我对外贸易企业按照出口商品合同向买方进行交货。出口交货统计反映对外贸易企业履行出口成交合同的情况。出口交货按合同规定的成交价格进行统计。出口交货统计主要有下列指标：① 本年合同本年交货。② 上年预交。③ 补交往年。④ 预交下年。

(3) 实际出口统计。实际出口统计以出口商品实际离开我国口岸或国境和谁出口谁统计的原则进行。实际出口商品除特殊规定外,均按离岸价格(FOB)统计。实际出口统计的日期应根据有关运输凭证(如装船单、发运单、托运单等)上的日期来进行统计。

3. 进口业务统计

进口是指一国(地区、外贸企业)按照进口商品合同规定,从国外进口商品的交易行为。进口业务统计反映了我国(地区、企业)在一定时期内进口了哪些商品,从哪些国家或地区进口的以及进口的规模和结构及其变化。

根据起运国和运抵国的原则,进口统计采用起运国,即货物在中转国未发生任何商品性交易的情况下,货物起始发出的国家(地区)。

在具体核算进口商品时,从国外进口的商品,以进货原价作为进口统计。进口商品的国外进价一律以到岸价格(CIF)为基础。如对外合同以离岸价格(FOB)成交的,商品离开对方口岸后,应由我方企业负责的各项费用也作商品进口额统计;但不包括到达我国口岸后的各种费用。企业委托其他单位代理进口的商品,其进口额为实际支付给代理单位的全部价款。

进口业务统计具体包括:进口订货统计、进口交货统计和进口到货统计。

(1) 进口订货统计。进口订货统计又称进口合同统计,反映我方已与国外通过签订合同,定妥进口商品数量、金额等。进口订货统计有以下几个主要指标:① 本年已签进口合同数。② 按合同规定截止本季(月)末应交数。③ 往年合同未交数。

(2) 进口交货统计。进口交货是反映国外企业按照进口合同的规定,向我方交货。进口交货统计有以下几个主要指标:① 本年合同本年交货数。② 上年预交本年数。③ 补交往年数。④ 预交下年数。

(3) 进口到货统计。进口到货统计以商品实际运达我国口岸或国境和谁执行合同(与外商进行货款结算)谁统计的原则进行。进口到货按到岸价格(CIF)统计。代理销售外国商品、样品、展览品的进口价格按实际结算的价格统计。进口到货统计时间同样也是根据有关凭证(如到货通知书、进口货物明细单等)上所填的日期进行统计。

4. 出口商品库存统计

出口商品库存统计反映某个时点上对外贸易出口商品的货源准备情况,即出口商品的库存数量,它是存量统计。为了保证外贸商品流转的顺利进行,对外贸易企业必须保持一定数量的商品库存,并分析有无紧缺和积压现象。

出口商品库存统计范围包括:对外贸易企业取得商品所有权的全部出口商品库存,即在库出口商品、在途出口商品、口岸待运出口商品和加工中的出口商品。

值得说明的是,现在对外贸易业务统计口径已改按海关统计为依据。海关进出口统计以进、出国境货物的报关单为原始凭证,以经过验单核实的监管资料为统计依据。企业进出口统计分析中,要把业务统计数据与海关统计数据结合运用。

三、海关进出口统计与对外贸易业务统计的主要区别

(一)性质和统计范围不同

海关进出口统计对实际进出我国关境的经济贸易货物在监管的同时,进行全面、系统的统计。它不仅包括对外贸易实际进出口的货物,还包括外资企业投资进口的设备和物品以及不需支付外汇的无偿援助和捐赠物品等。

对外贸易业务统计是适应对外贸易业务管理的需要,为监督和检查国家的对外贸易业务计划完成情况,反映对外贸易商品流转规模、结构、比例和发展趋势的部门业务统计。它仅对进出口商品业务、出口商

品的收购和库存进行统计。不包括外资企业投资进口的设备和物品以及不需支付外汇的无偿援助物资和赠送品。

(二)统计渠道和汇总方法不同

海关进出口统计的渠道较单一。海关报关单是海关进出口统计的原始凭证,经各地海关按照规定的要求和时间上报海关总署,海关总署汇总和编制全国海关的进出口资料。

对外贸易业务统计渠道层次较多,涉及面较广。它是主管部门根据各省、自治区、直辖市、计划单列市经贸、厅委、各地方进出口企业、三资企业、各部委所属各外贸(工贸)总公司等单位报送的统计报表汇总编制进出口业务统计资料。

(三)统计商品目录不同

海关进出口统计的商品目录是以海关合作理事会制定的《商品名称及编码协调制度》为基础,结合我国实际情况编制而成的。所有进出口货物均按同一商品目录归类统计。

对外贸易业务统计商品目录主要是适应进出口公司经营管理的需要进行分类。进口和出口可使用不同的商品目录。

(四)统计时间不同

海关出口统计是以装运货物的运输工具结关放行日期为准;进口货物和邮运出口货物以海关放行时间统计。

对外贸易业务统计是以离开我国口岸或国境日期为统计时间。海洋江河出口按船长在装货单上的签字日期统计;进口到货按商品到达第一个卸货港口日期统计。铁路出口货物按签署的发车日期统计;进口货物按货物到达我国国境后,运输公司提供的到站日期统计。

本 章 小 结

商品供需统计是本章的基本内容,商品需求体现为商品购买力,其主要指标有结余购买力、本期形成的购买力、本期全部购买力和本期已实现的购买力。商品供应量体现为结余商品供应量、本期形成的商品供应量、本期全部商品供应量和本期已实现的商品供应量。商品供需平衡状况应从商品供需差额、供需比例、供需差率等角度进行分析。

商品流转统计的基本指标包括商品购进、商品销售和商品库存三个方面。它们之间在数量上存在如下关系：期初商品库存＋本期商品购进＝本期商品销售＋期末商品库存。商品流转的统计分析包括商批流转计划执行情况、商品购进、商品销售及商品库存的统计指标与在商业企业中的统计分析。

商品价格统计包括商品价格水平统计；商品差价、比价统计；价格指数及价格变动的统计分析。

对外贸易统计应遵循国别、价格统计、商品数量和外币折算四大原则。对外贸易业务统计的指标体系包括出口商品收购、出口业务、进口业务、出口商品库存统计等方面。

练习与思考

一、单选题

1. 下列不属于商品需求量特点的是(　　)。
   A. 商品性　　　　　　B. 流通性
   C. 消费性　　　　　　D. 可能性

2. 下列内容中,属于商品购进总额的是(　　)。
   A. 从工农业生产者处购进的商品
   B. 为了本单位自身经营,不为专卖而购进的商品
   C. 销货退回和买方拒付货款的商品
   D. 从对外贸易部门和其他单位购进的进口商品

3. 表现同一种商品、同一时间在同一市场上,商品收购价与商品销售价之间的数量差异的是( )。

   A. 商品购销差价　　　　B. 商品地区差价

   C. 商品季节差价　　　　D. 商品质量差价

二、多选题

1. 商品供应量的特点有( )。

   A. 商品性　　　　　　　B. 流通性

   C. 可售性　　　　　　　D. 消费性

   E. 可能性

2. 下列内容中,不属于商品流通对象的是( )。

   A. 商场中供出售的照相器材

   B. 电影院中放映的电影

   C. 房屋中介市场上供出租的房屋

   D. 商家促销用的赠品

   E. 农民生产出来自用的蔬菜

3. 下列内容中,包括在商品库存额中的有( )。

   A. 存放在本单位的仓库、货场、货柜或货架中的商品

   B. 挑选、整理与包装中的商品

   C. 委托其他单位代销尚未售出的商品

   D. 外贸企业出口和内销的库存商品

   E. 委托外单位加工的商品

三、判断题

1. 按国民经济行业分,商品需求量可分为消费品需求量和生产资料需求量。　　　　　　　　　　　　　　　　　　　　　( )

2. 商品流转必须是通过货币结算的买卖行为,即必须以货币为媒介进行交换。　　　　　　　　　　　　　　　　　　　　( )

3. 商品差价率是反映同种商品在不同条件下,两种有联系的价格之间差额大小的统计指标。( )

4. 国家储备物资应计入商品供应量。( )

5. 海关出口统计是以离开我国口岸或国境日期为统计时间。( )

四、计算题

1. 某超市 2015 年下半年商品销售及库存量资料如表 11-2。

表 11-2

某超市销售及库存量情况表

单位:万元

	6月	7月	8月	9月	10月	11月	12月
销售额	—	175	175	240	200	245	270
月末库存额	45	55	45	75	25	95	45

试根据资料计算该超市三、四季度及下半年商品流转次数。

2. 某年商品市场供需资料如表 11-3。

表 11-3

某年商品市场供需情况表

单位:百万元

需 求	金 额	供 应	金 额
年初居民货币结余	100	年初商品结余	110
当年居民收入	195	当年实现商品供给	170
当年居民非商品支出	25	本期形成供应量	165

根据上述资料计算:(1)年末居民结余购买力;(2)当年形成的购买力;(3)当年全部商品购买力;(4)本期已实现的购买力;(5)年末商品结余供应量;(6)当年全部商品供应量;(7)当年供需差额;(8)当年商品供需比率;(9)当年商品供需差率。

五、思考题

1. 商品流转的基本指标有哪些？各个指标之间有何联系？
2. 外贸业务统计的主要内容有哪些？

第十二章 金融统计

金融是指货币、货币流通、信用等以及与之直接相关的经济活动。

金融的内容概括为货币的发行与回笼、存款的吸收与付出、贷款的发放与回收、金银及外汇的买卖、有价证券的发行与转让、保险、信托、国内或国际的货币结算等。

随着市场经济的发展,我国建立了以国有商业银行为主体,多种金融机构并存的金融组织体系。由于国际金融趋于一体化,外资金融机构在中国享有"国民"待遇。使金融业竞争日趋激烈,金融统计的内容也更加丰富。

金融统计是研究金融活动数量规律的理论与方法,是对金融进行宏观调控与微观管理的重要工具,是政府制订金融与货币政策的基本依据。

本章主要介绍了商业银行统计,侧重于微观角度的阐述。此外,还介绍了货币市场、证券市场、外汇市场及保险市场等金融市场统计内容。

第一节 商业银行统计

一、商业银行的概念与统计意义

商业银行是指吸收存款、发放贷款和其他中间业务的金融机构。它是国民经济的综合部门和社会资金运动枢纽,是市场经济条件下银行体系的主体,它与其他金融机构相比,更具有业务综合性、功能齐全性、服务广泛性。

商业银行统计主要包括资产负债统计,其中有资产业务统计、负债业务统计、信贷资金运营分析等。通过分析,能充分地了解银行的经营状况与银行间的差异,对比银行的竞争力。

商业银行统计的重要意义在于:为商业银行的业务管理、市场营销、金融资产开发等经营业务活动提供可靠资料,为银行制定发展规划目标、政策决策等提供依据。

二、商业银行信贷收支统计

信贷收支是商业银行以信用方式集中和分配资金的主要方式。商业银行信贷收支统计全面反映银行信贷资金的来源和运用情况,资金结构、投向和分配情况,以及金融活动的运行情况。它是研究货币政策、分析信贷计划执行情况、合理使用资金、提高资金使用效益、加强金融运行监测与宏观调控的重要依据和基础。

商业银行信贷收支统计包括信贷资金来源统计和信贷资金运用统计。

(一)信贷资金运用和来源统计

信贷资金运用实际上表现为信贷资金需求,而信贷资金来源则是信贷资金供应。

1. 信贷资金运用统计项目

(1)各项贷款:

短期贷款,是指商业银行对企业发放一年以下的用于流动资金的贷款,包括工业贷款、商业贷款、建筑业贷款、农业贷款、乡镇企业贷款、三资企业贷款、私营及个体贷款、短期及贴息贷款。

中长期贷款,是指商业银行发放一年以上的流动资金贷款和用于基本建设、技术改造等的贷款,包括基本建设贷款、商业用房开发贷款、住房开发贷款、其他地产开发贷款、技术改造贷款和其他中长期贷款。

票据融资,是指商业票据的贴现和转贴现形成的资金运用。

各项垫款,包括承兑,贴现和信用证等项垫款。

(2) 有价证券及投资。这是指具有存款性的金融机构购入的以持有生息为目的的各类有价证券。如短期投资、长期投资、自营证券和信托投资等。

(3) 买入返售证券。这是指作证券的逆回购业务而形成的资金占用。

(4) 在中国人民银行存款。这里是指商业银行在中国人民银行的备付准备金存款,包括中国人民银行缴存的法定准备金,存放中央银行存款及存放中央银行清算汇票款等。

(5) 存放中央银行特种存款。这里是指商业银行按照中央银行的要求在法定准备金之外的存款。特种存款是中央银行调整信贷资金结构和信贷规模的重要措施之一。

(6) 存放中央银行的财政性存款。这里是指商业银行吸收的财政性存款按规定划缴到中央银行。

(7) 同业往来。这里是指商业银行之间往来过程中发生的同业资金运用,包括存放同业和同业拆出。

(8) 系统内往来。这是指商业银行上下级之间往来的资金的运用,包括存放联行款项、向上下级行拆出资金等。

(9) 代理金融机构贷款。这是指商业银行代理中央银行、政策性银行和其他金融机构委托贷款,代理人民银行专项贷款。

(10) 库存现金。

(11) 外汇占款。这是指商业银行购买外汇而占用的人民币资金。

2. 信贷资金来源统计项目

(1) 各项存款:

企业存款,指企业存入商业银行的暂时闲置的资金,包括定期存款和活期存款。

居民储蓄存款,商业银行吸收城乡居民货币收入中的待用款和节余款,包括活期储蓄存款和定期储蓄存款。

农村存款,是指农村集体单位、乡镇企业、各种专业户和承包户的生产周转金、积累基金、分配基金和农村信用社的转存款等。

信托类存款,是根据存款单位或个人的存款申请,委托代营或运营的资金。

其他存款,指部队存款、应解汇款和临时存款。

(2) 代理财政性存款。这里是指商业银行代理中央银行吸收的企业单位、机关、团体和事业单位的财政性存款,必须全额划缴中央银行的信贷资金。包括财政存款、机关团体存款和其他财政性存款。

(3) 发行金融债券。这是指商业银行通过发行短期债券、中长期债券和国家投资债券等所收集的款项。

(4) 卖出回购证券。这是商业银行与其他机构、企业或中央银行以合同或协议的方式,按照一定价格卖给其他企业的证券,到合同规定日期再按合同规定价格买回该批债券,以此来获取买卖差价。

(5) 向中央银行借款。商业银行向中央银行借入的信用贷款以及中央银行对商业银行的再贴现。

(6) 同业往来。这是指商业银行之间往来过程中,其他银行或金融机构在本行的存放款,或从其他银行与非银行金融机构拆入的资金,包括同业存放和同业拆借。

(7) 委托存款及委托投资基金。这是指部门和单位存入商业银行用于发放委托贷款或投资的基金存款,包括委托存款和委托投资基金。

(8) 代理金融机构委托贷款基金。这是指商业银行代理中央银行、政策性银行和其他金融机构的委托贷款基金。

(9) 所有者权益。这是投资者交付商业银行支配和经常运用的资金,也是商业银行信贷资金来源中最稳定的部分,包括实收资本和历年中的各种积累。其中,所有者权益能用于信贷投放的资金部分,为自有信贷资金,即所有者权益减固定资产净值、无形资产及递延资产的余额。当年结益是指本年度实现的利润,在未进行利润分配之前可以作为信贷资金使用。

(10) 各项准备。这是指商业银行按照规定提取的坏账准备金、贷款呆账准备金和投资风险准备金。

(11) 其他。这项是调节信贷资金来源和运用的平衡项目。

各类商业银行以同类性质单个商业银行的信贷收支表的合并,编制为:如国有独资商业银行、股份制商业银行、城市商业银行和农村商业银行信贷收支表。

(二) 商业银行信贷收支统计指标分析

按照统计分析的内容来分,可以将商业银行信贷收支统计分析分为信贷资金运用指标分析、信贷资金来源指标分析、信贷收支平衡指标分析和资金清偿能力指标分析等。

1. 信贷资金运用指标分析

信贷资金运用指标分析包括信贷资金运用的增减变动分析、结构分析、集中度分析及贷款分析。

(1) 信贷资金运用的增减变动分析。主要计算公式如下:

$$\text{信贷资金增减率}(\%) = \frac{\text{本期信贷资金运用} - \text{上期信贷资金运用}}{\text{上期信贷资金运用}} \times 100\%$$

(2) 信贷资金运用的结构分析。主要计算公式如下:

$$\text{某项信贷资金运用所占比重} = \frac{\text{某项信贷资金运用}}{\text{全部信贷资金运用}} \times 100\%$$

(3) 信贷资金运用的集中度分析。信贷资金运用集中度一般用10户或15户较大贷款额之和与全部贷款之比来反映。

(4) 贷款分析。贷款是银行最主要的资产业务之一,银行贷款是企业流动资金的主要来源,同时贷款的收缩和扩张对经济增长和社会购买力的变动都有重要的影响,所以加强对贷款的监测与分析具有重要意义。

第一,贷款总量指标分析。

其一,贷款累计发放额。该指标是指报告期内发放贷款的累计数,不论是否收回都应计算在内。

第十二章 金融统计

其二,贷款累计收回额。该指标是指报告期内收回贷款的累计数,不论是本期发放的还是往期发放的均应计算在内。

其三,报告期贷款净发放(净回收)额。其计算公式如下：

$$\begin{matrix}\text{报告期贷款净}\\\text{发放(净回收)额}\end{matrix}=\begin{matrix}\text{报告期贷款}\\\text{累计发放额}\end{matrix}-\begin{matrix}\text{报告期贷款}\\\text{累计收回额}\end{matrix}$$

$$=\begin{matrix}\text{报告期末}\\\text{贷款余额}\end{matrix}-\begin{matrix}\text{报告期初}\\\text{贷款余额}\end{matrix}$$

该指标反映了期内在生产过程中贷款的增减变化情况。在扩大再生产的条件下,除在少数贷款项目和个别事件中会出现贷款净收回外,通常银行表现为净发放。

其四,报告期末贷款余额。其计算公式如下：

$$\begin{matrix}\text{报告期末}\\\text{贷款余额}\end{matrix}=\begin{matrix}\text{报告期初}\\\text{贷款余额}\end{matrix}+\begin{matrix}\text{报告期贷款}\\\text{累计发生额}\end{matrix}-\begin{matrix}\text{报告期累}\\\text{计回收额}\end{matrix}$$

$$=\begin{matrix}\text{报告期初}\\\text{贷款余额}\end{matrix}+\begin{matrix}\text{报告期贷款净}\\\text{发放(净收回)额}\end{matrix}$$

该指标反映了银行贷款的总规模,是银行资产管理中一个极为重要的指标。

其五,贷款积数。该指标是指贷款余数与贷款占用日历时间(天)的乘积。其计算公式如下：

$$S=\sum b_i t_i$$

式中　S——贷款积数；

　　　b_i——每天贷款余额；

　　　t_i——贷款天数。

该指标能够反映贷方单位可以利用贷款的最大容积。贷款的余额越大、时间越长可利用的贷款总量越大。因此,该指标是银行计算贷款利息的依据。

其六,贷款平均余额。该指标是指贷款余额时点序列的序时平均数,反映报告期每天贷款的平均数。其计算公式如下：

$$贷款平均余额 = \frac{报告期贷款积数}{报告期日历天数}$$

其七,报告期内贷款最高余额。该指标反映报告期内贷款的峰值,为商业银行的融资活动提供了应留有空间的信息。

其八,报告期内贷款净发放最大额。

$$\frac{报告期内贷款}{净发放最大额} = \frac{报告期内贷}{款最高余额} - \frac{报告期初}{贷款余额}$$

该指标为控制期内贷款最大流量提供信息。

其九,到期贷款收回率。主要指标有:

$$贷款累计收回率(\%) = \frac{报告期内贷款累计收回额}{报告期内累计发放额} \times 100\%$$

第二,贷款构成比例指标分析。贷款构成比例指标分析反映了贷款分配和使用的构成状况。根据不同的研究目的,可对其进行不同的分类进行分析。

其一,按贷款期限分。可分为短期和中长期贷款构成比率,它们分别指短期贷款、中长期贷款与各项贷款的比率,从而反映不同期限贷款的结构关系。其计算公式如下:

$$短期(中长期)贷款构成比率 = \frac{短期(中长期)贷款}{各项贷款} \times 100\%$$

其二,按贷款投向分。可以分为工业、商业、农业贷款构成比率以及基建(技改)贷款构成比率,它们分别指工业、商业、农业贷款与短期贷款的比率,基建、技改贷款与中长期贷款的比率,以反映各类贷款的结构关系。

第三,贷款变动指标分析。

其一,贷款周转分析。计算公式如下:

$$贷款周转次数 = \frac{报告期收回贷款累计额}{报告期贷款平均余额}$$

$$贷款周转天数 = \frac{报告期日历日数}{报告期贷款周转次数}$$

该指标主要分析贷款周转使用效率。贷款周转次数越多,即贷款周转天数越少,使用效率越高。

其二,贷款增长率变动指标分析。其计算公式如下：

$$贷款增长额＝本期贷款余额－上期贷款余额$$

$$贷款增长率＝\frac{本期贷款余额}{上期贷款余额}-1$$

该指标可以对全部贷款或各类行业用途不同贷款的增长变动程度及变动差额进行分析。

同时我们在上述贷款统计指标分析的基础上,可以通过贷款投入各地区、产业、经济部门的分布与各期限贷款的结构关系分析其是否合理和需要调整。

2. 信贷资金来源指标分析

信贷资金来源指标分析通常包括信贷资金来源增减变动分析、结构分析、自给能力分析、集中度分析和利用程度的分析以及各项存款的分析。

(1) 信贷资金来源增减变动分析。主要计算公式如下：

$$信贷资金增减率(\%)＝\frac{本期信贷资金来源－上期信贷资金来源}{上期信贷资金来源}\times100\%$$

(2) 信贷资金来源的结构分析。主要计算公式如下：

$$某项信贷资金来源所占比重＝\frac{某项信贷资金来源}{全部信贷资金来源}\times100\%$$

(3) 信贷资金自给能力分析。主要采用以下三个指标：

$$自有资金对总资产的比率＝\frac{自有资金额}{资产总额}\times100\%$$

$$自有资金对负债的比率＝\frac{自有资金额}{负债总额}\times100\%$$

$$信贷资金自给率＝\frac{自有资金＋各项存款}{信贷资金来源总额}\times100\%$$

(4) 信贷资金来源集中度和利用程度的分析。信贷资金来源集中度一般用 10 户或 15 户较大存款额之和与全部存款之比来反映。

信贷资金利用程度一般用盈利性资产与信贷资金来源总额之比来计算。

(5) 各项存款分析。存款是银行最主要的负债业务。银行存款是贷款资金的主要来源,存款业务的稳定增长是贷款稳定增长的重要保证。因此,对存款的各项指标进行分析意义相当重要。各项存款指标分析包括存款总量、存款结构和存款变动指标分析。

第一,存款总量指标分析。

其一,报告期内存款累计发生额。这是指银行期内存款的业务总量,包括存款累计收入额和存款支出额。在会计报表中,前者是期内存款的贷方发生累计额,后者是期内存款的借方发生累计额。

其二,报告期末存款余额。

$$\text{报告期末存款余额} = \text{期初存款余额} + \text{期内存款累计收入额} - \text{期内存款累计支出额}$$

其三,报告期存款净增减量。

$$\text{报告期存款净增减量} = \text{报告期存款累计收入额} - \text{报告期存款累计支出额}$$

$$= \text{期末存款余额} - \text{期初存款余额}$$

其四,存款积数。该指标是反映存款规模的综合性指标,也是计算存款利息的依据。其计算公式如下:

$$C = \sum a_i t_i$$

式中 C——存款积数;

a_i——每天存款余额;

t_i——存款天数。

其五,存款平均余额。

$$\text{存款平均余额} = \frac{\text{报告期存款积数}}{\text{报告期日历天数}}$$

该指标反映了银行报告期内每天存款余额的一般水平。

第十二章 金融统计

第二,存款结构指标分析。

其一,企业存款结构指标分析。该类指标主要是分析企业定期、活期存款的构成比率,企业定期、活期存款增量构成比率。其指标为:

$$企业存款构成比率 = \frac{企业(定期或活期)存款}{银行一般性存款} \times 100\%$$

其二,储蓄存款结构指标分析。该指标用于分析储蓄存款定期、活期构成比率和储蓄存款定期、活期增量构成比率。其指标为:

$$储蓄存款构成比率 = \frac{储蓄存款}{银行一般性存款} \times 100\%$$

第三,存款变动指标分析。

存款周转指标分析。主要存款周转指标为:

$$\frac{报告期内存款}{实际周转次数} = \frac{期初存款余额 + 期内存款累计收入额}{报告期内存款平均余额}$$

$$\frac{报告期内存款}{实际周转天数} = \frac{期内日历天数 \times 期内存款平均余额}{期初存款余额 + 期内存款累计收入额}$$

第四,储蓄存款指标分析。银行存款包括定期存款、活期存款和储蓄存款等,其中,储蓄存款是商业银行最重要的资金来源。因此对储蓄存款进行统计分析具有非常重要的意义。

其一,储蓄存款构成指标分析。该指标主要是对储蓄存款总量一定的标志进行分类分析。按储户与银行的契约关系可分为活期与定期储蓄;按来源地点可分为城镇、农村和华侨储蓄存款等;按储户可分为个人和集体储蓄存款。通过分析储蓄存款构成情况,银行可以清楚地了解到其储蓄存款的来源,以便更好的开展其经营活动。

其二,储蓄存款稳定性指标分析。

$$储蓄存款巩固率(\%) = \frac{储蓄存款累计收入额 - 储蓄存款累计支出额}{储蓄存款累计收入额} \times 100\%$$

$$储蓄存款稳定率(\%) = \frac{报告期储蓄存款最低余额}{报告期储蓄存款平均余额} \times 100\%$$

该指标从一个侧面反映了银行的资金稳定性。该指标数值越大,说明在银行作为负债部分的资金越多,可利用资金的程度高,稳定性好。

$$\text{储蓄存款平均存储天数} = \frac{\text{报告期平均储蓄余额} \times \text{报告期日历日数}}{\text{报告期储蓄存款累计支出额}}$$

其三,储蓄存款变动指标分析。

$$\text{储蓄流量发展率}(\%) = \frac{\text{报告期储蓄流量}(S_1)}{\text{基期储蓄流量}(S_0)} \times 100\%$$

该指标反映了一定时期储蓄存款的发展速度。

$$\text{储蓄存款利率变动弹性系数} = \frac{\text{期内储蓄存款变化率}}{\text{期内储蓄存款利率变化率}}$$

该指标反映储蓄规模与利率升降的关系程度,为用利率杠杆调节储蓄提供了可靠性依据。如果弹性系数接近1,表示利率升降使储蓄规模发生相应的变动;如果弹性系数大于1,表示弹性充足,储蓄对利率的反映灵敏;如果弹性系数小于1,表示储蓄对利率变动反应迟钝。

同时我们在上述存款统计指标分析的基础上,可以通过存款来源按不同的地区、产业、经济部门的分布与存款定期、活期结构关系进行分析。

3. 信贷收支平衡指标分析

信贷资金平衡分析主要是指通过信贷资金来源和信贷资金运用的各种平衡关系,分析商业银行的信贷资金运营情况。

(1) 信贷资金平衡能力差额指标分析。该指标主要通过计算资金存储(贷)差额,弄清银行资金的来源与去向,为合理利用信贷资金提供依据。

第一,信贷存(借)差。信贷存(借)差是指信贷资金来源和运用之间的平衡差额,是资金平衡分析的重点。其计算公式如下:

$$\text{信贷存(借)差} = \text{存(贷)差} + \text{自有信贷资金} + \text{发行金融债权} + \text{当年结益} - \text{缴存央行准备金} - \text{库存现金}$$

当信贷存(借)差大于0时,称之为信贷资金存差;当信贷存(借)差小于 0 时,称之为借差。

第二,存贷差。它是指一般性存款与各项贷款的差额。计算公式如下:

$$存贷差 = 各项存款 - 各项贷款$$

当存贷差大于 0 时,称之为存差;当存贷差小于 0 时,称之为贷差。

第三,自有信贷资金。自有信贷资金是指银行所有者权益中能参与信贷资金运营的部分,是银行信贷资金中最稳定的来源。其计算公式如下:

$$\frac{自有信}{贷资金} = \frac{所有者}{权\ \ 益} - \frac{固定资}{产净值} - \frac{无\ 形\ 及}{递延资产} - \frac{当年}{结益}$$

(2) 信贷收支平衡能力指标分析。

第一,信贷资金自给率。这是指银行自有信贷资金和各项存款及金融债权与各项贷款的比率关系,反映银行信贷资金的自给能力。其计算公式如下:

$$\frac{信贷资金}{自\ 给\ 率} = \frac{自有信贷资金 + 各项存款 + 金融债权 + 当年结益}{各项贷款}$$

第二,存款余额比率。该指标反映期末各项贷款与各项存款的比率关系。其计算公式如下:

$$存款余额比率 = \frac{各项贷款余额}{各项存款}$$

第三,存贷款增量比率。该指标是各项存贷款期末比年初增加额的比率关系,反映了存贷款增长量的协调平衡关系。其计算公式如下:

$$存(贷)款增量比率 = \frac{各项存(贷)款期末增加额}{各项存(贷)款期初增加额}$$

4. 资金头寸指标分析

资金头寸是银行一定时点或时期可使用的营运资金量。

期末资金头寸指某个时点结余的资金头寸。其计算公式如下:

$$期末资金头寸 = 期末在央行存款 - 期末库存资金$$

本期资金头寸指预测某个时期可利用的资金。其计算公式如下:

$$\begin{aligned}\text{本期资金头寸} =& \text{在央行存款} + \text{到期拆出资金} + \text{本期调减准备金和财政性存款} + \text{本期应收汇差资金} - \text{到期拆入资金} \\ & - \text{本期调增准备金和财政性存款} - \text{本期应付汇差资金} - \text{归还央行存款} - \text{本期系统内调出资金}\end{aligned}$$

5. 往来资金分析

往来资金分析主要指商业银行与央行、同业以及其他系统内资金往来占用营运状况的分析。

(1) 缴存存款准备金指标分析。其计算公式如下:

$$\text{缴存存款准备金比率} = \frac{\text{实际缴存存款准备金额}}{\text{应交存款准备金额}}$$

如发现实际缴存差额与比率过大时,应及时查明原因。

(2) 联行往来资金指标分析。其主要计算公式如下:

$$\text{垫付(占用)联行往来资金} = \text{存放联行款项} - \text{联行存放款项}$$

(3) 系统内拆出资金指标分析。主要指商业银行上下级之间的资金拆入和拆出。其计算公式如下:

$$\text{系统内净拆出(入)} = \text{系统内拆出} - \text{系统内拆入}$$

同时,还可计算应收或应付系统内往来资金:

$$\text{净应收(付)系统内往来资金} = \text{系统内净拆出(入)} + \text{垫付(或占用)联行往来资金}$$

(4) 同业往来资金指标分析。同业往来资金包括同业存放和同业拆借两方面资金。同业存放款是指商业银行之间跨系统的联行汇拨款或同城票据交换发生的往来款项。其计算公式如下:

$$\text{净应收(付)同业往来资金} = \text{净存放同业(同业存放)} + \text{同业净拆出(入)资金}$$

式中 净存放同业(同业存放) = 存放同业 - 同业存放

同业净拆出(入)资金 = 拆放同业 - 同业拆放

6. 资金清偿能力指标分析

资金清偿能力是指商业银行资金流动性或资产的变现能力。商业银行是资金运动的枢纽,一旦不能及时清偿债务,划转资金,就会使整个社会资金运动受阻,因此商业银行的资金清偿能力指标分析是一个十分重要的问题。商业银行资金清偿能力的指标主要有:

(1) 现金资产与总资产的比率。其计算公式如下:

$$现金资产对总资产的比率 = \frac{现金资产总额}{总资产额} \times 100\%$$

这里的现金资产主要由库存现金、在上级行或其他行的存款、在中国人民银行的存款等构成。该指标所衡量的现金资产比率越高,可随时动用的头寸越多,资金清偿能力越强,经营风险相对越小;相反,经营风险越大。

(2) 现金资产对短期负债的比率。其计算公式如下:

$$现金资产对短期负债的比率 = \frac{现金资产总额}{短期负债总额} \times 100\%$$

这里的短期负债主要包括一年期以内的储蓄存款、企业存款、机关团体等事业单位存款、农村存款、向中国人民银行的临时借款、从上级行或其他行借入的期限在一年内的资金等。短期负债是影响商业银行清偿能力的主要因素之一,该比率大小可直接反映商业银行资金清偿能力的状况。比率越大,持有现金资产越多,偿还债务的可能性越大,清偿能力越强;反之,亦然。

(3) 流动资产对负债的比率。其计算公式如下:

$$流动资产对负债的比率 = \frac{流动资产总额}{负债总额} \times 100\%$$

这里的流动资产包括现金资产、短期有价证券、短期放款、短期拆出资金,以及结算过程中的应收未收款项等。该指标也是商业银行清偿能力的重要指标,比率越高,商业银行的清偿能力越强;反之,亦然。

(4) 流动资产与资产总额的比率。其计算公式如下:

$$资产流动性比率 = \frac{流动资产总额}{资产总额} \times 100\%$$

该指标用以衡量商业银行资产的流动性,资产的流动性决定了银行应付提现能力的大小,该比率越大,资产的流动性越强,应付提现的能力越大,其安全性就越高;反之,亦然。

三、商业银行负债统计分析

商业银行负债统计分析是对商业银行资产负债表中的数据进行统计分析,从而客观地反映出商业银行的资产负债状况、主要业务状况,以及一段时期内资产负债和主要业务的发展变化情况。通过资产负债分析,可以及时了解包括资产业务、负债业务、中间业务以及其他主要业务的运营状况,及时发现经营过程中所暴露的问题。

1. 资产业务统计分析

(1) 资产结构指标分析,主要分析银行各类资产的构成比率及资产运用的合理程度。主要指标的计算公式如下:

$$\text{现金及银行存款(或贷款资产、拆出资金、固定资产、盈利资产)构成比率} = \frac{\text{现金及银行存款余额(或贷款资产余额、拆出资金余额、固定资产余额、盈利资产余额)}}{\text{资产总额}}$$

除此之外,还可以对各类资产如:分析短期与长期贷款构成比率,工业、商业、农业、建筑业、技改等贷款构成比率作进一步分析研究。

(2) 资产业务变动指标分析,主要分析总资产及各类资产的增长变动程度。主要指标的计算公式如下:

$$\text{总资产增长率} = \frac{\text{当期总资产余额}}{\text{上年同期总资产余额}} - 1$$

2. 负债业务统计分析

(1) 负债结构指标分析,主要分析银行各类负债构成比率的合理程度。指标计算公式如下:

$$\text{流动负债(长期负债、拆入资金、计息负债)构成比率} = \frac{\text{流动负债(长期负债、拆入资金、计息负债)余额}}{\text{负债总额}}$$

此指标在观察各类负债构成比率的基础上,还可对各类负债的结构如企业存款和储蓄存款中的定期与活期存款的构成比率作更深入分析。

(2) 负债业务变动指标分析，主要分析指标计算公式如下：

$$负债总量增长率 = \frac{负债总额}{上年同期负债总额} - 1$$

为了进一步分析各类负债的增长变动程度，可计算如企业存款、储蓄存款中的定期与活期存款增长率等的各类负债。

四、商业银行竞争力统计指标体系

在我国加入WTO之后，外资银行大举进军国内金融市场，面对要求统一标准、统一市场竞争的经济全球化潮流中，我国商业银行承受着巨大压力，因此如何提高经营水平增强竞争力，成为当务之急。本书主要介绍统计分析在商业银行竞争力比较中的应用。

作为经营货币的特殊企业，商业银行的现实竞争力主要体现在：流动性、盈利性、安全性。参考国际上较通用的商业银行评级方法与国内学者的研究成果，结合我国商业银行的某些特殊情况，将从流动性能力、盈利能力、资产质量和资本充足率四个方面反映商业银行的现实竞争力比较体系所涉及的统计分析。

(一) 流动性能力指标分析

商业银行的流动性能力主要指银行需要持有较高比例的流动性资产以保持日常的提取、结算以及法定准备金要求，保持商业银行的流动性能力。保持一定的流动性，可以避免银行出现支付风险，是银行稳健经营的前提。衡量银行流动性能力的指标主要有备付金比率、流动性比率、存贷款比率、中长期贷款比率、拆借资金比率等。

1. 备付金比率

该指标按本币和外币分别核算，其计算公式如下：

$$\frac{备付金比率}{(按本币计算)} = \frac{在央行备付金存款余额 + 库存现金期末余额}{各项存款期末余额} \times 100\%$$

$$\text{备付金比率} \atop (\text{按外币计算}) = \frac{\text{外币存放同业}\atop\text{款项期末余额} + \text{库存外币现}\atop\text{金期末余额}}{\text{各项外币存款期末余额}} \times 100\%$$

该指标的适度区间为 5%～7%。

2. 流动性比率

主要有：资产流动性比例指标，该指标按本币、外币和本外币三个方面考核。

$$\text{资产流动性比例} = \frac{\text{流动性资产期末余额}}{\text{流动性负债期末余额}} \times 100\%$$

该指标考核标准要求不低于 25%。

3. 存贷款比率

主要有：存贷款余额比例指标，该指标按本币和外币分别考核，其计算公式如下：

$$\text{存贷款余额比例} = \frac{\text{各项贷款期末余额}}{\text{各项存款期末余额}} \times 100\%$$

该指标按本币计算的适度范围是 60%～75%，按外币计算不得超过 85%。

4. 中长期贷款比率

该指标指余期一年以上的中长期贷款余额与余期一年以上的存款期末余额之比。该指标按本币和外币分别考核，其计算公式如下：

$$\text{中长期贷款比例} = \frac{\text{余期一年以上的中长期贷款期末余额}}{\text{余期一年以上存款期末余额}} \times 100\%$$

该指标按本币计算的适度范围是 100%～120%，按外币计算不得超过 60%。

5. 拆借资金比率

主要有：拆出（或拆入）资金比例指标，其计算公式如下：

$$\text{拆出（或拆入）资金比例} = \frac{\text{拆出（或拆入）资金期末余额}}{\text{各项存款期末余额}} \times 100\%$$

该指标考核标准要求拆出资金比例不超过 8%，拆入资金比例不超过 4%。

(二)盈利性能力指标分析

商业银行的盈利性能力主要指银行取得收入的能力。该指标是银行竞争力比较的一个重要方面。盈利性能力的比较主要涉及以下几个指标:利息收付率、应付利息充足率、人均利润率、利润增长率、资产利润率、资本利润率、利息回收率。

1. 利息收付率

其计算公式如下:

$$利息收付率(\%)=\frac{利息支出}{利息收入}\times 100\%$$

使用此指标主要是因为目前在我国银行经营中,利息收入占总收入的绝大部分,基本上可以说明银行的基本收入来源和支出。

2. 应付利息充足率

其计算公式如下:

$$应付利息充足率(\%)=\frac{已提应付利息}{到期应付利息总额}\times 100\%$$

该指标的适度值为 100%。

3. 人均利润率

其计算公式如下:

$$人均利润率(\%)=\frac{税前利润}{银行职工人数}\times 100\%$$

该指标反映了银行人均创利能力,其适度值为 2 万元以上。

4. 利润增长率

其计算公式如下:

$$利润增长率(\%)=\frac{利润增长额}{税前利润}\times 100\%$$

该指标的适度区间为 10%~20%。

除此之外,资产利润率的适度区间为 1%~2%、资本利润率为

15%～25%、利息回收率 80%～100%。

(三) 资产质量指标分析

资产质量指标分析主要关系到银行经营的安全性问题。

其涉及的主要指标有:逾期贷款率、呆滞贷款率、呆账贷款率、风险权重资产比率、固定资本比率、不良贷款比率、损失贷款抵补率、加权不良贷款与核心资本加准备金比率、风险资产抵补率等。

1. 资产质量比率

资产质量比率包括逾期贷款率、呆滞贷款率、呆账贷款率。这些指标值越小,反映贷款质量越好,安全性越强。考核标准按本币、外币和本外币合并分别考核。

$$\text{逾期(呆滞、呆账)贷款率(\%)} = \frac{\text{逾期(呆滞、呆账)贷款月平均余额}}{\text{各项贷款月平均余额}} \times 100\%$$

考核标准逾期贷款率不得超过 8%,呆滞贷款率不得超过 5%,呆账贷款率不得超过 2%。

2. 风险权重资产比率

主要指标有:

$$\text{风险加权资产比率} = \frac{\text{表内外风险加权资产期末总额}}{\text{资产期末总额}} \times 100\%$$

3. 固定资本比率

其计算公式如下:

$$\text{固定资本比率} = \frac{\text{固定资产净值}}{\text{资本金}} \times 100\%$$

该指标的适度区间是 ≤30%。

4. 不良贷款比率

其计算公式如下:

$$\text{不良贷款比率} = \frac{\text{不良贷款余额}}{\text{全部贷款余额}} \times 100\%$$

逾期、呆滞、呆账贷款三类合称为不良贷款,该指标反映了银行贷款质量存在问题的严重程度,是判断银行贷款质量总体状况的主要指标。

按照国际银行业的普遍做法,将贷款质量,根据实际风险程度,划分为正常、关注、次级、可疑和损失五类。

目前,全国各银行按照中国人民银行提出的全面推行信贷资产质量五级分类法管理,并将次级、可疑和损失三类列为不良贷款。

5. 损失贷款抵补率

其计算公式如下:

$$损失贷款抵补率(\%) = \frac{贷款呆账准备金}{损失贷款余额} \times 100\%$$

该比率反映银行贷款呆账准备金抵补损失贷款的程度。该比率越高,银行消化这些损失的能力就越差。

6. 加权不良贷款与核心资本加准备金比率

其计算公式如下:

$$\frac{加权不良贷款与核}{心资本加准备金比率} = \frac{加权不良贷款}{核心资本+准备金} \times 100\%$$

该比率越高,反映银行遭受侵蚀的程度就越高;反之就越低。

7. 风险资产抵补率

其计算公式如下:

$$\frac{风险资产}{抵补率}(\%) = \frac{贷款呆账准备金}{逾期贷款 \times 20\% + 呆账贷款 \times 50\% + 呆账贷款 \times 30\%} \times 100\%$$

该指标的适度区间为 75%~100%。

(四)资本充足率和发展能力竞争指标

该项分析涉及的指标主要有资本充足率、存款增长率、贷款增长率等。

1. 资本充足率

其计算公式如下:

$$资本充足率(\%) = \frac{资本净额(或核心资本、资本总额)}{表内、外风险加权资产期末总额} \times 100\%$$

$$资本净额 = 资本总额 - 扣减项$$

考核标准要求按资本净额计算的该比例不低于 8%。按核心资本(指实收资本、资本公积、盈余公积、未分配利润)计算的该比例不低于 4%,附属资本(指贷款呆账准备、坏账准备、投资风险准备金、5 年或以上的长期债券)不得超过核心资本的 100%。

2. 存款增长率

其计算公式如下:

$$存款增长率(\%) = \frac{本期存款增长余额}{上期存款余额} \times 100\%$$

该指标主要反映银行的资金来源和运用的主要渠道,反映银行资金实力的有效指标。该指标的适度区间是 >5%。

3. 贷款增长率

其计算公式如下:

$$贷款增长率(\%) = \frac{本期贷款增长余额}{上期贷款余额} \times 100\%$$

该指标的适度区间是 >5%。

第二节 金融市场统计

金融市场是融通资金、买卖有价证券的场所和网络。

金融市场统计是从数量方面反映各种金融工具交易的规模、价格和收益。由于各类金融市场有着不同的特点,所以金融工具按各自的市场分别进行统计。

一、短期资金市场统计

短期资金市场又称货币市场,偿还期在一年以内的证券属于短期资金市场的范围。短期资金市场交易活动,具体由短期债券、同业拆借、票据贴现这三类交易组成。

短期债券是依照法定程序发行,约定在一年以内还本付息的有价证券。同业拆借是指金融机构之间进行短期资金融通,以调节头寸和临时性资金余缺的交易活动。票据贴现是持票人将其持有的未到期商业票据或汇票转让给银行并贴付利息,银行从票面金额中扣除利息,将余款支付给持票人的票据交易活动。

(一) 短期资金市场交易规模统计

1. 短期债券交易规模统计

短期债券可分为短期国债和短期企业债券两类。反映短期债券交易规模的指标有:短期债券发行量和短期债券市场交易额。

短期债券发行量是指一定时间地点条件下在一级市场上销售的各种短期债券的总金额,其计算公式为:

$$\text{短期债券发行量} = \Sigma \text{一级市场国债销售额} + \Sigma \text{一级市场企业债券销售额}$$

短期债券市场交易额,又称转让额,是指在一定时间地点条件下在二级市场上流通转让的短期债券成交总金额,其计算公式为:

$$\text{短期债券市场交易额} = \Sigma \text{二级市场国债交易额} + \Sigma \text{二级市场企业债券交易额}$$

短期债券发行量越高,表明其一级市场的规模越大;短期债券转让额越高,表明其二级市场的规模越大。

我国目前还未发行短期国债,短期债券都是企业债券。

2. 同业拆借交易规模统计

反映同业拆借市场交易量的统计指标就是同业拆借成交金额,它是指一定时间地点条件下金融机构之间拆借资金的总金额。

$$\text{同业拆借成交额} = \Sigma \text{各金融机构拆入资金额} = \Sigma \text{各金融机构拆出资金额}$$

同业拆借成交额越高,表明拆借市场规模越大。

3. 票据承兑贴现交易规模统计

反映这一交易活动规模的有以下统计指标:

(1) 票据签发额。它是指一定时期和一定地点商业票据签发金额与银行承兑汇票签发金额之和。这里的签发金额都是指出票人签出票据的票面金额。

(2) 票据承兑额。它是指一定时期和一定地点到期商业票据支付金额与到期银行承兑汇票承兑金额之和。

(3) 票据贴现额。

$$\text{票据贴现额} = \Sigma\text{商业票据贴现额} + \Sigma\text{银行承兑汇票贴现额} + \Sigma\text{转贴现额}$$

式中：贴现额均是指持票人转让票据时扣除贴付利息后实际得到的金额。转贴现为双方当事人都是专业银行的票据贴现交易。

(4) 票据再贴现额。再贴现是指商业银行将未到期的票据到中央银行办理贴现的交易活动。票据再贴现额是指一定时期一定地点中央银行对未到期票据的贴现额。

(二) 短期资金市场收益统计

反映短期资金市场收益的有如下指标：

1. 同业拆借收益统计

同业拆借收益就是拆借的金融机构通过拆出资金获取的拆息。其计算公式如下：

$$\text{拆息} = \text{拆借金额} \times \text{拆借期限} \times \text{拆借利率}$$

式中，拆借利率应与拆借期限同口径，它是指若拆借利率为年利率，则须将拆借期限调整为以年为单位；或者，若拆借期限为日，则须将拆借利率调整为日利率。

例 12.1 甲银行向乙银行拆放一笔 200 万元的资金，拆借期限为 20 天，拆借利率的年利率为 2.34%，则到期时甲银行除收回 200 万元本金，还可获拆息如下：

$$\text{拆息} = 200 \times 20 \times \frac{0.0234}{360} = 0.26 (\text{万元})$$

2. 票据贴现收益统计

票据贴现收益就是银行通过贴现获取的贴现利息。其计算公式如下：

贴现利息＝申请贴现票据面额×贴现时间×贴现利率

式中的贴现利率也应与贴现时间同口径。

例 12.2 某公司持一张 50 万元面额到期日为 12 月 1 日的汇票，向开户银行申请贴现，银行于 8 月 1 日同意并办理贴现，月贴现率为 3‰，则有贴现天数：8 月 1 日至 12 月 1 日，计 120 天。

$$贴现利息 = 50 \times \frac{120}{30} \times 3‰ = 0.6(万元)$$

实付贴现额 49.40 万元(50－0.6)。据此，银行从汇票金额中预扣 6 000 元贴现利息，将 49.40 万元付给该公司，到 12 月 1 日银行再向该公司收取全部票汇 50 万元。转贴现与再贴现利息的计算方法与贴现利息相同。

短期债券的付息通常只有两种形式：一是到期一次还本付息，其利息计算方法与拆借利息相同；二是贴现方式，其利息计算方法与贴现利息相同。此处不再赘述。从理论上说，短期资金的价格就是它的到期现值收益率，即利率。但是金融工具的实际市场价格往往与短期资金的理论价格不一致，它的实际价格受多种因素影响，形成多种市场价格。

(三) 短期资金市场价格统计

1. 拆借利率

同业拆借市场上拆借资金的价格就是拆借利率。拆借利率是由拆借的双方当事人根据中央银行的有关规定和当时市场资金的供求情况，以讨价还价的形式协商议定。我国银行法规规定：同业拆借资金市场利率的最高限由中国人民银行总行根据社会资金的供求状况确定和调整，拆借各方只能在规定的限度内商定具体的利率。在最高限额以内，各笔拆借资金便有一个双方协商后的具体利率，称为成交利率。各笔成交利率不会都一样。反映一段时期内各种拆借资金利率一般水平的统计指标为加权平均拆借利率，其计算公式如下：

$$加权平均拆借利率 = \frac{\sum 成交利率 \times 拆借款额}{\sum 拆借款额}$$

2. 市场贴现率

票据或汇票的市场价格就是贴现率。反映贴现率的统计指标有市场贴现率、转贴现率与再贴现率,其中最基础的指标是市场贴现率。

市场贴现率简称贴现率,其计算公式如下:

$$市场贴现率 = \frac{预扣贴现利息}{票面金额}$$

式中票面金额又称贴现额。与利率一样,年贴现率通常以百分数表示,月贴现率通常以千分数表示,日贴现率通常以万分数表示。贴现利息与贷款利息应有如下关系:

$$贷款利息 = 贴现利息 + 贴现利息 \times 贷款利率 \times 贴现期限$$

整理该式,便可得到贴现成本与贷款成本一致条件下的市场。贴现率公式:

$$市场贴现率 = \frac{一般贷款利率}{1 + 贴现期限 \times 一般贷款利率}$$

例 12.3 某公司持有一张面额为 30 万元的汇票,离到期还有 60 天,该公司因急需现金将汇票到开户银行申请贴现,同期贷款月利率为 3‰。按贷款利率推算贴现率为:

$$贴现率 = 3‰ \div [1 + (60 \div 30) \times 3‰] = 0.002\,982$$

月贴现率为 2.982‰,贴现利息 = $300\,000 \times (60 \div 30) \times 2.982‰$ = 1 789.2(元)。

在贴现市场实际交易中,贴现率并不与公式所示严格一致,而是受多种市场供求因素影响,在公式所示的贴现率上下小幅波动。我国人民银行规定,票据贴现率按同档次贷款利率上下浮动 5%~10%。

3. 转贴现率与再贴现率

转贴现率是专指银行将其已贴现的但尚未到期的票据向同行业再转卖、转向其他银行贴现时的贴现率。再贴现率又叫重贴现率,是专指银行将已贴现的未到期票据,再转卖给中央银行或转向中央银行贴现时的贴现率。转贴现、再贴现与贴现的本质是相同的,只是贴现的主体对象有所不同,因此转贴现率与再贴现率的计算原理与市场贴现率相同。

$$转贴现率=\frac{商业银行预扣转贴现利息}{票面金额}$$

$$再贴现率=\frac{中央银行预扣再贴现利息}{票面金额}$$

中国人民银行规定,转贴现率与再贴现率按同档次贷款利率降低5%～10%。在实际操作中,转贴现率通常由贴现双方按政策规定协商议定,也可参照再贴现率执行。在贴现市场健全的条件下,再贴现率是中央银行控制货币流通量的主要指标。中央银行可以通过提高或降低再贴现率影响商业银行的融资成本和信用规模,从而抑制或刺激商业银行的资本需求和资本供给,达到对银行紧缩或放松的调控。

二、长期资金市场统计

偿还期在一年以上的证券市场称为长期资金市场,又称资本市场,它由中长期债券市场和股票市场组成,习惯上我国通常称之为证券市场。

中长期债券是指期限在一年以上到期还本付息的债券。

股票是股份公司发给股东作为入股凭证并借以获得股息收入的一种有价证券。

(一)长期资金市场交易规模统计

反映证券市场交易规模的统计指标有:

1. 证券发行品种数

它是指一定时间地点条件下,在一级市场上发行的中长期债券和股票的品种数目。

2. 证券上市品种数

它是指一定时间地点条件下,在二级市场上上市流通交易的中长期债券和股票品种数目。

3. 证券发行额

它是指一定时间地点条件下,在一级市场上发行的各种中长期债券和股票的总金额。其计算公式如下:

$$证券发行额=\Sigma(证券发行量\times 发行价格)$$

证券发行额从发行的角度反映长期资金市场的规模。

4. 证券交易额

它是指一定时间条件下证券在二级市场上流通交易的成交金额,又称成交金额。其计算公式如下:

$$证券交易额=\Sigma(各种证券成交量\times 市场交易价格)$$

证券交易额是从交易的角度反映长期资金市场规模的重要指标。

5. 市价总值

它是指一定时间地点条件下按市场交易价格计算的上市证券总价值。其计算公式如下:

$$市价总值=\Sigma(上市证券发行量\times 市场交易价格)$$

市价总值说明上市证券的现时价值,是计算股价指数的基础。

6. 上市总值

它是指一定时期和地点上市证券的资本总量,是通过上市证券面值汇总而得到。

$$上市总值=\Sigma 上市证券票面金额$$

上市总值反映了上市证券资本规模的大小。

(二) 长期资金市场收益统计

反映长期资金市场收益的有如下指标:

1. 中长期债券收益统计(为了表述的简便,以后中长期债券简称债券)

投资债券的收益由两部分组成:① 债券固定的利息收入;② 因

债券价格变动带来的损益。反映债券收益高低的指标为债券收益率。债券收益率是指单位投资本金在一定时期内带来的收益。由于债券的偿还期和利息率是发行时就确定并固定不变的,因此,债券收益率在投资时就能准确地计算出来。

债券收益率的基本公式如下:

$$债券收益率(\%) = \frac{[票面年利息 \times 偿还期限 + (卖出价 - 买入价)] \div 剩余年限}{买入价格} \times 100\%$$

从公式中可以看出,债券收益率是年收益率。如果投资者从发行市场购入债券并持至期满,这时的买入价格就是发行价格,剩余年限就是整个债券偿还期限。

例 12.4 有 A、B 两种债券的资料如表 12-1。某投资者想在 2015 年 3 月 1 日买一种债券,并打算一直持有到期满偿还日,应选买哪种债券?

表 12-1

A、B 两种债券资料

债券	面值(元)	票面利率(%)	发行时间	发行价格(元)	2015年3月1日价格(元)	偿还期限(年)
A	100	3	2015.3.1	100	100.2	3
B	100	3.8	2014.3.1	100	102.8	5

$$A 债券到期收益率 = \frac{100 \times 3\% + (100 - 100.2) \div 3}{100.2} = 2.93\%$$

$$B 债券到期收益率 = \frac{100 \times 3.8\% + (100 - 102.8) \div (5-1)}{102.8} = 3.02\%$$

从票面利率看,期限长的 B 债券票面利率高,从到期收益率看,B 债券高于 A 债券。如从利率角度考虑,应购买 B 债券。

2. 股票收益统计

投资股票的收益也由两部分组成:一是定期获得的股利,或者是股息,或者是红利,红利率的高低不是固定的,完全取决于当年公司的盈

利状况;二是因股价变动带来的损益。反映股票收益的主要指标有:

(1) 股利收益率。其计算公式如下:

$$股利收益率(\%) = \frac{每股股利}{股票买入价} \times 100\%$$

股利收益率表示以当期市价购买股票所能获得的股利收益大小。

(2) 市盈率。其计算公式如下:

$$市盈率 = \frac{每股市价}{年每股收益}$$

式中,市盈率指标通常是个倍数,表示目前股票市价超出年每股收益的倍数。每股收益是指股份公司平均每股达到的盈利,不是股东实际分得的股利。这样,若不考虑货币的时间价值,市盈率实际表明投资者投资股票的"投资回收期"。据此,就不难理解市盈率的意义:市盈率越高,表明股票市价超出年每股收益的倍数越大,意味着投资回收期越长,潜在的收不回投资的风险也越大;相反,市盈率越低,表明投资可以很快收回,潜在风险较小。在成熟的股市中,市盈率一般都在 10~20 倍之间。

(3) 持有期收益率。其计算公式如下:

$$股票持有收益率(\%) = \frac{股利 + (卖出价 - 买入价)}{买入价} \times 100\%$$

这一指标是投资者最关心的指标,但如要与债券收益率、银行利率等其他金融资产的收益率比较,须注意时间的可比性,即用年率对比。

(三) 长期资金市场价格统计

长期资金市场上交易的金融工具是政府债券、企业债券和股票。这些金融工具相对其他金融市场工具而言具有更完整的市场价格形态,这些价格形态包括票面价格、利率、发行价格、交易价格等指标,它们构成了反映长期资金市场价格运动全过程的指标体系,具体有以下统计指标:

1. 票面价格

它是指债券和股票票面上标明的金额,又称面值或面额。债券的票面价格是到期偿还本金的依据。股票的票面价格表示每一单位股份所代表的资本额。例如,某公司发行 100 万元股票,分 100 万股,每股票面价格 1 元,则每股代表着对该公司资本总额中百万分之一的所有权。

2. 债券利息率

它是反映债券利息水平的指标。其计算公式如下:

$$债券利息率(\%)=\frac{债券利息额}{债券本金}\times 100\%$$

债券利息率是长期资金市场统计中一个重要指标,不论对筹资者还是对投资者,债券利息率的高低都有着重要作用。

3. 发行价格

债券和股票的发行价格是指它们在初级市场上的交易价格,即新发行的债券或股票由发行者出售给认购者的价格。根据债券和股票的发行价格与其票面价格的关系,共有三种发行价格,其统计指标如下:

(1) 面值价格,即以票面价格作为发行价格,也称等值发行价格或平价发行价格。

(2) 溢价价格,即以高于票面金额发行的价格,高出票面价格的部分称为溢价额。

(3) 折扣价格,即以低于票面金额发行的价格。

采取何种价格发行受当时的市场利率和证券市场供求关系的影响。溢价有利于筹资者降低筹资成本,但易失去对购买者的吸引力;折扣价利于证券的发行推销,但却增加了筹资成本。采用何种价格发行需发行者作出多方权衡。

我国的债券目前都采取面值发行,股票则多数为溢价发行,也有少量平价发行。折扣发行一般发生在发行公司和承销商之间。很多国家和地区都限制折扣削价发行。我国的上交所和深交所也有这样的规定。

4. 交易价格

它是指债券和股票在二级市场上流通交易、买卖成交时的价格,又称市场价格。

(1) 理论市场价格。这就是说全社会各种金融投资形式的一般收益是构成债券或股票的理论市场价格的基础。据此理论市场价格的计算公式如下:

$$\text{债券交易理论价格} = \frac{\text{债券面额} \times (1+\text{偿还期} \times \text{债券利率})}{1+\text{剩余偿还期} \times \text{一般市场利率}}$$

$$\text{股票交易理论价格} = \frac{\text{预期股票收益}}{\text{一般市场利率}} = \frac{\text{股票票面价值} \times \text{每股收益}}{\text{一般市场利率}}$$

上述公式中,一般市场利率通常以银行利率作为代表,因为银行业在金融市场中占有绝对主导地位。

例 12.5 2013 年 7 月 1 日发行面值为 100 元的国库券,年利率为 4.50%,期限为 5 年,银行 3 年定期存款年利率为 3.24%,则此种国库券在 2015 年 7 月 1 日卖出的价格(p)应为:

$$p = \frac{100 \times (1+5 \times 0.045)}{1+3 \times 0.0324} = 111.65(\text{元})$$

计算结果表明,上述国库券在二级市场交易的理论价格应为 111.65 元。若以低于此价格成交,则说明买者投资的收益高于存入银行;若以高于此价格成交,卖者则获得了超过一般市场水平的收益。

又例:某投资者在考虑购买某股票时,预测该股票每年每股股利平均为 0.25 元,当时银行 5 年定期存款年利率为 3.54%,则该时该种股票市场价格(P)应为:

$$P = 0.25 \div 3.54\% = 7.06(\text{元})$$

然而这仅是债券和股票的理论市场价格,在实际市场交易中,它们还受到诸多投资和投机等市场因素的影响。

(2) 开盘价与收盘价。开盘价是指证券交易所每个营业日开市时第一笔交易的成交价,又称开市价。收盘价是指证交所每个营业日闭市前最后一笔交易的成交价,又称收市价或闭市价。

开盘价与收盘价之差,反映债券和股票价格涨跌的变动趋势。将不同时点的收盘价相比,便可计算市场价格的涨跌率指标:

$$市价涨跌率(\%) = \frac{报告日收盘价}{基日收盘价} - 1 \times 100\%$$

(3)最高价和最低价。最高价是指证交所在一定时期内最高的成交价格,最低价则是指其最低的成交价格。通过最高价与最低价的比较,可以分析债券或股票价格的波动情况。

开盘价与收盘价、最高价与最低价都是分别按每一种证券逐日统计的。

5. 我国股票价格指数的编制

(1)上证综合指数。上海证券交易所综合股价指数是以全部上市发行股票为计算范围,采用派氏公式计算的,以报告期股票发行量为权数的加权平均股价指数,简称"上证指数"。指数以"点"为单位,基日定为1990年12月19日,基日指数为100点。其计算公式如下:

$$股价指数 = \frac{报告期的市价总值}{基期的市价格总值} \times 100$$

即:

$$I_1 = \frac{\sum_{i=1}^{n} p_{1i} q_{1i}}{\sum_{i=1}^{n} p_{0i} q_{1i}} \times 100$$

若以日计算,则式中分子、分母分别为今日、基日的全部股票的收盘价 p_{1i}、p_{0i}(如当日未成交,则 p_{1i} 延用上一日收盘价)分别乘以发行股数 q_{1i},相加后求得。其中基日的市价总值亦称为除数。

(2)上证180指数。上海证券交易所180家上市公司股价指数是于2002年7月1日起对外发布的成分指数,简称"上证180指数"。它取代了原来的上证 30 指数。上证 180 指数以 2002 年 6 月 28 日上证 30 指数收盘点数为基点。以样本的调整样本股为权数。

（3）深证综合指数。深圳证券交易所综合指数,简称"深证综合指数",是于 1991 年 4 月 4 日正式公布的。它是将深圳证券交易所上市的所有股票的每日收盘价分别乘以全部上市公司的总股份数,以求得指数股总市值,再与基日(1991 年 4 月 3 日为 100 点)的指数股总市值相除计算的股价指数。创业板指数的初始成分股为指数发布之日已纳入深证综合指数计算的全部创业板股票,样本未满 100 只前,新上市股票在上市后第 11 个交易日纳入计算。样本满 100 只后,样本锁定 100 只,并依照定期调样规则实施调样。

（4）深证成分股指数。深圳证券交易所成分股指数,于 1995 年 1 月 23 日开始发布,简称"深证成分股指数"。深证成分股指数是从上市公司中挑选出的上市公司的股票编制的,基日定为 1994 年 7 月 20 日,基日指数为 1000 点。被选中的有代表性的上市公司股票称为成分股,这些上市公司的股票在国民经济中占重要地位。

股票指数按不同的标准进行分类,在我国可分为:上证指数和深证指数;综合指数和成分指数;A 股指数和 B 股指数等。它们的计算方法类似于"上证指数"。

（四）证券投资统计分析

目前,对股价变动趋势的分析,有两类思路完全不同的方法:技术分析法与基本因素分析法。技术分析法的特征是,它仅仅依靠股价过去的变动趋势来判断其今后的走向,而不考虑供求任何其他信息。基本因素分析法的特征是,突出分析影响股票市场供求的各基本因素,以此为依据对股价的未来变化作综合判断。

（1）技术分析法。技术分析法常用的方法是利用过去股价走势图表,判断其图形轨迹的形态,量价指标体系分析,外推运动轨迹未来的走向。

（2）基本因素分析法。股票的市场供求决定股价。影响股票的市场供求的主要因素有：① 公司的盈利状况；② 利率；③ 货币当局的金融政策；④ 宏观经济周期的变动；⑤ 国内外政治因素与自然因素。如战争、地震等；⑥ 市场的投机与操纵。

三、证券投资基金市场统计

（一）证券投资基金概述

1. 证券投资基金含义

证券投资基金是一种利益共享、风险共担的集合投资制度。通过发行基金单位，将广大的投资者的闲散资金集合起来，由专门的基金托管人托管。也就是说是一种由专门的管理人管理和经营，通过投资股票、债券等证券来获取收益的一种间接投资工具。在美国叫做"共同基金"，在英国和我国香港叫做"单位信托基金"，在日本和我国台湾叫做"证券投资信托基金"，在我国内地叫做"证券投资基金"。

证券投资基金具有：集合投资，分散风险，专家理财的特点。

（二）投资基金市场交易规模统计

反映投资基金市场交易规模的统计指标是：

1. 投资基金发行品种数

它是指一定时间地点条件下在一级市场上发行的投资基金的品种数目。

2. 投资基金上市品种数

它是指一定时间地点条件下在二级市场上上市流通交易的投资基金品种数目。

3. 投资基金发行额

它是指一定时间地点条件下在一级市场上发行的投资基金的总金额。其计算公式如下：

$$投资基金发行额 = \sum (投资基金发行量 \times 发行价格)$$

4. 投资基金交易额

它是指一定时间、地点条件下证券在二级市场上流通交易的成交

金额,又称成交金额。其计算公式如下:

$$投资基金交易额 = \Sigma(投资基金成交量 \times 市场交易价格)$$

投资基金发行额、交易额反映投资基金市场规模的重要指标。

5. 基金换手率

其计算公式如下:

$$日股本换手率(\%) = \frac{日成交股数}{流通股本} \times 100\%$$

$$日市值换手率(\%) = \frac{日成交金额}{流通市值} \times 100\%$$

(三) 投资基金市场收益统计

(1) 投资基金年收益率。其计算公式如下:

$$每股基金收益 = \frac{每股基金净值增加额}{单位基金买入价} \times 100\%$$

根据我国现行证券投资基金有关条例规定,投资基金每年将净值增加额(即盈利)的 90% 部分作为红利分配给投资者。

(四) 投资基金市场价格统计

1. 发行价格

$$发行价格 = 每股基金净值 + 管理费 + 手续费$$

2. 市场价格

每股基金的市场价格通常参考每股基金净值上下波动。

3. 投资基金价格指数

上海与深圳投资基金指数,其计算公式与综合股票指数基本相同,即用派氏加权价格指数公式。如上交所于 2000 年 6 月 15 日开始发布,简称上证基金指数。基日指数为 100 点。

四、外汇市场统计

(一) 外汇市场概述

外汇市场(Foreign Exchange Market)是以外汇银行为中心,由外汇需求者、外汇供给者或买卖中间机构组成的外汇买卖的场所或交易网络,是国际金融市场的重要组成部分。外汇市场也就是个人、企业、金融机构及外汇经纪人和投机者可以在其中从事外汇买卖的组织系统,外汇市场实质上是一种货币商品的交换市场,市场上买卖的是不同国家的货币。

国际外汇市场是由全球的国际金融中心组成的,这些金融中心集中了大量的外汇交易。目前世界上大约有30多个主要的外汇市场,其中最重要的是伦敦、纽约、东京、新加坡、法兰克福、苏黎世、中国香港、悉尼等外汇市场。前四大市场的交易额就占到了外汇市场交易总额的一半以上。

外汇市场统计是指对一国或地区在一定时期内外汇市场的供求状况及汇率变动情况进行的全面记录和分析。其主要任务是:计算某一时点上国家和某一地区的外汇资源、某一时期内外汇市场的供求情况、外汇交易市场的规模和构成情况,分析汇率的现状和变动趋势。

(二) 外汇市场交易业务统计

外汇市场业务是伴随着国际贸易的产生以及国际间债务债权清算的需要而产生和发展起来的。随着世界经济的发展,外汇市场业务发生了很大的变化,外汇交易种类和交易形式都有了很大的创新。

绝大部分的外汇交易是为了回避利率和汇率风险,进行保值和增值,因单纯国际贸易而产生的外汇交易所占比重已经越来越小,因此,外汇交易已不仅仅是国际贸易的工具,而且已成为国际金融市场上独立的资本流动形式。

1. 外汇市场交易额统计

(1) 报告期外汇市场指定银行之间的外汇交易额。这一指标根据不同的期限分别加以统计,来反映指定银行之间远期外汇交易过程中发生的卖超或买超时银行之间的调剂情况,从而进一步反映外汇需求的动向。

(2) 报告期外汇市场外汇交易总额。通过对报告期外汇市场外汇交易总额的统计,可以在较大程度上反映外汇市场的规模,对外汇交易总额的变动情况加以分析,揭示外汇交易变化的规律性。这也正是外汇市场统计的任务之一。

(3) 报告期外汇市场即期外汇交易额。即期外汇买卖是外汇交易中最基本的交易,也是外汇市场上所占比重较大的交易,因此,这一指标可以在一定程度上反映外汇市场的规模。在进行统计时,即期外汇交易额可以按不同的外汇分品种加以统计,也可以折算为某一国家通用的结算货币来加以统计。

(4) 报告期外汇市场远期外汇交易额。远期外汇交易在实践中的应用主要是在保值避险和外汇投机上,如进行掉期外汇交易(是指对不同交割期的外汇交易同时进行反方向操作,以期获利和回避风险的外汇交易),利用远期外汇交易固定进出口收支的汇率风险,进行外汇投机以赚取外汇差价。报告期外汇市场远期外汇交易额这一指标主要计算指定银行与顾客之间不同期限的外汇买进卖出额,反映外汇需求的动向,这一期限可以是 20 天、30 天或 60 天不等。

(三) 外汇市场汇率统计

1. 外汇汇率概述

(1) 外汇汇率。外汇汇率是指在国际汇兑中不同货币之间的交换比率,即外汇汇率是一国货币用另一国货币表示的价格,因此,汇率又称汇价。

(2) 外汇汇率标价方法。主要有直接标价法和间接标价法。

直接标价法是指以一定单位的外国货币作为标准,折算为若干单位的本国货币。除英国、美国外,世界上大多数国家包括我国都采用直接标价法。

间接标价法是指以一定单位的本国货币为标准,折算为若干单位的外国货币,即用若干单位外币表示一定单位的本币。在这种标价法下,本币值固定不变,汇率的涨跌是以外币数额的变化来表示。数值越大,说明外币币值相对本币来说越小(即外币贬值),数值越小,说明外币币值相对于本币来说越大(即外币升值)。在直接标价法下,数值较低的汇率是银行买入价,数值较高的汇率是银行卖出价。在间接标价法下,则较低的汇率是银行卖出价,较高的汇率是银行买入价。

2. 外汇汇率统计

汇率统计的目的是说明本国货币的对外价值,反映本国货币在外国市场上购买商品的能力。进行外汇汇率统计,可以为外汇交易双方进行外汇买卖以及计算外贸成本和收益提供依据。汇率统计包括名义汇率统计、实际汇率统计、平均汇率统计、汇率指数统计和有效汇率统计等。

(1) 名义汇率统计。名义汇率统计就是对一国货币在某一时期各时点与世界主要货币的兑换比率的详细记录,其中的汇率没有剔除通货膨胀的因素。

(2) 实际汇率统计。实际汇率统计与名义汇率统计的差别在于所记录的汇率已经剔除了通货膨胀的因素。实际汇率等于名义汇率乘以两国消费物价指数的比率。其计算公式如下:

$$实际汇率 = 名义汇率 \times \frac{汇兑国消费物价指数}{本国消费物价指数}$$

(3) 平均汇率统计。平均汇率是指在一定时期内各时点的平均值。按照时间长短不同,平均汇率有日平均汇率、月平均汇率以及年平均汇率。如表12-1人民币对主要币种汇率为年平均汇率。

表 12-1

我国人民币对主要外币年平均汇价统计表(2010~2013年)

单位:人民币元/100外币

年份	币 种			
	美元	日元	港元	欧元
2010	676.95	7.727 9	87.13	897.25
2011	645.88	8.105 0	82.97	900.11
2012	631.25	7.903 7	81.38	810.67
2013	619.32	6.332 3	79.85	822.19

资料来源:摘自《中国统计年鉴2014》。

(4) 汇率指数统计。汇率指数统计是指报告期汇率与基期汇率之比,用来反映汇率的变动程度。其计算公式如下:

$$汇率指数 = \frac{报告期汇率}{基期汇率}$$

(5) 有效汇率统计。有效汇率是指某种加权平均汇率,其综合反映了一种货币对一个货币系列或货币篮子的多边价值,是衡量一种货币对外价值的指标。

$$E = \sum_{i=1}^{n} E_i \cdot \frac{Q_i}{Q}$$

式中　E——某国货币的有效汇率;

E_i——该国货币对第 i 国货币的汇率;

Q_i——该国对第 i 国的贸易值;

Q——该国对所有国家的全部对外贸易值;

n——该国的所有贸易对象国的数目。

(四) 外汇市场汇率投资分析

分析汇率变动的方法有很多,这里介绍相对强弱指标法,即 RSI 法,此法操作简便,适用于外汇市场的短线投资与投机,因而被运用于外汇汇率涨跌测度和分析。

1. RSI 值的计算

RSI 值的计算方法:

$$RSI = 100 - 100 \div (1 + RS)$$

式中　$RS = \dfrac{X \text{天内收盘价涨数之和} \div X}{X \text{天内收盘价跌数之和} \div X}$

2. RSI 值的应用

根据汇率资料的统计分析,RSI 理论认为:汇率市价在一天之内的变动范围在 0～100 点之间(外汇交易的惯例是汇率的标价一律取五位有效数字,如 1 美元兑人民币 6.362 0 元等。汇率标价的最后一位即第五位称为基点),超出 100 点是极其偶然的情况,而实际 RSI 值的

变动范围多在 30～70 点之间。依照统计学中四分位点的特征,RSI 理论提出两个 RSI 值的临界值:

RSI 值≥75:表明市场已处于超买状态,市价即将反转下跌;

RSI 值≤25:表明市场已处于超卖状态,市价即将回头反弹。

五、保险市场统计

(一) 保险市场交易规模统计

保险市场是一种特殊的金融市场,反映其交易规模的指标主要有:

1. 保险险种数

它是指一定时间地点条件下保险公司向市场推出的保险商品品种数,简称险种。这是一个反映保险市场广泛程度的指标。

保险险种数通常分类进行统计。我国的险种分为:国内财产保险、国内人身保险、涉外业务保险三大类,每大类又分若干小类,每小类又分若干险种。如国内财产保险又分企业财产保险和家庭财产保险两小类,其中企业财产保险便有 36 个险种。

2. 保险金额

它是指一定时间地点条件下,保险人对被保险人承担损失补偿或给付的最高金额,简称保额。

3. 保费收入

它是指一定时空条件下,被保险人投保时向保险机构缴付的费用,又称保险费,简称保费。它按各险种的保险费率计算的。其计算公式如下:

$$保险费 = 保险金额 \times 保险费率$$

保险公司承诺保额,被保险人或投保人交纳保险费用,这便是保险活动最基本的内容。因此,保额与保费各从一个侧面反映了保险市场的规模。

保额与保费都分险种统计,按小类、大类汇总,其中涉外保险通常以美元计价。

4. 保险业务收入

它是指一定时间地点条件下国内外保险业务的总收入。这是一个从价值量上反映保险市场总规模的指标。其计算公式如下：

$$\text{保险业务收入} = \text{国内外}(\text{保费收入} + \text{保险储金收入})$$

式中：涉外保险业务收入须以汇率将美元折算为人民币计算。

5. 赔付金额

它是指在一定时间地点条件下当保险事故发生时，保险人向投保人支付的赔偿给付金额。在人身保险中，这一赔偿称为给付。这是从理赔结果的角度反映保险活动规模的指标。

(二) 保险市场价格统计

保险商品的市场价格就是保险费率。它是保险公司按照保险金额收取保险费的比率，即单位保险金额须支付的保险费，因此它也就是保险费的收取标准。保险费率是以大量观测所得的损失概率为基础确定的。

1. 保险费率指标核算原理

从理论上说，保险费由两部分组成：一部分用于支付保险赔款；另一部分用于补偿保险公司业务活动的各项开支。这后一部分被认为是一种附加的保险费。因此，保险费率就由两项组成：一项称作纯费率，也叫净费率或基础费率，是计算支付保险赔款的费率，按此费率测算的保险费全部用于建立赔偿基金；另一项叫附加费率，它不用于测算赔偿损失，只是用于计算弥补保险公司业务活动所需的费用。

(1) 纯费率的计算。纯费率是用于测算赔偿款额的，它是以历史上的平均损失率为基础计算的，计算公式如下：

$$\text{纯费率} = \text{历史平均保险损失率} + n \times \text{保险损失率标准差}$$

式中　保险损失率$(X) = \dfrac{\text{总赔款额}}{\text{总保险金额}}$；

　　　n——保险损失率标准差个数。

例 12.6　某保险公司受理 2 万所房屋的财产保险，总保险金额为

6 000万元,其最近10年保险损失率每年分别为 1‰、1.1‰、0.9‰、1‰、1.2‰、1.1‰、0.8‰、1‰、0.9‰、1‰,试确定纯费率为多少?

先求平均保险损失率($\bar{X}$):

$$\text{平均保险损失率}\bar{X}=(1‰+1.1‰+0.9‰+1‰+1.2‰+1.1‰+0.8‰+1‰+0.9‰+1‰)\div 10=1‰$$

1‰的平均保险损失率说明过去10年赔款损失的一般水平,它比任何一年的损失率都更具代表性。但这个1‰的损失率对未来年度是否适宜,是否未来的赔款损失率都不会超过1‰?这事实上很难保证。通常称超过纯费率的赔款年份为不利年份。为了能减少不利年份的出现,可以在平均损失率上加上一个、两个或三个损失率的标准差σ,以提高纯费率。假定保险损失率服从正态分布,则损失率发生在$(\bar{x}\pm\sigma)$之间的概率是68.27%,损失率发生在$(\bar{x}\pm 2\sigma)$之间的概率为95.45%,等等。据此,便可以平均损失率再加若干个标准差来确定纯费率。

该例中:

$$\text{损失率标准差}(\sigma)=\sqrt{\frac{\sum(x-\bar{x})^2}{n}}=0.11‰$$

以一个标准差计,则有

$$\text{纯费率}=\bar{x}+\sigma=1‰+0.11‰=1.11‰$$

表明保险损失率会超过1.11‰的概率为$1/2(1-68.27\%)=15.865\%$,即约6年中出现1个不利年份。很显然,纯费率定得越高,越有利于保险公司,但对顾客投保的吸引力就越低。各险种在具体的纯费率中,究竟取几个标准差,并无统一规定。各保险公司都据此原理再根据自己对市场供求状况的判断和经营策略,自行确定。

(2)附加费率计算。

$$\text{附加费率}(\%)=\frac{\text{业务经费开支总额}}{\text{保险总金额}}\times 100\%$$

(3)保险费率计算。

$$\text{保险费率}(\%)=\text{纯费率}\times(1+\text{附加费率})\times 100\%$$

例 12.7 仍用例 12.6 资料,现确定纯费率中取 1 个标准差,又已知该 2 万所房屋 10 年中保险业务经费开支总额为 600 万元,则其保险费率应为:

$$\text{保险费率}(\%_0) = 1.11\%_0 \times \left(1 + \frac{600}{6\,000}\right) \times 100\% = 1.221\%_0$$

计算表明,居民房屋财产保险的保险费率确定为 1.221‰ 为宜。

(三) 保险市场保费收入因素分析

保险公司的保费收入,是反映保险市场规模和保险商品市场交易成果的重要指标。深入研究保险市场的活动状况,不仅应掌握保费的市场总量与结构,还可进一步分析保费受各因素影响的程度。

因为:

$$\text{保费}(pq) = \text{保险费率}(p) \times \text{保额}(q)$$

根据统计指数因素分析的理论:

$$\text{保费指数} = \text{保险费率指数} \times \text{保额指数}$$

指数体系为:

$$\frac{\sum p_1 q_1}{\sum p_0 q_0} = \frac{\sum p_1 q_1}{\sum p_0 q_1} \times \frac{\sum p_0 q_1}{\sum p_0 q_0}$$

$$\left(\sum p_1 q_1 - \sum p_0 q_0\right) = \left(\sum p_1 q_1 - \sum p_0 q_1\right) + \left(\sum p_0 q_1 - \sum p_0 q_0\right)$$

以此对保费进行两因素分析。

例 12.8 某市三个险种的保险费率与保额的资料如表 12-2 所示。

表 12-2

某市三个险种保费、保险费率及保额情况表

	保费(万元)		保险费率(‰)		保额(万元)		$(p_0 q_1)$
	基期 $(p_0 q_0)$	报告期 $(p_1 q_1)$	基期 (p_0)	报告期 (p_1)	基期 (q_0)	报告期 (q_1)	(万元)
家庭财产险	9.6	15.5	2.4	2.5	4 000	6 200	14.88
汽车险	42	75	14	15	3 000	5 000	70
企业财产险	55	147	2.2	2.1	25 000	70 000	154
合 计	106.6	237.5	—	—	—	—	238.88

将表中数据代入指数体系公式即:

$$\frac{237.5}{106.6} = \frac{237.5}{238.88} \times \frac{238.88}{106.6}$$

$$222.80\% = 99.42\% \times 224.09\%$$

$$(237.5 - 106.6) = (237.5 - 238.88) + (238.88 - 106.6)$$

$$130.9 = -1.38 + 132.28$$

计算结果说明,该市报告期三个险种的保费总额高速增长一倍多,保险市场拓展迅速。三个险种的综合保险费率比基期降低 0.58%,保费总额减少了 1.38 万元;保额比基期增长了 124.09%,使保费增加了 132.28 万元;由于这两个因素共同影响的结果,使保费增长了 122.80%,共增加了 130.9 万元。

六、金融衍生工具

(一)金融衍生工具概念和特征

1. 基本含义

金融衍生工具又名金融衍生产品,它是指建立在基础金融工具或基础金融变量之上,其价格取决于后者价格(或数值)变动的派生金融产品。

基础金融工具,不仅包括现货金融工具,如股票、债券、银行定期存单等,也包括金融衍生工具。

基础金融变量,主要包括利率、汇率、各类价格指数以及天气指数等。

金融衍生工具的设计,在某种意义上讲是金融市场统计指数的延伸与应用。

2. 基本特征

(1)跨期性。金融衍生工具是约定在未来某段时间按一定条件进行交易或选择是否交易的合约,某跨期交易的特点十分突出。

因此要求交易双方通过对利率、汇率、指数变动趋势做出预测或判断,而预测或判断是否准确,则是直接决定交易者盈亏的关键。

(2) 杠杆性。金融衍生工具交易通常只需交付少量的保证金或权利金就能签订大额合约,其以少博多,以小博大的杠杆效应非常明显。

如期货交易保证金为合约金额的 5%,则期货交易者可控制的合约资产将会高于所投资金融的 20 倍。然而,这种杠杆效应在一定程度上也导致了金融衍生工具交易的高投机性和高风险性。即基础工具价格指数的轻微变动就会带来投资者的大盈或大亏。

(3) 不确定性的高风险性。市场的瞬息万变,基础工具价格指数的变幻莫测,导致了金融衍生工具交易盈亏的不确定性,这是金融衍生工具交易的高风险性的一个重要因素。

(4) 联动性。金融衍生工具的价值是紧随基础产品或基础变量规则变动的,其关系可表现为简单的线性关系,也可表现为非线性函数关系。

(二) 金融期货概述

1. 金融期货的概念

金融期货是以各种金融工具,如外汇、债券、股票价格指数等为基础工具的期货交易。

期货交易是指交易双方在集中的交易所市场以公开竞价方式所进行的期货合约的交易。

期货合约是由交易双方订立的,约定在未来某日期按成交时约定的价格交割一定数量的某种商品的标准化协议。

2. 金融期货交易的主要种类

(1) 汇率期货。汇率期货(即外汇期货)是以外汇为标的物的期货合约,是最先产生的金融期货品种。自 20 世纪 70 年代由芝加哥商品交易所(CME)所属的国际货币市场(IMM)率先推出后得到了迅速发展。汇率期货主要用于规避外汇风险。目前,国际上所涉及的货币主要有:英镑、美元、德国马克、日元、瑞士法郎、加拿大元、法国法郎、澳大利亚元和欧元等。

(2) 利率期货。利率期货是以利率为标的物的期货合约,其基础资产是一定数量的与利率相关的各类固定收益金融工具。它主要是针对市场上债务资产的利率风险而设计的。

如债务期货,它以国债为主的债务期货是各主要交易所最重要的利率期货品种。长期国债期货的代表品种是 CBOTU30 年期国债期货。短期国债期货交易以面值 100 万美元的 3 个月期国库券为基础资产,每年的 3 月、6 月、9 月和 12 月为交割月。

(3) 股权类期货。股票指数期货(简称股指期货)是一种以股票价格指数为标的物(基础变量)的期货合约。股指期货主要用于规避股票交易中的风险。

合约股指期货交易的基本功能:①套期保值功能,它是指通过在现货市场与期货市场同时做相反的交易,从而锁定未来现金流,达到为其现货保质目的交易行为。②价格发现功能。它是指在一个公开、公平、高效与竞争的期货市场中,通过集中竞价形成期货价格的功能。③投机功能。它是以获取价差收益为目的的合约买卖。④套利功能。它是指利用同一期货合约在不同市场可能存在的短期价差进行买卖,以赚取差价的"跨市场套利"。

中国证监会自 2010 年推出沪深 300 股指期货后,2015 年 4 月 16 日批准上证 50、中证 500 股指期货合约正式挂牌交易。上证 50 成分股主要集中在金融、地产、能源等支柱性行业,是反映大盘蓝筹股公司业绩的重要指数。中证 500 指数成分股是沪深两市中 500 只中小市值上市公司,是中国经济结构转型、技术升级和创新发展的重要依托力量。

(三) 金融期权概述

1. 金融期权概念

金融期权是以期权为基础的金融衍生产品,指以金融商品或金融期货合约为标的物的期权交易。具体地说,其购买者在向出售者支付一定费用后,就获得了能在规定期限内以某一特定价格向出售者买进或卖出一定数量的某种金融商品或金融期货合约的权利。

金融期权的主要特征在于它仅仅是买卖双方权利的交换。

2. 金融期权的种类

金融期权主要包括股票期权、利率期权和外汇期权。

股票期权主要包括股票期权和股指期权。

股票期权是在单个股票基础上衍生出来的选择权。股指期权主要分为两种，一种是股指期货衍生出来的股指期货期权，如新加坡交易所交易的日经 225 指数期权，是从新加坡交易所交易的日经 225 指数期货衍生出来的。另一种是从股票指数衍生出来的现货期权，如大阪证券交易所日经 225 指数期权，是日经 225 指数衍生出来的。两种股指期权的执行结果不一样的，前者执行得到的是一张期货合约，而后者则进行现金差价估算。

中国证监会批准上交所于 2015 年 2 月 9 日开展现货期权交易试点，试点范围是上证 50ETF 期权。

本 章 小 结

商业银行统计是本章的基本内容，对商业银行的经营状况进行统计分析主要是对商业银行的主要业务进行分析，其中包括资产业务的分析和负债业务的分析。主要从总量、构成比例和变化状况三个方面进行分析。对银行竞争力主要从银行现实竞争力、潜在竞争力、环境和竞争态势上分析，在对银行现实竞争力的分析中，主要是对银行的流动性、盈利性和安全性进行分析。本章还介绍了货币市场、证券市场、外汇市场和保险市场等金融市场的统计内容，主要从其市场交易规模、价格、收益角度进行统计分析，通过对这些市场的统计指标，掌握准确的数据，为投资与经营进行判断、预测和决策等提供可靠的依据。

练习与思考

一、单选题

1. 本期到期贷款收回率是( )。

   A. $\dfrac{\text{本期到期贷款累计收回额}}{\text{本期到期贷款累计}}$　　B. $\dfrac{\text{本期贷款累计收回额}}{\text{本期贷款累计发放额}}$

   C. $\dfrac{\text{本期到期贷款累计收回额}}{\text{本期未贷款余额}}$

2. 报告期储蓄存款最低余额与报告期储蓄存款平均余额相比数值越大,说明银行作为负债的( )。

   A. 资金越少,稳定性越好
   B. 资金越少,稳定性越差
   C. 资金越多,稳定性越好
   D. 资金越多,稳定性越差

3. 货币流通速度愈快,流通中所需要的货币量( )。

   A. 愈少　　　　　　　　　B. 愈多
   C. 无变化　　　　　　　　D. 时多时少

二、多选题

1. 商业银行不良贷款包括( )。

   A. 逾期贷款　　　　　　　B. 呆滞贷款
   C. 损失贷款　　　　　　　D. 呆账贷款

2. 短期资金市场交易活动由( )组成。

   A. 短期债券　　　　　　　B. 股票
   C. 票据贴现　　　　　　　D. 同业拆借

3. 反映长期资金市场价格运动全过程的指标体系是( )。

A. 票面价格　　　　　　B. 发行价格
C. 债券利息率　　　　　D. 交易价格

三、判断题

1. 信贷资金自给率 $= \dfrac{\text{自有信贷资金}+\text{各项存款}}{\text{信贷资金来源总额}} \times 100\%$ 　　（　）

2. 资本市场是指中长期资金融通的市场,其主要金融商品是货币。　　　　　　　　　　　　　　　　　　　　　　　　（　）

3. 同业拆借市场属于长期资金市场。　　　　　　　　　（　）

四、计算题

1. 某贸易公司在 2015 年 7 月 1 日将面额为 80 万元的汇票向开户银行申请贴现,当日同意并办理手续,汇票到期日 9 月 1 日,月贴现率为 2.6‰,计算开户银行支付的金额数;如同期贷款月利率为 3.6‰,推算月贴现率、贴现利息为多少?

2. 某投资者在 2015 年 8 月 1 日买债券,并打算一直持有到期偿还日,选择债券品种如表 12-3 所示(面值、发行价均为 100 元):

表 12-3

债　券	票面利率(%)	发行时间	8月1日现价	偿还期限(年)
A	3.8	2015.8.1	100	3
B	4.2	2014.8.1	104.5	4
C	5.0	2013.8.1	111.5	5

投资者应选买何种利率高的债券?

3. 某市居民参加太平洋保险公司家庭房屋建筑保险的有 40 万套,总保险金额为 1 亿元。根据最近 12 年保险损失率分别为:0.9‰、1.2‰、1‰、0.8‰、1.1‰、0.7‰、1‰、0.9‰、1‰、1.2‰、1.3‰、1.1‰,在这时期内保险业务经费开支总额为 900 万元。计算假设保险损失率服从正态分布,当概率为 95.45% 时,其保险费率该多少?

五、思考题

1. 试阐述银行资产质量管理分析的指标有哪些。
2. 试述长期资金市场上交易的金融工具有哪些。

第十三章 企业经营成果与经济效益统计

在社会主义市场经济体制下,企业是自主经营、自负盈亏的经济组织。所以,企业经营成果和经济效益统计的重要性和必要性日益凸现。企业经营成果统计主要是从产值、收入和利润方面关注生产经营活动的效果;企业经济效益统计主要是利用投入产出的比较指标分析生产要素的运用效率。通过这一系列指标体系分析,我们对企业的生产经营状况作出综合评价和预测,并且提出对策和建议,完善企业管理,增加企业盈利,促进企业经营效率。本章主要介绍了以企业的销售收入、利润额为基础的经营成果统计指标,以及以经济效益统计为重点的综合评价方法。

第一节 企业经营成果统计

一、企业经营活动成果统计的意义

企业经营活动成果是指通过企业人员的劳动所组织的生产经营活动所取得的经济效果,并以企业产值、商品销售收入和利税额等指标反映出来。通过企业经营活动成果统计,可以反映企业取得的生产经营成果,反映企业经营管理状况、管理水平、盈利能力和为社会作出的贡献情况。同时为评价企业经营活动,检查计划完成情况提供依据,企业产值统计的有关内容在第九章工业企业产销统计中已作介绍,故在此不作赘述。

二、企业销售收入统计

（一）销售收入统计的意义

销售收入是指企业在一定时期内销售产品或商品、提供劳务等经营活动而取得的各种收入。包括：产品销售收入、提供的劳务收入、材料销售收入、技术转让收入、固定资产出租收入、包装物收入以及运输收入等企业活动的全部收入。其中产品或商品销售收入是企业一定时期销售收入的主要部分。

销售收入的统计标准是：产品已经发出、工程已交付、劳务已提供，货款或价款已经收到或已取得了收款的权利。

销售收入的统计具有重要的意义，主要表现在：销售收入的获得，可以及时补偿企业各种已消耗的价值，加速企业资金周转；销售收入的实现，可以保证企业的扩大再生产和经营，确保或增加国家税收；销售收入的统计可以为企业及时确认盈亏，正确评价企业的销售效益和经营业绩提供可靠保证。

（二）计算销售收入的价格问题

销售收入是一个价值量指标，价格的变化对其影响很大。为了全面反映企业产品或商品的价格水平，需要研究不同形式的价格差距，研究各种产品价格的比价是否合理，编制工业品和商品等价格指数。准确及时地反映企业产品的价格变化，可为工业企业制订和调整工业产品的价格，理顺价格关系提供依据。目前，企业的产品销售价格大致有三种情况：

（1）国家定价。这是指企业按国家物价局和国务院业务部门的物价管理机构编制并审批的产品出厂价格和由地方政府物价主管部门审批的产品出厂价格。国家定价的产品是关系到国计民生的生产资料和消费资料。

（2）指导价。这是指企业按国家规定，允许在一定范围内变动的价格。

(3) 市场价。这是指完全纳入市场调节和竞争的价格。

企业一定时期生产和经营的同种产品或商品,有时采用不同的价格销售,在计算产品的实际销售收入时,应分别计算汇总。

(三) 销售收入计划完成情况的检查与分析

1. 销售收入计划完成情况检查

对销售收入的计划完成情况检查,主要是计算销售收入计划完成率指标。其计算公式如下:

$$\text{销售收入计划完成率}(\%) = \frac{\text{实际销售收入总额}}{\text{计划销售收入总额}} \times 100\%$$

2. 销售收入计划完成情况的因素分析

产品销售收入是销售量与销售单价的乘积。一定时期产品销售收入多少,受销售量多少和销售价格高低两个因素影响。计算公式如下:

$$\text{销售量综合变动影响销售收入额} = \Sigma \left(\text{实际销售量} - \text{计划销售量} \right) \times \text{计划销售单价}$$

$$\text{销售价格综合变动影响销售收入额} = \Sigma \left(\text{实际销售单价} - \text{计划销售单价} \right) \times \text{实际销售量}$$

三、企业利润统计

(一) 企业利润统计的意义

企业利润是企业的全部收入抵补全部支出后的盈余。企业利润也可以称为净收益。企业利润可以综合反映企业生产经营活动的财务成果,是衡量企业一定时期生产经营业绩的重要指标。利润的多少受多种因素的影响,既取决于企业销售、生产、成本和资金的经营活动,又受企业的外部条件制约。

企业是依法自主经营、自负盈亏、独立核算的单位。企业只有不断地增加利润,按规定及时交纳税金,为国家积累更多的财力资源,才能加速社会主义现代化建设和发展,并改善人民的物质文化生活条件。因此正确统计企业的利润额,对保证国家的财政收入、增加企业的自身发展实力和调动职工的生产经营积极性,都有重要意义。

(二)企业利润额统计指标

1. 产品销售利润

产品销售利润是企业一定时期的产品销售收入扣除产品销售成本、销售费用、管理费用和产品销售税金及附加后的剩余部分。

(1)销售成本。它是指销售产成品、自制半成品和企业性劳务的成本。

(2)销售费用。它是产品销售过程中所发生的费用。包括:运输费、装卸费、包装费、保险费、展览费、广告费,以及为销售本企业产品而专设的销售机构的职工工资、福利费和业务费等经常费用。

(3)管理费用。它是企业行政管理部门为组织和管理生产经营活动而发生的费用。包括:工资和福利费、折旧费、工会经费、业务招待费、房产税、车船使用税、土地使用税、印花税、技术转让费、无形资产摊销经费、职工教育经费、劳动保险费、待业保险费、研究开发费和坏账损失等。

(4)产品销售税金及附加。它是指企业销售产品、提供企业性劳务等负担的销售税金及附加。包括:产品税、增值税、营业税、城市维护建设税、资源费和教育费附加等。

影响产品销售利润的因素是多方面的,主要有:产品销售数量的变动、产品销售成本的变动、产品销售价格变动、产品销售税金变动以及销售量的品种构成变动。

2. 营业利润

营业利润是企业主营业务利润与其他业务利润之和。这部分利润是企业盈利的主体和决定性因素,也是衡量企业经济效益大小和经营获利稳定性的基本标志。其中主营业务利润的计算公式如下:

$$主营业务利润 = 主营业务收入 - 主营业务成本 - 销售费用 - 管理费用 - 财务费用 - 营业税金及附加$$

其中:财务费用是指企业为筹集生产经营所需资金等发生的费用。

包括利息收支的净额和汇兑损失。

3. 利润总额

利润总额一般是指企业产品销售收入、其他业务收入和营业外收入合计扣除产品销售成本、管理费用、财务费用、产品销售费用、其他业务支出、产品销售税金及附加和营业外支出的余额。

其中:其他业务收入指企业销售产品以外的其他销售或其他业务收入。它包括:材料销售、技术转让、固定资产出租、包装物出租和运输等非企业性劳务收入。而营业外收入与支出净额是指企业发生的与企业生产经营无直接关系的收入与支出的净差额。营业外收入主要包括:固定资产盘盈、处理固定资产的净收益和教育费附加返还款等。营业外支出主要包括:固定资产盘亏、处理固定资产净损失、非常损失等。

$$\text{我国上市公司利润表中的利润总额} = \text{营业利润} + \text{投资净收益} + \text{补贴收入} + \text{营业外收入} - \text{营业外支出} + \text{以前年度损益调整}$$

其中:投资净收益是企业投资收益与投资损失相抵后的差额。投资收益是指企业对外投资得到的利润、股利和债券利息以及企业对外投资收回或中途转让取得的款项高于实际投资数额或账面净值的差额等。投资损失是指企业投资到期收回或中途转让取得的款项低于实际投资额或账面净值的差额。

国家补贴收入是指企业按国家规定经营某类商品取得的补贴。包括由国家财政拨补的专项储备商品、专项储备物资、临时储备商品的补贴及其他补贴收入。

(三) 企业利润率统计

利润额是反映企业经济效益的重要指标,在衡量企业获利能力变动时,利润总额及其构成项目的变动分析,对评价企业生产经营规模、经济实力和经济效益是必要的,但仅从利润总量上评价是不够全面的,利润总额难以直接在不同行业进行比较,也无法准确地反映生产要素的利用情况,因此,需要运用利润率指标来评价企业的获利能力。由于计算利润率所采用的基础对比数据不同,因而可以计算不同的利润率,从不同的角度评价企业获利能力的大小。一般利润率可分为两大类:一类是反映经营获利能力的利润率指标;另一类是反映投资获利能力的利润率指标。

1. 企业经营获利能力的利润率

它主要是测算企业在生产经营过程中创造利润的能力,一般采用的指标有:成本费用利润率、销售利润率、产值利润率、人均利润等。

(1) 销售利润率。

计算公式如下:

$$销售利润率(\%)=产品销售利润\div产品销售收入\times 100\%$$

它说明销售收入中净收益所占的比重。其指标数值越大,说明企业获利能力越强。

(2) 成本利润率。

计算公式如下:

$$成本利润率(\%)=产品销售利润\div产品销售成本\times 100\%$$

它说明花费一定的销售成本所创造的净收益。其指标数值越大,说明企业获利能力越强。

(3) 产值利润率。

计算公式如下:

$$产值利润率(\%)=产品销售利润\div企业总产值(或增加值)\times 100\%$$

它说明生产一定数量的工业总产值或增加值,可以创造的净收益。其指标数值越大,说明企业获利能力越强。

(4) 人均利润。

计算公式如下:

$$人均利润(元/人)=产品销售利润或利润总额\div企业职工平均人数$$

它反映每个职工创造的利润。

2. 企业投资获利能力的利润率

它主要是测算工业生产经营过程中融入的各类资产,即负债和所有者权益的投入获取利润的能力。企业的盈利是以一定的资本投入为基础,以销售取得的利润来实现的。一般采用的指标有:净资产利润率、资本金利润率、资本利润率、资产利润率等。

(1) 资金利润率,它是企业利润总额与企业全部经营资金的比率。公式中的分子之所以采用利润总额而不用产品销售利润,是为了保持计算上分子、分母的范围一致。计算公式如下:

资金利润率(%)＝企业利润总额÷全部经营资金平均占用额×100%

(2) 净资产利润率,也称所有者权益报酬率或主权资本收益率,它可以反映投资者拥有所有权的净资产的创利水平。在美国杜邦财务综合分析体系中是最有代表性、最具综合性的核心指标。计算公式如下:

净资产利润率(%)＝利润额÷所有者权益×100%

第二节 企业经济效益统计概述

一、企业经济效益的概念

讲究和提高企业的经济效益,是关系到企业在社会主义市场经济条件下生存和发展的重要问题。企业的一切经济活动,必须围绕提高经济效益展开,为了提高企业经济效益,就必须加强企业的统计考核和分析。

企业经济效益是指企业经济活动中,以较小代价获取较大效果、以较少费用获取较多收益的实现程度,它一般由经济活动中货币资金和资产的投入与产出的对比反映,也体现了在实现经济目标的过程中生产要素的节约程度。

企业经济效益概念中的投入是指在生产经营过程中投入的生产要素的价值表现;企业经济效益概念中的产出是指在生产经营过程中产

出的生产经营成果的价值表现。

二、企业经济效益统计的主要内容

(1) 根据企业的不同特点,核算、分析和研究企业经济效益的主要指标。

(2) 运用各种统计方法,对企业经济效益的状况作出全面、客观、准确的评价,反映企业经营成果的大小和管理水平的高低。

(3) 分析影响企业经济效益的各种原因,寻求改善生产经营管理,提高企业经济效益的途径。

三、企业经济效益指标

企业经济效益指标是指在一定的时间、空间范围内,企业生产经营活动的投入与产出价值量比率的具体名称和数值。简单讲,就是投入量与产出量之比。计算上,有两种表示方法:正指标和逆指标。它们的基本计算公式如下:

$$\frac{\text{企业经济}}{\text{效益指标}} = \frac{\text{企业生产经营活动的产出价值量}}{\text{相应的投入价值量}}$$

$$\frac{\text{企业经济}}{\text{效益指标}} = \frac{\text{企业生产经营活动的投入价值量}}{\text{相应的产出价值量}}$$

公式中的投入与产出应具有相同的统计口径,前者为正指标,后者为逆指标。至于它们的具体内容,应视研究对象和目的,选择不同的生产要素指标和生产经营成果指标,通过对比派生出各种经济效益指标。

例如:就工业企业生产经营活动来说,投入量主要是指各种生产要素(人、物、财)的消耗。如:劳动消耗包括投入的人工,一般以工时工日表示;物质消耗包括原材料、燃料、动力消耗,设备台时、台日、台班;以货币表示的工资支出、折旧费、原材料、燃料、动力以及固定资金和其他经营资金。产出量主要是指产出的经济成果,其实物形态为:生产量、商品量、销售量;其价值形态有:工业总产值、工业商品产值、工业增加值、销售总值以及净产值、利润额等。

四、企业经济效益指标分类

(一) 企业经济效益单要素指标和全要素指标

企业经济效益单要素指标是以企业某一要素或某一要素的部分投入为对象,反映企业生产经营某一方面经济效益状况的指标,具有明确的侧重性,例如工资产值率;企业经济效益全要素指标是以整个企业全部要素投入为对象,反映企业生产经营整体经济效益状况的指标,具有高度的概括性,例如成本利润率。

(二) 企业经济效益分类指标和综合指标

企业经济效益分类指标是指研究不同领域的效益指标,每类指标都有其特定的经济意义,由此不同指标对经济效益的评价可能并不一致,例如同一企业的劳动生产率提高和固定资产利用率降低完全有可能同时发生。企业经济效益综合指标有两种:一是用单个指标说明企业经济效益的优劣,例如资金利税率;二是由若干个指标综合计算的经济效益统计总指数,例如经济效益综合指数。

第三节 企业经济效益指标体系的设置和内容

一、经济效益指标设置的原则

(一) 整体性原则

企业的生产经营活动的经济效益受到生产能力、企业规模、资金周转、设备利用、产品销售、材料消耗和劳动生产率等多因素的影响。作为一个整体,要综合评价企业的经济效益,必须考虑各个因素在企业经济活动中的作用。

(二) 导向性原则

建立经济效益指标体系的目的是为了反映企业投入和产出方面

及两者之间的比率关系,这也是国家经济宏观调控的主要问题。因此,对有关方面的指标必须加以考察,以引导企业的生产经营活动开展。

(三) 科学性原则

指标体系的建立必须有客观依据,指标必须有明确的定义,指标量化要有合理、科学的标准和方法,这样才能对企业经济效益作出科学、完整的综合评价。

(四) 可行性原则

企业经济效益的指标体系必须切合企业的实际情况,指标数据要便于收集,评价方法要便于操作。

(五) 稳定性原则

稳定性是指统计指标的含义、计算方法、计量单位等要保持标准化、规范化的要求,尽量保持一致,这样可以提高统计资料的可比性程度。另外,指标选择的稳定性还在于应选择那些基本的、稳定的现象作为观测的对象,而对那些偶然的、表面的现象则不必考虑,只有客观现象本身是稳定存在的,那么,用来反映的统计指标才是较稳定和可靠的。

二、工业企业经济效益评价指标体系

对工业企业一定时期生产经营状况的经济效益评价和统计指标体系的确立,是一项非常复杂而细致的工作,既要考虑指标体系的科学性、完整性,又要注意它的可行性和准确性。

国家有关部门依照指标体系具有宏观导向性,科学合理性,综合性和可操作性等原则,制定了由七项指标组成的经济效益指标体系。这些指标是:总资产贡献率、资本保值增值率、资产负债率、流动资产周转率、成本费用利润率、全员劳动生产率和产品销售率。指标的选择和设置,反映了企业的盈利能力、发展能力、偿债能力、营运能力、产出效率、产销衔接等方面的情况。

(一) 总资产贡献率

该指标反映了企业全部资产的获利能力,是企业管理水平和经营业绩的集中体现,是评价和考核企业盈利能力的核心指标。其计算公式如下:

$$总资产贡献率(\%) = \frac{利润总额+税金总额+利息支出}{平均资产总额} \times \frac{12}{累计月数} \times 100\%$$

式中的税金总额为产品销售税金及附加与应交增值税之和;平均资产总额为期初期末资产总计之和的算术平均值。

对总资产贡献率还可以做进一步的分析。方法是:把总资产贡献率分解为两个指标:边际净利率和投资周转率,即

$$总资产贡献率(\%) = 边际净利率 \times 投资周转率$$

$$边际净利率(\%) = \frac{利润总额+税金总额+利息支出}{产品销售收入} \times 100\%$$

$$投资周转率(\%) = \frac{产品销售收入}{平均资产总额} \times \frac{12}{累计月数} \times 100\%$$

(二) 资本保值增值率

该指标反映企业净资产的变动状况,是企业发展能力的集中体现。其计算公式如下:

$$资本保值增值率(\%) = \frac{报告期期末所有者权益}{上年同期期末所有者权益} \times 100\%$$

式中 所有者权益=资产总计-负债总计。

(三) 资产负债率

该指标既反映企业经营风险的大小,又反映企业利用债权人提供的资金从事经营活动的能力,还反映企业的长期偿债能力,其计算公式如下:

$$资产负债率(\%) = \frac{负债总额}{资产总额} \times 100\%$$

式中的负债总额和资产总额必须是同一时期的数值。

第十三章　企业经营成果与经济效益统计

此项比率适度时,企业利用较少的自由资金投资,形成较多的经营用资产,不仅扩大了生产规模,而且在经营状况良好的情况下,还可以较多地利用债权人资金,发挥财务杠杆的作用,获取利润。但是这一比率过大,则表明企业财务负担重,经营风险加大,甚至会引起破产。

(四)流动资产周转率

该指标是指一定时期内流动资产的周转次数。它既是反映经营状况的指标,也是资金利用效果指标,反映再生产循环的速度。其计算公式如下：

$$流动资产周转率(次) = \frac{产品销售收入}{全部流动资产平均余额} \times \frac{12}{累计月数}$$

式中的全部流动资产平均余额为期初和期末的流动资产之和的算术平均值。产品销售收入,是指销售收入净额,它反映企业的销售规模。

企业生产效率高,生产的周期缩短,资金占用就少,产品积压少或没有积压、客户拖欠款少或不拖欠,使用银行的贷款就少,就会使资金周转速度加快;反之,则资金周转速度减慢。用不同时期的流动资金周转次数进行比较,可以反映企业生产循环的快慢,资金利用效果的优劣,还可据此分析出资金节约量。

$$资金节约量 = \left(基期流动资产周转次数 - 报告期流动资产周转次数\right) \times 基期全部流动资产平均余额$$

(五)成本费用利润率

该指标是企业全部生产投入与实现利润的对比关系,反映工业投入的生产成本及费用的经济效益,同时,也反映企业降低成本所取得的经济效益。其计算公式如下：

$$成本费用利润率(\%) = \frac{利润总额}{成本费用总额} \times 100\%$$

式中的成本费用总额是指产品销售成本、销售费用、管理费用和财务费用之和。

(六)工业全员劳动生产率

该指标是工业企业平均每个职工在单位时间内创造的工业生产最

终成果,反映企业的生产效率和劳动投入的经济效益。其计算公式如下:

$$\text{工业全员劳动生产率(元/人)} = \frac{\text{工业增加值}}{\text{全部从业人员平均人数}} \times \frac{12}{\text{累计月数}}$$

式中,工业增加值的增加,既受生产发展,人均产出的增加的影响,也受职工人数增减变动产生的影响,通过因素分解也可进一步剖析。

(七)工业产品销售率

该指标反映工业产品已实现销售的程度,是分析工业产销衔接情况,研究工业产品满足社会需求的重要指标。销售率越高,说明产品销售情况越好。其计算公式如下:

$$\text{工业产品销售率(\%)} = \frac{\text{工业销售产值}}{\text{现价工业总产值}} \times 100\%$$

在实际统计和计算中,工业总产值是按生产法的原则,只统计报告期生产的产品。而销售产值是报告期卖出去的产品,其中既包括了本期生产本期销售的产品,也包括了上期生产本期销售的产品。对于一个企业来说,工业产品销售率在某一个时期可能高于100%,若出现这样的结果,说明该企业不但销售了报告期生产的产品,而且还售出了库存产品。一般来说,工业产品销售率的理论值应为100%,但实际统计中往往都低于这个值。这几年即使在销售情况比较好的年份,全国工业产品销售率的平均水平也只达到97%左右。

三、商业和其他企业经济效益统计指标体系

(一)商业企业经济效益统计指标体系

作为商业企业,要提高经济效益,就必然涉及商业企业的人员、资金与设备的占用、涉及商品流通的成本、费用的投入;涉及商业企业的商品流转额、利润、税金及商业企业的总产值和增加值等的产出状况。

商业经济效益的统计指标体系可以由各种角度反映效益的多层次指标组成。有些指标虽然不是由所得与所费对比而来,但它反映了商

业工作的质量或成果,故也可列入经济效益指标体系中。商业企业经济效益指标体系包括以下几方面:

(1) 反映企业获取利润的能力指标。包括:销售净利率、销售毛利率、资产净利率、净值报酬率等。

(2) 反映企业的财务风险和长期偿债能力的指标。包括:资产负债率、产权比率、有形资产净值债务率等。

(3) 反映企业变现能力的指标。包括:流动比率和速动比率。

(4) 反映和衡量企业在资产管理方面的效率指标。包括:商品周转率、应收账款周转率、固定资产周转率和总资产周转率、商品流通费用率。

(5) 反映企业工作质量的指标。包括:商品损耗率、经营差错率等。

(6) 反映商业企业和部门经营成果的指标。包括:商业总产值、增加值、利润等。

(二) 各类型企业通用经济效益统计指标体系

这里重点介绍财政部公布的一套经济效益评价指标体系,该套指标体系包括10个指标。它适合各种经济类型的企业使用。

1. 销售利润率

它是指利润总额与销售收入的百分比。如利润总额为税后净利润,其与销售收入的比例则为销售净利润率。该指标反映每元销售收入带来利润(净利润、营业利润、主营业务利润)的多少,表示销售收入的收益水平。通过分析销售利润率的升降变动,可以促使企业在扩大销售的同时,注意改进经营管理,提高盈利水平。计算公式如下:

$$销售利润率(\%) = (利润总额 \div 销售收入) \times 100\%$$

2. 总资产报酬率

它是利润总额及利息支出之和与平均资产总额的百分比。该指标把企业一定时间的利润总额和利息支出与企业的资产相比较,表明企业资产利用的综合效果。该指标值越大,表明资产的利用率越高,说明

企业在增收节支和节约资金使用等方面取得了良好的效果;否则相反。其计算公式如下:

$$总资产报酬率(\%) = [(利润总额 + 利息支出) \div 平均资产总额] \times 100\%$$

3. 资本收益率

它是企业净利润与实收资本的百分比。资本收益率指标表明企业资金利用的综合效果。该指标越大,表明企业资金的利用效率越高。其计算公式如下:

$$资本收益率(\%) = (净利润 \div 实收资本) \times 100\%$$

4. 资本保值增值率

它是期末与期初所有者权益总额的对比。该指标>1,说明资本增值了;该指标<1,说明资本未增值或已贬值。其计算公式如下:

$$资本保值增值率(\%) = \frac{期末所有者权益总额}{期初所有者权益总额} \times 100\%$$

5. 资产负债率

它是负债总额与资产总额的百分比。该指标是衡量企业利用债权人资金进行经营活动的能力以及企业盈亏的程度,反映企业经营管理水平的高低。其计算公式如下:

$$资产负债率(\%) = (负债总额 \div 资产总额) \times 100\%$$

6. 流动比率、速动比率或现金比率

(1) 流动比率。它是流动资产除以流动负债的比值。该指标可反映企业短期偿债能力。其计算公式如下:

$$流动比率 = 流动资产 \div 流动负债$$

(2) 速动比率。它是从流动资产中扣除存货和待摊费用后,再除以流动负债的比值。其计算公式如下:

$$速动比率 = \frac{流动资产 - 存货 - 待摊费用}{流动负债} = \frac{速动资产}{流动负债}$$

第十三章 企业经营成果与经济效益统计

(3) 现金比率。它是速动资产扣除应收账款后的余额,再除以流动负债的比值。其计算公式如下:

$$现金比率=(现金+有价证券)\div 流动负债$$

7. **存货周转率**

它是衡量和评价企业销售能力和存货是否积压的综合性指标。存货周转率指标的好坏,反映存货管理水平的高低。它不仅影响企业的短期偿债能力,也是衡量整个企业管理的一项重要指标。其计算公式如下:

$$存货周转率=产品销售成本\div 平均存货成本$$

其中:

$$平均存货成本=(期初存货成本+期末存货成本)\div 2$$

8. **应收账款周转率**

它是年度内应收账款转为现金的平均次数,它说明应收账款流动的速度。收账款周转率越高,平均收账期越短,说明应收账款的收回越快;否则,企业的营运资金会过多地呆滞在应收账款上,影响正常的资金周转。其计算公式如下:

$$应收账款周转率=赊销净销售额\div 平均应收账款余额$$

9. **社会贡献率**

社会贡献率是企业社会贡献总额与平均资产的比值。其计算公式如下:

$$社会贡献率(\%)=(企业社会贡献总额\div 平均资产总额)\times 100\%$$

其中社会贡献总额包括:工资(含奖金、津贴等工资性收入)、社会保险基金、福利费支出、利息支出净额、应交增值税、应交所得税及其他税收、净利润等。

10. **社会积累率**

社会积累率是上交国家财政总额与企业社会贡献总额的比值。其中上交国家财政总额包括:应交增值税、应交所得税及其他税收等。其计算公式如下：

社会积累率(%)＝(上交国家财政总额÷企业社会贡献总额)×100%

第四节　企业经济效益的综合评价方法

评价企业经济效益的方法主要包括两个方面：一是静态对比，即对同类企业不同单位的经济效益状况作横向对比，如与同类企业平均水平或先进水平比；二是动态对比，即对同一企业不同时期经济效益状况作纵向对比，如与上期比，与历史最好水平比等。通过两种对比，可以揭示企业经济效益的变化发展情况。

企业经济效益综合评价的基本思路是：把不能直接相加的、性质不同的、单位各异的各个单项效益指标数值，过渡到可以直接汇总的指标值，并通过一定的统计方法计算出一个综合评价值来反映企业经济效益的优劣状况。理论界提出了各种各样的综合评价方法，这里主要介绍几种简单实用的方法。在实际应用中，可结合具体情况，灵活选择应用。

一、百分制法

它是对每项指标的实际值，按预定的分值评分，把每项指标所得的分数相加的总分，就是一个企业一定时期的综合经济效益。百分制评分法又可以分为等分法和不等分法。

（一）等分法

其基本方法是，把经济效益指标体系中的各指标不分主次，凡达到预定的数值，都记相同的分值，再以综合分值的多少评价经济效益。

（二）不等分法

其基本方法是，把经济效益指标体系中的各指标分主次指标，规定不同的分值，评价经济效益。

二、经济效益综合指数法

(一) 经济效益综合指数法的意义

企业经济效益综合指数是综合衡量企业各个方面的经济效益在数量上的总体水平的一种特殊相对数,是反映企业经济运行质量的总指标,是评价企业经济效益的主要方法。它可以根据不同时期的数据计算,因而可从静态水平和动态趋势上较为全面地反映企业经济效益的变化;由于在指标体系中较多的采用了结构性相对指标,可在一定程度上消除地区、行业及企业之间在产品数量、产品结构和地区差异上的不可比因素;还可以通过对总指数的分解,分析单项指标变化对总指数的影响,进一步研究制约企业经济效益提高的原因,从而采取相对应的改进措施。因此,它既是一项能为微观、中观管理所接受的经济指标,也是一项能在宏观经济管理中作为量化目标管理的重要指标。为适应经济改革与发展的实际和经济管理的需要,计算企业经济效益综合指数,可以考核和评价各地区、各行业以致各企业的经济效益实际水平和发展变化趋势,反映整个企业经济效益状况的全貌,促进经济效益的全面提高。

(二) 计算综合经济效益指数的步骤

企业经济效益单项指标的报告期数值计算出来以后,可能有些指标提高,有些指标降低,在此情况下,经济效益在总体上究竟是改善还是下降,就需要采用经济效益综合指数来确定。企业经济效益综合指数是采用加权平均法,它是以各单项企业经济效益指标的报告期实际数值分别除以该项指标的全国标准值并乘以各自权数,加总后除以总权数求得的。计算出来的经济效益综合指数数值越高,说明企业一定时期的经济效益越好。具体步骤如下:

(1) 确定反映企业经济效益的指标体系。

(2) 确定或计算各指标的基准值(标准值)。

(3) 计算各指标指数。

(4) 确定各指标的权数。

(5) 计算反映经济效益的综合指数。

$$\text{企业经济效益综合指数} = \Sigma\left(\frac{\text{某项指标报告期数值}}{\text{该项指标标准值}} \times \text{该项指标权数}\right) \div \text{总权数} = \frac{\Sigma kw}{\Sigma w}$$

(三) 计算企业经济效益综合指数的标准值

标准值是衡量企业经济效益水平的尺度。这一尺度定的是否合适,对正确、合理地评价报告期企业经济效益状况具有十分重要的意义。一般来说,经济效益比较的尺度,可以用某年年末的实际值作为标准值,但这样制定出的标准值,容易受到当年外部经济环境变化的影响,因此,一般采用一个时期的平均数作为标准值。

(四) 计算工业经济效益综合指数的权数

权数表明各项企业经济效益指标在经济效益综合评价中的重要程度,它在综合评价中具有重要作用。报告期实际值与全国标准值相比,相差虽小,但由于该项指标的权数较大,它对综合指数的影响就可能较大;反之,报告期实际值与全国标准值相比,相差虽大,但由于该项指标的权数较小,它对综合指数的影响可能并不大。例如:目前实行的七项工业经济效益考核指标的权数是由专家调查法确定的,主要依据两点:一是各项指标所反映的经济内容在经济效益评价考核指标体系中重要程度的大小;二是考虑各指标之间相关程度的强弱,避免在某一方面所给出的权数过重或过轻所带来的影响。在这七项指标中,总资产贡献率最重要,它反映了企业全部资产的盈利能力,是企业管理水平和经营业绩的集中体现,所以与其他六项指标相比,该指标的重要性相对较高,权数定为20;其他六项指标的权数依次定为:资本保值增值率16;流动资产周转率15;成本费用利润率14;工业产品销售率13;资产负债率12;工业全员劳动生产率10;总权数为100。

(五) 计算经济效益指标时应注意的问题

1. 折算。

企业各项经济效益指标报告期数值计算出来以后,需要与其统一规定的全国标准值进行比较,然后加权计算工业经济效益综合指数。目前全国标准值是按年计算的(360天),因此,在进度统计中,必须将每项指标的分子分母换算成与标准值的时期相对应,即折算为年指标。在上述指标中,总资产贡献率、流动资产周转次数和全员劳动生产率的分母都是时点平均数,在正常情况下,一年之中波动不会很大,而其对应的分子都是时期数,随着报告期的时间的增加,分子数值会不断增加。由于分子的时期数与分母的时点数口径不一,因此,这些指标的进度报告期数值都需要折算为年指标。如:1~7月份全员劳动生产率:

$$全员劳动生产率=\frac{1\sim 7月累计企业增加值总额}{1\sim 7月全部职工平均人数}\times\frac{12}{7}$$

因此,工业经济效益指标几个计算公式中有的×12/累计月数就是这个原因。而全年指标则直接计算,不必换算。季度指标,也可用季平均数换算成全年水平,如用分子的一季度×4;上半年×2等,计算结果都是一致的。

2. 价格

在财务指标中,一般采用的是现行价格。要准确地计算经济效益的实际水平和发展变动,就要剔除价格因素。在工业经济效益指标体系中,总资产贡献率、资本保值增值率、资产负债率、流动资产周转次数、成本利润率、工业产品销售率都是结构相对指标,分子、分母都有价格因素的影响,价格上涨,分子、分母同时增大,相除后相对来说对整体指标数值影响不大。而对于像工业全员劳动生产率这样的指标,分母是职工人数,与价格变动无关,而分子是工业增加值,它的增加既有生产发展、效益提高而增加的部分,也有产品提价等涨价因素增加的部分。变通的方法,可以用工业总产值价格指数近似地加以调整。具体做法是:用报告期现价工业总产值除以报告期不变价工业总产值得出报告期价格比系数。用报告期价格比系数再除以基期价格比系数,就得出工业总产值价格指数。

在计算工业经济效益综合指数时,也可用调整标准值的方法来消除工业全员劳动生产率的价格因素,即用工业全员劳动生产率的标准值乘以价格指数,相当于把标准值年份的价格,调整到报告期年份的价格,这样计算的结果同把报告期工业增加值进行价格紧缩后,计算可比价的工业全员生产率的原理是一样的。

还要特别说明的是:根据目前实行的统计报表制度,月度劳动生产率中可比工业增加值的方法为:按全国及各地区基年年报资料的工业增加值率,乘以财务月报中现价总产值,得出工业增加值,再乘以按生产月报中全部产值不变价与现价的折算系数,得出调整后的可比价工业增加值。

(六) 工业经济效益综合指数变动的实例分析

例 13.1 以表 13-1 为实例,从以下几方面进行分析对比。

(1) 以各项指标本期实际达到水平与标准值对比,可以直观地看到经济效益各个方面的情况及变化。在表 13-1 中,除资本保值增值率、流动资产周转率报告期实际值高于(优于)标准值或与标准值持平外,其余指标均低于标准值。

(2) 在表 13-1 中,资产负债率指标的经济含义和个体指数的计算方法不同于其他指标。在我国目前的经济现状下,资产负债率过大或过小都属不正常,一般保持在 40%~60% 之间比较合适,资产负债率如果超过 60%,说明企业负债过重;超过 100%,说明企业基本处于资不抵债的状况。所以,在对资产负债率个体指数进行计算和分析时,可以采用功效计分法,即用该指标的实际值减指标的不允许值,再乘以该指标的权数。这里指标的不允许值定为 100%。具体地讲,如果实际指标值小于或等于 60%,该项指标即得满分 12 分,如果实际指标值大于 60%,其得分按下面公式计算:

$$\frac{指标值-不允许值100}{60-不允许值100} \times 12$$

例如,表 13-1 中,具体计算资产负债率本期得分 = [(65.16 − 100)/(60 − 100)] × 12 = 10.45。

第十三章　企业经营成果与经济效益统计

表 13-1　　工业经济效益综合指数变动分析表

指　标	标准值	权数	本　期		基　期		增　减
			指标值	(指标值÷标准值) ×权数	指标值	(指标值÷标准值) ×权数	
	1	2	3	4＝(3÷1)×2	5	6＝(5÷1)×2	7＝4－6
综合指数	—	100	—	93.93	—	96.31	－2.38
总资产贡献率(%)	10.7	20	9.80	18.32	11.00	20.56	－2.24
资本保值增值率(%)	120	16	126.94	16.93	121.23	16.16	0.77
资产负债率(%)	60	12	65.16	10.45	65.19	10.47	－0.02
流动资产周转率(次)	1.52	15	1.52	15.00	1.57	15.49	－0.49
成本费用利润率(%)	3.71	14	2.73	10.3	2.98	11.25	－0.95
全员劳动生产率(元/人)	16 500	10	16 414	9.95	15 751	9.55	0.40
工业产品销售率(%)	96	13	95.86	12.98	94.78	83	0.15

（3）通过各指标个体指数与其在总指数中重要程度的加权计算后，可以得到该指标所反映的经济要素变动在总指数变化中的影响程度，并分析与其重要程度是否符合。表 13-1 中，总资产贡献率、资产负债率、成本费用利润率、劳动生产率和工业产品销售率五项指标在总指数 93.93 中，分别为 18.32%，10.45%，10.3%，9.95%，12.98%，合计为 62%，与标准值中五项指标在总指数中占有 69% 的重要地位相比，有一定差距（相差 7%）。表明这几项指标所反映的经济要素利用尚未达到应有水平。而资本保值增值率和流动资产周转率两项指标分别为 16.93% 和 15.00%，合计 31.93%，略高于标准值中这两项指标 31% 的比重。

（4）进行动态对比，报告期工业经济效益综合指数比上年同期降低 2.38 个百分点。从分指标看，虽然由于资本保值增值率、劳动生产率和产销率的好转，影响总指数提高 1.32 个百分点，但是经济效益综合指数比上年同期降低的主要原因在于：获利能力即总资产贡献率和成本费用利润率降低影响的结果，它们合计影响总指数降低 3.19 个百分点；其次由于流动资产周转率和资产负债率指标变动，合计影响总指数下降 0.51 个百分点。每项个体指数正负影响相抵后，总指数本期比上年同期还是下降 2.38 个百分点。

三、经济效益综合功效系数法

综合功效系数法是根据系统工程和运筹学中多目标规划的原则求出各项经济效益指标的满意（最高）值和不允许（最低）值，计算出各项指标的功效系数，然后再根据各项指标的权数对功效系数进行加权平均计算，得出一个总的综合经济效益分数的方法。其具体步骤如下：

（1）设企业经济效益综合评价指数体系中有 n 个指标，分别用 x_1，x_2，…，x_n 表示。

（2）用功效系数法公式，分别求 n 个指标的单项功效系数。其功效系数计算公式如下：

$$\text{第}i\text{个指标的功效系数}d = \frac{\text{第}i\text{个指标的实际值} - \text{第}i\text{个指标在行业中的不允许值}}{\text{第}i\text{个指标在行业中的满意值} - \text{不允许值}} \times 40 + 60$$

式中,当实际值等于不允许值时,功效系数为 60,这是一个"临界值";当实际值等于满意值时,功效系数为 100。

(3) 根据经济效益各评价指标的重要程度分别确定其权数 w,权数之和为 100。然后,对各项指标的单项评价值分别进行加权平均(可以用算术平均或几何平均法),即得综合功效系数分值。

$$\text{综合功效系数}(\text{算术平均法}) = \frac{\sum dw}{\sum w}$$

$$\text{综合功效系数}(\text{几何平均法}) = \sqrt[\sum w]{\prod d^w}$$

例 13.2 某企业综合功效系数计算如表 13-2。

表 13-2

某企业综合功效系数计算表

指标名称	计量单位	权数	不允许值	满意值	实际数	功效系数	功效系数×权数÷100
(甲)	(乙)	1	2	3	4	5=[(4-2)÷(3-2)]×40+60	6=5×1÷100
综合功效系数	分	100	—	—	—		118.67
A 指标	%	25	45	48	48	100	25
B 指标	%	25	24	28	28	100	25
C 指标	元/人	10	15 000	18 000	20 000	126.67	12.67
D 指标	元/百元	20	0.5	0.52	0.56	180	36
E 指标	%	20	56	62	62	100	20

四、比率综合系数分析法

比率综合系数分析,是把若干个比率指标结合起来,以此对企业的经济效益状况进行综合评价,其性质同综合指数法。如:财务比率的综

合系数分析法,具体编制步骤如下:

(1) 选择若干个财务比率,分别给定在总评价中的比重 w,且总和为 100 分,即 $\sum w=100$;

(2) 确定标准比率 X,并与根据财务报表所计算的实际比率 x 相比较,求出个体指数 k;

(3) 根据各指标在总评价中的比重 w 与个体指数 k 的乘积,求得企业的总评分 $K=\sum kw$。

我国财政部公布的企业经济效益评价指标体系中规定,该体系中的十项指标的标准值为行业平均值,标准评分为 100 分,分数比重即权数分别为:销售利润率 15 分,总资产报酬率 15 分,资本收益率 15 分,资本保值增值率 10 分,资产负债率 5 分,流动比率(或速动比率)5 分,应收账款周转率 5 分,存货周转率 5 分,社会贡献率 10 分,社会积累率 15 分。由于财务比率综合系数分析法可根据各评价指标的重要程度确定其权数,而且全国统一标准,经过加权平均,能全面、完整地反映企业、部门从事生产经营活动的劳动占用、劳动耗费与经营成果之间的对比关系。其计算方法简便易行,可以作为常用的方法。

但由于企业在实际经营过程中,有的指标值常会出现异常,为此在用上述方法进行评价时,有几个问题需加以注意:

(1) 亏损企业没有盈利,所以销售利润率、总资产报酬率、资本收益率和资本保值增值率四项指标实际比率为负值,相对比率一律取 0,而不给负数评分。

(2) 资产负债率超过标准比率时,不一定是好现象,不能因此多给分,为此需要根据"标准比率除实际比率"确定相对比率,使实际评分低于标准分数。

(3) 有些企业个别财务比率会由于特殊原因发生异常,为避免对综合评分发生不合理的过分影响,该体系规定资产负债率、流动比率、应收账款周转率、存货周转率四项指标最高得分为基本权数比分的 2 倍,即最高得分为 10 分。

例 13.3 现以表 13-3 中的资料为例,说明该分析方法的计算过程。

表 13-3

某年某公司经济效益综合系数计算表

指标名称	权数 w	标准比率 (%) X	实际比率 (%) x	个体指数 k	总评分 kw
	1	2	3	4=3/2	5=1×4
销售利润率	15	10	15	1.50	22.50
总资产报酬率	15	4	3	0.75	11.25
资本收益率	15	16	14	0.88	13.20
资本保值增值率	10	8	5	0.63	6.30
资产负债率	5	40	35	0.88	4.40
流动比率	5	2	3	1.50	7.50
应收账款周转率	5	3	2	0.67	3.35
存货周转率	5	6	5	0.83	4.15
社会贡献率	10	12	9	0.75	7.50
社会积累率	15	5	3	0.60	9.00
评分总计	100	—	—	—	89.15

表 13-3 中的计算结果表明该公司的综合评分为 89.15 分。得分越高说明企业经济效益越好。

除以上介绍的评价经济效益的方法外,还有其他方法,如:模糊评判法、主成分分析法、因子分析法等,这里不再一一列举。

本 章 小 结

本章主要介绍了企业经营成果统计和经济效益统计的概念及其指标计算。企业经营成果统计包括销售收入统计和企业利润统计。销售收入统计主要是用实际销售收入额与计划销售收入额进行比较,以检查计划销售收入完成情况。它主要是受销售量和销售价格两因素的影响。企业利润统计指标包括利润额统计指标和利润率统计,关键要把握每个指标包含的内容。企业经济效益统计是本章的重点,应当了解企业经济效益指标评价体系的意义以及设计原则,熟练掌握工业和各类企业通用经济效益评价指标体系。熟悉计算综合经济效益指数的5个步骤,会用综合指数法和功效系数法评价企业一定时期的经济效益。

练习与思考

一、单选题

1. 衡量企业经济效益大小和经营获利稳定性的基本标志是( )。
   A. 其他业务收入   B. 营业收入
   C. 营业利润   D. 其他业务利润

2. 财务指标中一般运用的价格是( )。
   A. 历史价格   B. 现行价格
   C. 未来估价   D. 变现价格

3. 应收账款周转率=( )。
   A. 赊销总销售额÷应收账款平均余额
   B. 赊销净销售额÷平均应收账款余额
   C. 赊销总销售额÷应收账款平均账面价值
   D. 赊销净销售额÷应收账款平均账面价值

二、多选题

1. 经济效益指标设置应具有( )原则。
   A. 整体性   B. 导向性
   C. 科学性   D. 可行性

第十三章　企业经营成果与经济效益统计

E. 稳定性　　　　　　F. 实用性

2. 下列属于速动资产的是(　　)。

　A. 现金　　　　　　　B. 有价证券

　C. 存货　　　　　　　D. 待摊费用

3. 反映企业经营获利润能力的指标主要有(　　)。

　A. 销售利润率　　　　B. 成本利润率

　C. 产值利润率　　　　D. 人均利润

三、判断题

1. 企业经济效益指标＝企业生产经营活动的投入价值量÷相应的产出价值量。此指标数值越大，说明企业经济效益越好。(　　)

2. 总资产贡献率＝[(利润总额＋税金总额＋利息支出)÷平均资产总额]×100%　　　　　　　　　　　　　　　　　　　　　　(　　)

3. 社会积累率＝(上交国家财政总额÷企业社会贡献总额)×100%　　　　　　　　　　　　　　　　　　　　　　　　　　　　(　　)

四、计算题

1. 根据下表(表13-4)某公司资料计算该企业各年的经济效益综合指数并说明企业哪年的经济效益较好。(注：万元产值综合能耗不允许值为4)

表13-4　　　　　某公司各项经济效益指标情况表

指标	计量单位	基准值	2013年实际	2014年实际	权数
销售收入增长率	%	30	30	32	30
全员劳动生产率	万元/人	2	2.5	2.8	10
成本利润率	%	25	24	30	30
万元产值综合能耗	吨/万元	2	1.8	1.6	10
流动资金周转次数	次	4	2.6	3	20

五、问答题

1. 反映企业经营成果的统计指标有哪些?
2. 工业企业经济效益评价指标体系内容是什么?
3. 阐述各类型企业通用经济效益统计指标体系。
4. 叙述企业经济效益综合指数法的概念和步骤。

附录一

参考答案

第一章

一、单选题：

1. D 2. A 3. C 4. C 5. B

二、多选题：

1. ABC 2. BD 3. ACE 4. ABC 5. BC

三、判断题：

1. √ 2. × 3. × 4. × 5. √ 6. × 7. √ 8. × 9. √ 10. ×

四、计算题（略）

第二章

一、单选题：

1. C 2. A 3. D 4. B

二、多选题：

1. ACE 2. CE 3. ABCD 4. DE

三、判断题：

1. × 2. √ 3. × 4. × 5. √

四、计算题：

1. 动态、计划、结构、强度、比较相对数 2. 7%

3. 11 760   11 733.1   11 607.1

4. $\bar{x}_甲=938.33$ $\bar{x}_乙=949.5$ $v_{\sigma 甲}=12\%$ $v_{\sigma 乙}=13.6\%$

第三章

一、单选题：

1. B 2. C 3. A

二、多选题：

1. AE 2. ABCE 3. AC

三、判断题：

1. √ 2. √ 3. × 4. ×

四、计算题：

1. （1）K_p：92.73％ 100％ 80％ K_q：114.29％ 100％ 130％

（2）104.59％＝88.58％×118.07％ 2 640＝－7 760＋10 400

2. 113.1％＝104.8％×107.72％ 55（万元）＝22.6＋32.4

3. （1）120％ （2）104.33％ 115.02％

4. 117.81％＝102％×110％×105％ 178.1（百万元）＝20＋102＋56.1

5. 107.27％＝120.41％×89.09％ 400（元）＝1 000－600

第四章

一、单选题：

1. C 2. C 3. C

二、多选题：

1. CD 2. BD 3. ACE

三、判断题：

1. √ 2. × 3. √ 4. × 5. ×

四、计算题：

1. （1）0.022 75 （2）0.006 2 （3）0.774 5； 2. 137.25 千克；

3. （1）0.903 36 （2）0.818 6； 4. （1）0.624 5 （2）0.725 7；

5. 2.213～2.787； 6. 14 496～15 144； 7. 0.689 9～0.760 1；

8. 抽 28 个样本； 9. 65.74 67.26；

10. 8.44％ 16.16％,1 688 3 232；

11. 接受原假设 H_0； 12. (1) $z=-3$ 拒绝原假设 H_0 (2) 接受原假设 H_0。

第五章

一、单选题：

1. D 2. A

二、多选题：

1. ABC 2. ABE 3. ABCD

三、判断题：

1. × 2. √ 3. × 4. √ 5. √

四、计算题：

1. (1)（略） (2) $r=0.972$ $t=10.132>t_{0.05}$ (6)=1.94 成本降低率与销售利润显著 (3) $y_c=-18.63+10.183x$

2. (1) $y_c=2.181+0.202x$ $b=0.202$ 即收入每增加 1 千元时，支出增加 0.202 千元。

(2) y 值的预测区间:9.295～13.248(千元)

3. (1) $y_c=76.42-0.75x$ (2) $t_b=9.375$ $F=19.53$

(3) $S_y=0.32$(元/件) $r^2=0.83$ (4) $y_c=68.92±1.19$

4. (1) $y_c=-12.84+0.58x_1+0.76x_2$ $r^2=56.41\%$ $F=6.47>F_{0.05}$ 通过显著性检验

(2) $x_1=55$ $x_2=20$ 时 $y_c=34.26$ 万件

5. (1)（略） (2) $y_c=0.71+4.23\dfrac{1}{x}$ (3) $r^2=0.96$ $F=192$ $F_{0.05}(1.8)=5.32$ 双曲线回归模型有效,$x=900$ 万元时 $y_c=1.18(\%)$

521

第六章

一、单选题：

1. B 2. A 3. B

二、多选题：

1. BC 2. BDE 3. ABC

三、判断题：

1. √ 2. × 3. ×

四、计算题：

1. 定基发展速度(%)为：106.67　116.67　123.33　133.33

环比发展速度(%)为：106.67　109.38　105.71　108.11

2. (1) 0.175万元/人　0.165万元/人　(2) 0.17万元/人

3. (1) 118.92%　18.92%　(2) 56.57万件　(3) 134.8%

4. 销售量为：36.37(万元)　5. 季节比率：1.23、0.424 6、0.798 6、1.546 8

第七章

一、参考答案

二、参考答案

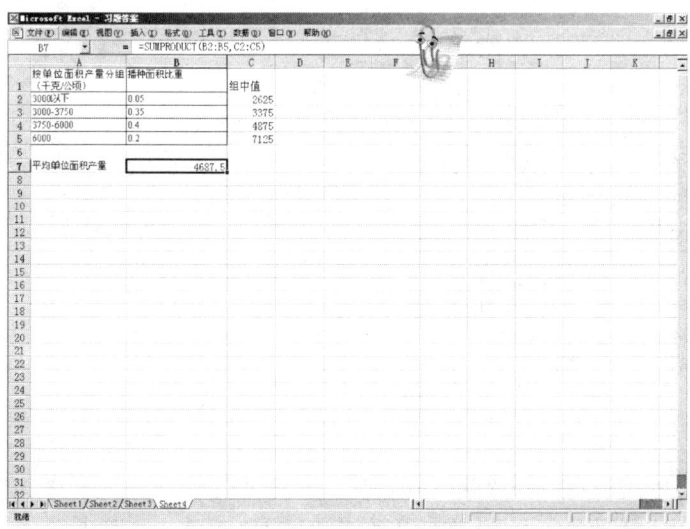

三、参考答案

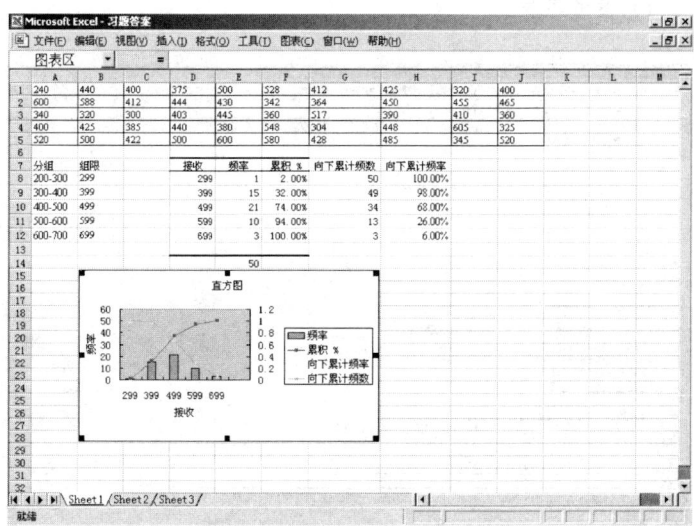

四、参考答案

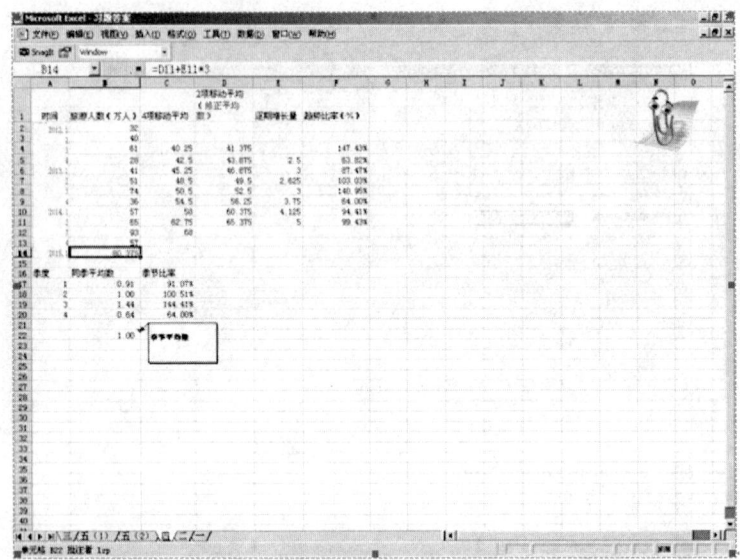

由上述计算可知：旅游旺季在第3季度，而第4季度是旅游淡季，应提前做好准备。

五(1) 参考答案

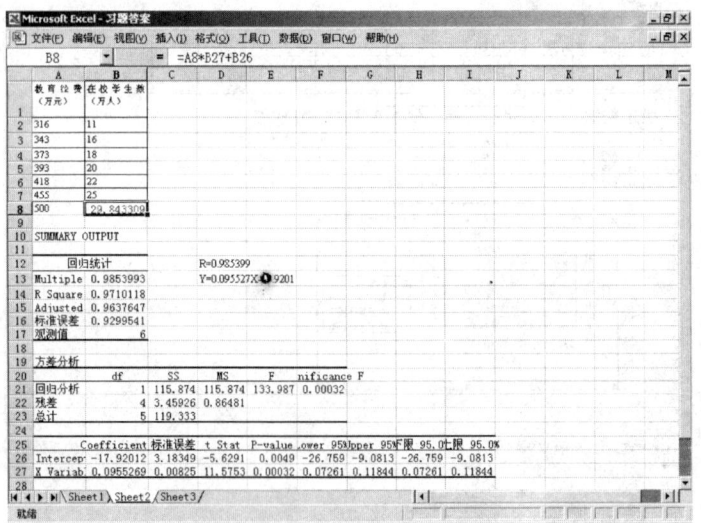

五(2)参考答案

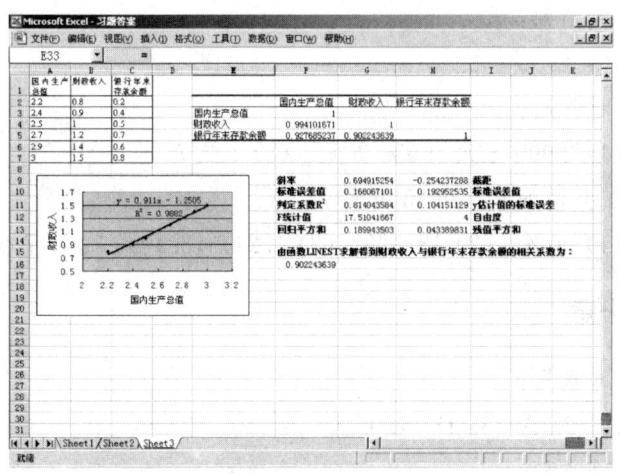

第八章

一、单选题：

1. A 2. B 3. B

二、多选题：

1. CD 2. ABCDEFG 3. ACDE

三、判断题：

1. √ 2. × 3. √

四、计算题：

1. (1) 97.12％ (2) 87.06％

2. (1) 12.5 千克 (2) 80％ (3) 104.17％(超 4.17％)

第九章

一、单选题：

1. B 2. B 3. A

二、多选题：

1. ABC 2. ABC 3. BCD

三、判断题：

1. × 2. √ 3. √

四、计算题：

1. (1) 2 990 万元,4 533 万元 (2) 102.75%

2. 工业增加值=3 035 万元

3. (1) 90% (2) 13.4% (3) 4.24%,8.40% (4) 7%

第十章

一、单选题：

1. A 2. A 3. D 4. C

二、多选题：

1. ABC 2. ABCD 3. ABCD 4. ABC 5. ABCD

三、判断题：

1. × 2. √ 3. √ 4. ×

四、计算题：

1. 收入提高10%时,A房需求量(3万平方米)高于B房(0.2万平方米),A房价格超过B房;收入降低5%时,A房需求量(−1.5万平方米)低于B房(−0.1万平方米),A房风险大于B房。

2. 解: $E_p = -0.4$ $q_1 = 120$ 万平方米

第十一章

一、单选题：

1. B 2. A 3. A

二、多选题：

1. ABC 2. BCDE 3. ABCD

三、判断题：

1. × 2. √ 3. × 4. × 5. ×

四、计算题:

1. 三、四季度及下半年商品流转次数分别为:11.1次;11.9次;23.03次。

2. (1) 100;(2) 170;(3) 270;(4) 170;(5) 105;(6) 275;(7) 5;(8) 101.85‰;(9) 1.85‰。

第十二章

一、单选题:

1. B 2. C 3. A

二、多选题:

1. ABD 2. ACD 3. ABCD

三、判断题:

1. √ 2. × 3. ×

四、计算题:

1. 795 840元;3.57‰;5 718元   2. 选择C债券   3. 1.46‰

第十三章

一、单选题:

1. C 2. B 3. B

二、多选题:

1. ABCDE 2. AB 3. ABCD

三、判断题:

1. × 2. × 3. √

四、计算题:

1. 95.3;109

附录二 统计用表

附表 1 正态分布函数 $(N)(0,1)$ 的值数表

$$\Phi_0(u) = \frac{1}{\sqrt{2\pi}} \int_{-\infty}^{u} e^{-\frac{x^2}{2}} dx \quad (u \geq 0)$$

u	0.00	0.01	0.02	0.03	0.04	0.05	0.06	0.07	0.08	0.09
0.0	0.50000	0.5040	0.5080	0.5120	0.5160	0.5199	0.5239	0.5279	0.5319	0.5359
0.1	0.5398	0.5438	0.5478	0.5517	0.5557	0.5596	0.5636	0.5675	0.5714	0.5753
0.2	0.5793	0.5832	0.5871	0.5910	0.5948	0.5987	0.6026	0.6064	0.6103	0.6141
0.3	0.6179	0.6217	0.6255	0.6293	0.6331	0.6368	0.6404	0.6443	0.6480	0.6517
0.4	0.6554	0.6591	0.6628	0.6664	0.6700	0.6736	0.6772	0.6808	0.6844	0.6879
0.5	0.6915	0.6950	0.6985	0.7019	0.7054	0.7088	0.7123	0.7157	0.7190	0.7224
0.6	0.7257	0.7291	0.7324	0.7357	0.7389	0.7422	0.7454	0.7486	0.7517	0.7549
0.7	0.7580	0.7611	0.7642	0.7673	0.7703	0.7734	0.7764	0.7794	0.7823	0.7852
0.8	0.7881	0.7910	0.7939	0.7967	0.7995	0.8023	0.8051	0.8078	0.8106	0.8133
0.9	0.8159	0.8186	0.8212	0.8238	0.8264	0.8289	0.8315	0.8340	0.8365	0.8389
1.0	0.8413	0.8438	0.8461	0.8485	0.8508	0.8531	0.8554	0.8577	0.8599	0.8621
1.1	0.8643	0.8665	0.8686	0.8708	0.8729	0.8749	0.8770	0.8790	0.8810	0.8830
1.2	0.8849	0.8869	0.8888	0.8907	0.8925	0.8944	0.8962	0.8980	0.8997	0.90147
1.3	0.90320	0.90490	0.90658	0.90824	0.90988	0.9149	0.91309	0.91466	0.91621	0.91774
1.4	0.91924	0.92073	0.92220	0.92364	0.92507	0.92647	0.92785	0.92922	0.93056	0.93189
1.5	0.93319	0.93448	0.93574	0.93699	0.93822	0.93943	0.94062	0.94179	0.94295	0.94408
1.6	0.94520	0.94630	0.94738	0.94845	0.94950	0.95053	0.95154	0.95254	0.95352	0.95449
1.7	0.95543	0.95637	0.95728	0.95818	0.95907	0.95994	0.96080	0.96164	0.96246	0.96327
1.8	0.96407	0.96485	0.96562	0.96638	0.96721	0.96784	0.96856	0.96926	0.96995	0.97062
1.9	0.97128	0.97193	0.97257	0.97320	0.97381	0.97441	0.97500	0.97558	0.97615	0.97670

附录二　统计用表

x	0.00	0.01	0.02	0.03	0.04	0.05	0.06	0.07	0.08	0.09
2.0	0.97725	0.97778	0.97831	0.97882	0.97932	0.97982	0.98030	0.98077	0.98124	0.98169
2.1	0.98214	0.98257	0.98300	0.98341	0.98382	0.98422	0.98461	0.98500	0.98537	0.98574
2.2	0.98610	0.98645	0.98679	0.98713	0.98745	0.98778	0.98809	0.98840	0.98870	0.98899
2.3	0.98928	0.98956	0.98983	$0.9^2 0097$	$0.9^2 0358$	$0.9^2 0613$	$0.9^2 0863$	$0.9^2 1106$	$0.9^2 1344$	$0.9^2 1576$
2.4	$0.9^2 1842$	$0.9^2 2024$	$0.9^2 2240$	$0.9^2 2451$	$0.9^2 2656$	$0.9^2 2857$	$0.9^2 3053$	$0.9^2 3244$	$0.9^2 3431$	$0.9^2 3613$
2.5	$0.9^2 3790$	$0.9^2 3963$	$0.9^2 4132$	$0.9^2 4297$	$0.9^2 4457$	$0.9^2 4614$	$0.9^2 4766$	$0.9^2 4915$	$0.9^2 5060$	$0.9^2 5201$
2.6	$0.9^2 5339$	$0.9^2 5473$	$0.9^2 5604$	$0.9^2 5731$	$0.9^2 5855$	$0.9^2 5975$	$0.9^2 6093$	$0.9^2 6207$	$0.9^2 6319$	$0.9^2 6427$
2.7	$0.9^2 6533$	$0.9^2 6636$	$0.9^2 6736$	$0.9^2 6833$	$0.9^2 6928$	$0.9^2 7020$	$0.9^2 7110$	$0.9^2 7197$	$0.9^2 7282$	$0.9^2 7365$
2.8	$0.9^2 7445$	$0.9^2 7523$	$0.9^2 7599$	$0.9^2 7673$	$0.9^2 7744$	$0.9^2 7814$	$0.9^2 7882$	$0.9^2 7943$	$0.9^2 8012$	$0.9^2 8074$
2.9	$0.9^2 8134$	$0.9^2 8193$	$0.9^2 8250$	$0.9^2 8305$	$0.9^2 8359$	$0.9^2 8411$	$0.9^2 8462$	$0.9^2 8511$	$0.9^2 8559$	$0.9^2 8605$
3.0	$0.9^2 8650$	$0.9^2 8694$	$0.9^2 8736$	$0.9^2 8777$	$0.9^2 8817$	$0.9^2 8856$	$0.9^2 8893$	$0.9^2 8930$	$0.9^2 8965$	$0.9^2 8999$
3.1	$0.9^3 0324$	$0.9^3 0646$	$0.9^3 0957$	$0.9^3 1260$	$0.9^3 1553$	$0.9^3 1836$	$0.9^3 2112$	$0.9^3 2378$	$0.9^3 2636$	$0.9^3 2886$
3.2	$0.9^3 3129$	$0.9^3 3363$	$0.9^3 3590$	$0.9^3 3810$	$0.9^3 4024$	$0.9^3 4230$	$0.9^3 4429$	$0.9^3 4623$	$0.9^3 4810$	$0.9^3 4991$
3.3	$0.9^3 5166$	$0.9^3 5335$	$0.9^3 5499$	$0.9^3 5658$	$0.9^3 5811$	$0.9^3 5959$	$0.9^3 6103$	$0.9^3 6242$	$0.9^3 6376$	$0.9^3 6505$
3.4	$0.9^3 6633$	$0.9^3 6752$	$0.9^3 6869$	$0.9^3 6982$	$0.9^3 7091$	$0.9^3 7197$	$0.9^3 7299$	$0.9^3 7398$	$0.9^3 7493$	$0.9^3 7585$
3.5	$0.9^3 7674$	$0.9^3 7759$	$0.9^3 7842$	$0.9^3 7922$	$0.9^3 7999$	$0.9^3 8074$	$0.9^3 8146$	$0.9^3 8215$	$0.9^3 8282$	$0.9^3 8347$
3.6	$0.9^3 8409$	$0.9^3 8469$	$0.9^3 8527$	$0.9^3 8583$	$0.9^3 8637$	$0.9^3 8689$	$0.9^3 8739$	$0.9^3 8787$	$0.9^3 8834$	$0.9^3 8879$
3.7	$0.9^3 8922$	$0.9^3 8964$	$0.9^4 0039$	$0.9^4 0426$	$0.9^4 0799$	$0.9^4 1153$	$0.9^4 1504$	$0.9^4 1838$	$0.9^4 2159$	$0.9^4 2468$
3.8	$0.9^4 2765$	$0.9^4 3052$	$0.9^4 3327$	$0.9^4 3593$	$0.9^4 3848$	$0.9^4 4094$	$0.9^4 4331$	$0.9^4 4558$	$0.9^4 4777$	$0.9^4 4988$
3.9	$0.9^4 5190$	$0.9^4 5385$	$0.9^4 5573$	$0.9^4 5753$	$0.9^4 5926$	$0.9^4 6092$	$0.9^4 6253$	$0.9^4 6406$	$0.9^4 6554$	$0.9^4 6696$
4.0	$0.9^4 6833$	$0.9^4 6964$	$0.9^4 7090$	$0.9^4 7211$	$0.9^4 7327$	$0.9^4 7439$	$0.9^4 7546$	$0.9^4 7649$	$0.9^4 7748$	$0.9^4 7843$
4.1	$0.9^4 7934$	$0.9^4 8022$	$0.9^4 8186$	$0.9^4 8263$	$0.9^4 8338$	$0.9^4 8409$	$0.9^4 8477$	$0.9^4 8542$	$0.9^4 8605$	$0.9^4 8665$
4.2	$0.9^4 8723$	$0.9^4 8778$	$0.9^4 8832$	$0.9^4 8882$	$0.9^4 8931$	$0.9^4 8978$	$0.9^5 0226$	$0.9^5 0655$	$0.9^5 1066$	$0.9^5 1460$
4.3	$0.9^5 1837$	$0.9^5 2199$	$0.9^5 2545$	$0.9^5 2876$	$0.9^5 3193$	$0.9^5 3497$	$0.9^5 3788$	$0.9^5 4066$	$0.9^5 4332$	$0.9^5 4587$
4.4	$0.9^5 4831$	$0.9^5 5065$	$0.9^5 5288$	$0.9^5 5502$	$0.9^5 5706$	$0.9^5 5902$	$0.9^5 6089$	$0.9^5 6268$	$0.9^5 6439$	$0.9^5 6602$
4.5	$0.9^5 6759$	$0.9^5 6908$	$0.9^5 7051$	$0.9^5 7187$	$0.9^5 7313$	$0.9^5 7442$	$0.9^5 7561$	$0.9^5 7675$	$0.9^5 7784$	$0.9^5 7888$
4.6	$0.9^5 7987$	$0.9^5 8081$	$0.9^5 8172$	$0.9^5 8258$	$0.9^5 8340$	$0.9^5 8419$	$0.9^5 8494$	$0.9^5 8566$	$0.9^5 8634$	$0.9^5 8699$
4.7	$0.9^5 8761$	$0.9^5 8821$	$0.9^5 8877$	$0.9^5 8931$	$0.9^5 8983$	$0.9^6 0320$	$0.9^6 0789$	$0.9^6 1235$	$0.9^6 1661$	$0.9^6 2007$
4.8	$0.9^6 2453$	$0.9^6 2822$	$0.9^6 3173$	$0.9^6 3508$	$0.9^6 3827$	$0.9^6 4131$	$0.9^6 4420$	$0.9^6 4656$	$0.9^6 4958$	$0.9^6 5208$
4.9	$0.9^6 5446$	$0.9^6 5673$	$0.9^6 5889$	$0.9^6 6094$	$0.9^6 6289$	$0.9^6 6475$	$0.9^6 6652$	$0.9^6 6821$	$0.9^6 6918$	—

附表 2 正态分布双侧临界值表

$$\alpha = 1 - \frac{1}{\sqrt{2\pi}} \int_{-u_{\frac{\alpha}{2}}}^{u_{\frac{\alpha}{2}}} e^{-\frac{x^2}{2}} dx$$

α	0.00	0.01	0.02	0.03	0.04	0.05	0.06	0.07	0.08	0.09	α
0.0	∞	2.575829	2.326348	2.170090	2.053749	1.959964	1.880794	1.811911	1.750686	1.695398	0.0
0.1	1.644854	1.598193	1.554774	1.514102	1.475791	1.439531	1.405072	1.372204	1.340755	1.310579	0.1
0.2	1.281552	1.253565	1.226528	1.200359	1.174987	1.150349	1.126391	1.103063	1.080319	1.058122	0.2
0.3	1.036433	1.015222	0.994458	0.974114	0.954165	0.934589	0.915365	0.896473	0.877896	0.859617	0.3
0.4	0.841621	0.823894	0.806421	0.789192	0.772193	0.755415	0.738847	0.722479	0.706303	0.690309	0.4
0.5	0.674490	0.658838	0.643345	0.628006	0.612813	0.597760	0.582841	0.568051	0.553385	0.538836	0.5
0.6	0.524401	0.510073	0.495850	0.481727	0.467699	0.453762	0.439913	0.426148	0.412463	0.398855	0.6
0.7	0.385320	0.371856	0.358459	0.345125	0.331853	0.318639	0.305481	0.292375	0.279319	0.266311	0.7
0.8	0.253347	0.240426	0.227545	0.214702	0.201893	0.189113	0.176374	0.163658	0.150969	0.138304	0.8
0.9	0.125661	0.113039	0.100434	0.087845	0.075270	0.062707	0.050154	0.037608	0.025069	0.012533	0.9
α	0.001	0.0001	0.0001	0.00001	0.000001	0.0000001	0.00000001				α
α/2	3.29053	3.89059	4.41717	4.89164	5.32672	5.73073					α/2

附表 3 标准正态分布概率表

$$F(\mu) > \frac{1}{\sqrt{2\pi}} \int_{-u}^{u} e^{-\frac{x^2}{2}} dx$$

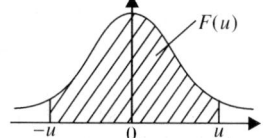

u	F(u)	u	F(u)	u	F(u)	u	F(u)
0.00	0.0000	0.33	0.2586	0.66	0.4907	0.99	0.6778
0.01	0.0080	0.34	0.2661	0.67	0.4971	1.00	0.6827
0.02	0.0160	0.35	0.2737	0.68	0.5035	1.01	0.6875
0.03	0.0239	0.36	0.2812	0.69	0.5098	1.02	0.6923
0.04	0.0319	0.37	0.2886	0.70	0.5161	1.03	0.6970
0.05	0.0399	0.38	0.2961	0.71	0.5223	1.04	0.7017
0.06	0.0478	0.39	0.3035	0.72	0.5285	1.05	0.7063
0.07	0.0558	0.40	0.3108	0.73	0.5346	1.06	0.7109
0.08	0.0638	0.41	0.3182	0.74	0.5407	1.07	0.7154
0.09	0.0717	0.42	0.3255	0.75	0.5467	1.08	0.7199
0.10	0.0797	0.43	0.3328	0.76	0.5527	1.09	0.7243
0.11	0.0876	0.44	0.3401	0.77	0.5587	1.10	0.7287
0.12	0.0955	0.45	0.3473	0.78	0.5646	1.11	0.7330
0.13	0.1034	0.46	0.3545	0.79	0.5705	1.12	0.7373
0.14	0.1113	0.47	0.3616	0.80	0.5763	1.13	0.7415
0.15	0.1192	0.48	0.3688	0.81	0.5821	1.14	0.7457
0.16	0.1271	0.49	0.3759	0.82	0.5878	1.15	0.7499
0.17	0.1350	0.50	0.3829	0.83	0.5935	1.16	0.7540
0.18	0.1428	0.51	0.3899	0.84	0.5991	1.17	0.7580
0.19	0.1507	0.52	0.3969	0.85	0.6047	1.18	0.7620
0.20	0.1585	0.53	0.4039	0.86	0.6102	1.19	0.7660
0.21	0.1663	0.54	0.4108	0.87	0.6157	1.20	0.7699
0.22	0.1741	0.55	0.4177	0.88	0.6211	1.21	0.7737
0.23	0.1819	0.56	0.4245	0.89	0.6265	1.22	0.7775
0.24	0.1897	0.57	0.4313	0.90	0.6319	1.23	0.7813
0.25	0.1974	0.58	0.4381	0.91	0.6372	1.24	0.7850
0.26	0.2051	0.59	0.4448	0.92	0.6424	1.25	0.7887
0.27	0.2128	0.60	0.4515	0.93	0.6476	1.26	0.7923
0.28	0.2205	0.61	0.4581	0.94	0.6528	1.27	0.7959
0.29	0.2282	0.62	0.4647	0.95	0.6579	1.28	0.7995
0.30	0.2358	0.63	0.4713	0.96	0.6629	1.29	0.8030
0.31	0.2434	0.64	0.4778	0.97	0.6680	1.30	0.8064
0.32	0.2510	0.65	0.4843	0.98	0.6729	1.31	0.8098

(续表)

u	$F(u)$	u	$F(u)$	u	$F(u)$	u	$F(u)$
1.32	0.8132	1.65	0.9011	1.98	0.9523	2.62	0.9912
1.33	0.8165	1.66	0.9031	1.99	0.9534	2.64	0.9917
1.34	0.8198	1.67	0.9051	2.00	0.9545	2.66	0.9922
1.35	0.8230	1.68	0.9070	2.02	0.9566	2.68	0.9926
1.36	0.8262	1.69	0.9090	2.04	0.9587	2.70	0.9931
1.37	0.8293	1.70	0.9109	2.06	0.9606	2.72	0.9935
1.38	0.8324	1.71	0.9127	2.08	0.9625	2.74	0.9939
1.39	0.8355	1.72	0.9146	2.10	0.9643	2.76	0.9942
1.40	0.8385	1.73	0.9164	2.12	0.9660	2.78	0.9946
1.41	0.8415	1.74	0.9181	2.14	0.9676	2.80	0.9949
1.42	0.8444	1.75	0.9199	2.16	0.9692	2.82	0.9952
1.43	0.8473	1.76	0.9216	2.18	0.9707	2.84	0.9955
1.44	0.8501	1.77	0.9233	2.20	0.9722	2.86	0.9958
1.45	0.8529	1.78	0.9249	2.22	0.9736	2.88	0.9960
1.46	0.8557	1.79	0.9265	2.24	0.9749	2.90	0.9962
1.47	0.8584	1.80	0.9281	2.26	0.9762	2.92	0.9965
1.48	0.8611	1.81	0.9297	2.28	0.9774	2.94	0.9967
1.49	0.8638	1.82	0.9312	2.30	0.9786	2.96	0.9969
1.50	0.8664	1.83	0.9328	2.32	0.9797	2.98	0.9971
1.51	0.8690	1.84	0.9342	2.34	0.9807	3.00	0.9973
1.52	0.8715	1.85	0.9357	2.36	0.9817	3.20	0.9936
1.53	0.8740	1.86	0.9371	2.38	0.9827	3.40	0.9993
1.54	0.8764	1.87	0.9385	2.40	0.9836	3.60	0.99968
1.55	0.8789	1.88	0.9399	2.42	0.9845	3.80	0.99986
1.56	0.8812	1.89	0.9412	2.44	0.9853	4.00	0.99994
1.57	0.8836	1.90	0.9426	2.46	0.9861	4.50	0.999993
1.58	0.8859	1.91	0.9439	2.48	0.9869	5.00	0.999999
1.59	0.8882	1.92	0.9451	2.50	0.9876		
1.60	0.8904	1.93	0.9464	2.52	0.9883		
1.61	0.8926	1.94	0.9476	2.54	0.9889		
1.62	0.8948	1.95	0.9488	2.56	0.9895		
1.63	0.8969	1.96	0.9500	2.58	0.9901		
1.64	0.8990	1.97	0.9512	2.60	0.9907		

附表 4 t 分布临界值表

$P[T > t_\alpha(n)] = \alpha$

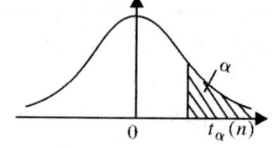

α n	0.25	0.10	0.05	0.025	0.01	0.005
1	1.0000	3.0777	6.3138	12.7062	31.8207	63.6574
2	0.8165	1.8856	2.9200	4.3037	6.9646	9.9248
3	0.7649	1.6377	2.3534	3.1824	4.5407	5.8409
4	0.7407	1.5332	2.1318	2.7764	3.7469	4.6014
5	0.7267	1.4759	2.0150	2.5706	3.3649	4.0322
6	0.7176	1.4398	1.9432	2.4469	3.1427	3.7074
7	0.7111	1.4149	1.8946	2.3646	2.9980	3.4995
8	0.7064	1.3968	1.8595	2.3060	2.8965	3.3554
9	0.7027	1.3830	1.8331	2.2622	2.8214	3.2498
10	0.6998	1.3722	1.8125	2.2281	2.7638	3.1693
11	0.6974	1.3634	1.7959	2.2010	2.7181	3.1058
12	0.6955	1.3562	1.7823	2.1788	2.6810	3.0545
13	0.6938	1.3502	1.7709	2.1604	2.6503	3.0123
14	0.6924	1.3450	1.7613	2.1448	2.6245	2.9768
15	0.6912	1.3406	1.7531	2.1315	2.6025	2.9467
16	0.6901	1.3368	1.7459	2.1199	2.5835	2.9208
17	0.6892	1.3334	1.7396	2.1098	2.5669	2.8982
18	0.6884	1.3304	1.7341	2.1009	2.5524	2.8784
19	0.6876	1.3277	1.7291	2.0930	2.5395	2.8609
20	0.6870	1.3253	1.7247	2.0860	2.5280	2.8453

(续表)

α n	0.25	0.10	0.05	0.025	0.01	0.005
21	0.6846	1.3232	1.7207	2.0796	2.5177	2.8314
22	0.6858	1.3212	1.7171	2.0739	2.5083	2.8188
23	0.6853	1.3195	1.7139	2.0687	2.4999	2.8073
24	0.6848	1.3178	1.7109	2.0639	2.4922	2.7969
25	0.6844	1.3163	1.7081	2.0595	2.4851	2.7874
26	0.6840	1.3150	1.7056	2.0555	2.4786	2.7787
27	0.6837	1.3137	1.7033	2.0518	2.4727	2.7707
28	0.6834	1.3125	1.7011	2.0484	2.4671	2.7633
29	0.6830	1.3114	1.6991	2.0452	2.4620	2.7564
30	0.6828	1.3104	1.6973	2.0423	2.4573	2.7500
31	0.6825	1.3095	1.6955	2.0395	2.4528	2.7440
32	0.6822	1.3086	1.6939	2.0369	2.4487	2.7385
33	0.6820	1.3077	1.6924	2.0345	2.4448	2.7333
34	0.6818	1.3070	1.6909	2.0322	2.4411	2.7284
35	0.6816	1.3062	1.6896	2.0301	2.4377	2.7238
36	0.6814	1.3055	1.6883	2.0281	2.4543	2.7195
37	0.6812	1.3049	1.6871	2.0262	2.4314	2.7154
38	0.6810	1.3042	1.6860	2.0244	2.4286	2.7116
39	0.6808	1.3036	1.6849	2.0227	2.4258	2.7079
40	0.6807	1.3030	1.6839	2.0211	2.4233	2.7045
41	0.6805	1.3025	1.6829	2.0195	2.4208	2.7012
42	0.6804	1.3020	1.6820	2.0181	2.4185	2.6981
43	0.6802	1.3016	1.6811	2.0167	2.4163	2.6951
44	0.6801	1.3011	1.6802	2.0154	2.4141	2.6923
45	0.6800	1.3006	1.6794	2.0141	2.4121	2.6896

附录二 统计用表

附表 5 F 分布临界值表

$$P[F > F_\alpha(n_1, n_2)] = \alpha$$

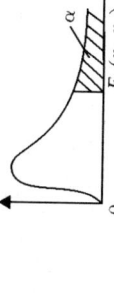

$\alpha = 0.05$

$n_2 \backslash n_1$	1	2	3	4	5	6	7	8	9	10	11	12	20	24	30	40	60	120	∞
1	161	200	216	225	230	234	237	239	241	242	244	246	248	249	250	251	252	253	254
2	18.5	19.0	19.2	19.2	19.3	19.3	19.4	19.4	19.4	19.4	19.4	19.4	19.4	19.5	19.5	19.5	19.5	19.5	19.5
3	10.1	9.55	9.28	9.12	9.01	8.94	8.89	8.85	8.81	8.79	8.74	8.70	8.66	8.64	8.62	8.59	8.57	8.55	8.53
4	7.71	6.94	6.59	6.39	6.26	6.16	6.09	6.04	6.00	5.96	5.91	5.86	5.80	5.77	5.75	5.72	5.69	5.66	5.63
5	6.61	5.79	5.41	5.19	5.05	4.95	4.88	4.82	4.77	4.74	4.68	4.62	4.56	4.53	4.50	4.46	4.43	4.40	4.37
6	5.99	5.14	4.76	4.53	4.39	4.28	4.21	4.15	4.10	4.06	4.00	3.94	3.87	3.84	3.81	3.77	3.74	3.70	3.67
7	5.59	4.74	4.35	4.12	3.97	3.87	3.79	3.73	3.68	3.64	3.57	3.51	3.44	3.41	3.38	3.34	3.30	3.27	3.23
8	5.32	4.46	4.07	3.84	3.69	3.58	3.50	3.44	3.39	3.35	3.28	3.22	3.15	3.12	3.08	3.04	3.01	2.97	2.93
9	5.12	4.26	3.86	3.63	3.48	3.37	3.29	3.23	3.18	3.14	3.07	3.01	2.94	2.90	2.86	2.83	2.79	2.75	2.71
10	4.96	4.10	3.71	3.48	3.33	3.22	3.14	3.07	3.02	2.98	2.91	2.85	2.77	2.74	2.70	2.66	2.62	2.58	2.54
11	4.84	3.98	3.59	3.36	3.20	3.09	3.01	2.95	2.90	2.85	2.79	2.72	2.65	2.61	2.57	2.53	2.49	2.45	2.40
12	4.75	3.89	3.49	3.26	3.11	3.00	2.91	2.85	2.80	2.75	2.69	2.62	2.54	2.51	2.47	2.43	2.38	2.34	2.30
13	4.67	3.81	3.41	3.18	3.03	2.92	2.83	2.77	2.71	2.67	2.60	2.53	2.46	2.42	2.38	2.34	2.30	2.25	2.21
14	4.60	3.74	3.34	3.11	2.96	2.85	2.76	2.70	2.65	2.60	2.53	2.46	2.39	2.35	2.31	2.27	2.22	2.18	2.13
15	4.54	3.68	3.29	3.06	2.90	2.79	2.71	2.64	2.59	2.54	2.48	2.40	2.33	2.29	2.25	2.20	2.16	2.11	2.07
16	4.49	3.63	3.24	3.01	2.85	2.74	2.66	2.59	2.54	2.49	2.42	2.35	2.28	2.24	2.19	2.15	2.11	2.06	2.01
17	4.45	3.59	3.20	2.96	2.81	2.70	2.61	2.55	2.49	2.45	2.38	2.31	2.23	2.19	2.15	2.10	2.06	2.01	1.96
18	4.41	3.55	3.16	2.93	2.77	2.66	2.58	2.51	2.46	2.41	2.34	2.27	2.19	2.15	2.11	2.06	2.02	1.97	1.92
19	4.38	3.52	3.13	2.90	2.74	2.63	2.54	2.48	2.42	2.38	2.31	2.23	2.16	2.11	2.07	2.03	1.98	1.93	1.88
20	4.35	3.49	3.10	2.87	2.71	2.60	2.51	2.45	2.39	2.35	2.28	2.20	2.12	2.08	2.04	1.99	1.95	1.90	1.84
21	4.32	3.47	3.07	2.84	2.68	2.57	2.49	2.42	2.37	2.32	2.25	2.18	2.10	2.05	2.01	1.96	1.92	1.87	1.81
22	4.30	3.44	3.05	2.82	2.66	2.55	2.46	2.40	2.34	2.30	2.23	2.15	2.07	2.03	1.98	1.94	1.89	1.84	1.78
23	4.28	3.42	3.03	2.80	2.64	2.53	2.44	2.37	2.32	2.27	2.20	2.13	2.05	2.01	1.96	1.91	1.86	1.81	1.76
24	4.26	3.40	3.01	2.78	2.62	2.51	2.42	2.36	2.30	2.25	2.18	2.11	2.03	1.98	1.94	1.89	1.84	1.79	1.73
25	4.24	3.39	2.99	2.76	2.60	2.49	2.40	2.34	2.28	2.24	2.16	2.09	2.01	1.96	1.92	1.87	1.82	1.77	1.71
30	4.17	3.32	2.92	2.69	2.53	2.42	2.33	2.27	2.21	2.16	2.09	2.01	1.93	1.89	1.84	1.79	1.74	1.68	1.62
40	4.08	3.23	2.84	2.61	2.45	2.34	2.25	2.18	2.12	2.08	2.00	1.92	1.84	1.79	1.74	1.69	1.64	1.58	1.51
60	4.00	3.15	2.76	2.53	2.37	2.25	2.17	2.10	2.04	1.99	1.92	1.84	1.75	1.70	1.65	1.59	1.53	1.47	1.39
120	3.92	3.07	2.68	2.45	2.29	2.18	2.09	2.02	1.96	1.91	1.83	1.75	1.66	1.61	1.55	1.50	1.43	1.35	1.25
∞	3.84	3.00	2.60	2.37	2.21	2.10	2.01	1.94	1.88	1.83	1.75	1.67	1.57	1.52	1.46	1.39	1.32	1.22	1.00

(续表)

$\alpha = 0.01$

n_2 \ n_1	1	2	3	4	5	6	7	8	9	10	11	12	20	24	30	40	60	120	∞
1	4 052	5 000	5 403	5 625	5 764	5 859	5 928	5 982	6 023	6 056	6 106	6 157	6 209	6 235	6 261	6 287	6 313	6 339	6 366
2	98.5	99.0	99.2	99.2	99.3	99.3	99.4	99.4	99.4	99.4	99.4	99.4	99.4	99.5	99.5	99.5	99.5	99.5	99.5
3	34.1	30.8	29.5	28.7	28.2	27.9	27.7	27.5	27.3	27.2	27.1	26.9	26.7	26.6	26.5	26.4	26.3	26.2	26.1
4	21.2	18.0	16.7	16.0	15.5	15.2	15.0	14.8	14.7	14.5	14.4	14.2	14.0	13.9	13.8	13.7	13.7	13.6	13.5
5	16.3	13.3	12.1	11.4	11.0	10.7	10.5	10.3	10.2	10.1	9.89	9.72	9.55	9.47	9.38	9.29	9.20	9.11	9.02
6	13.7	10.9	9.78	9.15	8.75	8.47	8.26	8.10	7.98	7.87	7.72	7.56	7.40	7.31	7.23	7.14	7.06	6.97	6.88
7	12.2	9.55	8.45	7.85	7.46	7.19	6.99	6.84	6.72	6.62	6.47	6.31	6.16	6.07	5.99	5.91	5.82	5.74	5.65
8	11.3	8.65	7.59	7.01	6.63	6.37	6.18	6.03	5.91	5.81	5.67	5.52	5.36	5.28	5.20	5.12	5.03	4.95	4.86
9	10.6	8.02	6.99	6.42	6.06	5.80	5.61	5.47	5.35	5.26	5.11	4.96	4.81	4.73	4.65	4.57	4.48	4.40	4.31
10	10.0	7.56	6.55	5.99	5.64	5.39	5.20	5.06	4.94	4.85	4.71	4.56	4.41	4.33	4.25	4.17	4.08	4.00	3.91
11	9.65	7.21	6.22	5.67	5.32	5.07	4.89	4.74	4.63	4.54	4.40	4.25	4.10	4.02	3.94	3.86	3.78	3.69	3.60
12	9.33	6.93	5.95	5.41	5.06	4.82	4.64	4.50	4.39	4.30	4.16	4.01	3.86	3.78	3.70	3.62	3.54	3.45	3.36
13	9.07	6.70	5.74	5.21	4.86	4.62	4.44	4.30	4.19	4.10	3.96	3.82	3.66	3.59	3.51	3.43	3.34	3.25	3.17
14	8.86	6.51	5.56	5.04	4.70	4.46	4.28	4.14	4.03	3.94	3.80	3.66	3.51	3.43	3.35	3.27	3.18	3.09	3.00
15	8.68	6.36	5.42	4.89	4.56	4.32	4.14	4.00	3.89	3.80	3.67	3.52	3.37	3.29	3.21	3.13	3.05	2.96	2.87
16	8.53	6.23	5.29	4.77	4.44	4.20	4.03	3.89	3.78	3.69	3.55	3.41	3.26	3.18	3.10	3.02	2.93	2.84	2.75
17	8.40	6.11	5.19	4.67	4.34	4.10	3.93	3.79	3.68	3.59	3.46	3.31	3.16	3.08	3.00	2.92	2.83	2.75	2.65
18	8.29	6.01	5.09	4.58	4.25	4.01	3.84	3.71	3.60	3.51	3.37	3.23	3.08	3.00	2.92	2.84	2.75	2.66	2.57
19	8.19	5.93	5.01	4.50	4.17	3.94	3.77	3.63	3.52	3.43	3.30	3.15	3.00	2.92	2.84	2.76	2.67	2.58	2.49
20	8.10	5.85	4.94	4.43	4.10	3.87	3.70	3.56	3.46	3.37	3.23	3.09	2.94	2.86	2.78	2.69	2.61	2.52	2.42
21	8.02	5.78	4.87	4.37	4.04	3.81	3.64	3.51	3.40	3.31	3.17	3.03	2.88	2.80	2.72	2.64	2.55	2.46	2.36
22	7.95	5.72	4.82	4.31	3.99	3.76	3.59	3.45	3.35	3.26	3.12	2.98	2.83	2.75	2.67	2.58	2.50	2.40	2.31
23	7.88	5.66	4.76	4.26	3.94	3.71	3.54	3.41	3.30	3.21	3.07	2.93	2.78	2.70	2.62	2.54	2.45	2.35	2.26
24	7.82	5.61	4.72	4.22	3.90	3.67	3.50	3.36	3.26	3.17	3.03	2.89	2.74	2.66	2.58	2.49	2.40	2.31	2.21
25	7.77	5.57	4.68	4.18	3.86	3.63	3.46	3.32	3.22	3.13	2.99	2.85	2.70	2.62	2.53	2.45	2.36	2.27	2.17
30	7.56	5.39	4.51	4.02	3.70	3.47	3.30	3.17	3.07	2.98	2.84	2.70	2.55	2.47	2.39	2.30	2.21	2.11	2.01
40	7.31	5.18	4.31	3.83	3.51	3.29	3.12	2.99	2.89	2.80	2.66	2.52	2.37	2.29	2.20	2.11	2.02	1.92	1.80
60	7.08	4.98	4.13	3.65	3.34	3.12	2.95	2.82	2.72	2.63	2.50	2.35	2.20	2.12	2.03	1.94	1.84	1.73	1.60
120	6.85	4.79	3.95	3.48	3.17	2.96	2.79	2.66	2.56	2.47	2.34	2.19	2.03	1.95	1.86	1.76	1.66	1.53	1.38
∞	6.63	4.61	3.78	3.32	3.02	2.80	2.64	2.51	2.41	2.32	2.18	2.04	1.88	1.79	1.70	1.59	1.47	1.32	1.00

主要参考文献

1. 黄国安,王婉薇,罗守成编著.企业经济统计学.上海:百家出版社,2000
2. 曾五一主编.统计学概论.北京:首都经济贸易大学出版社,2003
3. 刘玉玫编著.统计学基础.北京:中国统计出版社,2002
4. 凌洁主编.统计学.上海:上海财经大学出版社,2004
5. 王承仁,黄国安,施燕萍编.现代工业统计学.北京:机械工业出版社,1997
6. 刘利兰,朱远程,李永平主编.贸易统计及其分析.北京:当代世界出版社,1998
7. 董逢谷主编.现代企业统计.上海:东方出版中心,1998
8. 卞祖武主编.市场经济统计学.上海:上海财经大学出版社,1997
9. 刘正山著.房地产投资分析.大连:东北财经大学出版社,2004
10. 丁芸,谭善勇著.房地产投资分析与决策.北京:中国建筑工业出版社,2005
11. 张昌法,徐云池,王虹编.房地产统计学.北京:中国铁道出版社,2000
12. 刘红梅,王克强主编.金融统计学.上海:上海财经大学出版社,2005
13. 国家统计局工交统计司编.新编工业统计工作指南.北京:中国统计出版社,1999

主要参考文献